中国机械工业教育协会"十四五"普通高等教育规划教材
新工科·普通高等教育汽车类系列教材

汽车电子控制技术

第 3 版

张 军 周云山 张飞铁 编著

机械工业出版社

本书围绕汽车上常用的电子控制装置，从系统组成和工作原理入手，引出系统的物理模型，做到了深入浅出，同时添加了汽车电子领域的新应用、新技术的相关内容。本书主要内容包括绪论、电源及其控制技术、发动机电子控制技术、自动变速器及其控制技术、防滑控制技术、悬架电子控制技术、车辆运动控制技术、车身电子控制技术、汽车信息技术、智能汽车控制技术共 10 章，全面地介绍了汽车上装备的汽车电子控制设备。

本书可作为高等院校车辆工程专业的教材，也可供工程技术人员参考。

本书配有 PPT 课件，采用本书作为教材的教师，可登录 www.cmpedu.com 注册后免费下载。本书配有部分知识点的授课视频，读者可扫描文前的教学资源码进行观看。

图书在版编目（CIP）数据

汽车电子控制技术/张军，周云山，张飞铁编著. —3 版. —北京：机械工业出版社，2023.7（2025.6 重印）
新工科·普通高等教育汽车类系列教材
ISBN 978-7-111-73389-8

Ⅰ.①汽…　Ⅱ.①张…　②周…　③张…　Ⅲ.①汽车-电子控制-高等学校-教材　Ⅳ.①U463.6

中国国家版本馆 CIP 数据核字（2023）第 114160 号

机械工业出版社（北京市百万庄大街 22 号　邮政编码 100037）
策划编辑：宋学敏　　　　　　　　　责任编辑：宋学敏　章承林
责任校对：郑　婕　刘雅娜　陈立辉　封面设计：张　静
责任印制：张　博
北京机工印刷厂有限公司印刷
2025 年 6 月第 3 版第 3 次印刷
184mm×260mm · 21.75 印张 · 507 千字
标准书号：ISBN 978-7-111-73389-8
定价：69.80 元

电话服务　　　　　　　　　　网络服务
客服电话：010-88361066　　　机　工　官　网：www.cmpbook.com
　　　　　010-88379833　　　机　工　官　博：weibo.com/cmp1952
　　　　　010-68326294　　　金　书　网：www.golden-book.com
封底无防伪标均为盗版　　机工教育服务网：www.cmpedu.com

前　言

自汽车诞生一百多年以来，为改善汽车的使用性能，其机械结构和制造工艺一直处在不断发展和完善的过程中。现在汽车在机械结构方面已经非常完善，靠改变传统的机械结构和有关结构参数来提高汽车的性能已临近极限。汽车电子技术的发展使汽车的性能进一步提高，功能也得到延扩。汽车电子产品已成为快速发展的新兴产业，已经渗透到汽车的各个方面。

汽车电子技术使传统汽车成为数字化的智能行走机器，其燃油经济性、动力性、安全性和舒适性在不断地改善，识别外部环境和驾驶人需求的智能化程度在不断地提高。人们在电子系统开发方面的技术积累、由此形成的数据库和开发平台、不断完善的试验验证方法和设施，却又大大地缩短了开发时间，减小了开发投入。于是，十分复杂的汽车电子产品的发明与创新成为渐变的、持续的推进过程。

本书围绕汽车上常用的电子控制装置，从系统组成和工作原理入手，引出系统的物理模型，并直接转入要解决的控制问题，略去了汽车电子产品在漫长发展过程的不同形态的描述。尤其是针对近几年来智能新能源汽车蓬勃发展给汽车电子领域带来的新应用、新技术，本书进行了初步的介绍与分析。

本书深入落实立德树人根本任务，将国家在汽车领域取得的成就融入教材相关内容，培养学生树立汽车强国的自信心。与本书配套的精品在线开放课程"汽车电子技术"已在中国大学慕课网上线，部分知识点的教材视频以二维码的形式在书中体现。相信本书及其线上资源将为我国汽车工业培养优秀的创新型人才起到积极的作用。

本书由湖南大学张军、周云山、张飞铁编著。其中，第二章、第五章、第七~九章、第十章第七节由张军编写，第一章、第三章、第四章、第六章由周云山编写，第十章第一~六节由张飞铁编写。

本书在撰稿过程中参考了一些国内外期刊、文献的资料，借此机会向有关文章的作者表示感谢。限于作者的专业知识水平，不足之处在所难免，真诚地希望使用本书的老师和同学提出宝贵意见！

编著者

教学资源

为方便教师教学和学生自学，本书根据实际教学过程的部分知识点内容安排配备了教学视频，见下表，读者可在学习时扫描对应的二维码进行观看。

对应页码	名称	二维码	对应页码	名称	二维码
第一章　绪论					
对应页码	名称	二维码	对应页码	名称	二维码
1	汽车电子产品特征		4	汽车电子产品开发（含课程思政建设）	
第二章　电源及其控制技术					
对应页码	名称	二维码	对应页码	名称	二维码
13	蓄电池的工作原理与参数				
第三章　发动机电子控制技术					
对应页码	名称	二维码	对应页码	名称	二维码
51	发动机电喷系统的分类		55	发动机电喷系统的主要部件（部分）	
62	电控喷射系统构成及控制		67	柴油混合气的形成与燃烧过程	
82	点火提前角控制				
第四章　自动变速器及其控制技术					
对应页码	名称	二维码	对应页码	名称	二维码
99	液力变矩器		108	发动机最佳经济性和动力性曲线	

教学资源

（续）

目　录

第一章

绪　论

第一节　汽车电子技术概述

自汽车诞生一百多年以来，为改善汽车的使用性能，其机械结构和制造工艺一直处在不断发展和完善的过程中。现在汽车在机械结构方面已经非常完善，靠改变传统的机械结构和有关结构参数来提高汽车的性能已临近极限。汽车电子技术的发展使汽车的性能进一步提高，功能进一步拓宽。汽车电子已成为快速发展的新兴产业，已经渗透到汽车的各个方面。

一、汽车电子技术的发展

20世纪70年代以后，微型计算机在性能和价格方面进入实用阶段，以微处理器为控制单元的数字式电子控制装置在汽车上有了广泛的应用。其电子应用装置从早期的电子燃油喷射、电子点火控制装置，进一步扩展到汽车底盘控制、汽车主动安全性控制，以及故障诊断显示、娱乐和通信等各个领域。由于电子控制单元在汽车上的普及应用，促进了汽车零部件结构及系统集成创新，把汽车的燃油经济性、动力性、可驾驶性、舒适性及行驶安全性推进到一个新的发展阶段。

电子控制装置在汽车上的应用范围及发展趋势可概括为3点：①电子产品在汽车上的应用领域不断拓宽；②电子控制装置的装车成本占整车成本的比例逐年增加；③电子控制装置越来越多，当各个受控制的电控单元联合起来后可以完成更多的控制功能，使得整车越来越智能。

为了适应环境、适应社会和适应人类不断追求完美的需求，汽车电子产品经历了初期的电子-机械替代（操作自动化），过渡到反馈控制，然后发展到精确量化多目标综合控制，现在已经发展到智能控制的新时代。总的发展趋势是，汽车电子控制系统获取内部和外部的信息越来越多，功能越来越强，智能化的程度越来越高，可靠性越来越高。当前电子产品在汽车上的应用领域主要包括以下5大方面：①动力总成控制；②汽车底盘控制；③安全、舒适性控制；④CAN通信数据网络与故障诊断系统；⑤娱乐与通信系统。

二、汽车电子产品的特征

汽车作为一种交通工具，行驶速度高，必须绝对安全可靠；普及率高，要进入到家庭，价格必须低廉。所以能在汽车上应用的电子产品应具备图1-1所示的特征。

1）汽车电子产品在性能方面应能满足各种使用要求。

2）汽车电子产品必须是大量生产的，装车成本很低。

3）汽车电子产品的性能稳定，使用寿命长，可靠性好。

4）汽车电子产品能承受各种苛刻的工作环境，并能正常地工作，以保证汽车行驶的绝对安全和可靠性。

因此，开发的汽车电子产品需要从生产成本、抗干扰能力、适应的工作环境及可靠性等方面进行充分的验证后，才能批量投入生产。

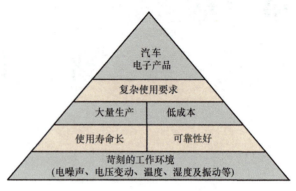

图1-1　汽车电子产品的特征

三、电子控制系统的共性问题

汽车是由许多功能要求组成的复杂系统，涉及相当多的性能指标。仅汽车本身的性能指标就包括：燃油经济性、动力性、尾气排放、制动性、操纵稳定性、平顺性、安全性、弱附着路面的通过性等。为了满足人类多方面的需要，汽车还有许多附加的功能：诸如自动空调、安全气囊、电话、自动门窗、防盗、通信、自动导航等各种其他的自动装置。从控制的对象来看，这些系统是完全不同的，但从控制系统的设计方面看，都有共同之处（见图1-2）。其共性的问题是：

1）动态建模，对于要满足给定要求的电子控制系统，通常都需要建立控制系统的动态模型（或标定系统的数据模型）。

2）传感装置，为了实现对被控对象的精确控制，需要通过传感装置测量被控对象的变化信息。

3）执行机构，把期望的动作要求转化为准确的动作。

4）控制算法，根据测量信号（对象输出）和期望的动作要求（输入）之间的偏差，基于系统的动态模型，进行控制器的设计，满足系统在不同条件下的使用要求。

5）电子控制装置（Electronic Control Unit，ECU）是实现控制算法（软件或程序）的载体或称为硬件装置。

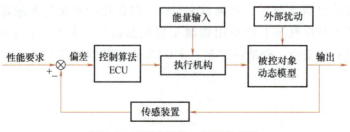

图1-2　控制系统的一般结构框图

四、系统建模

为了实现精确控制，系统模型在设计时是非常重要的。汽车电子控制系统的模型包括动态模型和静态模型。比较典型的动态模型，如汽车驱动控制的动态模型就包括：汽车整车动力学模型、防抱制动模型、驱动控制模型等。常用的静态模型，如发动机数据模型，各种液压阀电压（电流）-压力（流量）输出特性模型。有三种不同的方法获得系统的模型，如理论推导、试验标定、系统辨识。理论模型能准确全面地描述系统的动态和稳态特性，是深入了解系统本质特性的钥匙。像悬架、ABS（防抱制动系统）及整车驱动控制系统的力学模型等，是建立在牛顿力学上的理论模型。然而，在许多场合，导出理论模型就非常困难，有时也是不可能的。例如，发动机就很难用一个解析表达式来描述它的全部特性，所以无论发动机控制，还是传动系统与发动机的动态匹配控制，都是采用发动机在稳态工况下的标定数据模型。一般而言，静态数据模型可以解决任意复杂系统的定量描述问题，但如果系统的动态特性起着主导作用时，用静态模型描述可能产生较大的误差。系统辨识可以提供包括动态特性在内的参数模型。在实际应用中，人们习惯把系统辨识的动态参数模型与稳态数据模型结合起来，来改善数据模型的精度。

五、汽车电子控制系统的标定

从提高效率、降低开发成本的角度出发，汽车工程师一直试图通过理论模型来描述汽车的控制问题，并在计算机上一步完成控制算法的开发。然而由于汽车环境的多变性，工作条件的多变性，使得汽车控制装置的开发很难做到这点。在实际应用中，通常采用标定方法。实际上电子控制装置的标定很简单，把一个复杂的问题分解为许多的简单问题，然后再把简单的问题链接起来。这里以汽车的起步离合器（多片湿式，液压压紧）为例，简述汽车电子控制装置的标定过程。

汽车起步离合器的基本功能要求如下：①快速接合和分离发动机与车轮之间的动力；②接合速度能够反应驾驶人的操作意图；③坡道起步不溜坡，不灭火；④接合平顺，起步无冲击。

工作环境如下：①路面坡道变化；②外部温度变化。

引起系统状态老化的原因如下：①摩擦片摩擦系数变化；②电磁阀特性老化；③离合器间隙变化。

离合器标定过程的基本步骤如下：

第一步是基本模型标定（基本策略）。首先在常温、平路面上进行标定，排除坡道和温度的影响。测试汽车以小节气门开度起步，找出可以满足使用要求的接合曲线。测试汽车以中节气门开度起步，找到使综合性能达到使用要求的油压变化曲线。汽车以大节气门开度起步，测试出第三条压力曲线。如果节气门开度任意变化，只要在这三条曲线之间进行插值就可以了。如果标定的曲线越多，对节气门开度变化的适应能力越好，但数据量越多，微处理器要处理的数据量就越大，应用中要根据实际情况综合考虑。基本模型标定，就是根据节气门开度（反映驾驶人的操作意图），确定离合器的控制量——压力变化规律的基本数据表。为了消除制造误差产生的影响，还需要考虑发动机转速和离合器输出转速的转差作为补偿量，这也是计算控制量的重要因素。

第二步是对环境变化的修正。环境包括温度和坡道两个因素。温度对油的黏度影响很大，必须考虑对温度变化的补偿作用。由于变速器里都装有温度传感器，只要经过精确标定，在任意温度条件下，就容易计算出基本控制量的修正值。对于坡道的影响，其标定主要是基于发动机转速和离合器转速差进行修正。评价标准是发动机不灭火，整车不溜坡，发动机不空转，起步无冲击。

第三步是对系统元器件老化特性的修正。离合器摩擦片的摩擦系数是变化的，新摩擦片摩擦系数最大，经使用后很快就趋于稳定。离合器的间隙大小影响起步平顺性，从离合器开始使用到失效时的间隙一直在不断变化，就要修正压力曲线随时间的变化规律。同时，还要考虑电磁阀随使用时间的衰减特性。

系统状态老化一般根据汽车的里程或离合器的接合次数来判断，虽不十分精准，但却是有效的。老化标定的工作量很大，需要各主要元器件经历一个寿命周期的特性变化的数据，为此状态老化修正也可以在售后通过软件的刷新来实现。

第二节　汽车电子产品的功能开发与软件开发

一、汽车电子产品的开发平台与 V 型开发模式

1. 开发平台

汽车电子产品巨大的市场规模和经济效益的驱动，使汽车电子产品的开发平台也在迅速地发展。随着电子技术的进步，16 位、32 位微处理器被广泛用于汽车电子的各个领域，由于丰富的资源和强大的运算能力，产品工程师可以把主要的精力集中放在解决问题的方法上，而不是如何节约和优化利用程序资源的细节上。于是高效率的电子产品的开发平台应运而生，并很快被广泛应用。目前流行的开发平台有：①采用 dSPACE 作为软件的开发测试环境，配置 MicroAutobox 或 AutoBox 构成硬件在环的模拟测试环境；②采用 ETAS 公司的 ASCET 构成软件开发、代码生成及测试环境，配置 LABCAR 或 ES1000/ES910 构成硬件在环的模拟测试环境；③以 MATLAB/Simulink Real Time Workshop 为核心，自行开发标定与硬件在环的模拟测试环境，以较低的成本定制满足个性需求的高效开发平台，比较适用于高等院校的需求。这些开发平台的编程环境一般是基于 MATLAB/Simulink/Stateflow，也可以是经过二次开发的商业软件，如 cruise。

2. V 型开发模式

采用先进开发平台，并按行业惯用的开发模式进行汽车电子产品的开发，汽车电子产品开发工程师无须知道电控装置的硬件结构和工作原理，也无须直接编写微处理器的源代码程序，而是直接采用模型化的语言和数学物理公式，在计算机上开发仿真程序，利用开发平台的工具实现中间过程的转化，最终完成控制系统的开发。一种典型的被称之为 V 型开发模式开发流程如图 1-3 所示，整个软件的开发流程依次为：需求分析定义→系统、

结构设计→详细或程序设计→模型变量定标→自动代码生成→单元测试→功能测试→系统测试→验收测试。

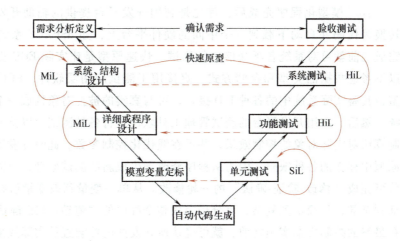

图 1-3　V 型开发模式开发流程

需求分析定义：通过对市场及客户调查，确定产品需求及设计目标。

系统、结构设计：系统工程师根据设计目标，设计系统功能模块及总体结构。

详细或程序设计：软件开发工程师实现各个功能模块的建模及离线仿真测试，再由系统工程师集成各个模块进行模型在环测试。

模型变量定标：根据目标芯片支持数据类型，将模型所有变量由浮点变成定点。

自动代码生成：将定标后的模型通过自动代码生成工具生成单片机可运行的 C 代码。

单元测试：通过软件在环测试模型下载到 CPU 后的可运行性。

功能测试：通过硬件在环测试控制器功能。

系统测试：通过快速原型或硬件在环对控制器（软、硬件）及受控对象进行标定及测试。

验收测试：标定工程师根据客户需求，对系统整车性能进行标定。

在开发平台上，要运行的程序包括开发的控制器、被控的对象。当产品开发完成后，只有控制器被移植到被控的对象中，移植的控制器与车上的原系统（被控对象）才构成一个完整的电子控制系统。但在开发平台上，为了评估测试所开发的控制装置的有效性，需要开发一个虚拟的被控对象。根据控制器和对象运行环境的不同，在开发平台上的仿真有如下 3 种形式：①虚拟控制器+虚拟对象＝动态仿真系统，是纯粹的系统仿真；②虚拟控制器+实际对象＝快速控制原型（Rapid Control Prototype，RCP）仿真系统，是系统的一种半实物仿真；③实际控制器+虚拟对象＝硬件在回路（HiL）仿真系统，是系统的另一种半实物仿真。

3. 在 V 型模式开发流程中的几个专用术语定义

（1）模型在环　模型在环（Model-in-the-Loop，MiL）仿真测试是将控制模型和虚拟对象模型放在同一个实时处理器中运行，对控制模型的逻辑进行测试的仿真。

（2）软件在环　软件在环（Soft-in-the-Loop，SiL）仿真测试是将控制模型和虚拟对象模型放在不同的实时处理器中运行，通过 ETK 或 CAN 通信，对被测控制模型的功能进行测试。

（3）**快速原型**　模型化程序完成后，首先是利用开发平台提供的辅助开发工具，将模型化程序转换为代码并自动下载到一个中间的硬件平台上，如 dSPACE 系统，在 ECU 硬件系统未完成之前就可对系统各项功能进行测试。快速原型是比实际 ECU 更强大的控制装置，可以不考虑数据的类型和存储方式，直接用于测试应用层软件、ECU 的硬件结构。快速原型也具备实际系统中的各种 I/O 接口，可与真实的被控对象构成一个半实物的仿真测试系统。然后，利用开发平台的测试管理工具软件进行各种测试，以检验控制器硬件结构、控制算法对实际对象的控制效果，并可在线优化控制参数。此时开发工程师不用担心该快速原型中存在的各种缺陷，因为从程序修改到生成新的测试原型，只需要几分钟时间，很快就可完成"修改-验证-确认"的一轮修改。从单一变量到该变量所在的子系统开始，从局部到全部，从简单到复杂，可分步完成整个程序的"修改-验证-确认"的测试过程。这样在最终的控制方案实施之前，就可确认所开发的电控装置的实际效果，从而避免了不必要的资源浪费，大大缩短了开发时间。

（4）**硬件在环**　硬件在环（Hardware-in-the-Loop，HiL）仿真测试是进行实车测试评估的最后一个环节。硬件在环仿真测试由真实的 ECU 与模拟受控对象组成。模拟受控对象在仿真器里按实时状态运行，通过 I/O 接口与被测的 ECU 连接，对被测的 ECU 进行全方位的、系统的测试及算法优化。从安全性、可行性和成本上考虑，硬件在环仿真测试已经成为 ECU 开发流程中非常重要的一环，可有效减少实车路试的次数，缩短开发时间和降低成本，同时可大大提高 ECU 的软件的总体水平。

二、自主开发汽车电子产品

客观地看，我国汽车电子产品开发与国际先进水平还有很大的差距，如何推进汽车电子产品的进步与发展，还要一个清醒的认识。考虑到汽车电子产品要进入市场，必须突破两个门槛条件：技术门槛和市场门槛。突破技术门槛的时间比较短，投入也相对较少。但要突破市场门槛，验证需要的时间长，验证所要覆盖的区域广和数量规模大，所需要的投入就非常之大。以往的许多研究项目，都是在突破市场门槛的过程中，因验证存在问题就被中断了。

作为绪论的结尾，引出一个在业内普遍困惑的问题：汽车电子产品自主开发的条件具备了吗？已达到开发的门槛条件吗？答案是肯定的。首先是我国汽车电子产品自主开发的意识已经觉醒；其次，多年的技术积累，开发团队综合能力有了质的提升；再次，已经融入并拥有达到国际水平的开发平台，并熟练掌握了汽车电子产品开发的基本模式；最后，智能网联电动汽车新时代给自主开发带来新机遇，电动平台使得以前在内燃机动力总成平台开发汽车电子装置所遇到的困难不复存在，智能化则提供了很多新的需求，这些都是自主开发汽车电子产品的新机遇。从我国汽车工业已经取得的辉煌业绩预示：汽车工业依靠自主开发将成为必然趋势，自主开发汽车电子产品时代已经来临。

思 考 题

1. 汽车电子技术的发展分为哪几个阶段？
2. 汽车电子技术在汽车上有哪些应用？
3. 汽车电子技术的发展趋势是什么？
4. 新能源汽车给汽车电子行业带来的机遇与挑战有哪些？

第二章

电源及其控制技术

　　燃油汽车的电源系统由蓄电池、发电机和电压调节器组成。汽车上有蓄电池和发电机两个直流电源，整车电器与电子设备均与两个直流电源并联连接。汽车并联电路如图2-1所示。

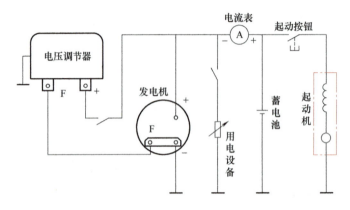

图2-1　汽车并联电路

　　在燃油汽车上，蓄电池和发电机并联工作，发电机是汽车的主要电源，蓄电池是辅助电源。发电机配有电压调节器，电压调节器的作用是在发电机转速升高到一定程度时，自动调节发电机的输出电压使其保持稳定。

　　电动汽车的电源系统由动力电池、电源变换器和12V电压电池构成。动力电池在给驱动电机供电的同时，也通过DC/DC电源变换器将高压直流电变换为12V低压直流电，与12V电压电池并联给全车低压直流电器供电。

第一节　蓄　电　池

一、蓄电池的分类、功能、构造与型号

1. 蓄电池的分类

　　蓄电池是一种可逆的低压直流电源。它既能将化学能转换为电能，也能将电能转换为化学能。

　　汽车用蓄电池分碱性蓄电池和酸性蓄电池两大类。碱性蓄电池的电解液为化学纯净的氢氧化钠溶液或氢氧化钾溶液。酸性蓄电池的电解液为化学纯净的硫酸溶液。因为

酸性蓄电池极板上活性物质的主要成分是铅，所以称之为铅酸蓄电池。由于铅酸蓄电池具有内部电阻小、输出电压稳定、制造成本低、原材料丰富等突出优点，因此被汽车普遍采用。

汽车目前使用的蓄电池按结构可分为橡胶槽蓄电池和塑料槽蓄电池两类，按其性能可分为干荷电蓄电池和免维护蓄电池两类。现代汽车普遍采用干荷电与免维护蓄电池。

（1）干荷电蓄电池 极板在干燥状态下，能在较长时间（一般 2 年）内保存制造过程中所得电量的蓄电池，称为干式荷电蓄电池，简称干荷电蓄电池。

（2）免维护蓄电池 蓄电池在有效使用期（一般 4 年）内无须进行添加蒸馏水等维护工作的蓄电池，称为免维护蓄电池或无须维护蓄电池，其英文名称是 Maintenance-Free Battery，简称 MF 蓄电池。

燃油汽车配装蓄电池的主要目的是起动发动机，所以燃油汽车用铅酸蓄电池又称为起动型铅酸蓄电池。为叙述方便，下面将"起动型铅酸蓄电池"简称为"蓄电池"。

2. 蓄电池的功能

当发动机正常工作时，用电系统所需电能主要由发电机供给，蓄电池的功能如下：

1）起动发动机。当起动发动机时，向起动系统和点火系统供电。

2）备用供电。当发动机低速运转、发电机不发电或电压较低时，向交流发电机磁场绕组、点火系统以及其他用电设备供电。

3）存储电能。当发动机中高速运转、发电机正常供电时，将发电机剩余电能转换为化学能储存起来。

4）协同供电。当发电机过载时，协助发电机向用电系统供电。

5）稳定电源电压，保护电子设备。蓄电池相当于一只大容量电容器，不仅能够保持汽车电气系统的电压稳定，而且还能吸收电路中出现的瞬时过电压，防止损坏电子设备。

当接通起动开关起动发动机时，蓄电池在 3～5s 内必须向起动机连续供给强大电流（汽油发动机汽车一般为 200～600A，柴油发动机汽车一般为 800A 以上），由此可见，蓄电池的主要功能是起动发动机。根据蓄电池的工作特点，对汽车用蓄电池的主要要求是：容量大、内阻小，以保证蓄电池具有足够的起动能力。如果蓄电池容量不足或内阻过大，那么就不能供给强大电流，发动机就不能起动。

3. 蓄电池的构造

现代汽车用蓄电池由 6 个单体电池串联而成。每个单体电池的电压约为 2V，串联成 12V 供汽车选用。12V 电气系统汽车选用一只电池；24V 电气系统汽车选用两只电池。各型汽车用蓄电池的构造基本相同，都是由极板、隔板、电解液和壳体四部分组成，其构造如图 2-2 所示。干荷电蓄电池的主要特点是极板制造工艺有所不同，免维护蓄电池的主要特点是极板材料和通气装置有所不同。

（1）极板 极板是蓄电池的核心部件，由栅架与活性物质组成。在蓄电池充放电过程中，电能与化学能的相互转换，依靠极板上的活性物质与电解液中的硫酸产生化学反应来实现。

栅架由铅锑合金或铅钙锡合金浇注或滚压而成，其结构如图 2-3 所示。在栅架中加锑的目的是改善浇注性能并提高机械强度。但锑有副作用，会加速氢离子析出而加速电解液

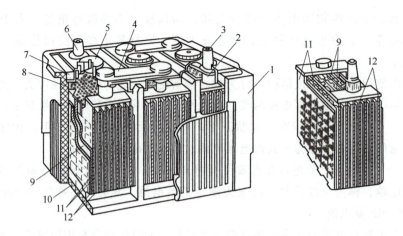

图 2-2 蓄电池的构造

1—蓄电池外壳 2—电极衬套 3—正极柱 4—连接条 5—加液孔螺塞 6—负极柱

7—封料 8—护板 9—隔板 10—肋条 11—负极板 12—正极板

中蒸馏水的消耗，还易从正极板栅架中解析出来而引起蓄电池自放电和栅架膨胀、溃烂，缩短蓄电池的使用寿命。目前国内外汽车蓄电池普遍采用干荷电与免维护蓄电池，大大减少了电解液中蒸馏水的消耗。

活性物质是指极板上参与化学反应的工作物质，主要由铅粉与一定密度的稀硫酸混合而成。铅粉是活性物质的主要原料，由铅块放入球磨机研磨而成。

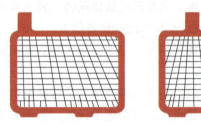

图 2-3 蓄电池栅架的结构

极板分为正极板和负极板两种。将铅粉与稀硫酸混合成膏状涂在栅架上即可得到生极板，生极板经热风干燥，再放入稀硫酸中进行化成（在蓄电池生产工艺中，对极板进行充电的过程称为"化成"，一般充电 18~20h）处理便可得到正极板和负极板。正极板上的活性物质为二氧化铅（PbO_2），呈深棕色；负极板上的活性物质为海绵状纯铅（Pb），呈深灰色。

目前国内外都采用 1.1~1.5mm 厚的薄型极板（正极板比负极板稍厚）。薄型极板对提高蓄电池的比容量（即单位尺寸所提供的容量）和起动性能都十分有利。

将一片正极板和一片负极板浸入电解液中，便可得到 2V 左右的电压。为了增大蓄电池的容量，将多片正、负极板分别并联，用汇流条焊接起来便分别组成正、负极板组，其结构如图2-4所示。汇流条上浇注有极柱，各片极板之间留有空隙。安装时，各片正、负极板相互嵌合，中间插入隔板后装入电池槽内便形成单体电池。

在每个单体电池中，负极板总比正极板多一片。这是因为正极板上的化学反应比负极板上的化学反应剧烈，所以将正极板夹在负极板之间，可使其两侧放电均匀，防止活性物质体积变化不一致而造成极板拱曲。

（2）隔板 为了减小蓄电池的内阻和尺寸，正、负极板应尽可能靠近。隔板的功能就是将正、负极板隔开，防止相邻正、负极板接触而短路。

隔板应具有多孔性，以便电解液渗透，还应具有良好的耐酸性和抗氧化性。隔板材料有木质、微孔橡胶和微孔塑料等。木质隔板耐酸性能差，在硫酸作用下容易炭化和变脆，且消耗木材，不符合保护环境的时代发展潮流，因此已不再使用。微孔橡胶和微孔塑料隔板耐酸、耐高温性能好、寿命长，且成本低，因此目前被广泛使用。

安装微孔塑料和微孔橡胶隔板时，带槽一面应面向正极板，且沟槽

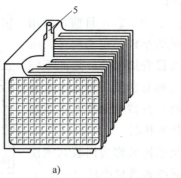
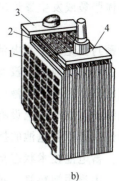

图 2-4　蓄电池极板组的结构

a）极板组　b）极板组总成
1—极板　2—隔板　3、4—横板　5—极柱

必须与壳体底部垂直。因为正极板在充、放电过程中化学反应剧烈，沟槽能使电解液上下流通，也能使气泡沿槽上升，还能使脱落的活性物质沿槽下沉。

免维护蓄电池普遍采用了聚氯乙烯袋式隔板。使用时，正极板被隔板袋包住，脱落的活性物质保留在袋内，不仅可以防止极板短路，而且可以取消壳体底部凸起的筋条，使极板上部容积增大，从而增大电解液的储存量。

（3）电解液　电解液由纯硫酸与蒸馏水按一定比例配制而成，其密度一般为 1.23～1.30g/cm³。

电解液纯度是影响蓄电池电气性能和使用寿命的重要因素。因此蓄电池用电解液必须符合 JB/T 10052—2010《铅酸蓄电池用电解液》规定，所用硫酸必须符合 HG/T 2692—2015《蓄电池用硫酸》规定，所用蒸馏水必须符合 JB/T 10053—2010《铅酸蓄电池用水》规定。由于工业用硫酸和普通水中含铜、铁等杂质较多，会加速蓄电池自放电，因此不能用于蓄电池。

（4）壳体　蓄电池壳体由电池槽和电池盖两部分组成，其功用是盛装电解液和极板组。

蓄电池壳体应耐酸、耐热、耐振动、耐冲击等。目前使用的干荷电与免维护蓄电池普遍采用聚丙烯透明塑料壳体，电池槽与电池盖之间采用热压工艺黏合为整体结构。这种结构不仅耐酸、耐热、耐振动冲击，而且壳壁薄而轻（厚约2mm）、易于热封合、外形美观、成本低廉、生产率高。

电池槽由隔壁分成6个互不相通的单体，底部制有凸起的筋条，以便放置极板组。筋条与极板底缘组成的空间可以积存极板脱落的活性物质，防止正、负极板短路。对于采用袋式隔板的免维护蓄电池，因为脱落的活性物质存积在袋内，所以没有设置筋条。

蓄电池各单体电池之间采用铅质联条串联联接。干荷电与免维护蓄电池普遍采用穿壁式联接，所用联条尺寸很小，并设置在壳体内部，如图2-5所示。

在蓄电池盖上设有加液孔，并用螺塞或盖板密封，防止电解液溢出。旋下加液孔螺塞或打开加液孔盖板，即可加注电解液和检测电解液密度。在加液孔螺塞和盖板上设有通气孔，以便排出化学反应放出的氢气和氧气。该通气小孔在使用过程中必须保持畅通，防止

壳体胀裂或发生爆炸事故。

（5）蓄电池技术状态指示器 目前，采用全密封型免维护蓄电池的小轿车越来越多，由于这种蓄电池盖上没有设置加液孔，因此不能用密度计测量电解液的相对密度，为此在这种免维护蓄电池盖上设有一只蓄电池技术状态指示器来指示蓄电池的技术状况。

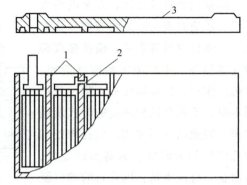

图 2-5　穿壁式联接单体电池
1—隔壁　2—联条　3—盖板

蓄电池技术状态指示器又称为内装式密度计，由透明塑料管、底座和两只小球（一只为红色、另一只为蓝色）组成，借助于螺纹安装在蓄电池盖上，两只颜色不同的小球安放在塑料管与底座之间的中心孔中，红色小球在上、蓝色小球在下。由于两只小球是由密度不同的材料制成的，因此可随电解液密度变化而上下浮动。

蓄电池技术状态指示器是根据光学折射原理来反映蓄电池技术状态的。当蓄电池存电充足、电解液相对密度大于 1.22 时，两只小球向上浮动到极限位置，经过光线折射小球的颜色，从指示器顶部观察到的结果是，中心呈红色圆点、周围呈蓝色圆环，表示蓄电池技术状态良好，英文标示为"OK"。

当蓄电池充电不足、电解液相对密度过低时，蓝色小球下移到极限位置，观察结果是，中心呈红色圆点、周围呈无色透明圆环，表示蓄电池充电不足，应及时补充充电，英文标示为"Charging Necessary"。

当电解液液面过低时，两只小球都将下移到极限位置，观察结果是，中心呈无色透明圆点、周围呈红色圆环，表示电解液不足，蓄电池无法继续使用，必须更换蓄电池。如果这种指示器安装在干荷电蓄电池上，则表示必须添加蒸馏水，英文标示为"Add Distilled Water"。

4. 蓄电池的型号

根据 JB/T 2599—2012《铅酸蓄电池名称、型号编制与命名办法》规定，蓄电池型号由 3 部分组成：第一部分为串联的单体蓄电池数；第二部分为蓄电池用途、结构特征代号；第三部分为标准规定的额定容量。例如：6 个单体串联的额定容量为 $100A \cdot h$ 的干荷电蓄电池的型号命名为 6-QA-100。

国产蓄电池型号组成各部分应按如下规则编制：

1）串联的单体蓄电数，是指在一只整体蓄电池槽或一个组装箱内所包括的串联蓄电池数目（单体蓄电池数目为 1 时，可省略）。

2）起动型蓄电池用"Q"表示。其结构特征代号应符合表 2-1 的规定。

3）额定容量以阿拉伯数字表示，其单位为安·时（$A \cdot h$），在型号中单位可省略。

4）当需要标志蓄电池所需适应的特殊使用环境时，应按照有关标准及规程的要求，在蓄电池型号末尾和有关技术文件上做明显标志。

5）蓄电池型号末尾允许标志临时型号。

6）标准中未提及新型蓄电池允许制造商按上述规则自行编制。

7) 对出口的蓄电池或来样加工的蓄电池型号编制，允许按有关协议或合同进行编制。

表 2-1 蓄电池结构特征代号

序号	蓄电池特征	代号	汉字及拼音	
1	密封式	M	密	mi
2	免维护	W	维	wei
3	干式荷电	A	干	gan
4	湿式荷电	H	湿	shi
5	微型阀控式	WF	微阀	wei fa
6	排气式	P	排	pai
7	胶体式	J	胶	jiao
8	卷绕式	JR	卷绕	juan rao
9	阀控式	F	阀	fa

二、蓄电池的工作原理、工作参数及其使用因素

1. 工作原理

蓄电池的单体电池由浸渍在电解液中的正极板和负极板组成，电解液是硫酸水溶液。在蓄电池充放电过程中，发生的化学反应是可逆的。蓄电池的工作过程就是化学能与电能的转换过程。放电时，蓄电池将化学能转换为电能供用电设备使用；充电时，蓄电池将电能转换为化学能储存起来备用。自 1859 年法国科学家加斯顿·普莱特发明铅酸蓄电池以来，关于蓄电池化学反应过程有各种不同的理论，一般认为格拉斯顿和特拉普于 1882 年创立的双极硫酸盐化理论（简称双硫化理论）能较确切地说明蓄电池的化学反应过程。

根据双硫化理论，铅蓄电池正极板上的活性物质是二氧化铅（PbO_2），负极板上是海绵状铅（Pb），电解液是硫酸水溶液（H_2SO_4）。当蓄电池和负载接通放电时，正极板上的二氧化铅和负极板上的铅都将转变成硫酸铅（$PbSO_4$），电解液中的硫酸减少、相对密度下降。当蓄电池接通直流电源充电时，正、负极板上的硫酸铅又将分别恢复成原来的二氧化铅和纯铅，电解液中的硫酸增加，相对密度增大。如果略去化学反应的中间过程，其化学反应方程式可表示为

$$PbO_2 + 2H_2SO_4 + Pb \underset{充电}{\overset{放电}{\rightleftharpoons}} PbSO_4 + 2H_2O + PbSO_4 \qquad (2-1)$$

（1）放电过程 将蓄电池的化学能转换成电能的过程称为放电过程。

当放电尚未开始时，正极板是二氧化铅，负极板是纯铅，电解液是硫酸溶液。由于正、负两极不同物质与电解液发生化学反应，使正极板具有正电位，约为 2.0V；负极板具有负电位，约为 -0.1V。正、负两极间的电动势 E 为

$$E = 2.0V - (-0.1V) = 2.1V \qquad (2-2)$$

理论上，放电过程将进行到正负极板上的活性物质全部转变为硫酸铅为止。但是实际上，由于电解液不能渗透到活性物质最内层，因此所谓完全放电事实上只有 20%～30% 的

活性物质转变为硫酸铅。要提高活性物质的利用率，就必须增大活性物质与电解液之间的反应面积。目前常用措施有采用薄型极板和增大活性物质的孔率。

（2）**充电过程**　将电能转换成蓄电池的化学能的过程称为充电过程。充电时，蓄电池应接直流电源，电池正极接电源正极，电池负极接电源负极。

将完全放电的蓄电池与直流电源接通时，电流就会按与放电时相反的方向流过蓄电池。此时蓄电池内部将发生与放电过程相反的化学反应，正、负极板上的硫酸铅将分别还原为二氧化铅和纯铅，电解液中硫酸成分逐渐增多而水分逐渐减少，电解液密度逐渐增大。

在充电过程中，上述化学反应不断进行，充电一直进行到极板上的活性物质完全恢复到放电前的状态为止。

在充电末期，电解液相对密度将升高到最大值，充电电流将用于电解水，所以在电解液中将产生大量气泡。蓄电池充电终了的特征是：

1）蓄电池内产生大量气泡，即出现所谓的"沸腾"现象。

2）蓄电池端电压和电解液相对密度均上升至最大值，且在 2~3h 内不再增加。

2. 工作参数

蓄电池的工作参数主要有电解液的相对密度、额定容量和储备容量等。

（1）**电解液的相对密度**　电解液的相对密度是指电解液中硫酸成分所占的比例。实测密度应按式（2-3）换算成25℃时的相对密度 $\rho_{25℃}$，即

$$\rho_{25℃} = \rho_T + \beta(T - 25℃) \tag{2-3}$$

式中，ρ_T 为实测电解液密度（g/cm^3）；T 为实测电解液温度（℃）；β 为密度温度系数 $[(g/cm^3)/℃]$，$\beta = 0.0007$（g/cm^3）/℃，即温度每升高1℃，密度将降低 $0.0007g/cm^3$。

（2）**额定容量**　蓄电池的容量是反映蓄电池对外供电能力、衡量蓄电池质量优劣以及选用蓄电池的重要指标。容量越大，可提供的电能越多，供电能力也就越大；反之，容量越小，则供电能力就越小。

蓄电池的容量是指在规定的放电条件（放电电流、放电温度和终止电压）下，蓄电池能够输出的电量，用 C 表示。

当恒流放电时，蓄电池的容量等于放电电流与放电时间之积，即

$$C = I_f t_f \tag{2-4}$$

式中，C 为蓄电池容量（$A \cdot h$）；I_f 为放电电流（A）；t_f 为放电持续时间（h）。

蓄电池的容量与放电电流、电解液温度、放电终止电压和放电持续时间有关。因此，蓄电池出厂时规定的额定容量是在一定的电解液温度、一定的放电电流和一定的终止电压下测得的。GB/T 5008.1—2013《起动用铅酸蓄电池　第 1 部分：技术条件和试验方法》规定，以 20 小时率额定容量作为起动型蓄电池的额定容量。

蓄电池的 20 小时率额定容量是指：完全充足电的蓄电池在电解液温度为 25℃±5℃ 条件下，以 20 小时率的放电电流（即 $0.05C_n$，单位为 A）连续放电至 12V 蓄电池的端电压降到 10.5V±0.05V 时输出的电量，用 C_n 表示，单位为 $A \cdot h$。

额定容量是检验蓄电池质量的重要指标。新蓄电池必须达到该指标，否则就为不合格产品。例如：在电解液温度为 25℃±5℃ 条件下，对新产品 6-QA-105 型蓄电池以 5.25A 电流连续放电至电压降到 10.5V±0.05V 时，若放电时间超过或等于 20h，则其容量 $C = I_f t_f \geqslant$

$105A \cdot h$，达到或超过了额定容量 $105A \cdot h$，因此该蓄电池为合格产品；若放电时间少于 20h，则其容量 $C = I_f t_f < 105A \cdot h$，低于额定容量 $105A \cdot h$，因此该蓄电池就为不合格产品。

（3）**储备容量** 国际蓄电池协会和美国汽车工程师协会（SAE）规定蓄电池容量用储备容量表示。GB/T 5008.1—2013 对储备容量的定义和试验方法也有明确规定，即额定储备容量是指：完全充足电的蓄电池在电解液温度为 25℃±5℃条件下，以 25A 电流连续放电至 12V 蓄电池电压降到 $10.5V \pm 0.05V$ 时，放电所持续的时间，用 $C_{r,n}$ 表示，单位为 min（分钟）。

储备容量表达了在汽车充电系统失效的情况下，蓄电池能为照明和点火系统等用电设备提供 25A 恒定电流的能力。例如，北京切诺基吉普车用 58-475 型蓄电池的额定储备容量为 82min；6-QA-60 型蓄电池的额定储备容量为 94min。

3. 影响蓄电池容量的使用因素

蓄电池容量并不是一个固定不变的常数，而与很多因素有关，归纳起来分为两类：一类与生产工艺及产品结构有关，如活性物质的数量、极板的厚薄、活性物质的孔率等；另一类是使用条件，如放电电流、电解液温度和电解液相对密度等。

（1）**放电电流的影响** 试验表明：放电电流越大，则电压下降越快，放电至终止电压的时间越短，因此容量越小。图 2-6 所示为 6-Q-135 型蓄电池在不同放电电流时的放电特性。因为大电流放电时，极板表面活性物质的孔隙会很快被生成的硫酸铅堵塞，使极板内层的活性物质不能参加化学反应，因此放电电流增大时，蓄电池容量减小。图 2-7 所示为 6-Q-75 型蓄电池在电解液温度为 30℃时，蓄电池容量与放电电流的关系。

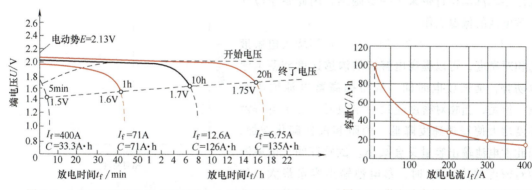

图 2-6 6-Q-135 型蓄电池在不同放电电流时的放电特性　图 2-7 蓄电池容量与放电电流的关系

由图 2-7 可见，放电电流越大，电压下降越快，越容易出现放电"终了"现象，若继续放电，则将导致过放电而影响蓄电池使用寿命。因此，在起动发动机时，必须严格控制起动时间，每次起动时间不得超过 5s，再次起动应间隔 15s 以上时间。

（2）**电解液温度的影响** 温度降低则容量减小，这是由于温度降低时，电解液的黏度增加，渗入极板内部困难，使离子扩散速度和化学反应速度降低；同时电解液电阻也增大，使蓄电池内阻增加，电动势消耗在内阻上的压降增大，蓄电池端电压降低，允许放电时间缩短，因此容量减小。图 2-8 所示为 6-Q-75 型蓄电池电解液温度分别为 +30℃ 和 -18℃ 的情况下，以 225A 的电流放电时的端电压与放电时间的关系。图 2-9 所示为 6-Q-75 型蓄电池以 22.5A 的电流放电时，在不同温度条件下输出的容量。

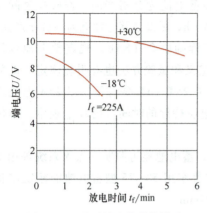

图 2-8　温度对放电特性的影响

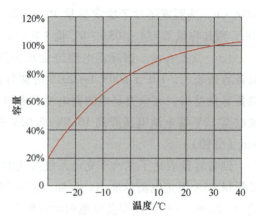

图 2-9　温度对容量的影响

　　GB/T 5008.1—2013 规定，蓄电池额定容量是指电解液温度为 25℃时的 20 小时放电率的容量。温度每降低 1℃，缓慢放电时容量约减少 1%，迅速放电时将减少 2%。不同温度条件下的容量可用式（2-5）换算为 25℃时的容量。

$$C_{25℃} = C_T[1-0.01(T-25)] \tag{2-5}$$

式中，$C_{25℃}$ 为换算为 25℃时的容量（A·h）；C_T 为电解液平均温度为 25℃时的实际容量（A·h）；T 为放电终止时中间单体电池电解液的温度（℃）。

　　温度对蓄电池输出容量的影响给我国北方寒冷地区冬季汽车运行带来了一定困难，因此冬季应注重蓄电池的保温工作。

　　（3）电解液相对密度的影响　适当增大电解液的相对密度，可以提高电解液的渗透速度和蓄电池电动势，延长放电时间，从而提高蓄电池输出容量。但是，当相对密度超过一定值时，由于电解液黏度增大使浸透速度降低，内阻和极板硫化增加，因此蓄电池输出容量又会减小。试验证明，电解液相对密度约为 1.23 时，蓄电池输出容量最大，如图 2-10 所示。综合考虑电解液相对密度对蓄电池性

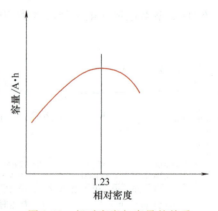

图 2-10　相对密度与容量的关系

能的影响，汽车用起动型蓄电池充足电时的电解液密度，一般选在 1.26~1.29 范围内。

第二节　锂　电　池

一、锂离子电池的工作原理、特点分析与结构

　　锂离子电池是 1990 年由日本索尼公司首先推向市场的新型高能蓄电池，是目前世界上最新一代的充电电池。与其他蓄电池比较，锂离子电池具有电压高、比能量高、充放电寿命长、无记忆效应、无污染、快速充电、自放电率低、工作温度范围宽和安全可靠等优

点，它已成为电动汽车较为理想的动力电源。相比于镍氢电池，混合动力汽车采用锂离子电池，可使电池组的质量下降 40%~50%，体积减小 20%~30%，能源效率也有一定程度的提高。随着成本的急剧降低和性能的大幅度提高，目前已有许多汽车生产厂家使用锂离子电池作为新能源汽车的动力电池。我国在锂离子电池方面的研究水平，已达到了世界先进水平，以宁德时代和比亚迪为代表的电池生产企业迅速发展起来。

1. 工作原理

锂离子电池正极材料采用锂化合物 $LiCoO_2$、$LiNiO_2$ 或 $LiMn_2O_4$，负极采用锂-碳层间化合物 Li_xC_6，电解液为有机溶液。

图 2-11 所示为锂离子电池的工作原理，电池在充电时，锂离子从正极材料的晶格中脱出，通过电解液和隔膜，嵌入负极中；放电时，锂离子从负极脱出，通过电解液和隔膜，嵌入正极材料晶格中。在整个充放电过程中，锂离子往返于正、负极之间。

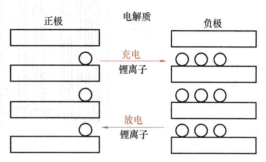

图 2-11　锂离子电池的工作原理

以 $LiCoO_2$ 为正极材料、石墨为负极材料的锂离子电池，正、负极的电化学反应为

$$LiCoO_2 \longrightarrow Li_{1-x}CoO_2 + xLi^+ + xe^- \tag{2-6}$$

$$6C + xLi^+ + xe^- \longrightarrow Li_xC_6 \tag{2-7}$$

总反应为

$$LiCoO_2 + 6C \longrightarrow Li_{1-x}CoO_2 + Li_xC_6 \tag{2-8}$$

2. 特点分析

（1）锂离子电池的优点

1）工作电压高。锂离子电池工作电压为 3.6V，是镍氢和镍镉电池工作电压的 3 倍。

2）比能量高。锂离子电池比能量已超过 $200W \cdot h/kg$。

3）循环寿命长。目前锂离子电池循环寿命已超过 1000 次以上，在低放电深度下可达几万次，超过了其他几种二次电池。

4）自放电率低。锂离子电池月自放电率仅为 6%~8%，远低于镍镉电池（25%~30%）和镍氢电池（15%~20%）。

5）无记忆性。可以根据要求随时充电，而不会降低电池性能。

6）对环境无污染。锂离子电池中不存在有害物质，是名副其实的"绿色电池"。

7）能够制造成任意形状。

（2）锂离子电池的缺点

1）成本高。主要是正极材料的价格高，但按单位瓦时的价格来计算，已经低于镍氢电池与镍镉电池，但高于铅酸蓄电池。

2）必须有特殊的保护电路，以防止过充电。

3. 结构

按照外形形状，锂离子电池可以分为方形和圆柱形锂离子电池。

圆柱形锂离子电池的结构如图 2-12 所示。锂离子电池由正极、负极、隔膜、电解液（图中未画出）和安全阀等组成。

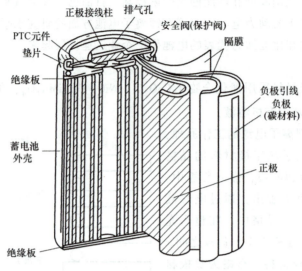

图 2-12 圆柱形锂离子电池的结构

（1）正极 正极物质在锰酸锂离子电池中以锰酸锂为主要原料，在磷酸铁锂离子电池中以磷酸铁锂为主要原料，在镍钴锂离子电池中以镍钴锂为主要材料，在镍钴锰锂离子电池中以镍钴锰锂为主要材料。在正极活性物质中再加入导电剂、树脂黏合剂，并涂覆在铝基体上，呈细薄层分布。

（2）负极 负极活性物质是由碳材料与黏合剂的混合物再加上有机溶剂调和制成糊状，并涂覆在铜基上，呈薄层状分布。

（3）隔膜 隔膜的功能是将正、负极隔开，一般使用聚乙烯或聚丙烯材料的微多孔膜。孔的作用是让锂离子在正、负极间往来穿梭。

（4）电解液 电解液是以混合溶剂为主体的有机电解液。为了使电解液主要成分锂盐溶解，必须采用具有高电容率且与锂离子相容性好的溶剂，即不阻碍离子移动的低黏度的有机溶液为宜，而且在锂离子蓄电池的工作温度范围内，必须呈液态，凝固点低，沸点高。电解液对于活性物质具有化学稳定性，必须良好适应充放电反应过程中发生的剧烈的氧化还原反应。又由于使用单一溶剂很难满足上述严酷条件，因此电解液一般混合不同性质的几种溶剂使用。

（5）安全阀 为了保证锂离子电池的使用安全性，一般通过对外部电路的控制或者在蓄电池内部设有异常电流切断的安全装置。即使这样，在使用过程中也有可能因其他原因引起蓄电池内压异常上升，这样，安全阀释放气体，以防止蓄电池破裂。安全阀实际上是一次性非修复式的破裂膜，一旦进入工作状态，就会保护蓄电池使其停止工作，因此是蓄电池的最后保护手段。

方形锂离子电池的结构如图 2-13 所示。和圆柱形锂离子电池一样，方形锂离子电池的盖子上也有一种特殊加工的破裂阀，以防止电池内压过高而可能出现的安全问题。这种阀一旦打开，电池即失效。同样，方形锂离子电池的极片也是卷绕起来的，它完全不同于方形 MH-Ni 或 Cd-Ni 电池的叠片结构。与圆柱形锂离子电池不同，方形锂离子电池的正极柱是一种金属-陶瓷或金属-玻璃绝缘子，它实现了正极与壳体之间的绝缘。

最近提出的聚合物锂离子电池的结构一般如图 2-14 所示。其电解液采用胶体状电解质。其外包装可以采用铝塑膜而不用金属材料，因此质量相对较小，能量密度更高。

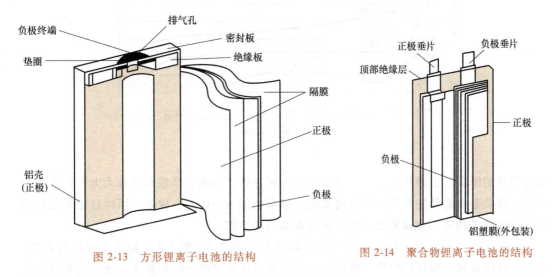

图 2-13　方形锂离子电池的结构　　　　图 2-14　聚合物锂离子电池的结构

二、典型的几种锂离子电池

锂离子电池内部主要由正极、负极、电解质及隔膜组成。正、负极及电解质材料及工艺上的差异使电池有不同的性能，并且有不同的名称。目前市场上的锂离子电池正极材料主要是钴酸锂（$LiCoO_2$），另外还有少数采用锰酸锂（$LiMn_2O_4$）及镍酸锂（$LiNiO_2$）的，一般将后两种正极材料的锂离子电池称为"锂锰电池"及"锂镍电池"。磷酸铁锂电池是用磷酸铁锂（$LiFePO_4$）材料做电池正极。下面主要介绍钴酸锂电池、锰酸锂电池、磷酸铁锂电池以及镍钴锰酸锂三元材料电池的特点以及放电特性。

1. 钴酸锂电池

钴酸锂电池结构稳定，比容量高，综合性能突出，但是其安全性差，成本非常高，主要用于中小型号电芯，标称电压为 3.7V。其理论容量为 $274mA \cdot h/g$，实际容量为 $140mA \cdot h/g$ 左右，也有报道实际容量已达 $155mA \cdot h/g$。

（1）钴酸锂电池的特点

1）主要优点：工作电压较高（平均工作电压为 3.7V），充放电电压平稳，适合大电流充放电，比容量高，循环性能好，电导率高，生产工艺简单，容易制备等。

2）主要缺点：价格昂贵，抗过充电性较差，循环性能有待进一步提高。

（2）钴酸锂电池的放电特性及寿命　图 2-15 所示为钴酸锂电池在不同放电率时的放电特性曲线。最小的放电率是 $1C$，最大的放电率是 $30C$。6 种不同的放电率形成对比组成一组放电曲线。随着放电倍率的增加，放电初期电压下降速度加快且不平稳。

2. 锰酸锂电池

合成性能好、结构稳定的正极材料锰酸锂是锂离子蓄电池电极材料的关键，锰酸锂是

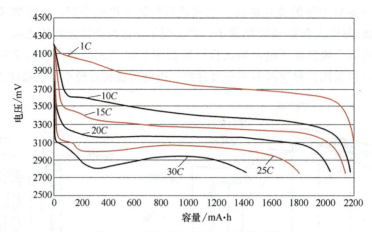

图 2-15 钴酸锂电池的放电特性曲线

较有前景的锂离子正极材料之一，但其较差的循环性能及电化学稳定性却大大限制了其产业化，掺杂是提高其性能的一种有效方法。掺杂有强 M—O 键、较强八面体稳定性及离子半径与锰离子相近的金属离子，能显著改善其循环性能。

（1）主要性能 锰酸锂电池的主要性能参数见表 2-2。表 2-2 中给出了电池的最高、最低电压以及额定电压的数值，电池的容量以及电池在充放电时的最大电流、过充过放电压等性能参数值。

表 2-2 锰酸锂电池的主要性能参数

性能参数	参数值	性能参数	参数值
最高电压/V	4.2	最低电压/V	2.75
额定电压/V	3.7	容量/A·h	10
最大充电电流/A	5	最大放电电流/A	180
过充电保护电压/V	4.25	过放电保护电压/V	2.45
放电保护电流/A	200		

（2）锰酸锂电池的特点

1）优点：安全性略好于镍钴锰酸锂三元材料；电压平台高，$1C$ 放电中值电压为 3.80V 左右，$10C$ 放电平台在 3.5V 左右；电池低温性能优越；对环境友好；成本低。

2）缺点：电池高温循环性能差；极片压实密度低于三元材料，只能达到 3.0g/cm³ 左右；锰酸锂电池比容量低，一般只有 105mA·h/g 左右；循环性能比三元材料差。

（3）锰酸锂电池的放电特性及寿命 图 2-16 所示为某锰酸锂电池在不同

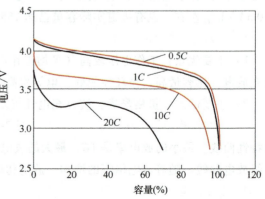

图 2-16 某锰酸锂电池在不同放电率时的放电特性曲线

放电率时的放电特性曲线。最小的放电率是 $0.5C$，最大的放电率是 $20C$。4 种不同的放电率形成一组放电曲线。随着放电率的增加，放电初期电压下降速率加快，放电平台电压下降，这是因为随着放电电流的增加，电池欧姆压降升高所致。

3. 磷酸铁锂电池

磷酸铁锂电池的全称是磷酸铁锂锂离子电池，由于它的性能特别适于动力方面的应用，故在名称中加入"动力"两字，即磷酸铁锂动力电池，也有人把它称为"锂铁（LiFe）动力电池"。

（1）磷酸铁锂电池的主要性能　磷酸铁锂电池的标称电压是 3.2V，终止充电电压是 3.6V，终止放电压是 2.0V。由于各个生产厂家采用的正、负极材料及电解质材料的质量及工艺不同，其性能上会有些差异。例如，同一种型号（同一种封装）的标准电池，其电池的容量有较大差别（10%~20%）。

磷酸铁锂动力电池的容量有较大差别，可以分成 3 类：小型电池的容量为零点几到几毫安，中型的为几十毫安，大型的为几百毫安。不同类型电池的同类参数也有一些差异。这里再介绍一种目前应用较广的小型标准圆柱形封装的磷酸铁锂动力电池的参数，见表 2-3。其外廓尺寸：直径为 18mm，高度为 650mm（型号为 18650）。

表 2-3　小型标准圆柱形封装的磷酸铁锂动力电池的参数

性能参数	参数值	性能参数	参数值
典型容量/mA·h	1000~1400	一般充电电流/A	$(0.2~0.5)C$
标称电压/V	3.2	最大放电电流/A	$(5~10)C$
终止充电电压/V	3.6±0.05	一般放电电流/A	$(0.5~1)C$
终止放电电压/V	2.0	工作温度范围/℃	充电:0~45
内阻/mΩ	30~80		放电:-20~60
最大充电电流/A	$(1~1.5)C$		

（2）磷酸铁锂电池的特点

1）高效率输出：标准放电为 $(2~5)C$，连续高电流放电可达 $10C$，瞬间脉冲放电（10s）可达 $20C$。

2）高温时性能良好：外部温度为 65℃时，内部温度则高达 95℃，电池放电结束时温度可达 160℃，电池的结构安全、完好。

3）即使电池内部或外部受到伤害，电池也不会燃烧或爆炸，安全性最好。

4）循环寿命极好，经 500 次循环，其放电容量仍大于 95%。

5）过放电到 0V 也无损坏。

6）可快速充电。

7）成本低。

8）对环境无污染。

（3）典型的放电特性　一种型号为 STL18650 的磷酸铁锂动力电池（容量为 1100mA·h）在不同放电率时的放电特性如图 2-17 所示。

4. 镍钴锰酸锂三元材料电池

钴镍锰酸锂三元电池融合了钴酸锂电池和锰酸锂电池的优点，在小型低功率电池和大

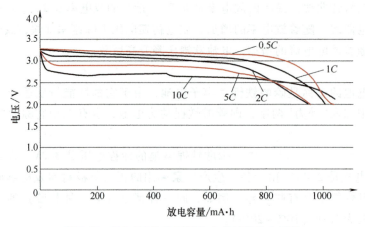

图 2-17　STL18650 在不同放电率时的放电特性

功率动力电池上都有应用。但该种电池的材料之一钴是一种贵金属，价格波动大，对钴酸锂的价格影响较大。钴处于价格高位时，三元材料价格较钴酸锂低，具有较强的市场竞争力；但钴处于低价位时，三元材料相较于钴酸锂的成本优势就大大减小。随着性能更加优异的磷酸铁锂的技术开发，三元材料大多被认为是磷酸铁锂未大规模生产前的过渡材料。

（1）镍钴锰酸锂电池的特点

1）优点：镍钴锰酸锂材料比容量高，电池循环性能好，10C 放电循环可以达到 500 次以上；高低温性能优越；极片压实密度高，可以达到 3.4g/cm³ 以上。

2）缺点：电压平台低，1C 放电中值电压为 3.66V 左右，10C 放电平台在 3.45V 左右；电池安全性能相对差一点；成本较高。

（2）镍钴锰酸锂电池的放电特性及寿命　图 2-18 所示为镍钴锰酸锂三元材料电池在不同放电率时的放电特性曲线。最小的放电率是 0.5C，最大的放电率是 20C，4 种不同的放电率形成一组放电曲线。

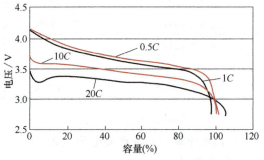

图 2-18　镍钴锰酸锂三元材料电池在不同放电率时的放电特性曲线

最后，给出钴酸锂电池、镍钴锰酸锂电池、锰酸锂电池以及磷酸铁锂电池的性能以及应用领域的对比，见表 2-4。

表 2-4　钴酸锂电池、镍钴锰酸锂电池、锰酸锂电池以及磷酸铁锂电池的性能对比

性能	钴酸锂（LiCoO₂）	镍钴锰酸锂（LiNiCoMnO₂）	锰酸锂（LiMn₂O₄）	磷酸铁锂（LiFePO₄）
振实密度/(g/cm³)	2.8~3.0	2.0~2.3	2.2~2.4	1.0~1.4
比表面积/(m²/g)	0.4~0.6	0.2~0.4	0.4~0.8	12~20
克容量/(mA·h/g)	135~140	140~180	90~100	130~140
电压平台/V	3.7	3.5	3.8	3.2

（续）

性能	钴酸锂（LiCoO$_2$）	镍钴锰酸锂（LiNiCoMnO$_2$）	锰酸锂（LiMn$_2$O$_4$）	磷酸铁锂（LiFePO$_4$）
循环次数	≥500	≥500	≥300	≥2000
过渡金属	贫乏	贫乏	丰富	非常丰富
原料成本	很高	高	低廉	低廉
环保	含钴	含镍钴	无毒	无毒
安全性能	差	较好	良好	优秀
适用领域	中小电池	小电池、小型动力电池	动力电池、低成本电池	动力电池、超大容量电源

第三节　发　电　机

　　汽车使用的电源有蓄电池和发电机两种，现在的内燃机汽车采用交流发电机作为主要电源，蓄电池作为辅助电源。在汽车行驶过程中，交流发电机对除起动电机以外的所有的用电设备供电，并向蓄电池充电，以补充蓄电池在使用中所消耗的电能。蓄电池在汽车起动时提供起动电流，当发电机发出电量不足时，可以协同发电机供电。

　　汽车用电器都是按照一定的直流电压设计的，汽油车常用12V，柴油车常用24V。在汽车上，发电机既是用电器的电源，又是蓄电池的充电装置，为了满足用电器和蓄电池的要求，对发电机的供电电压和电流变化范围有一定限制，需要配用调节器。

　　汽车所用的发电机有直流发电机、交流发电机。直流发电机利用机械换向器整流，交流发电机利用硅二极管整流，故又称硅整流发电机。早期的汽车采用直流发电机，靠换向器将电枢绕组内感应的交流电转变为直流电，但在换向过程中，电刷与换向器之间容易产生火花，从而引起换向器和电刷的烧蚀和磨损。随着发电机转速的提高，换向火花越来越大，无线电干扰也越来越严重，同时换向器和电刷的磨损加剧。因此，从20世纪70年代起直流发电机已经逐步被淘汰，现在的内燃机汽车均采用交流发电机。交流发电机与直流发电机相比，具有以下几个特点。

　　1）体积和质量小。

　　2）在发动机低速运转时，仍能进行充电。

　　3）故障少，使用寿命长，维修简便。

　　4）调节器结构简单。

　　5）很少产生干扰波。

一、交流发电机的构造

　　汽车用交流发电机，一般由三相同步交流发电机和硅二极管整流器两大部分组成。交流发电机分为定子和转子两部分，交流发电机的转子是用来建立磁场的，定子是用来产生交流电动势的。三相定子绕组按照彼此相差120°的角度分布在定子铁心槽内，转子由励磁绕组和一对极爪组成。当转子绕组接通直流电时即被励磁，两块极爪形成N极和S极。

磁力线由 N 极出发，穿过空气间隙进入定子铁心再回到相邻的 S 极。转子一旦旋转，定子绕组中的磁通就将产生交变，在定子绕组中产生 3 个相位互差 120°角的正弦电动势，即三相交流电，再经由 6 只硅二极管组成的整流器件变为直流电输出。

　　由于发电机输出电压会随发动机转速增高而升高，故要用电压调节器进行调节，使之符合使用需要。汽车的发电机都是比较紧凑的，将集成电路调节器放进发电机内装成一体，并且采用多管形式。

　　现在的轿车已普遍采用空调装置、电喷发动机、电控门窗、电动可调座椅等。汽车越高级，用电量就越大。现在的中高级轿车发电机功率一般都已达到 1kW。随着自动化和舒适性的提高，用电量还要加大，但轿车的安装空间有限，不可能靠加大体积增加功率。因此，工程师就在冷却和安装位置上想办法。例如将发电机安装在发动机的上端，尽量远离发热区；发电机的前、后端都装上风扇叶，以增强冷却效果。

　　JF132 型交流发电机的构造如图 2-19 所示。

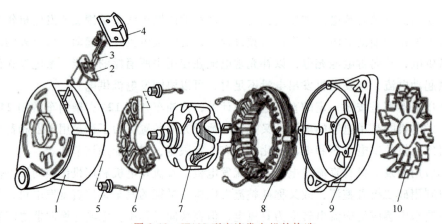

图 2-19　JF132 型交流发电机的构造

1—后端盖　2—电刷架　3—电刷　4—电刷弹簧压盖　5—硅二极管　6—元器件板
7—转子　8—定子铁心及绕组　9—前端盖　10—风扇

二、交流发电机的工作原理

1. 发电原理

　　在汽车用交流发电机中，由于转子磁极是鸟嘴形，其磁场的分布近似于正弦规律，因此交流电动势也近似于正弦波形，相位差互为 120°，如图 2-20 所示。

2. 整流原理

　　硅二极管具有单向导电性。在某一瞬间，正极二极管上哪一相的电压最高，哪一相的正极管就获得正向电压而导通。负极管上哪一相的电压最低，哪一相的负极管就获得正向电压而导通。

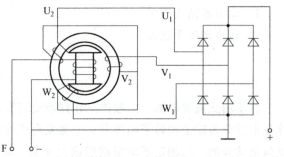

图 2-20　交流发电机的发电原理

三相桥式整流器电路及电压波形如图 2-21 所示。

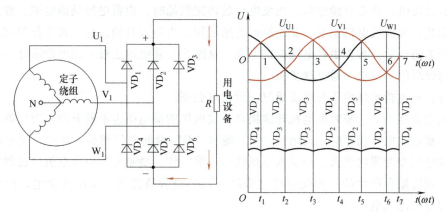

图 2-21　三相桥式整流器电路及电压波形

实际上，在汽车交流发电机中选用的二极管，其允许的反向电压要高得多，可以承受电路中各种瞬时过电压对二极管的冲击。

3. 励磁方法

交流发电机的励磁电路如图 2-22 所示。

汽车用交流发电机最常用的是九管交流发电机，也就是具有 9 个硅二极管的发电机。其中 6 个硅二极管组成整流器，利用二极管的单向导电性将交流发电机产生的交流电压转变成直流电压，另外 3 个二极管提供通过发电机中的励磁绕组的电流，称为励磁二极管。九管交流发电机不仅可以控制充电指示灯指示蓄电池的充电情

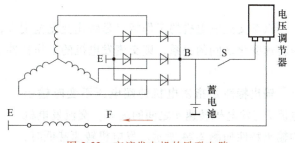

图 2-22　交流发电机的励磁电路

况，指示充电系统是否发生故障，还可以在停车时，提醒驾驶人断开点火开关。九管交流发电机的原理如图 2-23 所示。

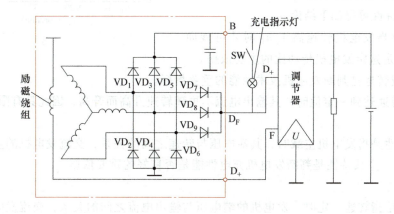

图 2-23　九管交流发电机的原理

由于二极管有 0.6V 的门槛电压，所以汽车用交流发电机只有在发电机处于较高转速时才能自己发电，称为自励过程。当发电机的转速较低时，由蓄电池供给电流，称为他励过程。因此，交流发电机发电，要先经过他励过程，再经过自励过程，其工作原理如下。

当开关闭合后，首先由蓄电池提供电流，电路为：蓄电池正极→充电指示灯→调节器触点→励磁绕组→搭铁→蓄电池负极。

此时，充电指示灯由于有电流通过，所以灯会亮。

但发动机起动后，随着发电机转速提高，发电机的端电压也不断升高，当发电机的输出电压与蓄电池电压相等时，发电机"B"端和"D"端的电位相等，此时，充电指示灯由于两端电位差为零而熄灭。指示发电机已经正常工作，励磁电流由发电机自己供给。发电机中三相绕组所产生的三相交流电动势经 6 只二极管整流后，输出直流电，向负载供电，并向蓄电池充电。

当发电机高速运转、充电系统发生故障而导致发电机不发电时，"D"端无电压输出，所以充电指示灯由于两端电位差增大而发亮，警告驾驶人及时排除故障。九管交流发电机在停车后，蓄电池向充电指示灯继续提供电流，则充电指示灯会一直亮，提醒驾驶人断开点火开关。

三、交流发电机的工作特性

汽车交流发电机的工作特点是转速变化范围大，因此，必须了解其输出电流、端电压与转速变化之间的关系，即交流发电机的工作特性。

1. 输出特性

输出特性是指发电机的端电压不变时输出电流 I 与发电机转速 n 之间的关系，交流发电机的输出特性如图 2-24 所示。发电机转速甚低时，其端电压低于额定电压，此时发电机不向外供电；当发电机空载时，转速达到额定电压的转速 n_1，称为空载转速。发电机达到额定功率时的转速，n_2 称为满载转速。

由输出特性可得如下结论。

1）只有当发电机转速高于 n_1 时才可能向外供电，n_1 是选定发电机传动比的主要依据。

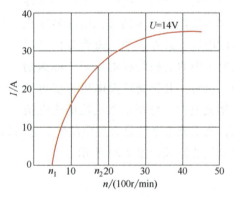

图 2-24　交流发电机的输出特性

2）满载转速是判断发电机技术性能的重要指标。

3）当转速达到一定值时，其输出电流不再随转速升高而升高，因此具有限流作用。

2. 空载特性

空载特性是指发电机空载时，其端电压与转速之间的关系，交流发电机的空载特性如图 2-25 所示。空载特性是判断发电机充电性能是否良好的重要依据。

3. 外特性

外特性是指转速一定时，发电机的端电压与输出电流之间的关系，交流发电机的外特性如图 2-26 所示。当发电机在高速运转时，如果因外电路开路而突然失去负载，则其端电压将急剧升高，这对发电机和晶体管调节器内的电子元器件都是有害的。

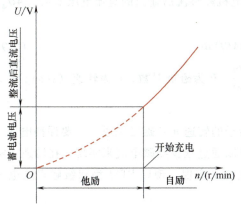

图 2-25　交流发电机的空载特性

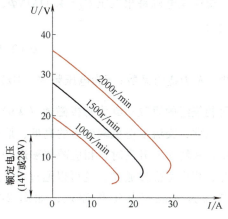

图 2-26　交流发电机的外特性

第四节　电压调节器

　　汽车在行驶过程中，由于发动机的转速随时都在变化，交流发电机的转速也随之变化，因此，发电机输出电压必然随转速变化而变化。交流发电机电压调节器可把交流发电机的电压控制在一定的规定范围内，当发电机转速发生变化时，它将自动调节发电机输出电压并使电压保持恒定，防止输出电压过高而损坏用电设备和避免蓄电池过量充电。

　　直流发电机所匹配的调节器一般都由电压调节器、电流限制器、截流继电器三部分组成。交流发电机调节器都可大大简化。由于硅二极管具有单向导电的特性，当发电机电压高于蓄电池电动势时，二极管有阻止反向电流的作用，所以交流发电机不再需要截流继电器。由于交流发电机具有限制输出电流的能力，因此也不再需要限流器。但它的电压仍是随转速变化而变化的，所以为了得到恒定的直流电压，必须装电压调节器。

　　现在汽车所用的交流发电机（硅整流发电机）电压调节器按其结构和工作原理可分为机械电子振动式电压调节器（也称为触点式电压调节器）和电子电压调节器两类。

一、触点式电压调节器

　　触点式电压调节器有双级式和单级式之分，其基本原理都是通过改变触点闭合或断开的时间长短来改变励磁电流大小的。下面以双级触点式电压调节器为例来介绍触点式电压调节器的构造与工作原理。

1. 双级触点式电压调节器的构造

　　双级触点式电压调节器与单级式的区别在于多装了一个高速触点，而且高速触点是搭铁的。不同厂家生产的双级触点式电压调节器的具体结构虽然不同，但都具有两个触点，一个动断触点为低速触点，一个动合触点为高速触点。活动触点在两个静触点的中间，可以进行两级电压调节。调节器对外部只有相线和磁场两个接线柱。

2. 双级触点式电压调节器的工作原理

交流发电机每相电压 $U_\phi = 4.44KfN\Phi$，而发电机经整流后输出的直流电压 $U = 2.34U_\phi$，所以得

$$U = 2.34 \times 4.44KfN\Phi \qquad (2\text{-}9)$$

式中，K 为绕组系数；f 为电压频率（Hz），$f = \dfrac{Pn}{60}$，P 为磁极对数，n 为转速（r/min）；N 为每相绕组的匝数；Φ 为每极磁通（Wb）。

因此，交流发电机端电压的高低，取决于转子的转速 n 和磁极磁通 Φ。要保持电压 U 恒定，在转速 n 升高时，相应减弱磁通 Φ，这可以通过减少励磁电流来实现；在转速 n 降低时，相应增强磁通 Φ，这可以通过增大励磁电流来实现。现以 FT61 型双级触点式电压调节器为例说明其工作原理，如图 2-27 所示。

1）发动机起动并闭合点火开关时，发电机转速很低，其端电压低于蓄电池端电压，调节器低速触点闭合，由蓄电池向发电机提供他励励磁电流。此时的励磁电路为：蓄电池正极→电流表→点火开关→调节器相线接线柱 S→低速触点 K_1→衔铁→调节器磁场接线柱 F→发电机励磁绕组→搭铁→蓄电池负极。这种情况下，用电设备均由蓄电池供电，电流表指向"－"的一侧，调节器不工作。

2）当发电机转速升高，其端电压略高于蓄电池的端电压但低于 14V 时，调节器低速触点仍闭合，发电机由他励转入自励而正常发电。励磁电路基本不变，只是蓄电池被发电机取代。从此开始，所有用电设备均由发电机供电，同时，发电机向蓄电池充电。电流表指向"＋"的一侧，调节器处于准备工作状态，工作电路为：发电机正极→点火开关→调节器相线接线柱 S→R_1→R_3→搭铁→发电机负极。

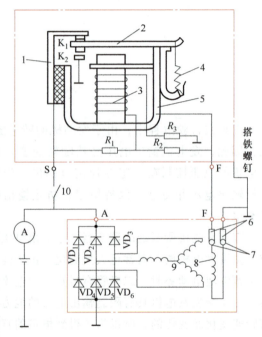

图 2-27　FT61 型双级触点式电压
调节器的工作原理电路

1—静触点支架　2—衔铁　3—磁化线圈
4—弹簧　5—磁轭　6—电刷　7—集电环
8—磁场绕组　9—三相定子绕组　10—点火开关
R_1—加速电阻（1Ω）　R_2—调节电阻（8.5Ω）　R_3—补偿电阻（13Ω）　K_1—低速触点　K_2—高速触点

3）当发动机升至较高转速，发电机的电压达到第一级调压值时，调节器线圈中的铁心电磁力克服弹簧力，使低速触点 K_1 打开，但尚不能使高速触点 K_2 闭合。因为励磁电路中串入 R_1 和 R_2，而 R_2 阻值比 R_1 大得多，使励磁电流减小，端电压下降，低速触点又闭合；低速触点 K_1 重新闭合后，切去电阻 $R_1 + R_2$，使励磁电流再次增大，端电压再次升高，低速触点再次打开。如此循环下去，在低速触点不断开合振动下实现第一级电压的调节工作。一级调压的励磁电路为：发电机

正极→点火开关→调节器相线接线柱 S→R_1→R_2→调节器磁场接线柱 F→发电机励磁绕组→搭铁→发电机负极。

4）发动机高速运转时，发电机的电压将超过第一级调压值，达到第二级调压值，调节器线圈中的铁心电磁力远大于弹簧力，使高速触点 K_2 闭合，立即将励磁电路短接搭铁。于是励磁电流急速减小，电压下降，高速触点打开；高速触点打开之后，励磁电路又被接通，励磁电流又增大，电压又上升，高速触点又闭合。如此循环下去，在高速触点不断开合振动下实现第二级电压的调节工作。二级调压高速触点闭合时的励磁电路短接回路为：搭铁→高速触点 K_2→衔铁→磁轭→调节器磁场接线柱 F→发电机励磁绕组→搭铁。

5）发动机停转时，断开点火开关，发电机不发电，调节器恢复到不工作状态，即低速触点 K_1 常闭，高速触点 K_2 常开，电流表指针回到零位。

3. 调节器的性能

双级触点式电压调节器能调控两级电压，适合与高速旋转的交流发电机匹配使用。在汽车正常行驶中，调节器一般多工作在第二级电压调节状态。

双级触点式电压调节器的优点是：在设计制造时对所配电阻值做了合理的选择，触点火花小，触点开合频率有所改善，灵敏度较高，调压质量符合使用要求。其缺点是：触点间隙太小，仅 0.2~0.3mm，不便于保养和检查调整；第一级调节电压与第二级调节电压相差仅 0.5~1V，在低速触点过渡到高速触点工作时，出现失调区，对充电性能有一定影响；触点断开时仍有电火花产生，对无线电有一定干扰；在脏污情况下会导致触点烧结故障。

二、电子电压调节器

电子电压调节器比触点式电压调节器好，其优点如下：

1）结构简单、工作可靠、故障少。电子调节器都由晶体管、二极管、稳压管或集成电路以及电阻、电容等电器元器件组成。它既无触点又无线圈，更无振动部件，所以不仅结构简单，而且不可能产生触点烧蚀、氧化、熔焊、绕组损坏及振动机构失灵等现象，因此电子电压调节器性能可靠、故障少，不必经常维修和调整。

2）由于电子电压调节器没有触点，故不会产生触点火花，因而对无线电设备的干扰减小。

3）使用寿命长。

电子电压调节器的结构形式一般有两种：一种为可拆式，它的盖子与底座是用螺钉连接的，可拆开检修或更换元器件；另一种是密封式的，不可拆卸。电子元器件装入后用树脂封装起来。如果损坏，只能更换调节器总成。

1. 晶体管调节器

目前国内外所生产的晶体管调节器的基本结构大致相同，一般都由 2 个或 3 个晶体管、1 个稳压管或二极管，以及一些电阻、电容等组成。

晶体管调节器大多采用铝合金材料做外壳，将大功率晶体管直接安装在外壳上，其外壳装有散热片。其他元器件一般都装在印制电路板上，电路板用螺钉与调压器底座固定。

调节器的引线接头有插头式和接线板式两种。上面分别标有"+"（电枢或相线），

"−"（搭铁）和"F"（磁场）的符号或标记。在调节器与发电机连接时，应将对应的接线柱相连。

晶体管调节器由3个基本部分构成：信号检出部分、开关控制部分和电子开关部分。

信号检出部分也叫电压敏感电路，它的作用是检出高于规定的供电电压，并将其变为另一信号电压。

开关控制部分的作用是把这一信号电压变为控制电子开关通断的控制电压。

电子开关部分则是按控制电压的变化，改变发电机励磁绕组电路通断时间比例的开关装置。

当发电机电压高于规定供电电压时，电子开关即切断励磁电流，使发电机输出电压迅速下降，当其降至规定电压之后，开关又接通励磁电流，如此反复，实现如同触点式电压调节器触点振动的效果，控制发电机输出电压，使之稳定不变。

下面举几个晶体管调节器的实例：

（1）JFT126、JFT246型晶体管调节器 JFT126、JFT246型晶体管调节器电路如图2-28所示。

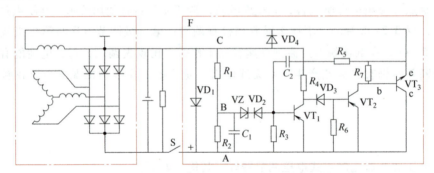

图2-28 JFT126、JFT246型晶体管调节器电路

图2-28中右侧点画线框为调节器。调节器左至右依次为信号检出部分、开关控制部分和电子开关部分。大功率晶体管 VT_3 串联在发电机的磁场电路中，VT_3 导通则磁场绕组中有电流流过，使发电机电压升高。当发电机电压高于规定值时，VT_3 截止，磁场电路断开使发电机电压急剧下降。当下降到规定值后，VT_3 又重新导通，接通磁场电路，使发电机电压重新升高。依此往复，发电机电压便被稳定于规定值。

其具体工作过程如下：

1）合上点火开关S。蓄电池电压加在 R_1 和 R_2 组成的分电器的A、C两端。R_2 分得的电压 U_{AB} 为

$$U_{AB} = U_{AC} \frac{R_2}{R_1 + R_2} \tag{2-10}$$

U_{AB} 通过 VT_1 管的发射极e和二极管 VD_2 加到稳压管VZ上，稳压管VZ承受反向电压。由于此反向电压低于稳压管的击穿电压，所以稳压管VZ截止。所以 VT_1 由于无基极电流而处于截止状态。

VT_2 在 R_4 的偏置作用下，有基极电流流过，所以 VT_2 导通，由于 VT_2 和 VT_3 是复合管，因此 VT_3 也导通，于是蓄电池通过 VT_3 供给励磁绕组电流，其电路为：蓄电池

"+"→S→调节器"+"→$VT_{3(c,e)}$→调节器磁场接线柱 F→励磁绕组→搭铁。于是，发电机产生电压。

2）当发电机电压随转速升高，而超过规定值（如 14V）时，分压器加在稳压管 VZ 上的反向电压达到其击穿电压，则稳压管 VZ 导通。于是，VT_1 有基极电流流过而导通，VT_2 被短路而截止，同时 VT_3 也截止。切断了励磁电路，使发电机电压降下来。

3）当发电机电压下降到低于规定值（如 14V）时，由于加在稳压管 VZ 上的反向电压低于其击穿电压，于是稳压管 VZ 又重新截止，VT_1 也截止，VT_2 又导通，励磁电路又被接通，发电机电压又上升。如此反复，把发电机的电压稳定在规定值。

(2) JFT106 型晶体管调节器　JFT106 型晶体管调节器电路如图 2-29 所示。

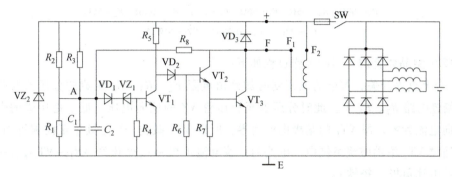

图 2-29　JFT106 型晶体管调节器电路

R_1—1kΩ　R_2—510Ω　R_3—微调电阻　R_4—240kΩ　R_5—1kΩ　R_6—510Ω　R_7—510Ω

R_8—反馈电阻　VZ_1—2CW　VZ_2—10W40　VT_1—3DG12A　VT_2—3DG27B　VT_3—3DD15D

VD_1、VD_2—2CP12　VD_3—2CZ85D　C_1、C_2—4.7μF

JFT106 型电压调节器为 14V 负极搭铁，可以配 14V、750W 的九管交流发电机，也可用于 14V、功率小于 1000W 的六管交流发电机，调节电压为 13.8～14.6V。其工作过程如下：

1）接通点火开关 SW，蓄电池正极经 R_5、VD_2 和 R_6 向 VT_2 提供偏流使其导通，VT_3 也接着导通。蓄电池正极经点火开关→励磁绕组→$VT_{3(c,e)}$→蓄电池负极（搭铁），对交流发电机进行励磁。

2）随着发电机转速升高，电压逐渐升高。当 A 点电压达到调压值时，R_1、R_2 组成的分压器上 R_1 两端电压将使稳压管 VZ_1 反向击穿，使 VT_1 导通，VT_2 与 VT_3 则截止。励磁电流迅速下降，发电机端电压及 A 点电位也随之下降。

3）A 点电位下降，使稳压管 VZ_1 截止，VT_1 随之截止而 VT_2、VT_3 导通，电压又迅速上升。

如此反复交替工作，控制发电机电压保持在规定值上。

电路中，R_3 起稳定作用；C_1、C_2 起降低 VZ_1、VT_1 开关频率作用；VD_3 保护 VT_3 不被励磁绕组自感电动势击穿；VD_1、VD_2 为温度补偿二极管，以减少温度对晶体管工作特性的影响；R_4 为正反馈电阻，以提高晶体管转换速度，减少损耗，改善波形。

(3) JFT201 型晶体管调节器　JFT201 型晶体管调节器电路如图 2-30 所示。

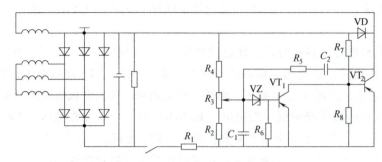

图 2-30 JFT201 型晶体管调节器电路

VD—2DZ₁A150V   VT₁—3AX81A   VT₂—3AD30C R_1—0.25Ω R_2—56Ω

R_3—68Ω R_4—56Ω R_5—56Ω R_6—56Ω R_7—180Ω R_8—56Ω

C_1—20μF C_2—0.22μF   VZ—2CW15

JFT201 型晶体管调节器的工作过程如下：

1）合上点火开关，蓄电池电压同时加到由电阻 R_2、R_3、R_4 组成的分压器及晶体管 VT_2 的偏置电路 R_7、R_8 上。此时分压器至稳压管 VZ 的反向电压，低于稳压管的击穿电压，反向电流为零，即 VT_1 的基极电流为零，所以 VT_1 截止。VT_2 处于正向偏置而导通。蓄电池通过 VT_2 给励磁绕组供电。电路为：蓄电池正极→点火开关→R_1→$VT_{2(e,c)}$→励磁绕组→蓄电池负极（搭铁）。

2）当发电机转速升高至电压高于蓄电池电压时，便自己供给励磁电流。发电机的电压升至调压值（13.5~14.5V）时，分压器 R_2、R_3、R_4 加至稳压管 VZ 两端的反向电压达到击穿电压，稳压管 VZ 被击穿。VT_1 产生基极电流而导通。此时 VT_2 的发射极与基极被 VT_1 短路而截止，截断发电机励磁电路，使发电机电压下降。

3）当发电机电压低于调节电压时，加在稳压管 VZ 两端的反向电压低于击穿电压，稳压管截止，VT_1 也截止，而 VT_2 又导通，发电机的励磁电流上升，输出电压升高。

如此反复，使发电机电压稳定在规定值上。

2. 集成电路（IC）调节器

集成电路，是指在一块微小基片上，组装着许多半导体元器件和其他电路元器件所构成的电子电路。

1967 年美国通用汽车公司的台尔柯无线电分部（The Delco Radio Division of General Motors），成功地开发了集成电路调节器。它是自分立元器件型晶体管调节器取代触点式调节器以来，对晶体管调节器的改进或更新换代产品。

集成电路调节器有如下优点：

1）体积很小。可以把它组装到发电机内部，简化了接线，减少了线路损失，从而使发电机的实际输出功率提高 5%~10%。

2）电压调节精度高。触点式调节器的电压调节精度为 ±1.0V，晶体管调节器为 ±0.5V，而集成电路调节器则为 ±0.3V。当发电机在不同转速范围内变化时，其电压的变化可限定在 0.1V 以内。采用集成电路调节器可使汽车电系的工作电压保持稳定，并且基本上不需要对调节器进行检修和调整。

3）可增大发电机励磁电流。励磁电流可达 6A 以上，确保发电机自励和建压。

4）集成电路调节器用塑料或树脂封装，故能承受潮湿、泥土、油污、低温等恶劣环境的影响，它还能耐 130℃ 高温。

5）由于内部无可移动零件，所以能承受较大的机械振动和冲击。

6）使用寿命长，可达 16 万 km 以上。

7）具有自检、保护等功能。

集成电路调压器通常由电压控制、励磁电流控制（输出控制）和温度补偿三大部分组成，如图 2-31 所示。图 2-31 中的电压控制部分包括由电阻组成的分压器和由稳压管及晶体管所组成的电压放大极；输出部分通常由大功率复合管构成；温度补偿部分一般将热敏电阻与分压电阻并联，或用无源元器件与半导体元器件一起组成温度补偿网络。

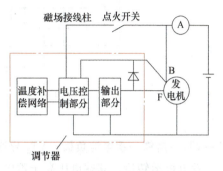

图 2-31　集成电路调压器的组成框图

（1）JFT151 型集成电路调节器　JFT151 型集成电路调节器为薄膜混合集成电路调节器。其电路如图 2-32 所示。其工作原理与上述相同。即当发电机电压低于规定值时，稳压管 VZ_1 截止，VT_1 也截止，VT_2 在 R_4 的偏置作用下导通，励磁电路接通，发电机电压上升；当发电机电压高于规定值时，稳压管 VZ_1 被击穿导通，VT_1 也导通，则 VT_2 被短路而截止，励磁电路被切断，发电机电压下降。如此反复，使发电机电压保持恒定。

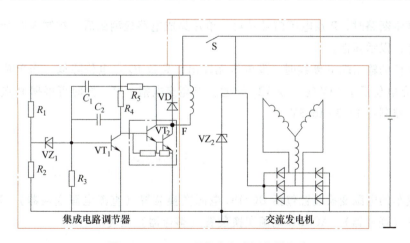

图 2-32　JFT151 型集成电路调节器电路

（2）具有保护功能的集成电路电压调节器　汽车发电机内装集成电路电压调节器及充电系统电路如图 2-33 所示。该发电机调节器是由一块单片集成电路和晶体管等元器件组成的混合集成电路调节器，装于发电机内部，构成整体式交流发电机。

该调节器的工作过程如下：

点火开关接通且发电机未转动时，蓄电池端电压经接线柱 IG 输入单片集成电路，使晶体管 VT_1、VT_2 均有基极电流流过，于是 VT_1、VT_2 同时导通。VT_1 导通，发电机由蓄电池进行他励，磁场绕组中有电流流过，电流流向为：蓄电池正极→接线柱 B→磁场绕

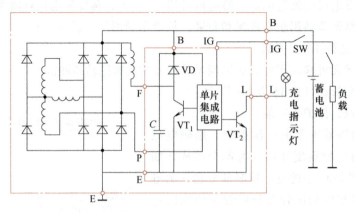

图 2-33　集成电路电压调节器及充电系统电路

组→VT_1→搭铁→蓄电池负极；VT_2 导通时，充电指示灯亮，表示发电机不发电。

发电机运转后，其端电压高于蓄电池电动势而低于调节电压时，VT_1 仍导通，但发电机由他励转为自励，并向蓄电池充电。同时，由于 P 点电压输入单片集成电路使 VT_2 截止，故充电指示灯会熄灭，表示发电机工作正常。

当发电机电压随转速升高到调节电压时，单片集成电路检测出该电压，于是 VT_1 由导通变为截止，磁场绕组中电流中断，发电机电压下降。当电压下降到略低于调节电压时，单片集成电路使 VT_1 又导通。如此反复，发电机输出电压将被控制在调节电压范围内。

磁场电路断路时，P 点电压信号异常，单片集成电路检测到后，控制 VT_2 导通，点亮充电指示灯，以示异常。

当发电机的输出端 B 断线时，发电机无输出，导致 IG 点电位降低。当单片集成电路检测到 IG 点电位低于 13V 时，令 VT_2 导通，点亮充电指示灯，同时可根据 P 点电位将发电机端电压控制在 13.3～16.3V。

第五节　电源变换器

电动汽车的电源变换装置包括 DC/DC 电源变换装置（直流电源变换器）、DC/AC 电源变换装置（逆变器）、AC/DC 电源变换装置（整流器）三类。

一、DC/DC 电源变换装置（简称 DC/DC 变换器）

1. DC/DC 变换器的用途

在电动汽车的电子系统或设备中，系统中的直流总线不可能满足性能各异、种类繁多的元器件（包括集成组件）对直流电源的电压等级、稳定性等要求，因而必须采用各种 DC/DC 变换器来满足电子系统对直流电源的各种需求。DC/DC 变换器的直流输入电源可来自系统中的电池，也可来自直流总线。车载的动力电池和辅助电源（通常有 24V、12V 等）工作时，其电压稳定性能差，且会有较高的噪声。例如，一个 12V 的汽车电池在充电时其电压可高达 15V 以上，起动电动机时电压可低至 6V。要使汽车电子设备正常工作，必须使用一个 DC/DC 变换器，将宽范围变化的直流电压变换成一种稳定性能良好的直流电压。

电动汽车的 DC/DC 变换器的主要功能是给车灯、电子控制单元（Electric Control Unit，ECU）、小型电器等车辆附属设备供给电力和向辅助电源充电，其作用与传统汽车的交流发电机相似。传统汽车依靠发动机带动交流发电机发电供给附属电器设备和辅助电源。由于纯电动汽车和燃料电池电动汽车无发动机、混合动力汽车的发动机并不是不间断地工作，并且多带有"自动急速停止与起动"装备，因此新能源汽车无法使用交流发电机提供电源，必须靠动力电池向附属用电设备及其电源（辅助电源）供电，DC/DC 变换器成为其必备设备。对 DC/DC 变换器的主要要求有：尽可能高的转换效率，至少 50% 以上；具有输出、输入端的隔离效果；具有短路保护功能和过电压保护功能等。

2. DC/DC 变换器的典型电路

DC/DC 变换器由功率变换电路和控制电路组成。实际 DC/DC 变换器电路的构成示意图如图 2-34 所示。功率变换电路以控制电路的驱动信号为基础，打开、关闭晶闸管的输入直流电压，并将其变换为交流电压供给变压器。在变压器中变压之后的交流电压经整流二极管整流，整流后的断续直流电压经平滑电路平滑后对辅助电池充电。控制电路除了完成以上功能外，还具有输出限流、输入过电压保护、过热保护和警报等功能。

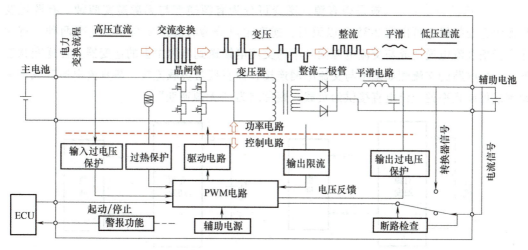

图 2-34 DC/DC 变换器电路的构成示意图

二、DC/AC 电源变换装置（简称 DC/AC 变换器）

1. DC/AC 变换器的用途

DC/AC 变换器是一种将直流电转变为交流电的电力电子设备，其英文名称为 Power Inverter 或 Inverter，又称为逆变器。逆变器在汽车上的使用常见于新能源汽车的电机控制场合。新能源汽车的驱动电机多采用交流电供电，因此需要将动力电池提供的直流电逆变为交流电，供给驱动电机以驱动车辆行驶。

近年来出现的车载交流电源也是一种逆变器，它能够将直流电转换为和市电相同的交流电（如 AC 220V），供一般电器使用，是一种方便的电源转换器。如果是燃油车，该逆变器是将 12V（或 24V）低压直流电逆变为 220V 交流电；如果是新能源汽车，该逆变器的输入则会直接用车载动力电池的高压直流电逆变为 220V 交流电。

2. DC/AC 变换器的种类

常见 DC/AC 变换器的电路可按输出波形、直流电源的性质、用途、换流方式和输出相数等分类。此处仅介绍其中的 4 种分类方法。

（1）按输出波形分　按输出波形分，DC/AC 变换器可分为两类：一类是正弦波逆变器，另一类是方波逆变器。正弦波逆变器输出的是同人们日常使用的电网一样甚至更好的正弦波交流电，因为它不存在电网中的电磁污染。方波逆变器输出的则是质量较差的方波交流电，其正向最大值到负向最大值几乎在同时产生，对负载和逆变器本身造成剧烈的不稳定影响，并且其负载能力差，仅为额定负载的 40%～60%。

（2）按直流侧电源性质分　按直流侧电源性质分为电压型和电流型。电流型的特点是直流电源接有很大的电感，从逆变器向直流电源看过去电源内阻很大，直流电流脉动很小。电压型的特点是直流电源接有很大的滤波电容，从逆变器向直流电源看过去电源为内阻很小的电压源，直流电压脉动很小。

（3）按换流方式分　按换流方式分为外部换流和自换流两大类。外部换流包括电网换流和负载换流两种，自换流包括器件换流和强迫换流两种。

（4）按是否有源分　按是否有源，逆变可分为有源逆变与无源逆变两种。有源逆变与无源逆变的概念可由图 2-35 予以说明。逆变也可分为有源逆变与无源逆变两种。有源逆变指把直流电逆变成与交流电源同频率的交流电馈送到电网中去的逆变器。在逆变状态下，变换电路的交流侧如果不与交流电网连接，而直接与负载连接，将直流电逆变成某一频率或可调频率的交流电直接供给负载，则称之为"无源逆变"。

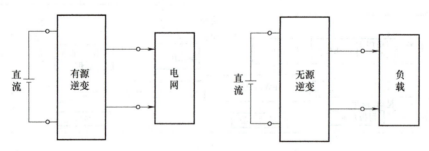

图 2-35　有源逆变与无源逆变的概念

3. DC/AC 变换器的实际电路

（1）车载交流 220V 供电电源电路　由于汽车（包括电动汽车）的功能不断扩展，对于兼作流动办公室或野营生活车等使用的汽车而言，则需要 220V（或 110V）的两相交流电，以满足常用电器设备的用电要求。因此，随着人类生活水平的提高，车用的两相 DC/AC 变换器的应用会逐渐增多。图 2-36 所示为将输入为 +12V 的直流电转换为 50Hz、110V 的交流电的一个 DC/AC 变换器的电路实例，DC/AC 变换器使用的开关装置是功率 MOSFET。

（2）电机控制器中的逆变电路　新能源汽车电机控制器中使用的 DC/AC 变换器的功

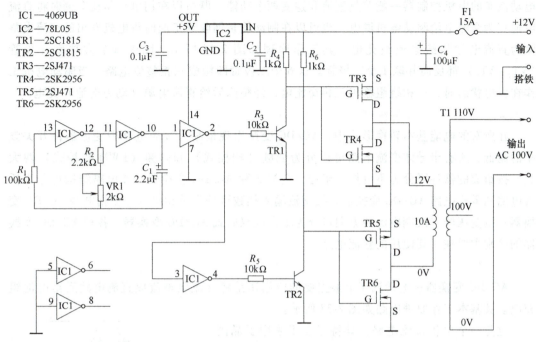

图 2-36　DC/AC 变换器电路

用主要是将蓄电池或燃料电池等输出的直流电变换为交流电提供给交流驱动电机等。

如图 2-37 所示的星形联结的三相桥式电路中，6 个大功率开关管（$VT_1 \sim VT_6$）构成的 DC/AC 逆变电路，将直流电源 U_S 逆变为交流电提供给电机的三相绕组。

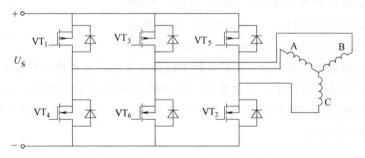

图 2-37　星形联结的三相桥式电路

三、AC/DC 电源变换装置（简称 AC/DC 变换器）

1. AC/DC 变换器的用途

AC/DC 变换器是出现最早的电力电子电路，可将交流电变为直流电，也称整流器。

AC/DC 变换器在燃油车上的典型应用是给发电机配套的整流电路（见图 2-20）。图 2-20 中 6 个硅二极管构成三相整流电路，将发电机发出的三相交流电整流成直流。

电动汽车中 AC/DC 变换器的功能主要是将交流电转换为电子设备所需要的稳定直流电。典型的应用有两个。一个是高压配电盒中专门的 AC/DC 模块，将外部的 220V（或 110V）的交流电压等转换成直流电压给动力电池充电。另一个典型的应用是电机控制器，电动汽车的电机控制器一般兼具整流和逆变两个功能，既可以在用电机驱动车辆时将直流电逆变为交流电给驱动电机供电，也可以在制动能量回收等工况时将电机发出的交流电整流为直流电然后给电池组充电。其工作原理如图 2-37 所示，图中每个大功率开关管（VT_1~VT_6）都反向并联 1 个二极管。这 6 个二极管即构成三相整流电路，当驱动电机工作在发电状态时，三相绕组输出三相交流电，经整流后给直流电源（动力电池）充电。

2. AC/DC 变换器的种类

在所有的电能基本转换形式中，AC/DC 变换出现最早。按照电路中变流器件开关频率的高低，所有半导体变流电路可以分为低频（相控式）和高频（PWM 斩控式）两大类。按组成的器件可分为不可控、半控、全控 3 种 AC/DC 变换器；按电路结构可分为桥式电路和零式电路 AC/DC 变换器；按交流输入相数可分为单相电路和多相电路 AC/DC 变换器；按变压器二次侧电流的方向可分为单向或双向式 AC/DC 变换器。各种 AC/DC 变换器的区别主要在于其使用的整流电路。

3. AC/DC 变换器的主要组成

AC/DC 变换器在电动汽车上最主要的应用还是将交流电整流成直流电然后给电池组充电。其基本工作原理电路如图 2-38 所示。

这是一个单相整流电路，其特点在于采用了晶闸管，通过控制晶闸管的导通角可以实现对整流输出的直流电压的大小进行调整。实际 AC/DC 变换模块电路为了达到好的充电效果，往往对电路提出更高的要求，其一般原理如图 2-39 所示。图中，U_{ref} 为参考电压；U_o 为 AC/DC 变换器的输出电压；PWM（Pulse Width Modulation）为脉冲宽度调制式开关变换器。整流电路的作用是将交流电压变为直流脉动电压；滤波电路的

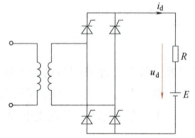

图 2-38　反电动势负载单相全控桥式整流电路

作用是使整流后的电压更加平滑，并将电网中的杂波滤除以免对模块产生干扰，同时，输入滤波器也阻止模块自身产生的干扰影响。DC/DC 变换电路和控制电路是模块的关键环节，由它实现直流电压的转换和稳压，为了得到稳定的输出电压 U_o，图 2-39 所示电路采用了实时反馈控制方式。

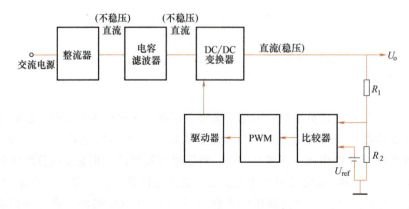

图 2-39　AC/DC 变换模块电路原理

思 考 题

1. 燃油车蓄电池的功能有哪些？
2. 铅酸蓄电池在充电和放电过程中，蓄电池内部物质如何变化？
3. 锂离子电池与铅酸电池相比有哪些优点？
4. 锂离子电池能否取代车用的铅酸蓄电池？
5. 汽车发电机的作用是什么？其基本工作原理是怎样的？
6. 机械式电压调节器是如何实现调压的？
7. 电子式电压调节器是如何实现调压的？它有哪些优点？
8. 新能源汽车上应用的 DC/DC、DC/AC、AC/DC 分别是什么？各有什么作用？

第三章

发动机电子控制技术

发动机电子控制系统就是根据驾驶人的操作意图、正在运行的状态及外部条件，精确计量控制进入发动机缸内的空气与燃油，在最佳的时刻点燃发动机缸内的可燃混合气，在满足排放要求的约束下使发动机的燃油经济性达到最佳状态。对汽油发动机，电子控制系统包括电子点火控制与燃油喷射控制；对柴油发动机，就是精确计量控制喷入气缸的燃油，以高压缩比产生的高温自动爆燃，两者并无本质区别。

第一节　起动机及其控制

汽车发动机没有自起动能力，需由外力带动曲轴旋转才能进入正常工作状态。发动机的起动方式有人力起动、辅助汽油机起动、电力起动机起动。人力（手摇）起动虽简单，但不安全，所以目前仅作为后备方式而保留着。辅助汽油机起动虽然功率大，但结构复杂、成本高、操作不方便，所以汽车不予采用。电力起动机起动具有结构简单、操作方便、起动迅速、成本低、可靠性好等优点，所以现代燃油汽车都采用这种起动方式。

电力起动机由直流串励式电动机、传动机构和控制装置 3 部分组成。

一、直流串励式电动机

直流串励式电动机的功能是在直流电作用下产生电磁转矩。

1. 结构组成

直流串励式电动机主要由机壳、磁极、电枢、换向器及电刷等组成，如图 3-1 所示。

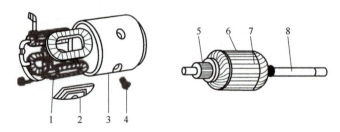

图 3-1　直流串励式电动机的结构

1—磁场绕组　2—磁极铁心　3—机壳　4—磁极固定螺钉　5—换向器
6—转子铁心　7—电枢绕组　8—电枢轴

（1）磁极　磁极的作用是产生磁场，由铁心和磁场绕组组成。铁心用螺钉固定在壳体的内壁上，其上套有磁场绕组。磁极的数目一般为 4 个（2 对），功率超过 7.5kW 的起

动机有用6个（3对）的。磁场绕组用矩形截面的裸铜条绕制。4个磁场绕组的连接方法有两种，如图3-2所示。一种是4个相互串联（见图3-2a）；另一种是两串两并，即先将两个串联后再并联（见图3-2b）。不论采用哪一种连接方式，4个磁场绕组产生的极性是相互交错的。

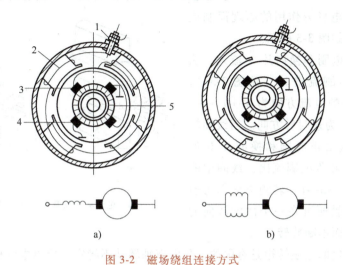

图3-2 磁场绕组连接方式

a）4个绕组相互串联 b）两串两并

1—绝缘接线柱 2—磁场绕组 3—绝缘电刷 4—搭铁电刷 5—换向器

（2）**电枢和换向器** 电枢是产生电磁转矩的核心部件，主要由电枢轴、电枢铁心、电枢绕组和换向器组成。换向器和铁心都压装在电枢轴上，电枢绕组则嵌装在铁心内。电枢轴的一端制有螺旋花键与传动机构连接。电枢轴两端支承在壳体内。铁心由许多相互绝缘的硅钢片叠装而成，其圆周表面上有槽，用来安放电枢绕组。因流经电枢绕组的电流很大（一般为200~600A），故电枢绕组采用较粗的矩形截面裸铜线绕制，绕线方式多采用波绕法。为了防止裸铜线绕组间短路，在铜线与铜线、铜线与铁心之间均用绝缘性能较好的绝缘纸隔开。较粗的裸铜线在高速时易在离心力作用下被甩出，因此在铁心槽口的两侧应将铁心轧纹并挤紧。电枢绕组各线圈的端头均焊接在换向器上。换向器由铜片和云母片相间叠压而成。换向器的作用是把通入电刷的直流电流转变为电枢绕组中导体所需的交流电流。

（3）**电刷与电刷架** 电刷与电刷架的作用是将电流引入电动机。4个电刷架均固定在前端盖上，其中两个电刷架与端盖绝缘，称为绝缘电刷架；另外两个电刷架与端盖直接铆合而搭铁，称为搭铁电刷架。电刷由铜与石墨粉压制而成，加入铜是为了减小电阻并增加耐磨性。电刷装在电刷架中，借弹簧压力将它压紧在换向器上，电刷弹簧的压力一般为11.7~14.7N。

（4）**端盖** 端盖分为前、后两个端盖。前端盖一般用钢板压制而成，其上装有4个电刷架，后端盖用铸铁浇注而成。它们分别装在机壳的两端，靠两个长螺栓与起动机机壳紧固在一起。两端盖均装有青铜石墨轴承或铁基含油轴承套。

（5）**机壳** 机壳用钢管制成，一端开有窗口，作为观察电刷与换向器之用，平时用防尘箍盖住。机壳上只有一个电流输入接线柱（与外壳绝缘），并在内部与磁场绕组的一端相接。

2. 直流电动机的工作原理、转矩及其自动调节原理

（1）**直流电动机的工作原理** 直流电动机是将电能转换为机械能的设备，是以通电导体在磁场中受电场力作用的原理而制成的。其工作原理如图3-3所示。

当电流由正电刷和换向片 A 流入，从换向片 B 和负电刷流出时（见图3-3a），电枢绕组线圈中的电流方向为 a→b→c→d，此时转矩方向为逆时针方向。当线圈转过 180° 后，电流由正电刷和换向片 B 流入，从换向片 A 和负电刷流出，线圈中的电流方向为 d→c→b→a，转矩方向仍为逆时针方向。电枢轴便可在一个固定转向的电磁转矩作用下而不断旋转。

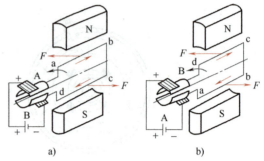

图3-3　直流电动机的工作原理
a）电流从 A 到 B　b）电流从 B 到 A

一个线圈产生的电磁转矩是有限的，且电枢轴转动不稳定，所以电动机的电枢绕组是由很多线圈组成的，换向器片的数量也随线圈数量的增加而增多。

（2）**直流电动机的转矩** 电枢轴上产生的电磁转矩 M 的大小，与电枢电流 I_a 及磁极磁通 Φ 的大小成正比，即

$$M = C_m I_a \Phi \tag{3-1}$$

式中，C_m 为电动机常数，与电动机的磁极对数、绕组个数有关。

（3）**直流电动机转矩自动调节原理** 当直流电动机接入直流电源时，产生电磁转矩，使电枢旋转。但当电枢旋转时，由于电枢绕组又切割磁力线，则其中又产生了一感应电动势。按右手定则可知，该电动势的方向恰与电枢电流的方向相反，如图3-4所示。

由于它与外加电压的方向相反，故称反电动势，其大小为

$$E_f = C_1 n \Phi \tag{3-2}$$

图3-4　电动势方向示意图

式中，C_1 为电动机结构常数；n 为电枢转速；Φ 为磁极磁通。

这样外加于电枢上的电压 U_1，一部分消耗在电枢电阻 R_a 上，一部分则用来平衡电动机的反电动势 E_f。即

$$U_1 = E_f + I_a R_a \tag{3-3}$$

式（3-3）是电动机运转时，必须满足的一个基本条件，称为电压平衡方程式。

由式（3-3）可知，电枢电流 I_a 为

$$I_a = \frac{U_1 - E_f}{R_a} = \frac{U_1 - C_1 n \Phi}{R_a} \tag{3-4}$$

分析式（3-4）可知：当电动机的负载增加时，电枢轴上的阻力转矩增加，电枢转速降低，而使反电动势 E_f 随之减小，电枢电流 I_a 增大，因此电磁转矩也将随之增大［由式（3-1）可知］，直至电磁转矩增加到与阻力矩相等时为止，这时电动机将在新的负载下以较低的转速平稳运转。反之，当电动机的负载减小时，电枢转速升高，反电动势增大，电枢电流减小，电磁转矩则随之减小，直至电动机的电磁转矩减小到与阻力矩相等时为止，电动机将在较高的转速下平稳运转。

3. 直流串励式电动机的特性

（1）转矩特性 在直流串励式电动机中，因电枢电流 I_a 与励磁电流是相等的，磁通 Φ 与电枢电流 I_a 成正比，即

$$\Phi = C_2 I_a \tag{3-5}$$

式中，C_2 为比例常数。

将式（3-5）代入式（3-1），可得

$$M = C_m I_a \Phi = C I_a^2 \tag{3-6}$$

式中，$C = C_m C_2$，为常数。

式（3-6）表明，直流串励式电动机的电磁转矩，在磁路未饱和时，与电枢电流的二次方成正比；在磁路饱和后，磁通 Φ 与电流无关，电磁转矩与电枢电流成正比，如图 3-5 中的 M 曲线所示。

（2）转速特性 对于串励式直流电动机，其电压平衡方程为

$$U = E_f + I_a (R_a + R_f) \tag{3-7}$$

即电源电压 U 的一部分消耗在电枢绕组电阻 R_a 和磁场绕组电阻 R_f 上，一部分用来与电动机的反电动势 E_f 平衡。

把式（3-2）代入式（3-7）中，变化为

$$n = \frac{U - I_a (R_a + R_f)}{C_1 \Phi} \tag{3-8}$$

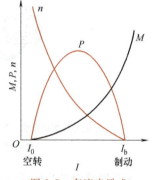

图 3-5 直流串励式
电动机的特性

在磁路未饱和时，由于 I_a 增加时，Φ 和 $I_a(R_a + R_f)$ 均增大，因而电动机转速急剧下降，如图 3-5 中的 n 曲线所示。

直流串励式电动机具有在重载时转速低而转矩大的特性，可以保持起动安全可靠。但在轻载或空载下转速很高，易造成"飞车"事故。因此，对于功率较大的直流串励式电动机，不允许在轻载或空载下运行。

（3）功率特性 起动机的输出功率由电枢轴的转矩 M 和电枢轴的转速 n 确定，即

$$P = \frac{Mn}{9550} \tag{3-9}$$

式中，P 为功率（kW）；M 为转矩（N·m）；n 为转速（r/min）。

当起动机完全制动时，相当于起动机刚接通的瞬间，转速和输出功率均为零。电流最

大，转矩达到最大值。空载时电流最小，但转速达到最大值，输出功率也为零。只有当电枢电流接近制动电流的一半时，起动机的输出功率最大，如图3-5中的 P 曲线所示。

二、传动机构

起动机的传动机构包括离合器和拨叉两部分。离合器起着传递转矩将发动机起动，同时又能在起动后自动打滑脱离啮合从而保护起动机不致损坏的作用。拨叉的作用是使离合器做轴向移动。

1. 离合器

现代汽车上常用的离合器有滚柱式、弹簧式和摩擦片式3种。下面就以滚柱式离合器为例详细介绍离合器的结构及工作原理。

滚柱式离合器是目前国内外汽车起动机中使用最多的一种，解放牌汽车、东风牌汽车、北京130、北京212等汽车的起动机均采用此种离合器。

（1）滚柱式离合器的结构　滚柱式离合器的结构如图3-6所示。

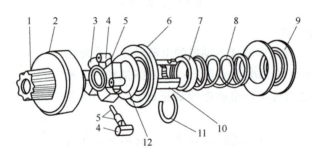

图3-6　滚柱式离合器的结构

1— 起动机驱动齿轮　2—外壳　3—十字块　4—滚柱　5—弹簧及活柱　6—护盖　7—弹簧座
8—缓冲弹簧　9—移动衬套　10—传动套筒　11—卡簧　12—垫圈

离合器的驱动齿轮采用中碳钢40加工淬火而成，与外壳连成一体。外壳内装有十字块和4套滚柱及弹簧，十字块与花键套筒固联，壳底与外壳相互扣合密封。

花键套筒的外面装着缓冲弹簧及衬圈，末端固装着拨环与卡圈。整个离合器总成利用花键套筒套装在起动机轴的花键部位上，可以做轴向移动和随轴转动。

（2）滚柱式离合器的工作原理（图3-7）　离合器的外壳与十字块之间的间隙为宽窄不同的楔形槽。这种离合器就是通过改变滚柱在楔形槽中的位置来实现离合的。

发动机起动时，拨叉动作，经拨环将离合器沿花键推出，驱动齿轮啮入发动机飞轮齿环。此时电枢转动，十字块随电枢一起旋转，滚柱滚入楔形槽窄的一侧而卡住，从而传递转矩，驱动曲轴旋转，如图3-7a所示。

发动机起动后，飞轮齿环的转速高于驱动齿轮，滚柱滚入楔形槽宽的一侧而打滑，如图3-7b所示。这样转矩就不能从驱动齿轮传给电枢，从而防止了电枢超速飞散的危险。起动完毕，则由拨叉回位弹簧作用，经拨环使离合器退回，驱动齿轮完全脱离飞轮齿环。

由于功率过大时滚柱式离合器的滚柱易卡死，故其只适用于中小功率的起动机。弹簧

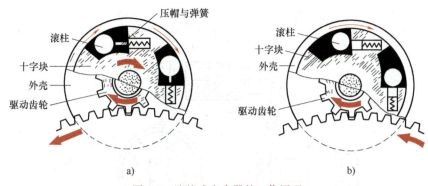

图 3-7　滚柱式离合器的工作原理

a) 起动时　b) 起动后

式离合器具有结构简单、工艺简化、寿命长、成本低等优点，但因扭力弹簧所需圈数多，轴向尺寸较长，故适用于起动柴油机所需的大功率起动机，而不适宜在小型起动机上采用。摩擦片式离合器虽有传递大转矩、防止超载损坏起动机的优点，但摩擦片容易磨损而影响起动机性能，而且需经常检查，调整或更换，同时结构也比较复杂，耗用材料较多，加工费时，修理麻烦，因此，现在汽车上已经较少采用。

2. 拨叉

拨叉的作用是使离合器做轴向移动，将驱动齿轮啮入和脱离飞轮齿环。现代汽车上一般采用电磁式拨叉。

电磁式拨叉用外壳封装于起动机壳体上，由可动和静止两部分组成。可动部分包括拨叉和电磁铁心，两者之间用螺杆活络地连接。静止部分有绕在电磁铁心钢套外的线团、拨叉轴和复位弹簧。

发动机起动时，驾驶人只需将点火开关旋至起动档，线圈通电产生电磁力，将铁心吸入，于是带动拨叉转动，由拨叉头推出离合器，使驱动齿轮啮入飞轮齿环。

发动机起动后，松开点火开关，点火开关便自动回位一个角度（即点火工作档），线圈断电，电磁力消失，在复位弹簧作用下，铁心退出，拨叉返回，拨叉头将打滑工况下的离合器拨回，驱动齿轮脱离飞轮齿环。

三、控制装置

起动控制主要是通过控制电磁线圈的通电，从而改变电磁力并控制驱动齿轮的啮入与退出实现的。因此这种起动机常称为电磁啮合式起动机，又称为电磁操纵啮合式起动机。其特点是结构简单、操作方便、应用广泛。

1. ST614 型电磁控制强制啮合式起动机

ST614 型（老型号）起动机装用在黄河 JN150 型柴油车上，其电路如图 3-8 所示。在黄铜套 10 上绕有吸引线圈 6 和保持线圈 5，两个线圈的绕向相同，其公共端接至起动按钮。吸引线圈的另一端接至起动机开关，与起动机的主电路串联，保持线圈的另一端则直接搭铁。黄铜套内装有活动铁心 4，它与拨叉 3 相连接。挡铁 18 的中心装有杆，其上套有铜质接触盘 11。

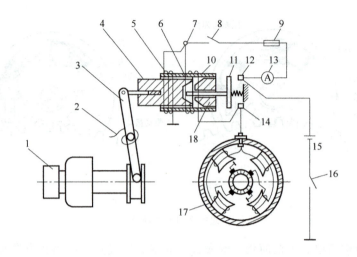

图 3-8　ST614 型起动机电路

1—驱动齿轮　2—回位弹簧　3—拨叉　4—活动铁心　5—保持线圈　6—吸引线圈
7—接线柱　8—起动按钮　9—熔丝　10—黄铜套　11—接触盘　12、14—触头
13—电流表　15—蓄电池　16—电源开关　17—电动机　18—挡铁

接通电源开关 16，按下起动按钮 8，则吸引线圈和保持线圈的电路接通（并联通电）。在两线圈电磁吸力的共同作用下，活动铁心 4 克服回位弹簧 2 的弹力而被吸入。拨叉 3 便将驱动齿轮 1 推出，使其与飞轮齿圈啮合。在驱动齿轮左移的过程中，由于通过吸引线圈的较小电流也通过电动机的磁场绕组和电枢绕组，所以电动机将会缓慢转动，使驱动齿轮与飞轮齿圈的啮合更为平顺。在驱动齿轮与飞轮齿圈完全啮合时，接触盘 11 也将触头 12 和 14 接通，蓄电池的大电流便流经起动机的磁场绕组和电枢绕组使起动机发出转矩驱动曲轴旋转。与此同时，吸引线圈由于两端均为正电位而被短路，活动铁心靠保持线圈的磁力保持在吸合位置。发动机起动后，松开起动按钮，电流经接触盘、吸引线圈和保持线圈构成回路，两线圈串联通电，产生的磁通的方向相反而互相抵消，活动铁心在回位弹簧的作用下回至原位，使驱动齿轮退出，接触盘回位，切断起动机的主电路，起动机便停止转动。

2. QD124 型电磁控制强制啮合式起动机

QD124 型起动机装用在东风 EQ1090 型汽油车上，其电路如图 3-9 所示，电路中设有一个起动继电器。起动继电器的作用是与点火开关配合，控制起动机电磁开关的工作，减小通过点火开关的电流，保护点火开关。因为若直接用点火开关控制电磁开关的电路，则起动时，通过点火开关的电流很大（一般为 35~40A），会使点火开关很快损坏。

起动继电器为一常开型电磁继电器，其铁心上的线圈一端搭铁，一端通过点火开关与起动机开关接线柱 4 相连。

起动时，将点火开关 3 转到起动位置，起动继电器 2 线圈电路接通，产生吸力，使触点闭合，便接通了电磁开关电路。发动机起动后，断开点火开关起动档，起动继电器线圈的电路被切断，起动继电器触点 1 便立即打开。电磁开关部分的工作原理与 ST614 型起动机相同。

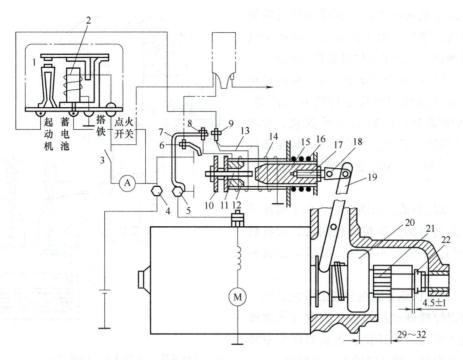

图 3-9　QD124 型起动机电路

1—起动继电器触点　2—起动继电器　3—点火开关　4、5—起动机开关接线柱　6—点火线圈附加电阻短路接线柱
7—导电片　8—接线柱　9—起动机电磁开关接线柱　10—接触盘　11—推杆　12—固定铁心　13—吸引线圈
14—保持线圈　15—活动铁心　16—回位弹簧　17—调节螺钉　18—连接片　19—拨叉
20—单向离合器　21—驱动齿轮　22—限位螺钉

第二节　电子汽油喷射控制技术

一、燃油喷射相对传统供油方式的优点

　　化油器式燃油供给系统是汽油发动机的传统供油方式，其工作原理如图 3-10 所示。化油器式的燃油配给过程是利用空气流经节气门上方喉管处产生的负压将燃油从浮子室中连续吸出，这部分燃油经与空气自行混合后，被吸入各气缸内燃烧做功使发动机运转。

　　化油器式汽油发动机充气及混合气分配不均匀，供油量和进气量的配比并非最佳，发动机的动力性、经济性和排放指标都不尽理想。为了克服化油器式发动机的上述缺点，燃油喷射系统作为汽油发动机的燃油供给系统已得到普遍应用。燃油喷射系统根据进气量和具体工况，在一定压力下直接将燃料喷入进气管或气缸内，与吸入的空气混合后，形成可燃混合气，这种喷射系统根据进气量和空燃比，经计算机精确计算或混合气配比机构精确测量，供给适量的燃油，使混合气配比最佳，以适应各工况的不同要求。

　　与传统化油器供油系统相比较，燃油喷射系统有以下优点：

　　1）提高了发动机的充气效率，增加了发动机的输出功率和转矩。因为燃油喷射系统的进气歧管截面增大，没有化油器的喉管压力损失，进气压力损失较小，没有进气管的强预热，减少了进气歧管的热损失。

2）排气污染程度降低。由于喷油量和进气量是按最佳空燃比进行精确配比的，燃料燃烧完全，再加上三元催化、EGR（排气再循环）净化装置的作用，能使废气中的 CO、HC 和 NO_x 含量降低到相应范围内。

3）油耗降低，经济性好。由于喷油量是根据进气量的多少精确控制的，且各缸分配均匀，下坡时不喷油，所以耗油量相应降低。

4）能够保证各缸混合气的分配比较均匀，可以较精确地控制各缸的混合气浓度与工况的匹配，而且没有化油器浮子室油面高度的变化，混合气的混合比稳定。

5）发动机的冷起动性能和加速性能得到改善。由于燃料雾化良好，再加上冷起动加浓装置的作用，使发动机冷起动性能

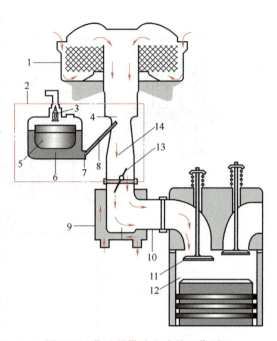

图 3-10　化油器供油方式的工作原理

1—空气滤清器　2—化油器　3—进油针阀　4—喉管
5—浮子　6—浮子室　7—主量孔　8—主喷管
9—进气预热套　10—进气歧管　11—进气门
12—气缸　13—节气门　14—化油器混合室

得到提高；特别是多点顺序喷射在进气时直接向进气门处喷油，减少了供油滞后时间，加速性能得到改善。

6）减少了发动机起火的危险。因供油管路均已密闭，而化油器属开放式，发动机高温时易起火。

二、可燃混合气的配制要求

通常用空燃比来表示可燃混合气的成分。空燃比对发动机的动力性、经济性及排放性均有较大的影响，空燃比与发动机性能之间的关系分述如下。

1. 空燃比对发动机性能的影响

通常把吸入发动机气缸的空气与燃油的质量比称为空燃比。

燃油供给装置的作用就是向进气管提供一定量的燃油，经与进气管内的空气混合后形成可燃混合气。可燃混合气在气缸内的燃烧过程可以用下列化学反应式表示：

$$4C_xH_y+(4x+y)O_2 \xrightarrow{\text{燃烧}} 4xCO_2+2yH_2O \tag{3-10}$$

式中，C_xH_y 表示汽油，它是多种碳氢化合物的混合物。从理论上分析，1kg 汽油完全燃烧变成 CO_2 和 H_2O 时，需要 14.7kg 的空气，故此时的空燃比为 14.7，称为理论空燃比。在发动机气缸内的实际燃烧过程中，燃烧 1kg 汽油所消耗的空气量不一定正好就是理论所需求的空气量，也就是说系统所提供的实际空气量可能大于也可能小于理论空气量，这与

发动机的结构与使用工况密切相关。通常把实际空气量与理论空气量的比值称为过量空气系数，用 α 表示。当 $\alpha = 1$ 时，混合气为理论空燃比混合气；当 $\alpha > 1$ 时，混合气为稀混合气；当 $\alpha < 1$ 时，混合气为浓混合气。

空燃比对发动机性能的影响如图 3-11a 所示。根据分析得知，当空燃比约为 12.5（$\alpha = 0.85$）时，由于其燃烧速度最快，发动机所产生的转矩最大，故发动机的动力性最好，所以又称其为功率空燃比。当空燃比约为 16（$\alpha = 1.09$）时，由于混合气较稀，有利于汽油完全燃烧，故可降低发动机的油耗，因为此时发动机的经济性最好，故又称其为经济空燃比。

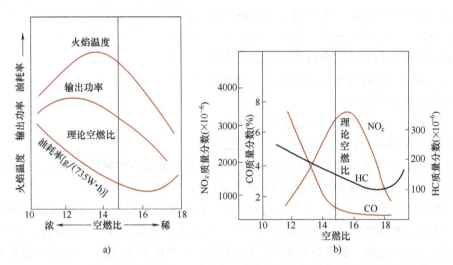

图 3-11 空燃比与发动机转矩、油耗率、有害排放物排放质量分数之间的关系

a）空燃比与温度、输出功率、油耗率的关系 b）空燃比与有害排放物排放质量分数之间的关系

可燃混合气燃烧后排出的废气成分除 CO_2 和 H_2O 外，还有空气中没有参与燃烧的 N_2、剩余的 O_2、没有被完全燃烧的 HC、燃烧不完全的 CO 及高温富氧条件下燃烧生成的 NO_x。此外，从图 3-11b 中还可看到 CO、HC 及 NO_x 三种有害成分的质量分数随空燃比的变化趋势。其中 CO 和 HC 以理论空燃比为界，随着混合气变浓而逐渐上升，而在空燃比略大于理论空燃比的区域内，CO 及 HC 的质量分数均比较低。但由于 NO_x 是高温富氧的产物，故在 $\alpha = 1.1$ 左右时将出现最大值。

由此可见，发动机的性能与空燃比有着密切的关系，但影响的程度和变化规律各不相同。所以，如何精确控制混合气的空燃比是比较复杂而又非常重要的问题。

2. 发动机各种工况对混合气的要求

发动机在实际运行过程中，不同工况下发动机对可燃混合气空燃比的要求是不同的，即使是在同一工况下，由于其在工作范围内是不断变化的，发动机对可燃混合气空燃比的要求也是不同的。下面主要从稳定工况和过渡工况两种情况进行分析。

（1）稳定工况对混合气的要求 发动机的稳定工况是指发动机已经完全预热，进入正常转动，且在一定时间内转速和负荷没有突然变化的情况。稳定工况又可分为怠速、小负荷、中等负荷、大负荷和全负荷等几种情况。

1）怠速和小负荷工况。怠速工况是指发动机对外无功率输出且以最低稳定转速运转的情况。此时，混合气燃烧后所做的功，一方面用于克服发动机内部的阻力，另一方面用于保证由发动机驱动且此时需正常工作的设备的运作，如空调压缩机、发电机等设备，并使发动机保持最低转速稳定运转。汽油机怠速转速一般为 300~1000r/min。在怠速工况下，节气门处于关闭状态，此时，吸入气缸内的可燃混合气不仅数量极少，而且汽油雾化蒸发也较差，进气管中的真空度很高，当进气门开启时，缸内压力仍高于进气管压力，结果使得气缸内的混合气废气率较大。此时，为保

证混合气能正常燃烧，就必须提高其浓度，如图 3-12 中的 A 点。随着负荷的增加和节气门略开大而转入小负荷工况时，吸入混合气的品质逐渐改善，所以在小负荷工况时，发动机对混合气成分的要求如图 3-12 中的 AB 段所示。发动机在小负荷运行时，供给混合气也应加浓，但加浓的程度随负荷的增加而减小。

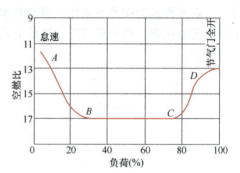

图 3-12　汽油机负荷变化时所需混合气空燃比

2) 中等负荷工况。汽车发动机的大部分工作时间都处于中等负荷状态。此时，节气门已有足够大的开度，上述影响因素已不复存在，因此可供给发动机较稀的混合气，以获得最佳的燃油经济性。这种工况相当于图 3-12 中的 BC 段，空燃比为 16~17。

3) 大负荷和全负荷工况。在大负荷时，节气门开度已超过 3/4，此时应随着节气门开度的增大而逐渐地加浓混合气以满足发动机功率的要求，如图 3-12 中的 CD 段。但实际上，在节气门尚未全开之前，如果需要获得更大的转矩，只要把节气门进一步开大就能实现，没有必要使用功率空燃比来提高功率，而应当继续使用经济混合气来达到省油的目的。因此，在节气门全开之前所有的部分负荷工况都应按经济混合气配给。只是在全负荷工况时，节气门已经全开，此时为了获得该工况下的最大功率必须供给功率混合气，如图 3-12 中的 D 点。在从大负荷过渡到全负荷工况的过程中，混合气的加浓也是逐渐变化的。

(2) 过渡工况对混合气的要求　汽车在运行中的主要过渡工况可分为冷起动、暖机、加减速等三种形式。

1) 冷起动。冷机起动时，发动机要求供给很浓的混合气，以保证混合气中有足够的汽油蒸气，使发动机能够顺利起动。但在冷起动时燃料和空气的温度很低，汽油蒸发率很小，为了保证冷起动顺利，要求混合气的空燃比达到 2∶1，才能在气缸内形成可燃混合气。

2) 暖机。发动机冷机起动后，各气缸开始依次点火而做功，发动机温度逐渐上升，即暖机。发动机在暖机过程中，由于温度较低燃油雾化较差，因此也需要空燃比较小的浓混合气，而且随着发动机温度增加而空燃比逐渐增大，直至达到正常工作温度时为止，发动机进入怠速工况。

3) 加减速。发动机的加速是指发动机的转速突然迅速增加的过程。此时，驾驶人猛踩加速踏板，节气门开度突然加大，进气管压力随之增加，由于汽油的流动惯性和进气管压力增大后汽油蒸发量的减少，大量的汽油颗粒被沉积在进气管壁面上，形成厚油膜，而进入缸内的实际混合气则瞬时被稀释，严重时会出现过稀，使发动转速下降。为了避免这

一现象发生，在发动机加速时，应向进气管喷入一些附加汽油以弥补加速时的暂时稀释，以获得良好的加速性。

当汽车减速时，驾驶人迅速松开加速踏板，节气门突然关闭，此时由于惯性作用发动机仍保持很高的转速，因此进气管真空度急剧增高，促使附着在进气管壁面上的汽油蒸发汽化，并在空气量不足的情况下进入气缸内，造成混合气过浓，严重时甚至熄火。因此，在发动机减速时，应供给较稀的混合气，以避免这一现象产生。

根据以上分析，要实现精确控制发动机的空燃比，以满足发动机在各种工况和条件下所需最佳空燃比的要求，采用化油器式的燃油供给系统是无法做到的。

三、汽油电子喷射系统

电子控制燃油喷射系统可根据每循环的进气量，对各缸所需的燃油喷射量进行精确计量和控制，并且 ECU 还可根据运行状态，进一步来改变控制量，实现闭环反馈控制过程。为了提高控制精度，某些燃油喷射控制系统中，在反馈控制基础上，还增加了自学习功能可自行进行修正，从而极大地改善了发动机的工作性能和控制系统的控制精度、稳定性和可靠性。

1. 电喷系统的分类

汽油喷射系统发展至今，已有多种类型，根据其结构特点分为以下几种类型。

（1）按系统控制模式来分类 在发动机电喷控制系统中，按系统控制模式可分为开环控制和闭环控制两种类型。

1）开环控制。开环控制就是把根据试验确定的发动机各种运行工况所对应的最佳供油量的数据事先存入计算机中，发动机在实际运行过程中，主要根据各个传感器的输入信号，判断发动机所处的运行工况，再找出最佳供油量，并发出控制信号。控制信号经功率放大器放大后，再驱动电磁喷油器动作，如此控制混合气的空燃比，使发动机处于最佳运行状态。

开环控制系统只受发动机运行工况参数变化的控制，且按事先设定在计算机只读存储器中的试验数据流工作。其优点是简单易行，缺点是其精度直接依赖于所设定的基准数据的精度和喷油器调整标定的精度。但当喷油器及传感器系统电子产品性能变化时，混合气就不能正确地保持在预定的空燃比值上。因此，它对发动机及控制系统的各个组成部分的精度要求高，系统本身抗干扰能力较差，而且当使用工况超出预定范围时，就不能实现最佳控制。开环控制系统不带氧传感器等反馈传感器。

2）闭环控制。闭环控制系统又称为反馈控制系统，它的特点是加入了反馈传感器，输出反馈信号，反馈给控制器，以随时修正控制信号。闭环控制系统在排气管上加装了氧传感器，可根据排气中氧含量的变化，测出发动机燃烧室内混合气的空燃比值，并把它输入计算机中再与设定的目标空燃比值进行比较，将偏差信号经功率放大器放大后再驱动电磁喷油器喷油，使空燃比保持在设定目标值附近。因此，闭环控制可达到较高的空燃比控制精度，并可消除因产品差异和磨损等引起的性能变化对空燃比的影响，工作稳定性好，抗干扰能力强。

此外，采用闭环控制的燃油喷射系统后，可保证发动机在理论空燃比（14.7）附近很窄的范围内运行，使三元催化装置对排气净化处理达到最佳效果，如图3-13所示。

但是，由于发动机某些特殊运行工况（如起动、暖机、加速、怠速、满负荷），需要控制系统提供较浓的混合气来保证发动机的各种性能，所以，在现代汽车发动机电子控制系统中，通常采用开环与闭环相结合的控制方式。

（2）按喷油实现的方式来分类　在发动机电子控制系统中，按喷油实现的方式进行分类，可分为机械式、机电混合式和电子控制式三种燃油喷射系统。

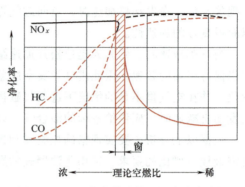

图 3-13　三元催化转换装置的净化率特性

随着发动机技术的发展，机械式燃油喷射系统已退出使用，机电混合式燃油喷射系统也将逐步被电子控制的燃油喷射系统所取代。为此本章只介绍电子控制式燃油喷射系统，燃油的计量通过电控单元和电磁喷油器来实现。电子燃油喷射的英文全名为 Electronic Fuel Injection，简称为 EFI。

电子控制单元通过各种传感器来检测发动机运行参数（包括发动机的进气量、转速、负荷、温度、排气中的氧含量等）的变化，再由 ECU 根据输入信号和数学模型和标定数据来确定所需的燃油喷射量，并通过控制喷油器的开启时间来控制喷入气缸内的每循环喷油量，进而实现对气缸内可燃混合气的空燃比进行精确配制的目的。

（3）按喷油器数目的多少来分类　在发动机燃油喷射控制系统中，按喷油器数目进行分类，又可分为单点喷射（Single-Point-Injection，SPI）和多点喷射（Multi-Point-Injection，MPI）两种形式。单点喷射与多点喷射的区别如图3-14所示。

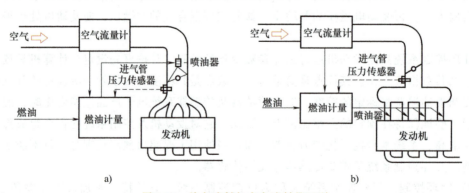

图 3-14　单点喷射与多点喷射的区别

a）单点喷射　b）多点喷射

喷油器的大规模生产，使其成本逐步降低，采用单点喷射在成本方面的优势已经微不足道，多点喷射已成为发动机燃油喷射的主流，从控制的角度来看，单点喷射与多点喷射也无本质的区别，故本章只介绍多点喷射的燃油控制系统。

（4）按喷油器的喷射部位来分类　在发动机电子控制系统中，按喷油器的喷射部位进行分类，又可分为缸外喷射和缸内喷射两种形式。

1）缸外喷射是指进气歧管内喷射或进气门前喷射。该方式中喷油器被安装于进气歧管内或进气门附近，故汽油在进气过程中被喷射后与空气混合形成可燃混合气再进入气缸内。理论上，喷射时刻设计在各缸排气行程上止点前70°左右为佳。对缸外喷射方式，汽油的喷油压力为0.1~0.5MPa，系统结构简单，成本较低，目前仍然被广泛应用。

2）缸内喷射是指喷油器将汽油直接喷射到气缸燃烧室内，因此需要较高的喷油压力（3~12MPa）。由于缸内直喷可以明显地提高燃油经济性，降低排放，缸内直喷正成为发动机控制技术的发展方向。

（5）按空气量的检测方式分类　在发动机电子控制系统中，根据空气进气量的检测方式，可分为直接检测方式和间接检测方式两种。直接检测方式称为质量-流量（Mass-Flow）方式，间接检测方式又可分为速度-密度（Speed-Density）方式和节气门-速度（Throttle-Speed）方式。

在间接检测方式中，速度-密度方式是根据进气管绝对压力和发动机转速来计量发动机每循环的进气量，而节气门-速度方式则根据节气门开度和发动机转速来计量发动机每循环的进气量，从而计算所需的喷油量。图3-15所示为三种空燃比控制系统的比较。目前在汽油发动机上通常采用质量-流量方式和速度-密度方式来测量进气量。

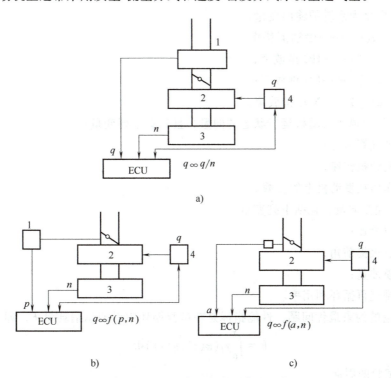

图3-15　三种空燃比控制系统的比较

a）质量-流量方式　b）速度-密度方式　c）节气门-速度方式

1—空气流量计　2—进气管　3—发动机　4—喷油阀

由于质量-流量控制方式（L型）通过空气流量计（Air Flow Meter）直接测量发动机的进气量，再根据进气量和转速来确定发动机每工作循环的供油量，因此比用进气管绝对压力间接测量发动机进气量的方法更简便。采用进气管绝对压力间接测量发动机进气量，并依此计算空燃比的喷油控制系统称为 D 型燃油喷射系统。D 型和 L 型是目前普遍使用的两种燃油喷射系统或混合型的燃油喷射系统。

2. 控制规律

空燃比、点火提前角和排气再循环率等参数对发动机的排放和燃油经济性有很大的影响，应用电子控制技术，可以通过调节这些参数对汽车发动机排放进行控制，以满足严格的排放法规的要求。

现在的问题是应用什么样的控制规律，才能使发动机的燃油经济性、动力性、排放指标及平顺性达到最佳状态。由于发动机燃烧过程是一个复杂的过程，很难用数学模型描述其工作过程，一般是通过经验模型和大量的数据定量地表示控制量和输出量（包括性能指标）之间的关系。

以暖机之后发动机燃油经济性控制为例，约束最优问题的目标是求最佳的燃油经济性，并同时满足排放法规的约束。发动机的控制问题可以用三个向量来定义：

$$\boldsymbol{y}(t) = (y_1, y_2, y_3, y_4) \tag{3-11}$$

$$\boldsymbol{u}(t) = (u_1, u_2, u_3, u_4) \tag{3-12}$$

$$\boldsymbol{x}(t) = (x_1, x_2, x_3) \tag{3-13}$$

式中，$\boldsymbol{y}(t)$ 向量为系统的输出变量：

$y_1(x(t), u(t))$——燃油消耗率；

$y_2(x(t), u(t))$——HC 排放率；

$y_3(x(t), u(t))$——CO 排放率；

$y_4(x(t), u(t))$——NO_x 排放率。

$\boldsymbol{x}(t)$ 向量为描述发动机运行状态的向量，且具有下列变量：

x_1——进气管压力；

x_2——发动机转速；

x_3——作用在发动机上的负载。

$\boldsymbol{u}(t)$ 为控制向量，包括下列变量：

u_1——空燃比；

u_2——点火提前角；

u_3——喷油量；

u_4——排气再循环利用率。

对所讨论的约束最优问题，性能指标是在试验循环中燃油总消耗量 F，即

$$F = \int_0^T y_1(x(t), u(t)) \, \mathrm{d}t \tag{3-14}$$

式中，T 为试验的周期。

如果在满足排放约束的条件下使 F 取最小值，则燃油经济性最好。排放约束条件可以写为

$$\int_0^T y_2(x(t), u(t)) \, \mathrm{d}t < G_2 \tag{3-15}$$

$$\int_0^T y_3(x(t), u(t)) \, \mathrm{d}t < G_3 \tag{3-16}$$

$$\int_0^T y_4(x(t),u(t))\,\mathrm{d}t < G_4 \tag{3-17}$$

式中，G_2 为允许的 HC 限值；G_3 为允许的 CO 限值；G_4 为允许的 NO_x 限值。

如果发动机的动态特性模型可用一组微分方程来描述：

$$\dot{x}=f(x,u) \tag{3-18}$$

考虑控制系统的变量还必须满足边界条件与使用极限，可描述如下：

$$x^1<x(t)<x^u \tag{3-19}$$

$$u^1<u(t)<u^u \tag{3-20}$$

$$y(t)>0 \tag{3-21}$$

在应用中，$y_k(x(t),u(t))(k=1,2,3,4)$ 由试验确定，函数由经验模型或试验测试得到。

最优控制问题是在满足排放约束和变量边界条件下，使 F 取最小值所对应的最优控制 u^*。这里没有把节气门开度作为控制变量，是因为节气门开度是由驾驶人控制的，而不是由电子控制系统自动控制的（特殊的工况除外）。同时在发动机标定时，通常也是把节气门固定在某一个位置，逐次地从小到大改变节气门开度，就得到整个发动机在全局的控制规律。

从理论上看，求解发动机的最优控制规律是一个数学问题。但目前为止，工程技术人员尚未找到一个可以有效（满足工程精度的）描述发动机的数学模型，发动机的控制主要依赖经验公式，基于专业知识构造的算法推论，运用大量标定数据经优化后获取的数据模板。所以发动机的控制技术是基于在昂贵的设备所获取的浩瀚的试验数据，大量的统计工作量，由工程技术人员通过数据分析建立的推论模型与决策模型，以此确保发动机在任何条件下都能可靠高效地工作。

3. 电子汽油喷射系统的主要部件

电子汽油喷射系统主要由电动油泵、燃油滤清器、燃油压力调节器、电磁喷油器、各种传感器等部件组成。

（1）电动油泵 电动油泵为永磁电动机驱动的滚柱式油泵。其功能是以一定压力向发动机燃油系统供油。电动油泵工作时，汽油由电动油泵的进油口进入压油腔，经滚子泵提高压力后，流过单向阀，经蓄压器流入滤清器。电动油泵中设有限压阀，以防止油路堵塞等原因而使供油系统损坏。在电动油泵出油口设有单向止回阀，防止发动机熄火时突然油压下降可能造成的燃油倒流现象，保持油路的静压，以利于下一次起动。电动油泵供给的燃油量要比发动机要求的供油量大，以满足各种工况下的供油压力的要求。滚柱式汽油泵的工作原理如图 3-16 所示。

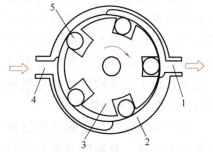

图 3-16 滚柱式汽油泵的工作原理

1—出油口 2—泵体 3—转子
4—进油口 5—滚柱

（2）燃油滤清器 燃油滤清器装于燃油泵和燃油压力调节器之间，其功用是滤去燃油中的杂质，以免使分配器及喷油器堵塞，导致误动作或损坏。

（3）**燃油压力调节器** 燃油压力调节器的作用是根据进气歧管绝对压力的变化来调节系统油压（燃油总管油压），使喷油器的喷油绝对压力即燃油供给系统和进气管压力两者之间的压力差保持恒定，使得喷油器的燃油喷射量唯一地取决于喷油器的开启时间，从而使发动机在各种转速和负荷工况下都能精确地控制喷油量。

燃油压力调节器的结构如图 3-17 所示，其内部由一膜片分为上下两部分，一部分为空气室，另一部分为燃油室，弹簧压在膜片上，膜片上有一阀门，燃油室内设有进油口和回油口。

当进气真空度较低时，膜片所受的吸力减小，在弹簧的作用下，阀门开启很小，回流的油较少，油管中的油压较高。即节气门开大时，进气真空度减小，油管压力提高。当发动机节气门关闭时，进气管的真空度较大，膜片所受吸力增大，回油孔阀门开度增大，回流的油较多，油管中的油压降低一些。随发动机运行工况的不同，进气管真空度发生变化，油路中的油压也随之变化，变化结果是，油管中的油压与进气管中的真空压力差总保持一定值。

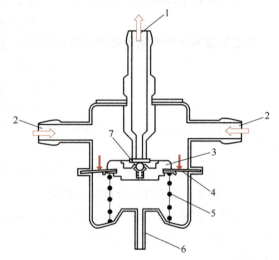

图 3-17 燃油压力调节器的结构

1—燃油出口 2—燃油入口 3—阀支承 4—膜片
5—弹簧 6—进气管接口 7—阀门

（4）**电磁喷油器** 电磁喷油器是燃油喷射控制系统的一个关键部件，安装在进气管上靠近进气道处，受控制单元的控制，它根据 ECU 发出的喷油脉冲信号，将精确计量的燃油喷成雾状。电磁喷油器由滤网、电磁线圈、弹簧、喷嘴和针阀组成，如图 3-18 所示。

电磁喷油器是一种加工精度非常高的精密仪器，要求其动态流量范围大，雾化性能好、抗堵塞能力强。为此，世界各国汽车公司先后开发了各种不同结构形式的电磁喷油器，以满足这些性能要求。

根据其结构特点电磁喷油器有几种分类形式。根据喷油器的燃料送入方式可分为顶供式喷油器和底供式喷油器；根据喷油器的驱动电路形式又可分为低阻喷油器和高阻喷油器；根据喷油器的喷口特点又可分为轴针式喷油器、球阀式喷油

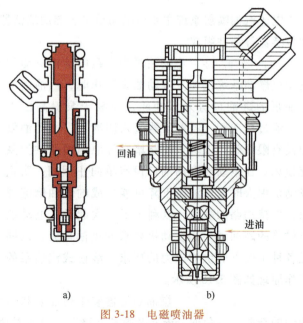

图 3-18 电磁喷油器

a) 顶供式 b) 底供式

器和片阀式喷油器。

当控制单元送来的信号进入喷油器时，喷油器电磁线圈通电，产生电磁吸力，针阀随铁心一起升起，针阀离开阀座，喷油器打开，压力油喷出，将燃油喷射成雾状，进入进气管。喷油器的开启时间由电控单元根据发动机的运行工况决定。

喷油器每次喷油量计算公式为

$$\Delta Q = \mu A \sqrt{2g\rho_f(p_f - p_0)}\,\Delta t \tag{3-22}$$

式中，ΔQ 为喷油器的每次喷油量；μ 为喷油器的流量系数；A 为喷油孔截面面积；g 为重力加速度；ρ_f 为燃油密度；p_f 为喷油压力；p_0 为进气压力；Δt 为喷油器开启时间。

根据式（3-22），喷油器的喷油量主要取决于三个因素，即喷油器喷油孔截面面积的大小 A、喷油压力 p_f 和喷油器开启时间 Δt。对一定的喷油器而言，其截面面积 A 是一定的，喷油压差（$p_f - p_0$）由燃油压力调节器保持一定。因此喷油量的多少仅取决于喷油器开启时间。

（5）各种传感器

1）空气流量传感器。空气流量传感器用来测量发动机进气量，将吸入发动机的空气量转换成电信号送至 ECU，是用来确定基本喷油量的主要依据之一。按其结构形式可以分为以下四种：翼板式空气流量传感器、卡门漩涡式空气流量传感器、热线式空气流量传感器、热膜式空气流量传感器。

另一种间接测量进气量的方案是用进气歧管绝对压力传感器，也可用来测量发动机的进气量。与空气流量传感器不同的是采用间接测量方式来测量空气的进气量，即依据发动机的负荷变化测出进气歧管内绝对压力的相应值，进而测算发动机的进气量。进气绝对压力传感器种类较多，就其信号产生的原理可分为半导体压敏电阻式、电容式、膜盒传动的可变电感式和表面弹性波式等。

2）温度传感器。

① 冷却液温度传感器。冷却液温度传感器用来测量冷却液的温度，以便在发动机温度较低时，向发动机多供一些油，如冷起动工况和暖机运行时。冷却液温度传感器为一个热敏电阻，安装在发动机出水口附近。低温时，热敏电阻的电阻值较大，控制单元测到此信号以后，额外多供一些燃油，冷却液温度逐渐升高时，电阻值随之减小，电控单元减少附加供油量。

② 发动机上还有其他温度传感器，如进气温度传感器、发动机温度传感器。

基于这些温度传感器的信号，ECU 可以有效判定发动机的工作状态，实现发动机的精确控制。

3）节气门位置传感器。节气门位置传感器，通常装在节流阀体上，可同时把节气门开度、怠速、大负荷等信号转换成电压信号送至 ECU 中，以便控制系统可根据发动机的各种典型工况对其喷油量及点火提前角进行最优控制。节气门位置传感器有线性输出和开关量输出两种形式。开关量输出型节气门位置传感器在节气门中设有怠速触点及全负荷触点，又称节气门开关。当节气门关闭及节气门全开全负荷工作时，即怠速触点闭合及全负荷触点闭合时，该传感器给控制单元输入相应的开关信号，用于进行怠速及全负荷供油控制。线性输出型节气门位置传感器的结构与输出特性如图 3-19 所示。其输出电压范围为 0～5V，电压大小与节气门开度成正比。

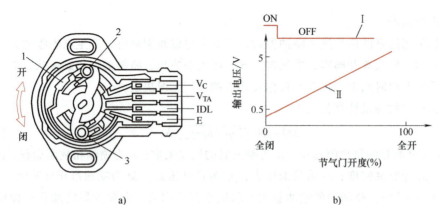

a)   b)

图 3-19　线性输出型节气门位置传感器的结构与输出特性

a）结构　b）输出特性

1—电阻　2—节气门全开触头　3—IDL 信号触头　V_C—电源　V_{TA}—节气门位置输出信号

IDL—怠速触头　E—接地　Ⅰ—IDL 信号　Ⅱ—V_{TA} 输出电压

4）氧传感器。在使用三元催化转换器以降低排放污染的发动机上，氧传感器是必不可少的。为了发挥催化剂对 CO、HC 和 NO_x 的最佳净化特性，必须把混合气的空燃比控制在理论空燃比附近很窄的范围内。为了检测出实际的空燃比，在排气管中设置了氧传感器，由此检测空燃比的变化，使 ECU 可基于反馈的信息，控制空燃比收敛到理论值。

常用的氧化锆式氧传感器如图 3-20 所示，其原理不在此讲述。

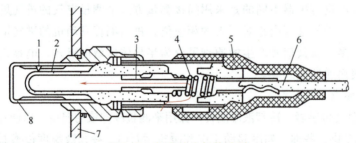

图 3-20　氧化锆式氧传感器

1—排气　2—锆管　3—电极　4—弹簧　5—线头支架（绝缘）　6—导线　7—排气管　8—导入排气孔罩

5）爆燃传感器。爆燃传感器（图 3-21）用于检测发动机的爆燃过程，以此实现发动机点火时刻的闭环控制过程，可有效地抑制发动机爆燃的现象发生。此外，由于闭环控制系统可将发动机的燃烧过程控制在微爆状态，故能有效地提高发动机的工作性能。爆燃传感器是点火闭环控制系统中不可缺少的反馈元件。

6）转速传感器和曲轴/凸轮轴位置传感器。曲轴转速与位置传感器是发动机集中控制的重要传感器之一，用来提供发动

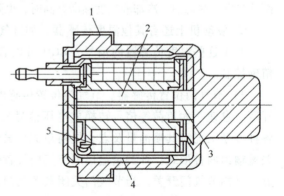

图 3-21　爆燃传感器

1—外壳　2—磁心（高镍合金）

3—永久磁铁　4—内盖　5—感应线圈

机的转速、曲轴的角位置及气缸行程位置信号，以此确定发动机的喷油时刻及点火时刻。曲轴转速与位置传感器有磁电式、光电式和霍尔式三种，三种方式只是产生信号的机理不同，对发动机电子控制来说，其功能是完全一样的。磁电式传感器抗污染能力强，高速时信号识别的能力强，在车上被普遍采用。传感器的安装部位也有所不同，有的安装在曲轴的前端，有的安装在凸轮轴前端。一种安装在分电器轴上的磁电式凸轮位置传感器的结构如图 3-22 所示，在一个分电器内同时集成有 3 个信号传感器，G_1、G_2 和 Ne。

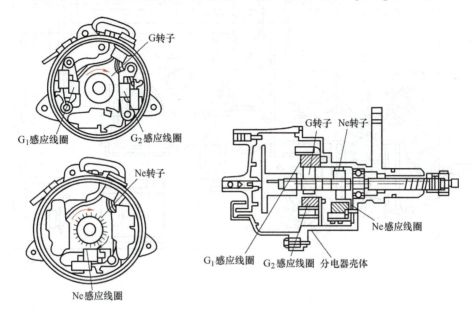

图 3-22　磁电式凸轮位置传感器的结构

G_1 信号可以识别第六缸上止点位置（实际是超前上止点 10°）。G_1、G_2 信号可整形出发动机点火辨缸和基准信号，Ne 可得到点火提前角细分 1°角度信号和发动机转速信号，其信号时序如图 3-23 所示。

传感器的输入信号不仅用于发动机的辨缸信号和点火信号，同时也为燃油顺序喷射系统的正时控制提供了时间基准。

4. L 型电子喷射系统的结构

虽然汽车制造厂家不同，但电控燃油喷射系统功能都基本相同。L 型电控汽油喷射系统的结构如图 3-24 所示，由空气供给系统、燃油供给系统以及电子控制系统三大部分组成。

（1）空气供给系统　其作用是测量和控制汽油燃烧时所需要的空气量，一般由空气滤清器、空气流量传感器、辅助空气调节器、节气门室以及急速调节螺钉等组成。经空气滤清器过滤后的空

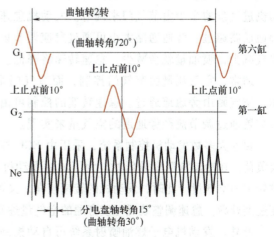

图 3-23　G_1、G_2 和 Ne 传感信号的波形与时序

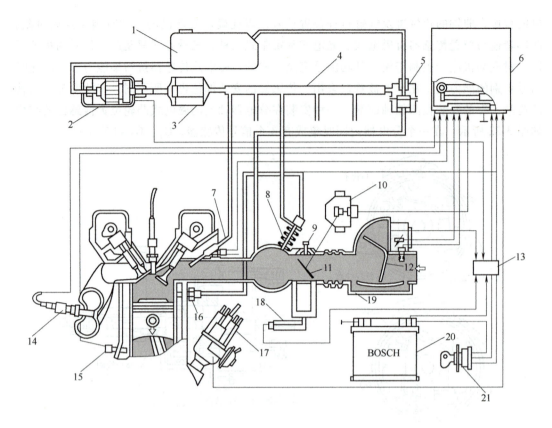

图 3-24　L 型电控汽油喷射系统的结构

1—油箱　2—油泵　3—滤清器　4—分配管　5—压力调节器　6—控制单元　7—喷油器　8—冷起动阀
9—怠速调节螺钉　10—节气门开关　11—节气门　12—空气流量传感器　13—继电器组　14—氧传感器
15—发动机温度传感器　16—温度时间开关　17—分电器　18—辅助空气调节阀
19—怠速混合气调节螺钉　20—蓄电池　21—起动开关

气，通过空气流量传感器进行测量，再经节气门体流到稳压室后进入进气总管，然后自行分配至进气歧管且与喷油器喷出的燃油混合后，被吸入气缸内进行燃烧。汽车行驶时，发动机进气量的多少由节气门来调节。发动机怠速时，节气门几乎是关闭的，空气由节气门旁通通路通过，旁通通路大小可通过怠速调节螺钉进行人工调节，减小通路面积，流过的空气减少，喷油量就会减少，怠速转速将降低。

通常，空气流量由节气门控制，而节气门则通过加速踏板操作。怠速时，节气门关闭，空气则由旁通道通过。怠速转速的控制可由怠速调整螺钉、空气阀或怠速控制阀等调节装置通过调节流经旁通道的空气量来实现。

目前大多数发动机控制系统，采用由 ECU 控制的怠速控制阀来控制发动机的怠速转速及负荷。在冷却液温度较低时，为了加快发动机的暖机过程，ECU 控制的怠速控制阀可提供较多的空气量。此时，发动机的转速较高，又可称为快怠或高怠速。随着发动机冷却液温度逐渐升高，怠速调整装置可使旁通的空气量逐渐减小，至发动机转速逐渐恢复正常为止。

此外，发动机电子燃油喷射系统可自动控制发动机的怠速，来及时调整发动机的输出功率，以满足怠速时空调及其他辅助装置和负载的需要。

（2）**燃油供给系统**　燃油供给系统用于产生系统油压、传递燃油、调节油压并进行滤清，供给发动机燃烧过程所需的燃油。燃油供给系统主要由燃油泵、油压脉动阻尼器、燃油滤清器、冷起动阀、喷油器以及压力调节器等组成。汽油从燃油箱中被燃油泵吸出，经油泵流出时，具有一定压力，燃油流过阻尼器以减轻油压脉动，使压力稳定，然后通过滤清器，以滤除杂质和水分，经过燃油分配管流至喷油器，其中一部分经过计量后的燃油被喷油器根据 ECU 发出的指令喷入各进气歧管或稳压室中与流入发动机内的空气进行混合形成可燃混合气，剩余的燃油则经过调压器及回流管返回油箱。冷起动阀在冷起动时工作。若起动时发动机的冷却液温度低于规定值，冷起动阀开，燃油经冷起动阀进入进气管，额外向发动机供应一部分燃油，供应较浓混合气，以利于发动机冷起动。

（3）**电子控制系统**　其功能是根据发动机运转状况和车辆运行状况确定最佳的喷油正时和最佳的喷射量，以此控制发动机的最佳空燃比。该系统由传感器、电控单元（ECU）和执行器三个部分组成。在 L 型电控系统中，空气流量传感器（L 型）是主要传感器，用于测量发动机进气量的多少。根据这一数据对燃油喷射量做精确的调节。在电控汽油喷射系统中，由于汽油喷射压力保持一定，且喷油器的有效流通面积一定，喷油量的控制就是喷油持续时间的控制。电控单元处理来自各传感器的输入信号，精确计算出燃油喷射量和喷油正时，精准地控制喷油器的动作。可见，喷油器、火花塞就是发动机电子控制系统的执行器。此外，根据发动机的设计要求，发动机电控系统还具有怠速控制、排气再循环率控制功能和故障自诊断功能。

5. 典型工况的喷射控制

汽油喷射控制包括两个重要参数：喷油正时及喷油量控制。喷油正时，由曲轴转角传感器发出的脉冲信号决定。装在各缸的喷油器，它们工作与否由控制单元来控制。

喷油量控制，需要根据驾驶人的操作意图、发动机运行工况、外部环境等，对供油量进行修正。现在车用发动机常用的喷射控制是基于标定的模板数据（发动机 MAP 图），ECU 是从存储在电控单元的模板数据查取合适的空燃比和点火时刻，再根据操作意图、发动机运行状态、外部环境等进行修正后对发动机进行控制，以达到最大的动力输出、最好的燃油经济性，并同时满足最低的排放要求。当空燃比控制在 14.7∶1，利用三元催化转换器的转换效率最高，排放可降低到最理想的效果。

通常把发动机的运行工况分为冷起动、暖机、加速、全负荷、减速以及怠速等工况分别处理。

（1）**冷起动工况**　发动机冷起动时，应向发动机各缸供应较浓的混合气，以利于起动。此时，混合气的浓度主要取决于发动机的冷却液温度，冷却液温度可以表征发动机的实际温度。冷却液温度越低，混合气越浓。

在一些发动机上，冷起动工况时的加浓可以用冷起动阀进行，在有的发动机上用加宽供油脉宽的办法进行加浓。

（2）**暖机工况**　发动机冷起动后即进入暖机，此时要根据冷却液温度确定燃油加浓，供应合适的加浓混合气，该加浓持续到发动机冷却液温度达到预定值为止。

（3）**加速工况**　踏下加速踏板，电控单元就会接收到节气门位置变化信号，请求增加发动机的输出功率，电子控制装置发出指令增加供油脉宽。此时主要考虑动力输出，而不是燃油经济性。在 L 型汽油喷射系统中，节气门突然开大时，大量空气迅速地流过空气流量计，翼板短时间内在其全开的位置上摆动，翼板的上冲量将导致较多的燃料供给，以得到加浓和良好的加速过渡性能。

（4）全负荷工况　发动机全负荷运行时，要输出较大的转矩，应供给较浓的功率混合气。此时对发动机进行开环控制。

（5）减速工况　发动机减速时，减少发动机供油量。

（6）怠速工况　在发动机的整个燃油喷射过程中，其控制根据有无反馈分为开环控制和闭环控制。由于氧传感器只有在温度足够高时，才能向电控单元提供有用的反馈信号，因此在发动机起动以后，氧传感器还没有得到充分加热以前，电控系统将忽略氧传感器信号，进行开环控制，按程序存储器中所存数据工作。当氧传感器可以向计算机提供有效的发动机排气氧含量信号以后，且发动机温度高于某一设定温度时，才进行发动机闭环控制。此时，电控单元测量氧传感器、冷却液温度和节气门开度等信号，确定合适的供油量，以取得最大的动力输出、最低燃油消耗率和最好的排放性能。对发动机进行开环控制还是进行闭环控制，除了上述一般规律外，还可以根据控制策略进行自动切换。

四、汽油缸内直接喷射（GDI）控制系统

缸内直喷发动机直接将燃油喷入气缸内，通过组织合理的气流运动和精确的喷油控制，在不同的工况实现不同的混合气制备，从而实现更好的燃油经济性和更低的排放。在汽油机中采用缸内直接喷射后，能有效提高缸内充气系数，降低爆燃极限，提高压缩比，改善发动机性能，提高其燃油经济性。

1. 缸内直喷汽油机的基本组成

（1）缸内高压直喷汽油机电控系统的基本组成　图 3-25 所示为 BOSCH 公司的 MED-7GDI 系统。

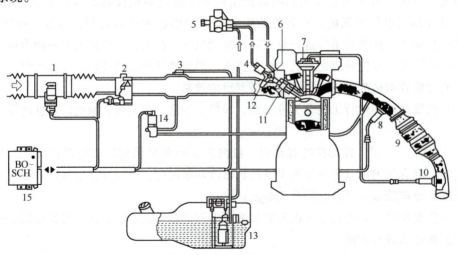

图 3-25　MED-7GDI 系统

1—空气质量流量传感器　2—电子节气门　3—进气歧管压力传感器　4—燃油压力控制阀　5—高压油泵
6—共轨式燃油蓄压器　7—点火线圈　8—上游宽带氧传感器　9—NO_x 催化转化器　10—下游宽带氧传感器
11—电磁高压涡流喷油器　12—燃油压力传感器　13—低压油泵　14—EGR 阀　15—ECU

装在发动机气缸盖上的高压旋流喷射器（图 3-26）直接将汽油喷在燃烧室内。活塞的顶部设计成特殊的凹坑形状，使吸入气缸内的空气形成旋流，与汽油在火花塞周围形成较浓的混合气，以利于混合气的点燃。

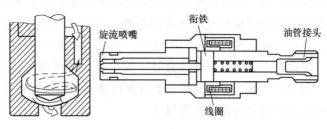

图 3-26　高压旋流喷射器

与传统的 PFI（气门口喷射）发动机不同的是，采用充气效率较高的立式吸气进气道，高压油泵提供缸内直喷所需的 8~12MPa 的喷油压力，使缸内的直喷油雾粒直径可达 20~25μm。

（2）空气辅助缸内直喷发动机电控系统的基本组成　空气辅助缸内直接喷射系统如图 3-27 所示。

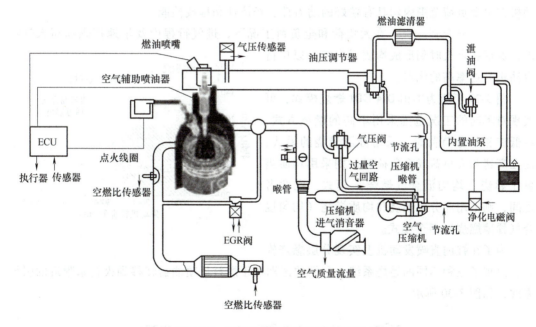

图 3-27　空气辅助缸内直接喷射系统

与缸内高压喷射有所不同，空气辅助缸内喷射是借助于 0.5MPa 左右的压缩空气，通过空气辅助雾化喷油器（图 3-28）将燃油粉碎成粒径 10μm 以下的颗粒，喷油压力一般低于 1MPa。

空气辅助缸内直喷发动机电控系统主要由三部分组成：传感器、ECU 和执行器。传感器检测发动机的当前工作状态；ECU 通过信号调理电路采集传感器信号，并根据具体的控

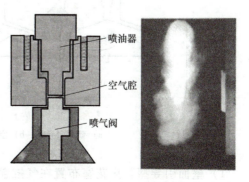

图 3-28　空气辅助雾化喷油器

制策略和存储在只读存储器中的试验数据，通过数学计算和逻辑判断确定适合发动机当前工况的点火提前角和喷油脉宽等参数，并将这些数据转变为电信号输出控制命令到执行器；执行器接收来自控制器的指令，使发动机在不同工况下稳定工作。

发动机上有进气温度传感器、大气压力传感器、缸体温度传感器、蓄电池电压传感器、节气门位置传感器、磁电机转速传感器和曲轴位置传感器，曲轴位置传感器为发动机提供上止点信号与曲轴位置信号。

2. 缸内直喷汽油机燃烧模式

（1）分层稀燃模式　在中小负荷时，通过在压缩行程后期喷油和燃烧系统的合理配合实现分层燃烧，并采用质调节以避免节流阀的节流损失，以达到与柴油机相当的燃油经济性。

也可以采用分段喷油技术完成分层燃烧，即在进气早期开始喷油，使燃油在气缸中均匀分布，在进气后期再次喷油，最终在火花塞附近形成较浓的可燃混合气，以利于点火。这种将一个循环中的喷油量分两次喷入气缸的技术可以较好地实现混合气的分层，且使发动机在整个负荷范围内均具有较好的动力性、经济性和排放性能。

（2）均质稀燃模式　在大负荷和全负荷工况下，进气行程中及早地把燃油喷入气缸内，保证在点火时刻形成均质混合气，以保持汽油机升功率高的优点。

图 3-29 所示为丰田 D-4 GDI 燃烧模式，可实现对不同的工况范围采用不同的燃烧方式，在低速和部分负荷时，采用分层燃烧的模式；而在高速和大负荷或全负荷时，则采用均质当量比燃烧（均匀混合气燃烧）模式；在两者之间，则采用弱分层燃烧和均质燃烧（均匀混合气稀薄燃烧）两个模式。

图 3-29　丰田 D-4 GDI 燃烧模式

为了在缸内直喷发动机上实现分层燃烧模式，出现了三种不同的燃烧系统，它们的区别在于燃料从喷油器转移到火花塞附近的引导方式，如图 3-30 所示。

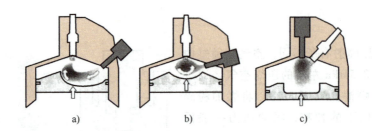

a)　　　　　　　b)　　　　　　　c)

图 3-30　缸内直喷发动机燃烧系统分类

a) 壁面引导型　b) 空气引导型　c) 喷雾引导型

1）壁面引导型。火花塞布置在气缸盖中央，喷油器和火花塞之间的距离较大，喷油器布置在气缸盖侧边。燃油喷射在特殊形状的活塞表面，燃油随着气缸内的气流运动，在火花塞附近形成较浓的混合气。当火花塞点火时，有部分燃油来不及蒸发，这部分燃油燃烧不充分，导致 HC 排放量较高。此外，喷油定时与活塞运动直接相关，因而也就与发动机转速直接相关。混合气从喷油器运动到火花塞过程中经过较长的距离，为了在不同转速下在火花塞附近获得较浓的混合气，对喷油正时和点火正时要求较高，但效果不明显。

2）空气引导型。喷油器远离火花塞布置，燃油直接喷射到气缸中，不会喷射到活塞表面，气缸内组织良好的气流将燃油送至火花塞附近，在火花塞周围形成较浓的混合气。特殊形状的活塞会对空气运动起到促进作用。与壁面引导型燃烧过程不同，理论上空气引导型燃烧系统不存在燃油湿壁。燃烧过程的成功实现依赖于喷油与进气运动之间的配合，因此将定向的空气运动维持到压缩行程后期特别重要，然而气流运动所要求的涡流和滚流会使充气效率降低，发动机性能会有部分损失。

3）喷雾引导型。喷油器布置在气缸盖中央，火花塞布置在气缸盖侧面，火花塞和喷油器间的距离较小。这种布置可以使得燃烧室内形成分层良好的混合气的同时，火花塞附近有较浓的混合气，对燃烧室形状和活塞顶面无特殊要求。气缸内不需要形成特定的气流运动，可以实现灵活的喷油正时控制。而且混合气的分层梯度非常高，即在火花塞附近有极浓的混合气，而在远离火花塞处混合气的浓度很低。因此，许多研究人员认为，喷雾引导型燃烧系统能够充分发挥分层充气燃烧的最大潜力。但喷雾引导型燃烧系统对喷油器的喷雾特性要求非常高，发动机高速时易出现混合气漂移现象。

3. GDI 控制策略

以下主要以缸内高压直喷汽油机电控系统为例说明 GDI 控制策略。

（1）GDI 控制基本原理 GDI 控制的基本目标包括改善车用汽油机的燃油经济性、控制排放（主要是 NO_x 和未燃 HC 的排放）。发动机在不同负荷条件下实行不同的控制策略。

当发动机工作在低速部分负荷时，采用推迟点火、分层燃烧的控制模式，进入气缸的空气形成旋涡，在压缩行程后期喷入燃油，利用特殊的燃烧室形状和直立进气道，在火花塞间隙周围局部形成具有良好着火条件的较浓混合气（空燃比为 12～13.4），而在燃烧室其余远离火花塞的区域则是纯空气或较稀的混合气，在两者之间，为了有利于火焰的传播，混合气浓度从火花塞开始由浓到稀逐步过渡，从而实现混合气分层燃烧，其空燃比一般可达 25～50；同时，通过采用质调节避免了节流阀的节流损失，达到了与柴油机相当的燃油经济性。

在高速大负荷时，采用均匀混合稀燃混合气以克服节油与降低 NO_x 排放之间的矛盾；而在全负荷时，燃油在进气行程中提早喷油，实现均质预混燃烧。采用此方案后由于喷入缸内燃油蒸发时的冷却作用，增加了整机的抗爆性能，可采用较高的压缩比（12～14），有助于提高循环的理论效率；同时，充气冷却作用还提高了发动机的充气效率，提高了发动机的动力性。缸内直喷汽油机还具有更为良好的加速响应性和优异的瞬态驱动特性，使汽油机在保持高动力性能指标的同时具有良好的燃油经济性。

GDI 按工况区分控制模式见表 3-1。

汽车电子控制技术　第3版

表 3-1　GDI 按工况区分控制模式

工况	控制目标	空燃比	节气门	转矩调节	充量	喷油正时	喷油压力	喷油雾化	油束窗穿透
低负荷	经济性	25~40	全开	质调节	分层	压缩行程后期	高	好	浅
高负荷	动力性	14.7	节气	量调节	均质	进气行程早期	低	差	深

（2）**转矩控制策略**　在任何工况下 ECU 首先要识别需求的转矩。加速踏板的位置反映了驾驶人对转矩的需求。但是，还会出现其他方面对转矩的需求，例如发动机本身在起动、急速和对催化转化器进行加热时都会要求对转矩进行补偿。又如，对发动机和汽车进行限速保护时会提出减少转矩的要求。在底盘电子控制中，牵引力矩的减少和行驶动力学的控制都涉及发动机转矩。ECU 综合分析上述对转矩的需求，结合转矩在传输过程中的损失，确定要将转矩调整到什么程度。

转矩的调节可以通过调整电子节气门的开度，在稀薄燃烧时还可以通过改变空燃比，也就是在电子节气门全开的情况下改变喷油量来实现。ECU 必须根据当时的工况做出选择。在没有其他情况发生时，ECU 主要根据加速踏板的位置确定应有的转矩。如果转矩和转速对应于低工况区域，即加速踏板位移量较小时，电子节气门就保持全开，通过改变空燃比调节燃油量进而控制转矩，这就是质调节，此时进气量和点火提前角几乎不影响转矩；如果转矩和转速对应于高工况区域，即加速踏板位移量较大时，那么空燃比就稳定在14.7 左右，通过改变电子节气门开度调节进气量，进而改变燃油量，控制转矩，这就是量调节，此时点火提前角对转矩有很大影响。

（3）**喷油正时的控制**　两种控制模式对油束和喷油正时有不同的要求。低负荷工况时，采用分层燃烧，要求油束集中，雾化好，对燃烧的穿透深度有一定的要求，且喷油推迟到压缩行程后期，使火花塞附近能形成易于点燃的浓混合气；高负荷工况时，采用均质燃烧，要求油束分散，并有适中的穿透深度，且喷油提前到吸气行程的前期，以此避免燃油沾湿活塞或气缸壁面。在质调节时，当转速发生变化时，喷油提前角随转速增加而增加，以保证喷油和点火之间有足够的间隔时间。

（4）**喷油压力的控制**　喷油压力对油束的雾化及穿透深度有明显的影响。在油束涡流相同的情况下，提高喷油压力，能改善燃油雾化程度，使油束穿透深度减小，此类现象适合分层燃烧情况；反之，均质燃烧模式时，应适当降低喷油压力，以满足混合气形成的要求。

第三节　柴油机电子喷射系统

柴油机由于其功率大，燃油消耗率低，在中、重型货车中，国外几乎全部用柴油机作动力，国内柴油车的比例也上升到30%~60%。轻型车用柴油机的比例也在稳步增长。柴油机的燃油喷射系统是与汽油机截然不同的，通常把燃油喷射系统中最关键的部件——燃油泵喷油嘴比喻为柴油机的心脏，长期以来柴油机都是采用机械控制系统来控制喷油泵的供油量和喷油正时的。随着电子技术和计算机技术的发展，柴油机电控技术也得到了长足的发展。

柴油机电控技术发展的动力最初来自改善柴油机的经济性，尤其是第二次石油危机促使柴油机进一步降低燃油消耗率。机械控制系统中的机械调速器和机械喷油提前器控制精度低，反应不灵敏，无法满足柴油机进一步改善性能的要求。柴油机电控技术发展的最大推动力来自国际上日益严格的排放法规。美国国会通过的"大气污染防治法"，要求将重型货车柴油机的排放污染降低90%。美国西南研究所与美、日、欧等12家主要汽车发动机厂和五家国际上主要的燃料喷射装置生产厂正在研制低排放柴油机，并提出了一个清洁发动机的排放目标：NO_x，$2g/(735.499W \cdot h)$；HC，$0.5g/(735.499W \cdot h)$；颗粒物（PM），$0.1g/(735.499W \cdot h)$。要降低柴油机 NO_x 排放，就要减小柴油机气缸内的最高压力和最高温度，不使气缸内的 N_2 和 O_2 在高温高压下变成 NO_x，这就要求喷射正时滞后。喷射正时滞后会引起烟度（颗粒物）排放上升，经济性和动力性下降。矛盾的统一除提高喷射压力和速率，缩短喷射持续时间外，主要是通过电子控制方式寻求最优化的喷油正时。排气再循环对降低 NO_x 大有好处，但会引起颗粒物排放量增加，也需要用电控技术来寻求最佳的排气再循环时刻和排量。可变涡流增压、排气催化这些先进技术对排放有利，但也必须采用电控技术才能与柴油机运行工况配合起来，达到其应有的效果。为降低燃烧噪声和 NO_x 排放，柴油机要求喷射系统有一个小的预喷射量产生在主喷射之前，而且预喷射量、预喷射与主喷射之间的间隔都能根据不同运行工况有所变化，这些显然只有在柴油机电子控制的某些系统（如共轨系统）才能实现。为降低排放，还要对喷油嘴喷出的瞬时喷油速率进行控制，希望实现喷射初期喷油速率低，以降低 NO_x 和噪声，喷射结束时又要能快速断油，以降低颗粒物和HC，并且也要随着不同工况进行适当调整，这也只有采用电控技术才能应用自如。柴油机采用电控技术后，由于其控制精度高，控制自由度大，控制功能齐全，因此能实现整个运行范围内参数优化，不仅能改善排放，改善经济性，还可有效地改善低速性能，改善低温时起动和怠速性能，以及改善操作性能，从而也改善了汽车的舒适性，柴油机电控技术的发展明显地提高了使用性能和降低了排放。

我国对降低柴油机排放已提出了明确要求，并且还将进一步要求降低柴油机排放指标，实施更为严格的法规。

一、柴油混合气的形成与燃烧过程

柴油机混合气的燃烧过程与汽油机混合气的燃烧过程有着显著的区别，表现在以下三个方面：①相对汽油而言，柴油黏度大、蒸发差，物理性能的差异决定了柴油不可能通过化油器在气缸外部与空气形成混合气，只能采用高压喷射的方法，在压缩行程终了时才把柴油喷入发动机气缸，直接在气缸内部形成混合气，并经过冷焰、蓝焰、热焰等阶段复杂的化学反应而自行着火燃烧。②由于在压缩行程终了时才向燃烧室内喷油，使得柴油机的混合气形成时间很短，因而造成混合气成分在燃烧室各处是很不均匀的，并且由于不可能一下子把所有燃料都喷入气缸，故随着燃料不断喷入，气缸内的混合气成分是不断变化的。在混合气稀的部分空气得不到充分利用，而在混合气浓的部分，燃料却因缺氧而燃烧迟缓，甚至燃烧不完全而引起排气冒烟。③柴油机的这种不均匀混合气是在高温、高压环境下多点自行着火燃烧的，不像汽油机混合气一样需要火花塞的点火，因此也不需要外界能量的介入。正因为是自燃，柴油混合气的燃烧控制才显得复杂困难。

1. 柴油混合气的形成

柴油机进气行程中吸入气缸的是纯空气，在压缩行程接近终了时，采用高压喷射的方法把柴油喷入气缸，直接在气缸内部形成混合气。喷油量和喷油时间对发动机性能、燃油经济性和排放有很大的影响。其混合气的形成受下列因素的影响：

（1）**供油时间和喷油时间**　喷油泵向发动机供油的时间通常用供油开始时刻来描述，喷油器向发动机喷油的开始时刻比喷油泵供油开始时刻稍有延迟，其延迟受燃油的可压缩性、油管的弹性和油管的长度等因素影响，它影响发动机的排放等性能指标。

（2）**喷油规律**　受喷油泵机械特性的影响，柴油机喷油规律不是一个常数，它影响柴油机的动力性、燃油经济性、排放和振动噪声等多项性能指标。

（3）**燃油喷雾**　燃油喷雾必须与燃烧室中气流运动和燃烧室的设计紧密配合。

（4）**喷油压力**　喷油压力影响喷油量，但更重要的是它影响燃油的雾化，高压喷射时，油滴越小，燃烧质量越好，直喷式柴油机喷油压力比分隔式柴油机喷油压力高。

（5）**过量空气系数**　柴油机负荷采用量调节，即通过控制供油量来调节发动机的负荷，柴油机中为了完全燃烧和降低排放，一般采用了较大的过量空气系数。

2. 柴油混合气的燃烧过程

为了便于理论分析，可将柴油机燃烧过程划分为着火延迟期、速燃期、缓燃期和补燃期四个阶段，如图 3-31 所示。

从柴油喷入燃烧室开始到由于开始燃烧而引起压力升高迫使压力脱离压缩线开始急剧上升这一段时间，称为着火延迟期。在着火延迟期内燃烧室内进行着混合气的物理与化学过程。除了进行如燃油在燃烧室中的分布、受热、蒸发与扩散等一系列物理准备以外，还需要对化学反应做准备。影响着火延迟期的主要因素是此时燃烧室内工质的状态。

从燃烧室压力脱离压缩线开始急剧上升到燃烧室压力上升至最大这一阶段为速燃期。在速燃期内，着火延迟期内准备好的混合气几乎同时开始燃烧，使燃烧室内的压力和温度急剧上升，压力升高率较高。压力升高率决定了柴油机运转的平稳性，如果压力升高率过大，柴油机就会工作粗暴、燃烧噪声较大，同时运动零部件将承受较大的冲击负荷，从而影响其工作的可靠性和使用寿命。为了控制压力升高率，应减少在着火延迟期内准备好的可燃混合气的数量。

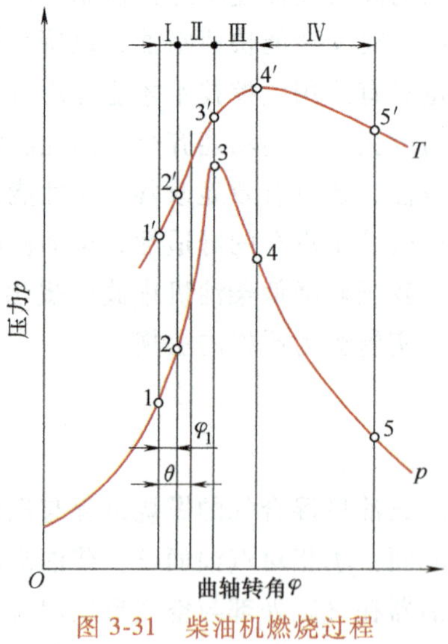

图 3-31　柴油机燃烧过程

Ⅰ—着火延迟期　Ⅱ—速燃期
Ⅲ—缓燃期　Ⅳ—补燃期
1—燃油开始喷入　2—开始燃烧　3—最大压力点　4—最高温度点　5—燃烧结束点

从燃烧室内压力达到最大点到温度达到最高点这一时间段称为缓燃期。在缓燃期，起初燃烧很快，后来由于燃烧室内氧气减少、废气增多，燃烧条件变得不利，使得后期的燃烧越来越慢。在这一阶段内，某些燃料成分是在高温缺氧的条件下进行燃烧的，因此很可能会燃烧不完全，产生炭烟随废气排出，从而影响燃油经济性和排气净化问题。所以缓燃期的主要问题是燃料的燃烧速度与混合气形成速度之间的矛盾。如果加强燃烧室内的气流运动，加速向燃料供给氧气，改善混合气形成的质量，就能加速燃烧，缩短缓燃期，使燃烧完全，进而提高柴油机的动力性和燃油经济性。

从燃烧室内最高温度点到燃油基本燃烧完的这一段时间，为补燃期。由于燃烧时间短，混合气又不太均匀，总有少量燃油拖延到膨胀过程中继续燃烧。燃油在补燃期内的燃烧又称为后燃。特别在高速高负荷工况下，因过量空气系数小，混合气形成和燃烧的时间更短，这种后燃现象就更为严重。在补燃期中缸内压力不断下降，燃烧放出的热量得不到有效利用，还使排气温度提高，导致散热损失增大，对柴油机的燃油经济性不利。此外，后燃还增加了有关零部件的热负荷。因此，应尽量缩短补燃期，减少补燃期内燃烧的燃油量。

3. 柴油机的排放

柴油机燃烧的总排放比汽油机低。由于柴油机压缩比高、过量空气系数大，所以 CO、HC 和 NO_x 的排放均比较低。同时高压缩比提高了柴油机的热效率，大的过量空气系数可使燃烧完全，从而提高了燃油经济性。柴油机燃烧中比较大的问题是颗粒物的排放，这样的碳分子链中可能包含 HC，主要是醛，它们飘浮在空气中，可通过呼吸而吸入人体内。这种排放物由于可能致癌而引起人们的普遍关注。

二、柴油机电控喷射系统

柴油机电控技术与汽油机电控技术有许多相似之处，整个系统都是由传感器、电控单元和执行器三大部分组成的。在电控柴油机上所用的传感器中，如转速、压力、温度等传感器以及加速踏板传感器，与汽油机电控系统都是一样的。电控单元在硬件方面也很相似，在整车管理系统的软件方面也有近似处。汽油机电控技术在国外已经成熟，商品化程度已很高，因此大部分传感器和电控单元已不是难点，也不是柴油机电控技术的难点。柴油机电控技术有两个明显的特点：一个特点是其关键技术和技术难点就在柴油喷射电控执行器上；另一个特点是柴油电控喷射系统的多样化。

柴油机是一个热效率比较高的动力机械。它采用高压喷油泵（包括提前器）和喷油嘴将适量的燃油，在适当的时期，以适当的空间状态喷入柴油机的燃烧室，以造成最佳的燃油与空气混合和燃烧的最有利条件，实现柴油机在功率、转矩、转速、燃油消耗率、怠速、噪声、排放等多方面的要求。柴油机燃油喷射具有高压、高频、脉动等特点，其喷射压力高达 60~150MPa，甚至 200MPa，为汽油喷射的几百倍、上千倍，且柴油喷射对正时要求很高，相对上止点的角度远比汽油机要求精准，这就导致了柴油喷射的电控执行器要复杂得多。因此柴油机电控技术的关键和难点就是柴油喷射电控执行器，也即电控柴油喷射系统。主要控制量是喷油量和喷油正时。

近年来，柴油机的关键技术都有很多突破性的发展。燃油喷射系统是影响燃烧过程的重要因素，高压直喷系统和共轨系统都使柴油机的燃油经济性和排放性能有很大改善。排气再循环、氧化催化器和微粒捕捉器改善了柴油机的各项排放性能。发动机管理系统对喷油和进气过程进行综合控制，保证发动机能够在保持良好的动力性基础上，燃油经济性和排放性能都能达到最优，同时降低振动和噪声。

燃油喷射系统是影响缸内燃烧过程的关键因素。对柴油机的动力性、经济性和排放性能都有重要影响。要改善柴油机缸内燃烧，燃油喷射系统一方面要有理想的喷射速率特性，另一方面要提高喷射压力。传统的喷射系统由于结构的原理等限制，不能同时达到这两个要求，柴油机电控喷射系统很快发展起来。

柴油机在机械控制时代，就已经有直列泵、分配泵、泵喷嘴、单缸泵等结构完全不同的系统，每个系统各有其特点和适用范围，每种系统中又有多种不同结构。实施电控技术的执行机构比较复杂，因此形成了柴油喷射系统的多样化。

在传统的喷射系统的基础上首先发展起来的电控喷射系统是位置控制系统，称之为柴油机第一代电控喷射系统，而时间控制系统则称为柴油机第二代电控喷射系统。高压共轨系统被世界内燃机行业公认为20世纪三大突破之一。将成为21世纪柴油机燃油系统的主流，即柴油机第三代电控喷射系统。目前，这三代技术在柴油机中都有应用，体现了柴油机电控喷射系统的多样性。

1. 位置控制系统

位置控制系统的特点是不仅保留了传统的喷油泵-高压油管-喷油嘴系统，而且还保留了喷油泵中齿条齿圈、滑套、柱塞上的控油螺旋槽等控制油量的机械传动机构，只是对齿条或滑套的运动位置由原来的机械调速器控制改为微机控制。

日本 DENSO 公司的 ECD-V$_1$ 系统、德国 BOSCH 公司的 EDC 系统、日本 Zexel 公司的 COVEC 系统、英国 Lucas 公司的 EPIC 系统等都属于位置控制的电控分配泵系统。日本 Zexel 公司的 COPEC 系统、德国 BOSCH 公司的 EDR 系统和美国 Caterpillar 公司的 PCEC 系统等都属于位置控制的电控直列泵系统。

2. 时间控制系统

时间控制系统保留原来的喷油泵-高压油管-喷油嘴系统，用高速强力电磁阀直接控制高压燃油的喷射。一般情况下，电磁阀关闭，开始喷油；电磁阀打开，喷油结束。喷油始点取决于电磁阀关闭时刻，喷油量取决于电磁阀关闭的持续时间，传统喷油泵中的齿条、滑套、柱塞上的斜槽和控制喷油正时的提前器等全部取消，对喷射定时和喷射油量控制的自由度更大。

日本 DENSO 公司的 ECD-V$_3$ 系统电控分配泵、日本 Zexel 公司的 Model-1 电控分配泵、美国 Detroit 公司的 DDEC 电控泵喷嘴、德国 BOSCH 公司的 EUP13 电控单体泵等都属于时间控制系统。

3. 共轨控制系统

共轨式电控喷射系统改变了传统的柱塞泵脉动供油原理，采用新型的产生高压的燃油系统，例如通过油锤响应、液力增压、共轨蓄压或者高压共轨等形式形成高压。采用压力-时间式燃油计量原理，用电磁阀控制喷射过程，可以实现对喷射油量和喷射定时的灵活控制。

德国 BOSCH 公司、日本 DENSO 公司和英国 Lucas 公司都研制出了电控高压共轨系统，并开始小批量向市场供货。德国戴姆勒-奔驰公司利用 BOSCH 公司的技术首先在世界范围内推出了采用新型高压共轨燃油喷射系统的4气门直喷式柴油机，并用于 A、C 级轿车上。

所谓共轨式电控喷射系统，又称为公共轨道式电控喷射系统，是指该系统中有一条公共油管，用高压（或中压）输油泵向共轨（公共油道）中泵油，用电磁阀进行压力调节并由压力传感器反馈控制。有一定压力的柴油经由共轨分别通向各缸喷油器，喷油器上的电磁阀控制喷油正时和喷油量。喷射压力或直接取决于共轨中的高压压力，或由喷油器中增压活塞对共轨来的油压予以增压。共轨式电控喷射系统的喷射压力高且可控，又可以实现喷油速率的柔性控制，以满足排放法规的要求。

如图 3-32 所示，高压共轨系统利用较大容积的共轨腔将油泵输出的高压燃油蓄积起来，并消除燃油中的压力波动，然后再输送给每个喷油器，通过控制喷油器上的电磁阀实现喷射的开始和终止。其主要特点可以概括如下：

1）共轨腔的高压直接用于喷射可以省去喷油器内的增压机构；而且共轨腔内是持续的高压，高压油泵所需的驱动力矩比传统油泵小得多。

2）通过高压油泵上压力调节电磁阀，可以根据发动机负荷状况以及经济性和排放性的要求对共轨腔内的油压进行灵活调节，尤其优化了发动机的低速性能。

3）通过喷油器上的电磁阀控制喷射定时、喷射油量以及喷射速率，还可灵活调节不同工况下预喷射和后喷射的喷射油量以及预喷射的时间间隔。

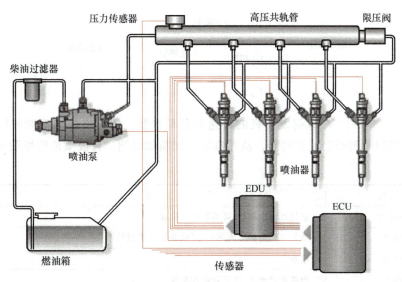

柴油机电控高压共轨燃油喷射系统

图 3-32 高压共轨系统原理

EDU—电控执行单元 ECU—电控单元

高压共轨系统由五个部分组成，即高压油泵、共轨腔及高压油管、电控单元、各类传感器和执行器。供油泵从油箱将油泵入高压油泵的进油口，由发动机驱动的高压油泵将燃油增压后送入共轨腔内，再由电磁阀控制各喷嘴在相应时刻喷油。

预喷射在主喷射之前，将小部分燃油喷入气缸，在缸内发生预混合或者部分燃烧，缩短主喷射的着火延迟期。这样缸内压力升高率和峰值压力都会下降，发动机工作比较缓和，同时缸内温度降低使得 NO_x 排放减少。预喷射还可以降低失火的可能性，改善高压共轨系统的冷起动性能。

主喷射初期降低喷射速率，也可能减少着火延迟期内气缸内的油量。提高主喷射中期的喷射速率，可以缩短喷射时间从而缩短缓燃期，使燃烧在发动机更有效的曲轴转角范围内完成，提高输出功率，减少燃油消耗，降低炭烟排放。主喷射末期快速断油可以减少不完全燃烧的燃油，降低烟度和碳氢排放。

三、柴油机高压共轨系统的控制功能与控制基本原理

1. 控制功能

（1）调节喷油压力　利用共轨压力传感器测量共轨内的燃油压力，从而调整供油泵的喷油量，控制共轨压力（喷油压力）。此外，还可以根据发动机转速、喷油量的大小与设定的最佳值（指令值）进行反馈控制。

（2）调节喷油量　以发动机的转速及节气门开度信息等为基础，由ECU计算出最佳喷油量，通过控制喷油器电磁阀的通电、断电时刻直接控制喷油参数。

（3）调节喷油率　根据发动机运行的需要，设置并控制喷油率，包括引导喷射、预喷射、主喷射、后喷射和次后喷射等多段，如图3-33所示。在多段喷射过程中，电磁阀必须完成多次开启、关闭动作，对喷油器开关响应特性要求较高。

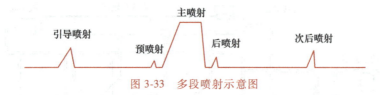

图 3-33　多段喷射示意图

（4）调节喷油时刻　根据发动机的转速和负荷参数，计算出最佳喷油时间，并控制喷油器在适当的时刻开启、关闭等，从而准确控制喷油时刻。各段喷油的作用见表3-2。

表 3-2　各段喷油的作用

时　段	作　用
引导喷射	通过预混合燃烧，降低颗粒物排放
预喷射	缩短主喷射的着火延迟，降低 NO_x 和燃烧噪声
主喷射	喷油
后喷射	促进扩散燃烧，降低颗粒物排放
次后喷射	排温升高，通过供给还原剂，促进后处理（催化剂）

2. 控制基本原理

根据各种传感器的信息，电子控制单元计算出目标喷油量；为了得到目标喷油量，计算出喷油装置需要多长的供油时间，并向驱动单元发送驱动信号；根据电子控制单元输出的驱动信号，喷油装置中的电磁阀开启或关闭，控制喷油装置供油开始、供油结束的时间，或仅控制供油结束时间，从而控制喷油量。

在电子控制燃油喷射系统中，目标喷油量特性已经数值化，绘成三维图形（MAP图），可以得到喷油量特性曲线。

（1）基本喷油量控制　不同的发动机要求不同的转矩特性，通常是通过控制喷油量来实现的。

基本喷油量特性如图 3-34 所示。等速特性与发动机负荷无关，始终保持恒定的转速，该特性广泛用于发电用发动机中。机械式调速系统调速率约为 3%；负荷变化，转速随之变化。在电子控制燃油系统中，通过发动机转速的反馈控制，可以得到恒定不变的转速。

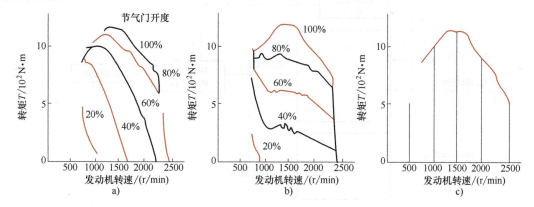

图 3-34　基本喷油量特性

a）全程调速特性　b）两极调速特性　c）等速特性

（2）急速喷油量控制　在急速工况下，发动机产生的转矩与发动机自身的摩擦转矩平衡，维持稳定的转速。

如果在低温下工作，润滑油的黏度大，发动机的摩擦阻力大，急速工况下，发动机转速不稳，乘员感到不舒服，而且发动机起动时容易失速；相反，如果发动机急速转速高，则发动机噪声大，燃油消耗率高。为了解决上述问题，即使发动机负荷转矩发生了变化，还要保证维持目标转速所需要的喷油量，这就是急速转速自动控制功能。急速喷油量控制框图如图 3-35 所示。

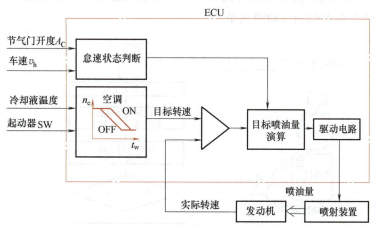

图 3-35　急速喷油量控制框图

将发动机的实际转速 n_e 与发动机的目标转速［由发动机的冷却液温度 t_w、空调压缩机的工作状态（ON 或 OFF）和负荷等状态决定］进行比较，根据两者的差值求得恢复到目标转速时所必需的喷油量，从而进行反馈控制。

（3）起动喷油量控制　汽车节气门开度和发动机转速决定基本喷油量，冷却液温度等决定补偿喷油量，比较两者的关系之后，控制起动喷油量。起动喷油量控制框图如图 3-36 所示。

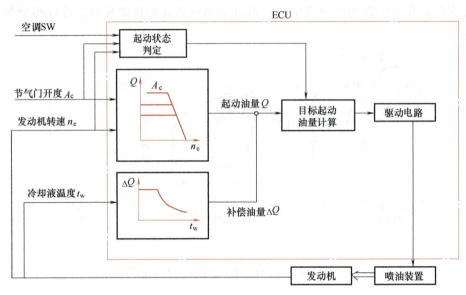

图 3-36　起动喷油量控制框图

（4）不均匀油量补偿控制　由于发动机各缸爆发压力不均匀，曲轴旋转速度变化，引起发动机振动。特别是在低转速的急速状态下，乘员会感到不适。各缸喷油量不均匀、各缸内燃烧的差异等引起各缸之间的转速不均匀。因此，为了减少转速波动，需要检出各个气缸的转速波动情况。为了使转速均匀平稳，则需要逐缸调节喷油量，使喷到每个气缸内的燃油量最佳化。这就是不均匀油量补偿控制。不均匀油量补偿控制框图如图 3-37 所示。检出各缸每次爆发燃烧时转速的波动，再与所有气缸的平均转速比较，根据比较结果，分别给各个气缸补偿相应的喷油量。

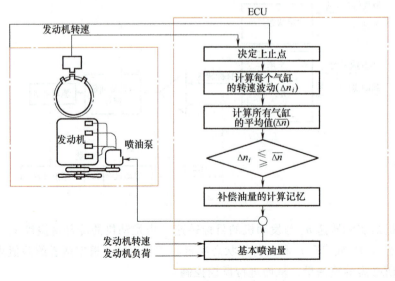

图 3-37　不均匀油量补偿控制框图

（5）**恒定车速喷油量控制** 汽车在高速公路上长距离行驶时，驾驶人为了维持车速一直要操纵加速踏板，很容易疲劳。对此，不需要驾驶人操纵加速踏板而维持定速行驶的控制过程就是恒定车速控制。恒定车速喷油量控制框图如图3-38所示。

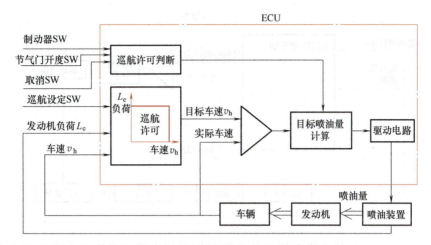

图 3-38　恒定车速喷油量控制框图

（6）**喷油时间控制** 柴油机高压共轨电子控制系统中喷油时间的控制方法，如图3-39所示。

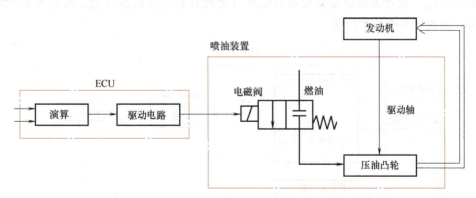

图 3-39　喷油时间控制框图

根据各个传感器提供的信息，电子控制单元的计算单元计算出目标喷油时间；喷油装置中的电磁阀从电子控制单元接收驱动信号，控制流入或流出提前器的工作油。由于工作油对提前机构的作用，改变了燃油压送凸轮的相位角，或提前，或延迟，从而控制喷油时间。同样，如果将电子控制单元中目标喷油时间值用数据表示成三维图形（MAP 图），则可得到喷油时间特性。为实现发动机中燃油的最佳燃烧，必须根据运行工况和环境条件实时调节喷油时间。该项功能就是最佳喷油时间控制功能，根据发动机的转速决定基本喷油时间，同时，还要根据发动机的负荷、冷却液温度、进气压力等对基本喷油时间进行修正，从而决定目标喷油时间。

（7）**喷油压力控制** 柴油机高压共轨电子控制系统中喷油压力的控制方法如图3-40所示。根据各个传感器提供的信息，电子控制单元计算单元经过计算后定出目标喷油压力。根据装在共轨上的压力传感器的信号，电子控制单元计算出实际喷油压力，并将其值和目标压力值比较，然后发出命令控制供油泵，升高或降低压力。将电子控制单元中的目标喷油压力特性用具体数据表示成三维 MAP 图，可以得到最佳喷射压力特性曲线。

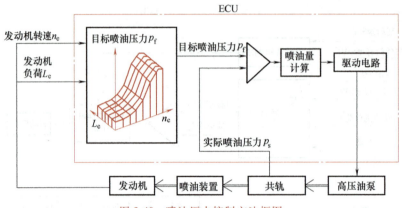

图 3-40　喷油压力控制方法框图

（8）喷油率控制　柴油机高压共轨电子控制系统中喷油率控制框图如图 3-41 所示。在发动机压缩行程中，需要若干次驱动喷油装置的电磁阀才能完成，根据传感器的信息，电子控制单元计算单元计算出喷油参数。喷射参数中最重要的是目标预喷油量 Q_{pt} 和目标喷油间隔 T_{INIF}。这些参数值根据发动机的运行情况具有相应的最佳值。将这些最佳值作为目标，实现最佳喷油率控制。

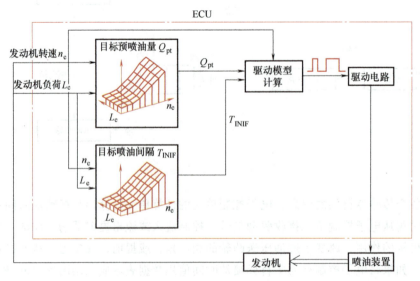

图 3-41　喷油率控制框图

第四节　点火控制系统

发动机的点火方式有炽热点火、压缩着火和电火花点火三种。在汽车所使用的发动机中，柴油机采用压缩着火方式，而汽油机均采用电火花点火方式。

一、传统点火装置

电火花点火装置自 1910 年使用在凯迪拉克汽车上以来，至今仍被大部分汽车沿用。正是由于电火花点火装置长期以来在汽车上得到广泛应用，故被誉为传统点火装置。由于它的电能由蓄电池或发电机供给，又被称为蓄电池点火装置。传统点火装置如图 3-42 所示。

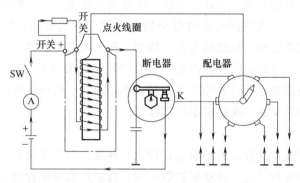

图 3-42　传统点火装置

二、对点火装置的要求

点火系统的功用主要有两方面：一方面将电源的低电压转换成高电压，为发动机缸内的火花塞提供高电压脉冲，产生电火花；另一方面将所产生的电火花适时、按次序地送到各个气缸之中，点燃压缩混合气使发动机做功，以获得高效的燃烧。为了保证在各种工况和使用条件下发动机混合气均能准确着火，从而提供汽车正常运行所需动力，点火装置应该满足以下三个基本要求。

1. 提供足以击穿火花塞电极间隙的高电压

不同的发动机运行条件对点火电压有不同的要求，为了实现点火系统的功用，点火系统的点火电压必须有一定的高压储备，以便在不同发动机运行条件下，点火系统所提供的高电压脉冲均能在火花塞处产生电火花。

火花塞电极之间产生火花的电压通常称为击穿电压，当加在火花塞电极间的电压高于击穿电压时，气缸内混合气便会产生击穿点火。一般来说，汽车发动机起动时常需 9～17kV 的高电压，在满负荷低速时需 8～10kV 的高电压，而正常点火所需点火电压一般均在 15kV 以上。考虑到各种不利因素的影响，为了保证可靠着火，点火装置所提供的高电压均在 15kV 以上，但电压过高，又会造成绝缘困难，成本提高，一般二次电压限制在 30kV 以内。击穿电压与很多因素有关，其中包括：火花塞间隙的大小、气缸内混合气的密度、电极的温度及极性、发动机的工况。

2. 提供足够的电火花能量与持续时间

要使混合气可靠点燃，火花塞产生的电火花必须具有一定的能量和持续时间。发动机正常工作时，由于混合气压缩终了的温度已接近其自燃温度，因此所需要的点火能量很小，只要 1~5mJ 就可以了，而触点式点火装置一般能发出 15~50mJ 的火花能量，足以点燃混合气。但在发动机起动、怠速及急加速时，由于电极温度、混合气浓度、雾化均匀度不同，导致需要较高的点火能量。基于上述原因，为了保证可靠点火，一般应保证有 50~80mJ 的点火能量，起动时应能产生大于 100mJ 的火花能量，而且还要保证点火时间不少于 500μs。

闭合角是影响点火能量的因素之一。当断电器触点闭合时，点火线圈一次绕组中的电流不能立即从零上升到最大值，因此，欲使一次电流足够大，断电触点必须闭合足够长的时间。若闭合角太小，点火线圈一次绕组中的电流就达不到所需要的值。但闭合角太大时，可能引起点火线圈过热，机械断电触点烧蚀。在传统点火系统中，闭合角由分电器凸轮与活动触点臂等零件之间的配合来控制。当发动机转速升高时，尽管闭合角是一定的，但触点闭合的时间会随发动机转速的升高变得越来越短，一次绕组中的电流可能来不及达到其最大值，其结果是导致二次绕组中电压降低。

3. 提供适时的点火时机

点火时机对发动机工作性能的影响也比较大，体现在两个方面。一方面，点火系统应按发动机的工作时序进行点火。发动机缸数不同，各缸点火时序肯定会不一样；即使发动机缸数一样，其点火时序也可能不一样。另一方面，必须在最有利的时刻进行点火，即必须保证最佳点火时刻。何时为最佳点火时刻呢？最佳点火时刻应该能保证发动机燃烧产生的有用功最大，热量利用率最高，此时，气缸内最高燃烧压力在上止点后一定曲轴转角范围内产生。因为混合气在气缸内燃烧需占用一定的时间，所以混合气不应在压缩行程上止点（TDC）处点燃，而应适当地提前，使活塞到达上止点时，混合气已得到充分燃烧，从而使发动机获得较大功率。点火时刻一般用点火提前角来表示，即从发出电火花开始到活塞到达上止点为止的一段时间内曲轴转过的角度。如果点火过迟或过早，会导致发动机过热或爆燃，并引起功率下降，有可能造成运动部件和轴承加速损坏。试验证明：燃烧最大压力出现在上止点后 10°~15° 曲轴转角时，发动机的输出功率最大，可以认为，此时所对应的点火提前角就称为最佳点火提前角。

发动机的最佳点火提前角与发动机型号、发动机工况和发动机使用条件有关。影响最佳点火提前角的主要因素是发动机转速和负荷，其次是发动机工况、进气压力、压缩比、混合气的成分、火花塞的数量、汽油的辛烷值等。

此外，点火时刻对发动机排放有很大的影响。推迟点火时刻，发动机排气中的氮氧化物 NO_x 的排放量随之减少。这是因为推迟点火，燃烧废气的最高温度降低。但是，推迟点火会使发动机热力循环的等容度减小，从而导致动力性、燃油经济性变坏。所以在一些控制发动机排放的发动机中，可以通过改变点火时刻来降低有害排放物，而这种改变通常要降低发动机的热效率，使发动机的燃油经济性下降。

点火时刻是影响发动机爆燃的主要因素之一。仅有轻微爆燃时，发动机的等容度增大，膨胀功可以得到充分利用，动力性及燃油经济性有所提高。但当剧烈的爆燃发生时，燃烧压力和温度剧烈升高，产生高频燃烧压力波，从而破坏了燃烧室壁的激冷层，导致散热量大幅度增加，冷却系统过热，各部分的温度上升。其结果会引起活塞烧结，活塞环卡死和气门烧蚀等故障，而且输出功率下降，油耗增高。点火过早，由于上止点附近的压力升高率增加，使末端混合气处的压缩压力上升，增加了爆燃的可能性。相反，推迟点火可以避免爆燃的产生。因此，在很多发动机中，设有通过点火提前角调节来消除爆燃的爆燃控制系统。

三、传统点火装置缺陷

随着汽车工业的高速发展，汽车发动机向高转速、高压缩比、大功率、低油耗和低排放污染方向发展，而传统点火系统就显得越来越不能适应新形势要求，主要表现在以下三个方面。

1）不能满足发动机多缸、高转速的要求。因为触点闭合时一次电流按指数规律增长时，随着发动机转速的升高和气缸数增多，触点的闭合时间减小，致使点火线圈一次绕组的断开电流减小，相应地二次最大电压下降，当转速升高到一定值时，二次最大电压将低于火花塞电极间的击穿电压，发动机就不能可靠地点火。尤其是近年来为了降低油耗和排放污染而采用稀薄混合气，并增加了火花塞电极间隙，要求有更高的点火电压才能可靠地击穿火花塞电极间隙，传统点火系统的这一缺点显得更为突出。

2）火花塞积炭难以清洁。发动机工作时，在火花塞绝缘体上集聚有一定数量的炭渣，相当于在火花塞电极之间并联了一个分路电阻，使二次电路闭合。当二次电压还未上升到火花塞击穿电压时，通过积炭产生漏电流，使二次电压下降，造成点火困难。传统点火系统二次电压上升速率慢，上升时间长，积炭分流作用显著，严重时会使二次电压无法升高到击穿电压，造成不能点火。为此，在传统点火系统中，可在高压线与火花塞间预留 3~4mm 的附加火花间隙，切断由积炭所形成漏电流通道，以便能正常点火，这种方法称之为"吊火"。吊火只能作为火花塞积炭的应急补救措施，不能长期使用，因为击穿两个串联的火花间隙需要更高的二次电压，加重了点火线圈的负担。因此，火花塞积炭严重时，应及时清洁。

3）触点间隙需要经常调整。若触点间隙增大，则凸轮转动时触点提前打开而推迟闭合，触点闭合角变小，开启角变大。由于触点闭合时间缩短，一次断电电流减小，二次最大电压相应下降。反之，若触点间隙减小，则触点闭合时间增长，一次断开电流增大，二次最大电压升高。但过小的间隙又难以断弧，反使二次最大电压下降。

在传统点火系统中，触点直接通断一次电流。因电流大，触点间火花放电难以避免，容易产生烧蚀。触点烧蚀后，接触电阻增大，使一次电流减小，二次电压下降。尤其在发动机低速运转时，触点火花较强，触点烧蚀加重，应及时打磨触点，调整触点间隙。

四、电子点火装置

电子点火装置根据分类方法的不同具有不同的划分。电子点火装置按照点火能量存储方式的不同可分为电感储能式电子点火装置和电容储能式电子点火装置两大类。

电感储能式是用点火线圈作为储能元件，一次线圈断电后由电感线圈磁场能量的快速泄放产生点火高压。电容储能式是用电容作为储能元件，点火线圈仅起电压变换作用，一次线圈断电后由电容器电场能量的快速泄放在点火线圈上产生的高压实现点火。

汽车无触点电子点火系统于20世纪60年代初开始研究，该点火系统去掉了原有的断电器触点，故称为无触点点火装置。其基本组成如图3-43所示。

图3-44所示为无触点电容放电式电子点火装置。该点火装置由触发器、升压器、可控硅开关、储能电容、点火线圈和火花塞等组成。

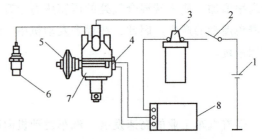

图3-43　电感式无触点电子点火装置基本组成
1—蓄电池　2—点火开关　3—点火线圈
4—传感器　5—点火真空提前装置
6—火花塞　7—分电器总成　8—电子点火控制器

无触点电子点火装置主要由传感器（即脉冲信号发生器）和电子点火控制器构成。它的分电器、点火线圈、火花塞等与传统点火系统的基本相同。

传感器（即脉冲信号发生器）取代了原来分电器中的断电器（凸轮和触点）。它是一种将非电量转变为电量的装置。其功用是：通过一定的转换方式，将汽车发动机曲轴所转过的角度或活塞在气缸中所处的位置，转换成相应的脉冲电信号，再输出送至电子点火控制器。

无触点电子点火装置的主要优点是：

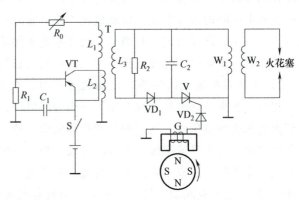

图3-44　无触点电容放电式电子点火装置

1）由于没有断电器触点，避免了机械式触点所带来的危害，减少了发动机高速断火现象，即可得到很高的发火率。

2）由于没有分电器凸轮，所以不存在机械磨损问题，简化了维护保养。

3）由于点火线圈一次电流增大，故其断电电流增大，二次电压提高，电火花能量增强，不仅能加大火花塞电极的间隙，也能点燃较稀的混合气，非常有利于改善汽车发动机的经济性和排气净化性能等。

4）电子点火时间与发动机曲轴位置没有了固定的机械约束关系，因而可以根据汽车的运行工况、驾驶人的操作意图、外部环境，自动地调整发动机的点火提前角，使发动机的动力性、经济性及排放指标达到最佳状态。

五、电子控制点火系统

由于普通的无触点点火装置采用机械方式调整点火时刻，而机械装置本身的局限性，无法保证在各种状况下点火提前角均处于最佳。同时，由于分电器中的运动部件的磨损，又会导致驱动部件的松旷，影响点火提前角的稳定性和均匀性。而随着汽车技术的进步，人们对汽车发动机的功率、油耗、排气净化等提出了越来越高的要求，用电子信号替代机械触点的普通电子点火装置，也无法满足对发动机更高性能的要求，特别是对点火时刻（即点火提前角）的精确控制，已明显地不能适应现代汽车的需要。为满足各种工况的要求，控制发动机的最佳点火时间，汽车点火装置从初期的机械触点替代，已逐步发展到自适应的电子控制点火系统，确保混合气在最佳的时刻燃烧，最大限度地改善发动机的高速性能，不断地提高其动力性、经济性并减少排放污染。

在电子点火控制系统中，点火控制包括点火提前角的控制、通电时间控制和爆燃控制三个方面，并具有以下三个特点。

1）在各种工况及环境条件下，均可获得最佳点火提前角，从而使发动机在动力性、经济性、排放性及工作稳定性等方面均处于最理想情况。

2）在全部工作范围内，均可对点火线圈的导通时间进行控制，从而使线圈中存储的点火能量保持恒定不变，提高了点火的可靠性，有效地防止点火线圈过热，减少了能源消耗。此外，该系统可很容易实现在全部工作范围内提供稀薄燃烧所需恒定点火能量的目标。

3）通过采用闭环控制技术，可使各缸点火提前角控制在刚好不发生爆燃的临界状态，从而获得较高的燃烧效率，有利于提高发动机的各种性能。

电子点火控制系统一般由电源、传感器、电子控制单元（ECU）、点火控制模块、分电器、火花塞等组成，如图3-45所示。各组成部分介绍如下：

1）电源：供给点火系统所需的点火能量，一般由蓄电池和发电机共同组成。

2）传感器：主要用于检测发动机各种运行参数的变化，为 ECU 提供点火提前角的控制依据。其中，最主要的

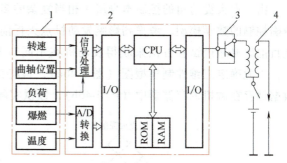

图 3-45　电子点火控制系统组成

1—传感器　2—ECU　3—点火控制装置　4—点火线圈

传感器是发动机转速传感器、进气歧管绝对压力传感器、曲轴位置传感器、凸轮轴位置传感器，此外还有冷却液温度传感器、爆燃传感器、节气门位置传感器及起动开关信号、空调开关信号等。

3）电子控制单元：点火系统的中枢。在发动机工作时，它不断地采集各传感器的信息，按事先设置的程序计算出最佳点火提前角，并向点火控制装置发出点火指令。

4）点火控制模块：ECU 的一个执行机构。它可将电子控制系统输出的点火信号进行功率放大后，再驱动点火线圈工作。

5）点火线圈：通过将点火瞬间所需的能量存储在线圈的磁场中，并将电源提供的低压电转变为 15～20kV 高压电，从而在火花塞电极间产生击穿点火。

6）分电器：根据发动机点火的工作时序，将点火线圈产生的高压电依次送到各缸火花塞，在无分电器数字点火方式中无分电器。

7）火花塞：将点火线圈产生的具有一定能量的电火花引入气缸，点燃气缸内的可燃混合气。

电子点火控制系统的工作原理及控制过程如下所述：

发动机运行时，ECU 不断地采集发动机的转速、负荷、冷却液温度、进气温度等信

号，并根据 ROM 中存储的有关程序与数据，确定出该工况下最佳点火提前角和一次电路的最佳导通角，并以此向点火控制模块发出控制指令。

点火控制模块根据 ECU 的点火指令，控制点火线圈一次电路的导通和截止。当电路导通时，有电流从点火线圈中的一次线圈通过，点火线圈此时将点火能量以磁场的形式储存起来。当一次线圈中电流被切断时，在其二次线圈中将产生很高的感应电动势（15～20kV），经分电器送至工作气缸的火花塞，点火能量被瞬间释放，并迅速点燃气缸内的可燃混合气，发动机完成做功过程。

此外，在带有爆燃传感器的点火提前角闭环控制系统中，ECU 还可根据爆燃传感器的输入信号来判断发动机的爆燃程度，并将点火提前角控制在轻微爆燃的范围内，使发动机能获得较高的燃烧效率。

1. 点火提前角控制

由于发动机点火提前角对发动机的动力输出、燃油消耗、排气净化等性能产生直接影响，因此只有予以严格控制，才能满足日益提高的发动机动力性、经济性、环保性要求。

由于点火提前角的控制本身属于相当复杂的多变量求解问题，实践证明很难找到实现精确控制的数学模型。考虑到影响发动机点火提前角的主要因素是发动机转速和负荷，因此目前普遍通过试验方法来获得发动机在不同转速、不同负荷时所对应的最佳点火提前角，以此确定三维控制模型图（图 3-46a），再将该模型图转换成二维表格，便可将这些数据储存在微机的存储器中（图 3-46b），以供实际的点火提前角控制之用。

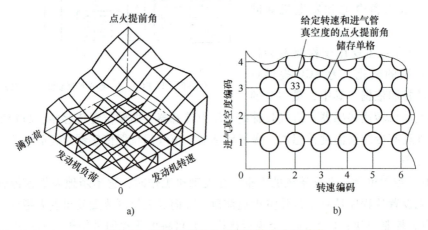

图 3-46 通过试验方法获得最佳点火提前角

a）三维控制模型图 b）储存在微机存储器中的数据

在发动机实际运行中，ECU 通常根据发动机转速传感器、节气门位置传感器输入的信息，从对应的二维表中找出所对应的点火提前角最佳值，再根据其他传感器信息进行修正，就可以对点火系统进行精确的定时控制。

点火提前角控制系统，各制造厂家因开发点火装置的型号不同而各异。如日本丰田汽车公司的发动机集中控制系统，其点火提前角的控制如下式所示：

实际点火提前角＝初始点火提前角＋基本点火提前角＋修正点火提前角

点火提前角的控制包括两种基本情况：①起动期间的点火时刻控制，发动机在起动

时，在固定的曲轴转角位置点火，与发动机的工况无关；②起动后发动机正常运行期间的点火时刻控制，由进气歧管压力信号（或进气量信号）和发动机转速确定的基本点火提前角和修正量决定。修正项目随发动机各异，并根据发动机各自的特性曲线修正，点火提前角控制包括：暖机修正量、稳定怠速修正量、空燃比反馈修正量、过热修正量、爆燃修正量、最大提前/延迟角控制、其他修正量。

（1）初始点火提前角 初始点火提前角是原始设定的，又称为固定点火提前角。对于丰田汽车的 IG～GEL 发动机来讲，其值为上止点前10°曲轴转角。出现下列情况之一时，实际点火提前角等于初始点火提前角：①当发动机起动或发动机起动转速在 400r/min 以下时；②节气门位置传感器怠速触点闭合，车速在 2km/h 时；③当发动机 ECU 的后备系统工作时。

（2）基本点火提前角 基本点火提前角通常以二维表格的形式储存在 CPU 的 ROM中，又分为怠速和正常行驶两种情况。

1）怠速时的基本点火提前角，是指节气门位置传感器的怠速触点闭合时所对应的基本点火提前角，如图 3-47 所示，其值还根据发动机的怠速转速及空调是否工作而略有不同。当空调不工作时，怠速基本点火提前角则定为4°；当空调工作时，随着发动机怠速的目标转速的提高，应适当地增加点火提前角，以利于发动机运转速度的稳定，此时怠速基本点火提前角定为8°。由此可见，两种情况所对应的实际点火提前角应分别为14°和18°。

2）正常行驶时的基本点火提前角，是指节气门位置传感器怠速触点打开时所对应的基本点火提前角。该值主要是依据发动机的转速和用进气量表示的发动机负荷而定。ECU根据传感器的输出信号，利用查表法从 CPU 的 ROM 中找出基本点火提前角的最佳值即可，如图 3-48 所示。

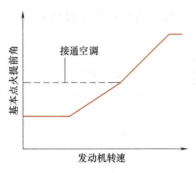

图 3-47 怠速时的基本点火提前角

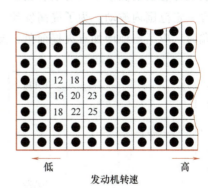

图 3-48 正常行驶时的基本点火提前角

（3）点火提前角的修正 通过上述方法获得点火系统初始点火提前角与基本点火提前角后，再通过修正才可得到最终的用来进行实际控制的最佳点火提前角。点火提前角修正一般分为暖机修正、怠速稳定修正、过热修正及空燃比反馈修正四种。

1）暖机修正。图 3-49 所示为点火提前角暖机修正特性曲线。该提前角指的是当节气门位置传感器怠速触点闭合时，微机根据发动机冷却液温度进行修正的点火提前角。当冷却液温度较低时，由于混合气的燃烧速度较慢，应适当地增大点火提前角，以促使发动机尽快暖机，随着冷却液温度的升高，点火提前角修正值应逐渐减小。

2）怠速稳定修正。发动机怠速时，如空调、动力转向等动作而引起负载的变化时会引起转速不稳定。如图3-50所示，ECU可根据实际转速与目标转速的差值动态地修正点火提前角。若发动机的怠速转速低于目标转速时，控制系统将相应地增加点火提前角，以利于怠速的稳定；反之，则相应减少点火提前角。

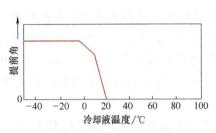

图3-49　点火提前角的暖机修正特性曲线

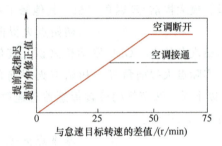

图3-50　点火提前角的怠速修正曲线

此外，为使发动机怠速转速能稳定在目标转速上，点火提前角的怠速稳定修正与怠速控制系统中的怠速调整同步进行。这样有助于提高怠速转速的控制精度及怠速稳定性，有效地防止发动机怠速熄火的现象产生。

3）过热修正。当发动机处于正常行驶运行工况，此时节气门位置传感器无怠速信号输出时，若冷却液温度过高，为了避免爆燃，应适当地减小点火提前角。但当发动机处于怠速运行工况时，若冷却液温度过高，为了避免发动机长时间过热，则应增加点火提前角。其过热修正曲线如图3-51所示。

4）空燃比反馈修正。当装有氧传感器的电控燃油喷射系统进入闭环控制时，ECU通常根据氧传感器的反馈信号对空燃比进行修正。随着修正喷油量的增加或减少，发动机的转速在一定范围内波动。为了提高发动机转速的稳定性，当反馈修正油量减少而导致混合气变稀时，应适当地增加点火提前角，反之则相反。其修正曲线如图3-52所示。

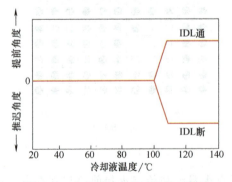

图3-51　点火提前角的过热修正曲线

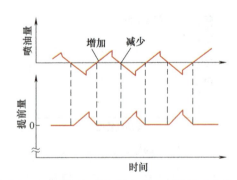

图3-52　点火提前角的空燃比反馈修正曲线

发动机实际的点火提前角就是固定点火提前角、基本点火提前角及修正点火提前角三项之和。当发动机工作时，曲轴每旋转一圈，ECU就会根据所测的参数值确定点火提前角并发出点火信号，并随着发动机的转速和负荷变化进行适时控制。

但是，当ECU计算出的实际点火提前角超过允许的最大值及最小值范围时，发动机将难以运转。由于在初始点火提前角已被固定的情况下，受ECU控制的部分只是后两部分之和，因此该值应保证在一定范围之内，一般最大提前角为 35°~45°，最小提前角为 −10°~0°。当超过此范围时，则 ECU 就应以设定的最大或最小点火提前角进行控制。

2. 通电时间控制

通电时间的控制就是闭合角的控制。

对于电感储能式电子点火系统，当点火线圈的一次电路被接通后，其一次电流是按指数规律增长的。一次电路被断开的瞬间一次电流所能达到的值即断开电流与一次电路接通的时间长短有关，只有通电时间达到一定值，一次电流才可能达到饱和。而二次电压最大值 U_{2max} 是与断开电流成正比的。因此，必须保证通电时间能使一次电流达到饱和，为此一方面必须增加通电时间，但另一方面如果通电时间过长，点火线圈又会发热并使电能消耗增大，反而不利于点火系统的正常工作。因此要控制一个最佳通电时间，必须兼顾上述两方面的要求，显然在电控单元 ROM 中存放的一次线圈导通时间即通电时间并不是常数。同时，当蓄电池的电压变化时，也将影响一次电流，如蓄电池电压下降，在相同的通电时间里一次电流所达到的值将会减小，因此必须对通电时间进行修正。图 3-53 所示为通电时间的蓄电池电压修正曲线。

在有些点火装置中，为了减小转速对二次电压的影响，提高点火能量，采用了一次线圈电阻很小的高能点火线圈，其饱和电流可达 30A 以上，这一技术称之为高能点火技术（HEI）。为了防止一次电流过大烧坏点火线圈，在点火控制电路中增加了恒流控制电路，如图 3-54 所示，从而保证在任何转速下一次电流都能达到规定值（7A），一方面改善了点火性能，另一方面又能防止一次电流过大而烧坏点火线圈。

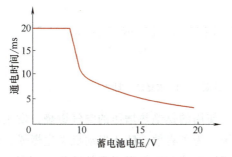

图 3-53 通电时间的蓄电池电压修正曲线

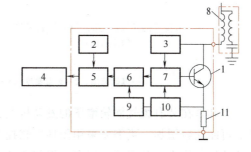

图 3-54 点火线圈的恒流控制电路

1—达林顿功率管 2—偏流电路 3—过电压保护电路
4—磁电敏感器件 5—波形整形电路 6—通电率发生电路
7—放大电路 8—点火器 9—通电率控制电路
10—恒定电流控制电路 11—电流检测电阻

3. 爆燃控制

汽油机气缸内的混合气在压缩行程快要终了被火花塞点燃后，就会以火花塞为中心通过火焰传播方式向四周进行燃烧，从而完成可燃气体在气缸内膨胀做功这一过程。在此期间，如果气缸压力和温度异常升高，就可能会发生部分混合气在火焰尚未传播到位时就自行着火燃烧的现象。如此，整个燃烧室内会瞬时形成多火源燃烧，这种燃烧现象称为爆燃，爆燃时还伴随产生高温和强大的压力波，如果持续产生爆燃，会引起气缸体、气缸盖和进气歧管等薄壁构件的高频振动，运动件机构就产生冲击载荷，导致很大的噪声和损坏。除此之外，爆燃还很可能产生火花塞电极或活塞过热、熔损等现象，造成发动机的严重故障，它是汽油机运行过程中最有害的一种故障现象，必须尽力防止爆燃的产生。在电控点火系统中若采用爆燃传感器进行闭环控制，则可以有效地防止爆燃的产生。

（1）爆燃与点火时刻的关系　爆燃与点火时刻有着密切的关系，其关系如图 3-55 所示。曲线 *A* 是气缸内不燃烧时的压力波形，曲线 *B*、*C*、*D* 分别表示不同点火时刻气缸内的燃烧压力波形，显然点火提前角越大，燃烧压力越高，则越容易产生爆燃，如曲线 *B* 所示。此外，从图 3-56 中还可以看出，让发动机发出最大转矩的点火时刻（MBT 曲线）出现在爆燃界限的附近。因此，在有爆燃传感器的点火闭环控制系统中，可以利用爆燃传感器能够检测到爆燃界限的功能进行反馈控制，把点火时刻控制在爆燃界限的附近，有利于提高发动机的动力性。

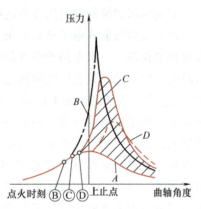

图 3-55　气缸压力与点火时刻关系

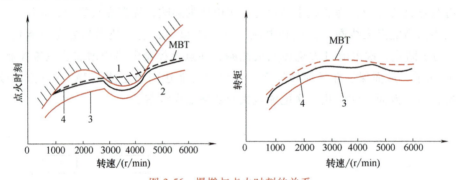

图 3-56　爆燃与点火时刻的关系

1—爆燃范围　2—余量幅度　3—无爆燃控制时　4—有爆燃控制时

尤其是在装有废气涡轮增压的发动机上，由于使用的是绝热增压的空气燃烧，发生爆燃的可能性会增加，更需要采用闭环爆燃控制系统。为了有效地防止发动机发生爆燃，在有的控制系统中，除了可控制点火提前角外，还可同时控制废气旁通阀的动作，更有效地抑制爆燃的产生。

（2）爆燃控制系统

1）爆燃的检测。发动机是否发生爆燃，可用爆燃传感器来进行检测。爆燃传感器大多数安装在发动机的缸体上，利用压电器件的压电效应把爆燃传到缸体上的机构振动状态转换成电压信号，再通过 ECU 对信号进行处理和识别，进而控制发动机的点火提前角。

爆燃传感器的种类有很多，可分为共振型、非共振型和火花塞座金属垫型三种。现在广泛采用的是宽幅共振压电式爆燃传感器。该类传感器虽输出电压的峰值较低，但可以在较大振动频率范围内检测出共振电压信号。由于宽幅共振压电式爆燃传感器具有感测频率范围较广的优点，故适用于检测随发动机转速变化而产生的不同爆燃频率的信号。

2）爆燃的控制方法。综上所述，安装在发动机缸体上的爆燃传感器可感应出发动机不同频率范围内的振动，且当发动机发生爆燃时，传感器可产生较大振幅的电压信号，如图3-57所示。

发动机是否发生爆燃，可用ECU中的爆燃信号识别电路（图3-58）来判定。先用滤波电路将爆燃信号进行过滤，只允许特定频率范围的爆燃信号通过滤波电路。再将滤波后信号的峰值电压与爆燃强度基准值进行比较，若其值大于爆燃强度基准值，控制系统可由此判定爆燃程度，并以某一固定值（1.5°~2°曲轴转角）逐渐减小点火提前角，

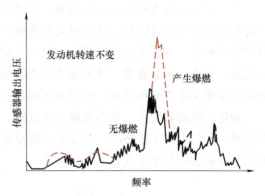

图3-57 爆燃传感器的检测频率与电压输出

直至无爆燃信号出现，且在一段时间内保持其值不变。若又有爆燃发生，继续前一控制过程；若无爆燃发生，则又开始以相同固定值逐渐增大点火提前角，一直到爆燃重新产生，周而复始。图3-59所示为爆燃控制原理，其实际点火提前角控制过程如图3-60所示。

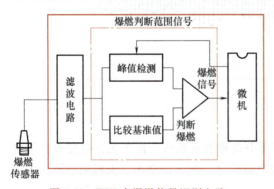

图3-58 ECU中爆燃信号识别电路

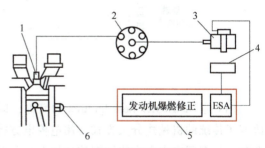

图3-59 爆燃控制原理
1—火花塞 2—分电器 3—点火器和点火线圈
4—传感器 5—ECU 6—爆燃传感器

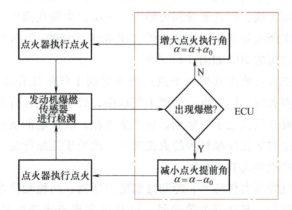

图3-60 实际点火提前角的控制过程

爆燃强度一般根据爆燃信号超过基准值的次数来判定。其次数越多，爆燃强度越大；次数越少，则爆燃强度越小，如图3-61所示。

其次，由于发动机运行时振动频率频繁而剧烈，为了提高控制系统的可靠性，故并非任何时间均进行反馈控制。通常设定的爆燃控制范围，只限于能够识别发动机点火后爆燃且可能发生的一段曲轴转角范围内。只有在该范围内，控制系统才允许对爆燃信号进行信号识别。此外，试验表明，当发动机的负荷低于某一值时，一般不会出现爆燃。此时，点火控制系统也采用开环控制，否则采用闭环控制。

为防止传感器失灵、检测电路发生故障、线缆断裂等意外情况，系统内设置了一个安全电路。一旦出现上述情况，安全电路将点火时刻推迟，并且点亮仪表警告灯，警告驾驶人爆燃控制系统发生了故障。

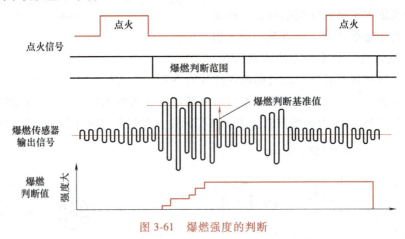

图 3-61　爆燃强度的判断

4. DLI 点火系统

DLI 是 Distributor Less Ignition 的简称，即无分电器点火系统。由于无分电器点火系统改变了传统的机械式分火方式，用电控电方式取而代之，故失误率小、无机构磨损、无须调整，且高压电由点火线圈直接作用在火花塞上，故可减小无线电干扰及能量损失。

在缸数为双数（主流是双数的）的发动机上，多用双缸同时点火配电方式，即两个火花塞共用一个点火线圈且同时点火。此外，这种点火控制电路相对简单，仍保留了点火线圈与火花塞之间的高压线，因此能量损失略大。其次，串联在高压电路的二极管，可用来防止点火线圈在一次绕组导通瞬间所产生的二次电压（1000~2000V）加在火花塞上后发生的误点火。一种常用的 DLI 如图 3-62 所示。

双缸同时点火配电方式要求共用一个点火线圈的两个气缸工作相位相差 360° 曲轴转角，以确保点火线圈点火时，同时点火的两个气缸中，处于排气行程的气缸由于缸内气体的压力较小，且缸内混合气又处于后燃期，易产生火花，故放电能量损失很少。而大部分的点火高压和点火能量被加在压缩行程的火花塞上，故处于压缩行程的火花塞的跳火情况与单独点火的火花塞跳火情况基本相同。

根据发动机进气歧管压力传感器、冷却液温度传感器、凸轮轴位置传感器、节气门位置传感器、空调开关信号、起动开关等信号，ECU 可实现点火正时的精准控制，以及点火能量要求的闭合角控制。点火正时的基准信号和辨缸信号来自凸轮轴位置传感器，分别为 G_1、G_2 和 Ne 信号，G_1 与 G_2 用于提供各缸点火时刻基准及判缸信号，Ne 除了向控制系统提供用于计量的 1° 曲轴转角信号外，还可提供发动机转速信号。

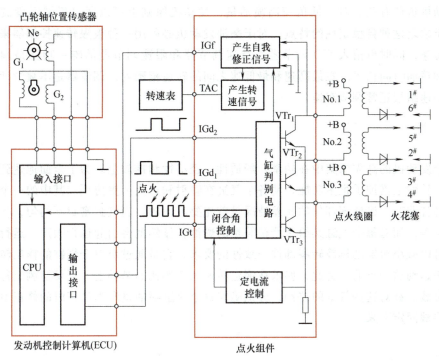

图 3-62　同时点火方式的 DLI

第五节　发动机其他电子控制技术

一、怠速调节

当加速踏板没被踩动时，发动机管理系统必须接管发动机的运转。处于事先预设的怠速下，由发动机产生的转矩必须等于损耗转矩。这时候发动机承担的负载因素包括随温度变化的发动机摩擦转矩、发动机自取用的转矩、蓄电池充电功耗、燃油高压泵的转矩、转向助力器损耗转矩及自动档的前进位耗用转矩。发动机管理系统在考虑排放指标的条件下，根据要求的电池补充充电情况，根据运转的噪声要求，从以往的特性曲线中选取一个优化的怠速作为当前的额定怠速，并使发动机维持在这个转速。

对于汽油发动机，由于各种干扰因素，引起实际怠速与额定值有一个偏差。PID（比例积分微分）调节算法对于高速或低速段能分别给出一个转矩修正量，对于高速工作循环同步的转矩的提升，将起动转矩备用功能。对于工作循环同步的转矩下降，可以将相应的匀质驱动的点火角向推迟的方向调整一点，使发动机效率变差一点。或在层驱动模式中将喷油量减小一点。汽油发动机的这个特性将考虑到发动机匀质驱动模式的自稳定性。汽油发动机的这个特性能自动地调整一个稳定的怠速。通过节气门的怠速临界流速（声速）方法可以使新鲜空气流量维持为常数，从而使功率保持稳定。

对于柴油发动机，同样地也植入了 PID 调节算法来维持怠速的额定值。因为柴油发动机中没有节气门管制新鲜空气量，对于要达到额定转速只能通过喷油量的控制，这个控制与发动机负荷有关。对于低负荷高喷油量，发动机原则上可以通过机械手段破坏高转速。由于缺乏这种自稳定性的特点，对于柴油发动机必须用一种极限转速控制器来控制最高允许转速，同时也植入 PID 调节器。怠速调节器和限速调节器的唯一功能是调整燃油喷油量和喷油时间长短。在最高速和最低速之间的转速范围内，调节器是不被激活的，驾驶人用加速踏板正常调节车速。

二、运行静音调节

当今发动机的高需求集中在功率、舒适性、经济性和排放上。为了全面地达到进一步地优化，软件上增加了很多功能，使各个气缸在喷射和点火上更协调。其中的一个例子就是运行静音调节。机械零部件的允差情况是首先要考虑的。当气缸密封不均匀，各活塞摩擦力不相等，而对每个气缸又给予严格等量的燃油，显然就会引起运行噪声。运行静音优化功能可以减小对发动机旋转零部件一致性的要求，它是通过对单个气缸的输出转矩差别的识别来达到这一点的。为此，要求在测定转速和空燃比的基础上，更要能测定每个单缸的转矩负载。针对这些气缸的差别，分别确定每个单缸喷油量和喷油正时的修正值。这个修正值将被固定下来。

三、柴油发动机零额校正及燃烧识别

在长期的运行中，喷嘴的开口和闭合产生磨损，这会改变喷嘴开口的大小。喷油时间的长短由控制系统控制，它是与喷嘴开口度密切相关的。表 3-3 所列是一个压电喷嘴在三个喷射段中，当前开口度时的喷油时间和喷油量。由此可以看到，一个喷油短时间的改变（例如 0.1~0.2ms）引起的喷油量的变化还是很大的，特别是在预喷段。发动机控制系统只能在识别到开口度变化的精确值后才能精确地配制小额量的喷油量。

表 3-3　一个部分负载（80MPa 喷油压力）的压电喷嘴的控制时间

喷油阶段	喷油量/mm^3	喷油时长/ms
预喷段	1	约 0.15
主喷段	10	约 0.4
后喷段	4	约 0.3

比较新旧喷嘴的行为影响，发动机控制系统可选的测定方法是，长时期定时采集喷嘴开口度变化的影响数据。利用这项功能，可以将这个微量调整分别叠加到气缸的喷嘴微量调整数据上。这样，可以把这个微量调整作用到预喷段的喷油时长上。

1. 零额校正

零额校正可发生在反拖工况上。反拖时，不应有燃油喷入，这可以在每个气缸的每个压缩冲程中测定到。为了采集喷嘴开口度数据，发动机控制器首先要获取燃油定量分配阀处的轨压，或压力调节阀处的轨压。然后对每个单独喷嘴从较小值开始，一直长时间控制其变小。从曲轴的转速行为可得知燃烧效率的上升，这些数据可以由曲轴传感器采集到。

2. 燃烧识别

在燃烧识别中，要用一个加速度传感器。它安装在活塞外壳上，感知加速度信号

（与汽油发动机的爆燃调节系统中的爆燃传感器相似），这个信号是因燃烧引起的外壳壳体振动产生的。发动机控制器依据喷嘴预喷控制时间的不同时段分析采集的数据，可以感知燃烧的发生。

四、柴油发动机热辅助起动

柴油比汽油容易点火，它的自点火温度约为 250℃。在冰点环境下，高压直喷发动机要达到这个温度要提供外部加温。当采用热线点火塞加热吸入空气的方法时，发动机起动还必须是无烟和无颗粒物排放的。预加热时间主要与冷媒温度、外界温度、燃油温度、发动机机体结构因素等有关。对热线点火塞的控制要基于外部影响值的大小，这个控制功能称为预热功能。

现代柴油发动机都装备有迅速外加热的热线点火塞，它能在 2s 之内达到超过 1000℃ 的温度。为此，在发动机加热运行时，能量管理系统必须要考虑热线点火塞的大电流的需求。

当环境空气温度接近冰点时，发动机温度和燃油温度都很低，在低转速范围内，控制器也能把热线点火塞转向热起动控制。通过这样的措施，能减少排放，降低燃烧噪声，使发动机运转平稳。

进一步改善冷起动行为和热运行行为的要点体现在喷嘴上。喷嘴上有一个小喷射孔，它射出的燃油流（点火射流）要准确地喷在热线点火塞上，使得燃烧直接在热线点火塞上开始，如图 3-63 所示。

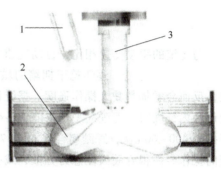

图 3-63 喷嘴和热线点火塞
1—热线点火线圈 2—点火射流 3—喷嘴

思 考 题

1. 起动机一般由哪几部分构成？各部分的作用是什么？
2. 起动机的工作过程是怎样的？
3. 电子控制燃油喷射系统的基本组成有哪些？如何分类？
4. 电子控制燃油喷射系统如何保证喷油量的准确？
5. 柴油机与汽油机的燃油喷射有什么区别？
6. 柴油机高压共轨系统的基本组成有哪些？
7. 发动机的点火是如何控制点火能量的？
8. 为什么可以采用双缸同时点火？其优点是什么？
9. 新能源汽车给内燃机电子控制带来了哪些变化？

第四章

自动变速器及其控制技术

第一节　自动变速器概述

传动系统是发动机与车轮负载之间的传动装置，它的功能是通过变化传动比来调节发动机工作点，并将发动机动力可靠地传递到驱动车轮，它同时影响着动力的生成和传递过程。自动变速是指变速器在完成上述功能时，可以自动变换速比，无须驾驶人的手动控制。

一、自动变速器的优点

与传统的手动变速相比，自动变速主要具有以下优势：

（1）**操作便捷**　逐年趋于拥堵的城市交通状况，不仅使手动变速的驾驶乐趣无法体现，反而会增加驾驶人操作强度。据统计，搭载手动机械式变速器的车辆在交通负荷较大的市区内行驶时，驾驶人平均每隔 30~40s 需进行一次换档操作，每行驶百公里驾驶人需要换档 400~600 次，踩踏离合器 600~700 次。特别是对一些缺少经验的驾驶人，如此频繁的操作会使得驾驶人注意力分散，或引发交通事故。而搭载自动变速器的车辆，驾驶人只需对节气门开度进行操控。近几年来，自动变速器在车辆上得到了广泛的应用，市场份额呈快速增长趋势。

（2）**车辆使用性能更优**　车辆性能不仅与设计、制造因素有关，同时也取决于驾驶人的操控是否合理。对手动变速器来说，速比的调节依赖于驾驶人的经验，车辆性能与之直接相关。而自动变速的速比调节受控于电控系统控制策略。控制策略根据行驶条件，综合考虑驾驶性能、经济性能、排放性能等多种因素，并实现各种性能之间的最佳组合。特别是自动变速传动系统的标定过程都是由有经验的专业驾驶人完成的，等于将专业驾驶人的经验"灌输"到电控系统中。因此，优化的控制算法和专业驾驶人经验的结合使得车辆的综合性能更优。

（3）**车辆更加平顺、舒适**　由于自动变速系统的传动比调节由电控系统自动控制完成，起步和换档过程是在驾驶人毫无准备/无认知的情况下发生的，起步和换档过程中的冲击会使驾驶人产生一种"被驾驶"的感觉。因此，自动变速电控系统毫无例外地对冲击抖动问题进行算法优化和大量的测试标定以消除或降低冲击感，使乘员较少或根本感觉不到冲击。同时，这也有助于降低传动系统的冲击载荷、提高系统的使用寿命。

二、自动变速器的种类

目前在车辆上应用较多的自动变速器主要有以下几种：

（1）**电控机械式自动变速器**（Automatic Mechanical Transmission，AMT）　它把传统有级式齿轮变速器的换档过程实现自动化，其结构仍然是一种有级式机械变速器，电控系统控制执行机构的动作实现选档、换档、离合器和发动机节气门的一体化操纵。AMT 保留了干式离合器和手动变速器的大部分零件，只需改变操纵控制部分，结构较为简单。

（2）**液力机械传动自动变速器**（Automatic Transmission，AT）　这种自动变速器一般采用液力变矩器加行星齿轮传动的组合形式，它通过液压操控换档离合器或换档制动器来进行换档，换档过程通常是一个元件接合、另外一个元件分离的过程。而且液力变矩器的使用，使得档位切换过程的冲击由于变矩器的使用在一定程度上得以缓冲。这种类型的变速器目前在中国市场的份额最大、应用最广泛。从原理上来说，AT 的档位越多，对车辆的经济性、动力性越有利，但是档位越多也意味着结构越复杂、零部件数量越多，因此目前乘用车使用的 AT，档位数多在 4~9 档之间。

（3）**机械式无级自动变速器**（Continuously Variable Transmission，CVT）　无级自动变速器的速比能在一定范围内连续无级变化，即等效于在速比范围内拥有"无穷"多个档位。这种类型的变速器大多采用摩擦传动的方式，传动效率一般低于齿轮传动。但由于其档位的无级变化，使得发动机工作点拥有了更大的"自由度"，即发动机动力"生成"过程得以实现最大程度的优化。目前应用最为广泛的是金属带式无级自动变速器，一般采用电液控制方式。

（4）**双离合式自动变速器**（Double Clutch Transmission，DCT；或者 Direct Shift Gearbox，DSG）　根据离合器的操控和润滑形式，DCT 分为干式单片 DCT 和湿式多片 DCT 两种结构形式。根据中间轴个数和布置方式又可以分为单中间轴和双中间轴式，双中间轴的轴向尺寸紧凑，应用较为广泛。从运动学角度来看，DCT 可以看作是两个手动变速器的组合，一个变速器连接所有的奇数档位齿轮，另外一个连接所有的偶数档位齿轮，发动机的输出转矩分别通过两个离合器传递到不同的输入轴。当车辆在某一档位运行时，下一档位的齿轮处于啮合状态且其对应的离合器处于分离状态，即在换档前目标档位的齿轮啮合已经准备完毕，换档过程就是分离当前离合器、接合目标离合器。

第二节　自动变速器的结构特点

一、有级机械式自动变速器（AMT）

图 4-1 所示为传统的有级机械式变速器（MT）的示意图，它主要包括动力输入轴、动力输出轴、传动齿轮（固定齿轮与同步器）、换档机构等。AMT 是在 MT 的基础上，直接把手动换档机构改造为自动换档机构。AMT 的自动换档系统包括起步离合器执行机构、选档执行机构、换档执行机构及电子控制装置等，电控系统根据汽车的运行状态和驾驶人的操作意图，自动地把变速器的档位切换到合适的位置，并使汽车的经济性、动力性及行驶平顺性达到最佳状态。目前主要有三种控制方式，即电控液动系统、电控气动系统和电控电动系统。

电机执行机构具有结构简单、能量消耗低的优点。车辆行驶过程中的非换档时刻电机

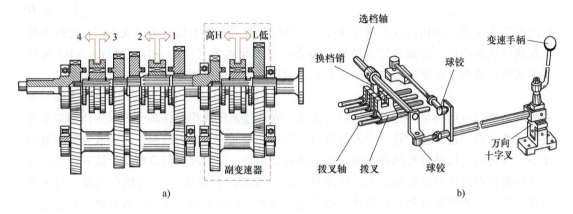

图 4-1　有级机械式变速器（MT）及换档操纵机构

a）变速器　b）换档操纵机构

断电，只有进入选换档过程电机才供电，系统原理如图 4-2 所示。一般电机驱动方式用于乘用车或者轻型货运车辆，这种驱动方式结构简单，成本较低，且具有较好的环境适应性。由于驱动功率较小，很少在大型货运车辆上使用。

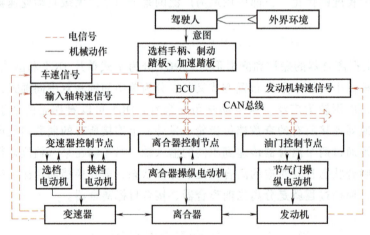

图 4-2　电控电机系统原理

电控气动型的 AMT 的自动换档系统原理如图 4-3 所示，电控液压系统的结构与之类似。电液驱动执行机构和电气驱动执行机构的驱动功率较大，控制精度高，响应速度快，但系统的零部件较多且要求较高，因此制造成本较高，一般用于商用车。对某些重型车辆，配备有其他用途的液压系统，则 AMT 采用电液驱动方式就更为简便。对于拥有气压制动的车辆，则可采用电控气压驱动的换档机构。

二、双离合式有级自动变速器（DCT）

由于 AMT 完全继承了 MT 的结构特点，故在换档过程首先要通过离合器切断动力，换档以后，由于变速器速比的突变，还需要通过离合器的平顺接合消除传动系统的换档冲击。为了解决 AMT 换档过程动力中断的问题，设计者对传统的 MT 的结构进行了改进，

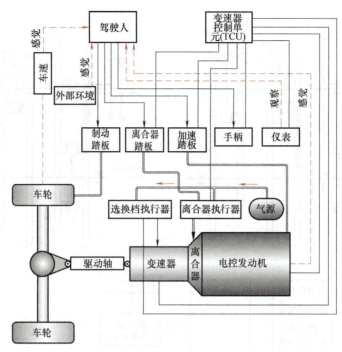

图 4-3 电控气动型的 AMT 自动换档系统原理

采用双离合器方案，如图 4-4 所示。改进后的方案把变速器的换档过程分为准备、过渡和换档三个阶段，消除了换档过程的不连续问题。DCT 采用了两个离合器，两根输入轴分别与不同的离合器相连，且换档同步器以及相应的齿轮组分别按照奇、偶数布置在两根输入轴上。DCT 工作时，车辆先以某一档位运行，离合器 1 与之相连。车辆自动变速器的电控单元可以根据相关传感器的信号判断即将进入工作的目标档位和与之相连的离合器 2，因该目标档位尚未传递动力，因此控制单元可以控制执行机构预先啮合目标档位。当车辆的运行状态达到换档点时，只需将正在工作的离合器 1 分离，同时将离合器 2 接合，则车辆进入目标档位运行。在这一换档过程中，发动机的动力始终不断地被传递到车轮，这样的换档过程称之为动力换档。

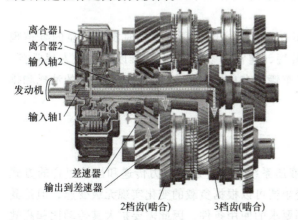

图 4-4 双离合式有级自动变速器（DCT）的结构及原理

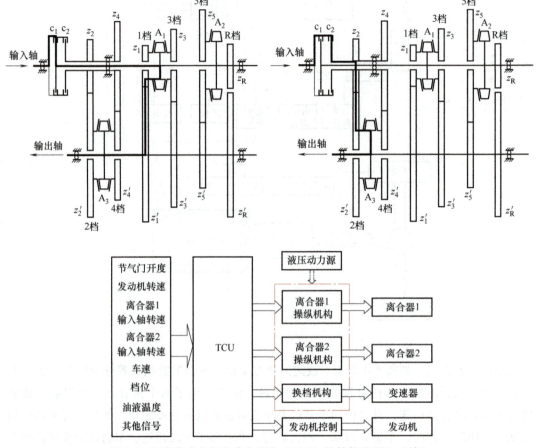

图 4-4 双离合式有级自动变速器（DCT）的结构及原理（续）

DCT 既有 MT 结构简单、加工制造工艺继承性好的特点，又具有 AT 在换档过程动力不中断的特点。但是双离合器由于结构上的限制，无法跳过两个档位换档，而是只能顺序换档。但一般情况下，升档和降档的过程都是顺序进行的，在某些特殊的工况下，例如紧急制动，双离合式可以采用 AMT 的控制方式，即只有一个离合器参与工作，因此这并不妨碍双离合自动变速器的应用。

双离合器自动变速器在换档过程中不存在动力中断，所以换档时没有明显的减速现象，而且两个离合器之间的切换时间非常短，通常为 0.3～0.4s，难以被驾驶人感觉到，极大地提高了换档舒适性，同时也保证了车辆具有良好的经济性，对改善车辆的油耗和排放都具有一定的贡献。

三、液力机械传动自动变速（AT）

AT 由液力变矩器、行星轮机构以及液压系统组成，通过液力传递和齿轮组合的方式来变速变矩。采用液力传动方式的液力变矩器可以根据负载的变化实现无级变速，但是其传动效率和速比变化范围都无法达到车辆要求的使用条件，因此需要扩大其传动比和高效传动范围。行星传动易于实现自动化、结构紧凑、质量小，且可以实现与液力变矩器的功率分流，是目前普遍采用的形式。AT 的换档过程也是一个离合器分离而另外一个离合器接合的过程。

AT 可以看作由一个液力无级变速器和一个行星机构辅助变速器组合而成，另有控制系统实现对档位和变矩器的控制。AT 的典型结构如图 4-5 所示。

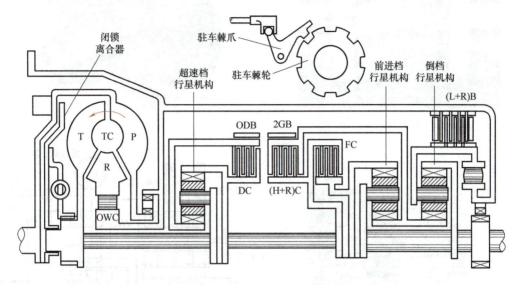

图 4-5　AT 的典型结构

TC—液力变矩器　T—涡轮　P—泵轮　R—导轮　FC—前进档离合器　OWC—定子单向离合器
ODB—超速档制动器　DC—驱动离合器　（H+R）C—高速档与倒档离合器
2GB—二档制动器　（L+R）B—低速档与倒档制动器

四、无级自动变速器（CVT）

CVT 能够在一定范围内实现速比的连续可调，速比的连续可调性给予了发动机更大的"自由度"，可以使其在一定范围内性能达到最优，因此理论上可以优化发动机工作点，改善车辆的经济性和排放性能。无级变速器主要有流体式和机械式两种不同的传动方式。流体式无级变速器在汽车上的主要应用形式是液力变矩器，一般被用作起步装置和缓冲转矩冲击。机械式 CVT 主要有带传动方式和牵引传动方式。

半环面双腔型（曲面牵引式）CVT 具有动力传递能力高、噪声低、速比变化响应快等特点，适用于中大排量轿车以及其他车辆的动力传动系统，如图 4-6 所示。这种传动方式是依靠旋转体之间受压油膜产生的剪切力传递动力的。这种类型的变速器除1999 年 Nissan 公司在其轿车上曾经应用以外，目前尚无其他厂家真正开发这种动力传动系统。

金属带式 CVT 是目前应用最广的一种无级自动变速器，主要用于中小排量的乘用车，如图 4-7 所示。它依靠金属带和带轮之间的摩擦力来传递转矩，需要一个稳定持续的压力源来夹紧金属带，因此这种类型变速器的液压系统能耗较高。典型的金属带式 CVT 的结构及液压驱动系统如图 4-8 和图 4-9 所示。

图 4-6　曲面牵引式 CVT

图 4-7　金属带式 CVT

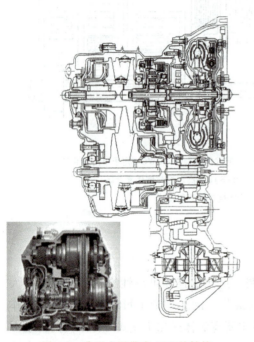

图 4-8　典型金属带式 CVT 的结构

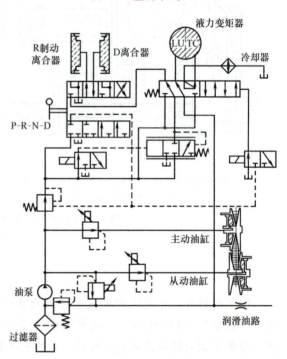

图 4-9　金属带式 CVT 的液压驱动系统

　　金属带式 CVT 的速比变化过程是依靠主动油缸和从动油缸压力的变化来实现的，主动压力与从动压力比值降低，则速比增大；相反，主动压力与从动压力比值升高，则速比减小。通过压力的变化，金属带沿着带轮的径向滑动，从而速比也随之平滑变化。

第三节　自动变速器的共性技术

　　尽管各类自动变速器的结构形式、驱动方式等各有特色，但它们都有着多项的共性技术，就是根据驾驶人的操作意图、汽车的行驶工况和路面条件，自动改变传动比和起停状态，使汽车的燃油经济性、动力性、安全性、可驾驶性和舒适性达到最佳状态。自动变速器所拥有的共性技术包括起步装置和执行机构等。

一、起步装置

车辆起步过程，必须首先消除发动机转速与输出轴之间的转速差，这种允许转速差并使前后转速逐渐达到一致的装置被称为起步装置。车辆常用的起步装置有液力变矩器（或者液力偶合器）和起步离合器（湿式离合器、干式离合器或者电磁式离合器等）两种。

1. 液力变矩器

液力变矩器依靠流体的循环流动过程的动能变化传递动力。液力变矩器具有以下优点：

1）衰减振动与吸收冲击，使车辆起步更加平顺，提高车辆的舒适性。

2）使车辆能以更低的车速行驶，提高车辆对坏路面的通过性。

3）自动适应行驶阻力的变化，在一定范围内实现无级变速。

4）以流体为工作介质，大大降低了传动系统的动载荷，可以提高传动系统零部件的使用寿命。

尽管具有很多的优点，但是液力变矩器的结构复杂，制造加工难度较大，成本较高，专业化程度也较高，且流体传动效率较低。为避免流体传动带来的整车传动效率的下降，目前车辆上一般都在液力变矩器中增加锁止机构，在车辆完成起步且车速提高到一定程度之后，可以将液力变矩器锁止，将流体传动转变为机械摩擦传动。典型的液力变矩器的结构如图 4-10 所示。

三元件液力变矩器由泵轮、涡轮和导轮组成。当发动机转动时，液力变矩器内的液体存在两种运动：

1）液体随叶片一起做轴向流动。

2）液体在泵轮和涡轮叶片通道及圆环中心通道内做环形流动（如图 4-11 所示的剖切面内圆轨迹运动），这种运动又称涡流运动。

当泵轮由发动机驱动转动时，泵轮像离心泵一样带动液体高速转动，在离心力的作用下，推动液体沿径向叶片通道甩向泵轮四周的出口，成一定的角度喷射到涡轮的叶片，于是在涡轮上产生一个转动力矩。进入涡轮叶片通道中的液体向内流动到涡轮的出口，然后被迫在导轮的叶片之间流动，当液体沿导轮弧形叶片滑动时，因流体动量变化产生的反作用力被导轮吸收。流体从导轮出口进入泵轮叶片所形成的通道，于是在泵轮上产生大小与导轮反作用力相等的转矩。即传递到涡轮上的转矩包括发动机的输入转矩与流体对泵轮的反作用转矩两部分，用表达式描述为

$$T_t = T_e + T_r \tag{4-1}$$

式中，T_t 为涡轮输出转矩；T_e 为发动机转矩；T_r 为流体反作用转矩。

流体对泵轮的作用力的方向及大小取决于流体从涡轮的出口进入导轮的方向。流体进入导轮的速度可用公式表示为

$$V_R = V_T + V_L \tag{4-2}$$

式中，V_R 为流体离开涡轮进入导轮的绝对速度；V_T 为流体在涡轮出口的相对速度（涡轮出口速度）；V_L 为流体在涡轮出口随涡轮绕输出轴转动的速度（线性速度）。

根据涡轮与泵轮的相对速度可分为三种情况：

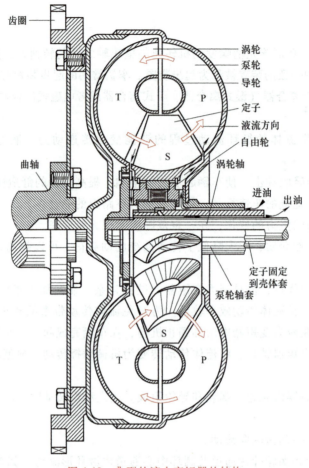

图 4-10　典型的液力变矩器的结构

T—涡轮　S—导轮　P—泵轮

1）涡轮在静止状态，涡轮的线性速度（绕轴向转动的速度）为零，流体离开涡轮进入导轮的速度即为流体的绝对速度。此时，流体以最大的角度进入导轮，于是在泵轮上产生最大的反作用转矩，该转矩的作用方向与泵轮的转动方向相同。

2）由于涡轮出口速度的切线分量与涡轮的线性速度方向相反，当涡轮出口速度的切线分量与涡轮的线性速度相等时，则流体离开涡轮进入导轮的绝对速度与导轮弧形叶片相切。此时，流体对泵轮的作用转矩为零。

3）当涡轮出口速度的切线分量小于（在数值上）涡轮的线性速度时，则流体反向作用到涡轮叶片的凸面上，于是就会产生一个与发动机输入转矩反向的转矩，部分地抵消发动机的输入转矩。为了克服液力变矩器的固有缺陷，定子通过一个单向轴承与变速器壳体连接。随着涡轮转速的提高，当流体的作用方向发生反方向的变化时，单向轴承容许涡轮自由转动，涡轮不再对流体提供反作用力，即相当于三元件液力变矩器退化为两元件的液力偶合器。

液力变矩器的传动特性如图 4-12 所示。表征变矩器传动特性的三个参数分别为变矩器速比、变矩比和传动效率。变矩器的传动效率 η_{tc} 是用输入功率与输出功率的比值的，

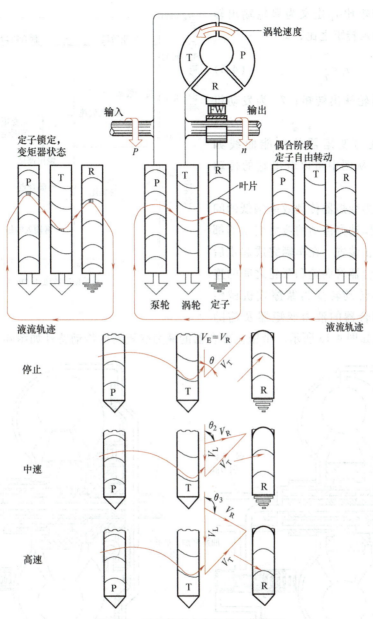

图 4-11 三元件液力变矩器工作原理

用百分比表示为

$$\eta_{tc} = \frac{P_t}{P_e} \times 100\% \qquad (4\text{-}3)$$

式中，P_t 为液力变矩器涡轮输出功率；P_e 为发动机输入功率。

变矩器速比 r_s 定义为涡轮输出转速与发动机输入转速之比，即

$$r_s = \frac{n_t}{n_e} \qquad (4\text{-}4)$$

式中，n_t 为涡轮输出速度；n_e 为发动机输入速度或泵轮速度。

变矩器变矩比 r_t 定义为涡轮输出转矩与发动机输入转矩之比，即

$$r_t = \frac{T_t}{T_e} \qquad (4-5)$$

式中，T_t 为涡轮输出转矩；T_e 为发动机输入转矩。

三元件液力变矩器的性能曲线如图 4-12 所示，从图中可以看出它的传动效率偏低。

为解决液力变矩器传动效率偏低的问题，在车上用作动力传动的液力变矩器都会增加一个锁止装置。在车辆完成起步后通过摩擦式离合器将涡轮和泵轮之间的连接方式由流体传动转变为摩擦式机械传动。带锁止离合器的液力变矩器及辅助

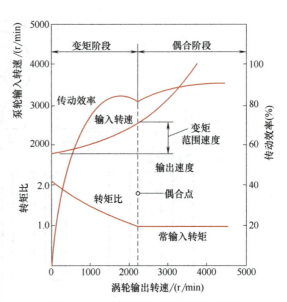

图 4-12　三元件液力变矩器性能曲线

液压控制系统如图 4-13 所示。带锁止离合器的液力变矩器的传动特性如图 4-14 所示。

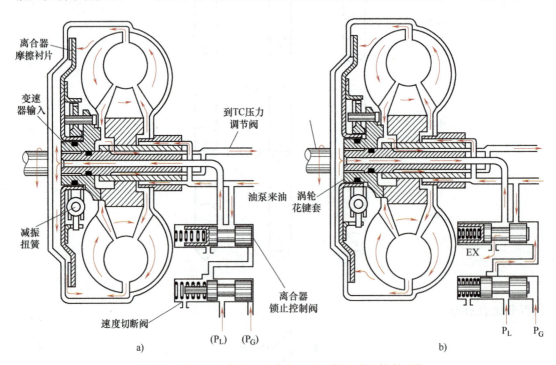

图 4-13　带锁止离合器的液力变矩器及辅助液压控制系统

a）锁止离合器处在分离状态　b）锁止离合器处在结合状态

2. 起步离合器

车辆的另外一种通用起步装置是起步离合器，因摩擦材料不同，起步离合器有湿式离合器和干式离合器两种。如图 4-15 所示，湿式离合器通过浸在润滑油中的摩擦片组来实

现动力传递，而干式离合器则通过从动盘上的摩擦片来传递动力。干式离合器省去了相关液压系统，且摩擦片本身的传动效率较高，因此干式离合器可以提高燃油经济性，成本更低。但干式离合器比湿式离合器的热容性差，散热条件不好，在交通拥挤的城市工况，离合器频繁接合，其滑摩状态很容易导致离合器的过热。综合两种离合器使用寿命和起步性能，显见，湿式离合器比干式离合器更有优势。

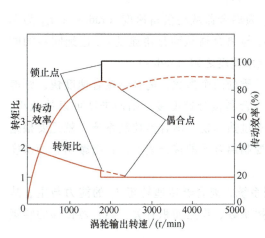

图 4-14　带锁止离合器的液力变矩器的传动特性　　　图 4-15　湿式离合器的结构

　　尽管两者性能上有所差别，但两者面临的技术难题是一致的，那就是离合器的自动控制问题，起步离合器的控制一直是困扰自动变速器的难题之一。首先是控制系统必须工作可靠，能精准地适应发动机的输出动力，避免起步冲击或者发动机异常熄火。其次控制系统要具有对环境的适应性，如交通信号灯、坡道起步、冰雪路面起步等。最后控制系统还要满足驾驶人不同的操作意图，比如平稳起步、紧急起步等意图。离合器是一个变结构非线性、参数时变性的控制系统，满意解决离合器的控制问题，其难度较大。一般起步离合器控制常见的问题有：

　　1）起步时存在明显的转矩冲击，使得驾乘人员感觉不适。

　　2）发动机熄火，特别是在坡道起步的工况下，造成起步失败。

　　3）离合器接合时间过长，使得摩擦片的滑摩功增加，离合器温升过高。

　　4）离合器操纵的滞后问题，驾驶人挂档并踩下加速踏板后，离合器迟迟不接合；或者档位已经退出后，离合器分离迟缓。

　　为解决起步离合器的控制问题，汽车产品工程师摸索采用先进的控制算法，例如模糊控制、滑模控制等，但是要投入实际应用，更多的仍然是依赖于具有专业经验的技术标定。评价起步离合器控制的主要指标有两个，分别是冲击度和滑摩功。

　　（1）冲击度　车辆的冲击度一般用 j 表示，它表示转矩的二次倒数，即加速度的变化率。其计算公式为

$$j = \frac{\mathrm{d}a}{\mathrm{d}t} = \frac{r}{I_\mathrm{t} i_0} \frac{\mathrm{d}T_0}{\mathrm{d}t}$$

(4-6)

式中，a 为车辆纵向加速度（m/s²）；t 为时间（s）；r 为车辆的滚动半径（m）；I_t 为离合器从动盘到车轮以及整车惯量转换得到的当量惯量（kg·m²）；i_0 为主减速器速比；T_0 为变速器从动盘输入转矩（N·m）。

（2）离合器的比滑摩功 比滑摩功 $W_{e,s}$ 定义为滑摩功 W_c 与离合器面积 A_c 之比，表达式为

$$W_{e,s} = W_c/A_c = \left[\int_0^{t_{c1}} T_c(t)\omega_c(t)\,\mathrm{d}t + \int_{t_{c1}}^{t_{c2}} T_c(t)\Delta\omega_{e,c}(t)\,\mathrm{d}t \right] \Big/ A_c \tag{4-7}$$

式中，T_c 为离合器所传递的转矩（N·m）；ω_c 为离合器从动盘角速度（rad/s）；t_{c1} 为车辆开始运动的时刻（s）；t_{c2} 为发动机角速度 ω_e 与离合器从动盘角速度 ω_c 达到同步的时刻（s）；$\Delta\omega_{e,c}$ 为发动机角速度与离合器从动盘角速度之差（rad/s）。

冲击度和滑摩功之间在一定程度上是彼此矛盾的两个参数，离合器接合速度快，则滑摩功可以减少，但冲击度会相应增大；反之，离合器接合速度慢，则冲击度可以被减小，而滑摩时间过长则会导致滑摩功增加甚至离合器过热损伤。离合器控制系统，就是要根据车辆的行驶工况、驾驶人的操作意图等，自动控制离合器的接合速度，在滑摩功和冲击度之间找到最佳的平衡点。

图 4-16 所示为液压压紧的离合器压力控制系统，离合器传递转矩 T_c 的能力与主、从动摩擦片之间的压紧力有关，还与摩擦片的摩擦系数、作用面积有关。离合器传递的转矩可以表示为

$$T_c = z\mu_c R_c F_b \tag{4-8}$$

式中，z 为摩擦片之间总的有效摩擦面数量；μ_c 为摩擦系数；R_c 为摩擦片等效摩擦半径，$R_c = \dfrac{2}{3}\left(\dfrac{R_o^3 - R_i^3}{R_o^2 - R_i^2}\right)$，$R_o$ 为摩擦片外径，R_i 为摩擦片内径；F_b 为作用在摩擦片上的压紧力。

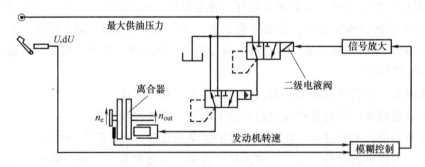

图 4-16 离合器压力控制系统

由式（4-8）可见，$z\mu_c R_c$ 是结构参数，在离合器接合过程中，转矩传递能力的大小只与离合器的压紧力 F_b 有关。因此，对离合器进行控制的关键就在于要控制摩擦片之间的压紧力大小。

二、执行机构

自动变速器的执行机构包括电动机执行机构、液压/气压执行机构以及电磁执行机构

等多种，其中应用比较广泛的是液压执行机构和电动机机构。

1. 液压执行机构

不同于其他场合使用的液压系统，对液压执行机构液压系统的集成度要求很高。要实现的功能包括离合器或者变矩器控制，选换档控制或速比变化控制，还要考虑变速器的热平衡管理、系统润滑等功能，液压系统的性能直接影响着自动变速器的性能。以金属带式CVT的液压系统为例，其典型结构如图4-17所示。

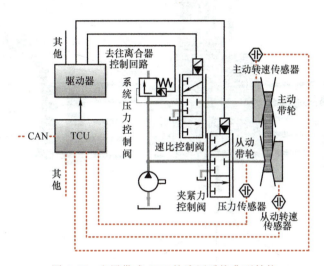

图4-17 金属带式CVT的液压系统典型结构

液压系统的主要部件有：

（1）液压泵 不同类型的自动变速器其液压泵的类型也会有所不同，其压力和流量的设计也是根据系统所需的峰值流量和峰值压力来进行设计的。例如CVT的液压泵的设计主要考虑其传递最大转矩时所需的夹紧力来确定，而AT或者DCT的液压系统只需要完成离合器的操纵控制和选换档控制等，因此其压力和流量等级要远远低于CVT的液压泵。变速器中采用的主要的液压泵的形式如图4-18~图4-21所示。另外，根据各类变速器的液压系统对流量、压力以及工作特性的要求，可以采用发动机直接驱动、链驱动以及电驱动等多种方式。

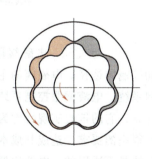

图4-18 摆线转子泵

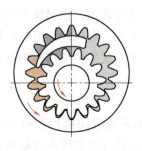

图4-19 内啮合齿轮泵

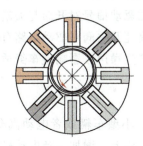

图4-20 径向柱塞泵

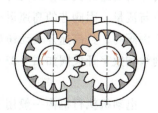

图4-21 外啮合齿轮泵

（2）**机械阀体、阀芯**　由于变速器液压系统高集成度的要求，其液压系统一般采用集成阀体的形式，即将实现各种功能的阀芯、蓄能器、弹性元件等集成到一个有限的空间——阀块内，并借助壳体及各零部件上所设计的流体通道将润滑油引入各个所需的部位。其特点就是结构紧凑、零件小巧、集成度高。典型的四档自动变速器阀体如图 4-22 所示。

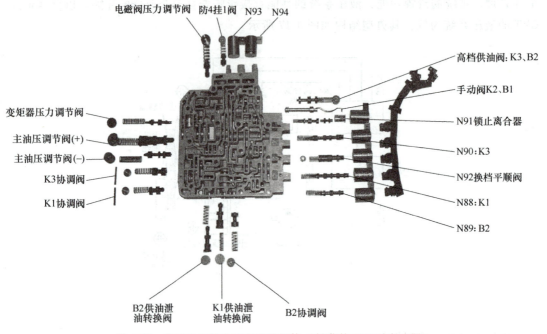

图 4-22　典型的四档自动变速器阀体（帕萨特 01N 型变速器）

（3）**电磁阀**　电磁阀是连接控制信号与液压驱动机构的媒介，是实现自动变速器主动控制的途径。电磁阀的主要类型有电液伺服控制系统、电液比例控制系统及数字液压控制系统。电液伺服控制系统具有控制精度高、重复性好、响应速度快、抵抗干扰能力强的优点，它的核心实现元件为电液伺服阀。但电液伺服阀的加工精度要求高，对油液清洁度有很高的要求，造成其成本很高，显然对于要大批量生产制造的机械产品来讲，电液伺服系统是不适用的。电液比例控制系统使用的电液比例阀抗污染能力高，可使用数字驱动电路直接驱动，对电能的消耗少，且其控制精度、重复精度与响应速度已能满足 CVT 电液控制系统要求，当前已作为先导控制阀大量地应用于自动变速器的电液控制系统当中。数字液压控制系统的核心元件是高速开关阀，高速开关阀结构简单，成本低。高速开关阀在阀芯的高速开关动作的同时，根据驱动信号对开启与关断的时间进行调整，控制输出的压力与流量。因阀芯的高速运动，高速开关阀对驱动电路有较高的要求，对电能的消耗量较比例阀高，且高速开关动作难免产生噪声，影响整车舒适性。自动变速器中常用的电液比例阀和数字开关阀如图 4-23 所示。

2. 电动机执行机构

电动机执行机构一般用于中、小型车辆或者电动汽车，例如采用电动机执行机构的AMT，在保留原有手动变速器的结构上，增加一套电动机驱动装置就可以实现离合器和档位的控制。

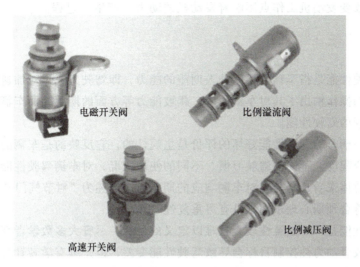

图 4-23　自动变速器中常用的电液比例阀和数字开关阀

电动机执行机构如图 4-24 所示，一般用于驱动功率较小的场合，具有成本低廉、结构简单、维修容易等特点。由于直流电动机具有起动和调速性能好且堵转转矩大的特点，为了减小对其他车载电子设备产生电磁干扰，一般执行电动机多选择无刷直流电动机。

对电动机执行机构的位置控制可以采取多种方法，通常采用的是闭环控制，即设置传感器对执行机构是否到达预定的位置进行判断，主要有以下三种方法：

图 4-24　电动机执行机构

1）对电动机旋转的圈数进行测量，电动机每旋转一周输出若干个脉冲信号，对脉冲信号进行计数，由于传动机构均为刚性连接，因此可以得知执行机构终端的位置，从而实现对位置的闭环控制；但是这种方法受到脉冲信号及外部环境的干扰较大。

2）直接在执行机构上安装传感器，或者在选档和换档滑杆上安装传感器，直接测量拨叉的位置，从而得知当前执行机构的精确位置，这种方法也是很常用的方法。

3）设置多圈角位移传感器。由于选档和换档的位移都比较小，也可直接在电动机的转子上安装多圈角位移传感器，用来实现对执行机构的精确定位控制。

第四节　动力总成综合匹配规律

动力总成综合匹配规律，就是综合考虑发动机、变速器和整车三个子系统之间的参数匹配，并结合驾驶人的操作意图和工况条件，将三个子系统作为整体考虑，并且在整车的经济性和驾驶性之间寻找平衡点。变速器作为传动系统，它在影响动力"传递"路线的同时，也通过改变发动机工作点影响着发动机的动力"产生"过程。

一、车辆驾驶性能的定义

车辆的驾驶性能是指车辆满足驾驶人期望的能力，即驾驶人通过对加速踏板、制动踏板、变速杆等的操作输出了其对车辆速度、爬坡能力等方面的期望，而车辆满足这种期望的能力就是车辆的驾驶性能。

驾驶人对一辆车的驾驶性能好坏的评价是主观性的，它反映的是车辆的实际响应与驾驶人期望的符合程度。不同的驾驶习惯、不同的使用工况，对车辆驾驶性能的要求也是不同的。但是，总体来看，驾驶人对车辆响应的期望可以描述为"对节气门开度的输入响应平稳、快速、符合预期心理预期、具有可重复性"。

由于驾驶性能是一个随意性较大且难以定义的目标，尽管大多数学者都比较清楚单一的最佳经济性或者动力性控制目标会导致驾驶性能变差，但是鲜有学者针对驾驶性能进行系统性的论述。车辆的目标消费群体不同，则对其驾驶感觉的评价标准和关注的侧重点也会有所不同。因此，在实际生产过程中，往往要在控制算法完成之后，通过手工的方式对影响驾驶性能的参数进行修正，标定结果的优劣很大程度上依赖车辆评价工程师对驾驶感觉的敏感性。

要改善驾驶性能，最重要的是找到导致驾驶性能变差的因素，并努力将这些影响因素降至最低。如果能够找到一个明确的、可量化的指标，将会使得问题大大简化。

有研究表明，驾驶人的加速踏板输入与其对发动机功率的期望是相关的，节气门开度与驾驶人期望的发动机功率呈正比例关系，且该期望是具有连续性的，即随着节气门开度的变化，发动机输出功率应该呈连续性增长。这一研究结论，为优化自动变速器控制、改善车辆的驾驶性能提供了重要依据。

发动机输出功率经过变速器作用在驱动轴上成为真正的驱动功率。对一款手动变速车辆，驾驶人可以通过控制变速器的档位来调节发动机功率与驱动功率之间的转换。因此，驾驶人对于手动变速器车辆的功率期望是直接与发动机相关的。但是 CVT 的速比是不受驾驶人控制的，发动机功率与驱动功率转换的过程是由电液控制系统完成的。因此，驾驶人对自动变速车辆的输出功率期望，更侧重于对驱动功率的期望。

作用于半轴的驱动功率，不仅与发动机输出功率有关，也与变速器的速比控制有关，因此改善 CVT 车型的驾驶性能，必须要从发动机输出功率和变速器的速比控制两个因素入手来进行综合优化。

二、发动机最佳经济性和动力性曲线

发动机在每个工况下的各参数之间存在着由发动机工作过程理论所确定的函数关系。发动机节气门开度固定不变，其有效功率、输出转矩、油耗率以及每小时耗油量等随转速变化的关系称为发动机的速度特性。因此可以构造发动机的燃油消耗模型。将每个发动机转速下的负荷特性曲线由 $g_e(n_e, P_e)$ 转化为 $g_e(n_e, T_e)$ 的关系，利用三次样条插值拟合出关于发动机有效燃油消耗率与发动机转速和转矩的关系，如图 4-25 和图 4-26 所示。

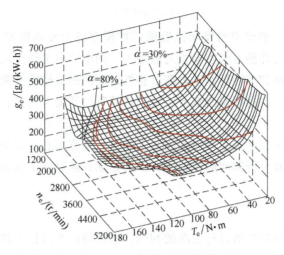

图 4-25 发动机的燃油消耗

在发动机节气门开度一定的条件下，发动机的转速可以随需求特性的功率变化。在不同的转速条件下，发动机的性能也存在着差异。在任一节气门开度条件下，随着发动机的转速变化，发动机的燃油消耗率发生变化。如果要求将发动机输出特性场中每一个相应的功率都保持在最低油耗的转速下工作，则可以实现发动机按最小燃油消耗工况运转，此时发动机节气门开度与发动机转速的关系即为发动机最佳燃油经济性转速调节特性。如果希望在每一个发动机节气门开度下发动机均能在发出最大功率的转速下工作，此时发动机节气门开度与发动机转速的关系则为最佳动力性转速调节特性。

对应每一个节气门开度 α，都有这样的点存在，因此可以把这些点连接起来形成发动机的燃油经济性曲线和动力性曲线。

燃油经济性曲线：

$$n_g = f_g(\alpha) \tag{4-9}$$

动力性曲线：

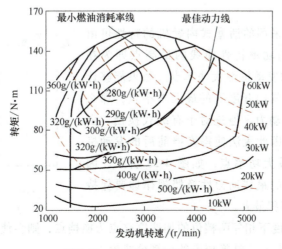

图 4-26 发动机的万有特性图

$$n_P = f_P(\alpha) \qquad (4\text{-}10)$$

通过发动机输出转矩模型与发动机燃油消耗模型得出发动机万有特性图，如图 4-26 所示。发动机的万有特性图也是发动机的效率图，图中的各工作点反映了发动机的效率分布情况。与发动机经济调节特性和动力调节特性对应的燃油经济性曲线和动力性曲线也可以绘在万有特性图上。在这两条曲线上，发动机节气门开度与转速、转矩及输出功率之间具有一一对应的关系。

发动机的燃油经济性曲线或动力性曲线上的点，是汽车在一定条件下行驶时，发动机的稳态工作点，在仿真分析和实际控制中，作为控制目标存于发动机模型中。

三、换档规律

换档规律是指根据对车辆运行工况的判断，档位随汽车运行参数的变化规律，它是自动变速器控制的核心问题，直接影响着车辆的经济性和动力性等多项性能指标。换档规律的研究方法一般是从车辆的运行参数（诸如车速、牵引力、发动机转速、发动机节气门开度等）中找到影响其档位变化的主要因素，必要时可建立包含各主要影响因素的数学模型，通过优化方法确定最佳的换档点。

一般自动变速器多采用两参数换档规律，两参数分别为节气门开度和车速。当节气门开度和车速变化到某一状态时，就切换到新的档位运行。换档时刻的节气门开度和车速的关系就是换档规律。换档规律应当满足以下原则：

1）优先考虑驾驶安全。

2）人机协调原则，即换档规律的制订要充分体现驾驶人的意愿，使车辆的响应符合驾驶人的期望。

3）利用车辆运行状态的各种参数，对车辆的运行环境进行判定，使换档选择与运行环境相互适应。

4）动力性、经济性、驾驶感觉及零部件的使用寿命等达到综合最佳，即实现各项指标的协调兼顾原则。

1. 有级变速器的换档规律

汽车动力装置所采用的活塞式内燃机的特性可由图 4-27 表示，图中的功率特性曲线的最高点即为在100%节气门开度下的发动机最大功率点。如果能够让发动机运行在当前节气门开度下的最大功率点，那么整车将会获得最佳的动力。但是对于有级式换档，由于档位的不连续性，因此无法使得换档前后的发动机工作点始终保持在最大功率点，如图 4-28 所示。因此，对于有级式换档的最佳动力性换档规律即要保持图 4-28 曲线的下围面积最大。

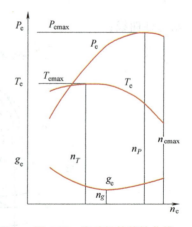

图 4-27　发动机外特性曲线

取同一节气门开度下相邻两档位的加速度交点为换档点，则会使得汽车具有最佳的动力性，故可以得到最佳动力性换档点的计算公式为

$$a_n = \frac{\mathrm{d}u_n}{\mathrm{d}t} = \frac{\mathrm{d}u_{n+1}}{\mathrm{d}t} = a_{n+1} \tag{4-11}$$

式中，a_n 为前一档位 n 的加速度；a_{n+1} 为后一档位 $n+1$ 的加速度；u_n 为前一档位 n 的车速；u_{n+1} 为后一档位 $n+1$ 的车速。

另外，根据汽车理论中车辆行驶阻力和牵引力的计算公式，可以将式（4-11）转换为在 n 档和 $n+1$ 档之间求取最佳动力换档时刻的二次方程：

$$A_{n,n+1}u^2 + B_{n,n+1}u + C_{n,n+1} = 0 \tag{4-12}$$

对该二次方程进行求解，若求得的解小于 n 档位的最大行车速度且大于 $n+1$ 档位的最小行车速度，则此解为最大动力性换档车速点，即两档位动力性曲线之间有交点，情况与图 4-28 中 A 点相同；若不满足上述条件，则参照图 4-28 中的 B 点或 C 点的状态。

最佳经济性换档规律的确定和上述方法相同，若该二次方程的解满足要求，则取两档位经济性曲线之间的交点，否则取两档位在同一车速下燃油消耗率差最小的点作为换档点，如图 4-29 所示。

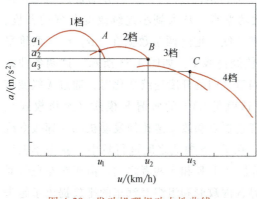

图 4-28　发动机理想动力性曲线

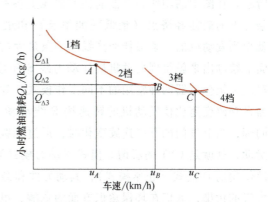

图 4-29　发动机理想经济性曲线

根据上述方法得到在发动机 100% 节气门开度下的换档点后，以同样的方法，可以分别得到在部分节气门开度下的换档点。由此，便可得到以发动机节气门开度和车速为参数的两参数换档规律，分别如图 4-30 和图 4-31 所示。

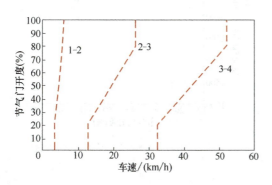

图 4-30　变速器最佳动力性换档规律

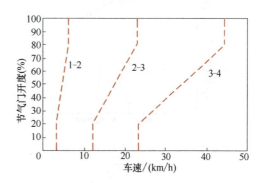

图 4-31　变速器最佳经济性换档规律

对于一款档位排序为 1、2、3、4 的四档变速器来说，当传动器在 2、3 两档工作，换档可能有降档和升档两种可能，工作在 1 档，仅有升档，在 4 档，就仅有降档。变速器从一个档位换到另一个档位的条件，由节气门开度和汽车车速决定。目标是保证汽车在不同的使用条件下，使经济性和动力性为最优所对应的换档曲线。

对变速器的实际换档规律，它与发动机的特性、传动比的分配、节气门开度有关，并且要综合考虑驾驶性因素。

2. 无级变速器的换档规律

无级变速可以任意地调节速比，使发动机的输出功率和路面的阻力功率相适应，所以当发动机的节气门开度给定以后，汽车行驶阻力在一定的范围内变化，无级变速可通过控制其速比，使发动机的工作点稳定不变。为了使汽车的驾驶性可随驾驶人的操作意图而变，CVT 提供 E、D 和 S 三种模式（E—经济模式；D—正常模式；S—动力模式）。无级变速的匹配规律也是利用发动机的速度特性和负荷特性的试验数据，确定发动机最小燃料消耗和最佳动力性转速调节特性曲线。

例如当节气门的开度一定，发动机部分负荷特性的功率与燃油消耗率曲线如图 4-32 所示。在图中的功率和燃油消耗率曲线上各有一个特殊的点 A、B，它分别是发动机在该条件下的最佳经济点（最低耗油率点）和最大功率点。从大到小连续改变节气门开度，就得到发动机的一条最佳经济线和一条最大功率曲线，把这两组数据在 (α, n_e) 两维平面上绘制出来就得到发动机最佳动力线 S 和最佳经济线 E，如图 4-33 所示，这两条曲线对应无级变速器两种常用的不同工作模式。如当节气门的开度连续变化时，通过无级变速器自动改变速比使发动机的转速按 E 线滑动，这就是 CVT 的所谓 E 模式（经济模式）。同理，当节气门的开度连续变化时，通过无级变速器自动改变速比使发动机的转速按 S 线滑动，这就是 CVT 的所谓 S 模式（动力模式）。在 E、S 模式之间进行折中，就是车上广泛使用的 D 模式（正常模式），其动力性和经济性介于 E 和 S 两者之间。由于汽车尾气对大气的污染，人们在环保意识方面的觉醒，世界各国政府和组织对汽车的排放提出了越来越严格的标准，不久的将来 CVT 一定会出现一种新的模式——最低排放模式。

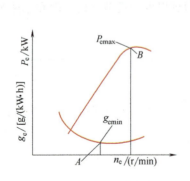

图 4-32　发动机部分负荷特性的功率与
　　　　　燃油消耗率曲线

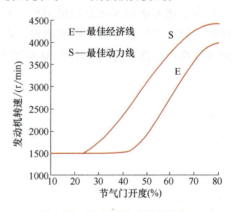

图 4-33　发动机转速调节特性

发动机的万有特性图更全面地反映了发动机的效率分布情况，把发动机经济调节特性（图 4-33 中 E 线）所对应的发动机工作点标在万有特性图上，所得到的工作线即为发动机最小燃油消耗率线（见图4-26）。在发动机最小燃油消耗率线上，发动机节气门开度与转速和转矩的关系是一一对应的。需要指出的是，上述的匹配原则仅有定性的意义，从精确定量上看，很多细节需要通过大量的标定后才能确定。对于产品开发，必须考虑发动机的最低稳定转速限制、发动机输出功率体现驾驶人的操作意图、加速减速后的动态响应等使用情况。

四、换档曲线对驾驶性能的影响

通过对发动机特性曲线以及变速器档位分布情况分析后得到的最佳经济性和最佳动力性换档规律，是车辆在稳态工作条件下的理想换档规律，但实际情况是，发动机和车辆的工况是动态变化的。因此，得到了理想换档规律之后，还要将其放在整车的动态环境中，综合考虑其他因素对该曲线进行修正，即所谓的标定。

如果孤立地将最佳经济性换档规律作为换档的唯一依据，发动机往往工作在低转速大转矩区域，此时发动机后备功率较小。驾驶人增加加速踏板开度意图加速或爬坡时，发动机输出功率的增量不足，而只能借助提升发动机转速来增加功率输出。而此时，对于有级自动变速器来说，则意味着车辆要提速则首先要降档位，而后才能有足够的后备功率和后备转矩来使得车辆提速。

但是发动机转速增加越快，意味着旋转惯量增速需要消耗的发动机功率越大，甚至有可能将发动机功率增加量完全抵消。如果发动机转速增加慢，其功率提升的速度也相对较慢。因此，低转速经济区工作的发动机，在驾驶人希望功率迅速增加时，往往难以满足驾驶人需求，这就造成了经济性和驾驶性之间的矛盾。根据大量用户反馈信息调查，急加速工况的车辆响应是影响消费者对CVT车辆接受程度的原因之一。

第五节　自动变速器的控制技术

变速器的类型很多，从控制的角度上可分有级和无级两类。有级变速器有AMT、DCT和AT，尽管其结构形式非常不同，但控制的基本问题是一致的，分为起步控制和换档控制。无级变速，如金属带式CVT，其控制包括起步控制、夹紧力和速比控制。

一、起步离合器控制

起步离合器是自动变速器最有挑战性的关键技术之一。按汽车行驶要求，起步离合器应满足下列功能：

1）接合动力平顺，分离动力彻底。

2）接合时发动机不停车、不空转。

3）接合速度能随驾驶人意图变化，并给乘员的感觉保持不变。

4）上坡起步不溜坡，发动机不灭火。

5）可靠的低速爬行功能，帮助车辆平稳越障。

6）限制传递最大的转矩。

为满足上述功能，各汽车生产公司有不同的解决方案，如液力变矩器、多片湿式离合器及干式摩擦离合器。多片湿式离合器控制的基本策略如图 4-34 所示，其中分为初始的充油阶段 2、接合控制阶段 3、同步接合过程 4、最重要的是离合器的接合控制过程。所有离合器的控制策略大同小异，但需要说明的是，成功的产品一定是在大量的工程实践中摸索验证出来的。

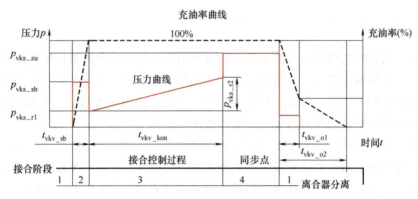

图 4-34　多片湿式离合器控制的基本策略

二、有级变速器的换档控制

对自动变速器，其关键技术就是如何解决换档过程中的动力无中断和换档无冲击的难题。任何类型的有级变速器，从一个档位换到另一档位，由于变速器的速比突变，在同一旋转轴线上的两个运动件的转速不等都会造成传递冲击。对 AT（两个摩擦器件）、DCT（两个离合器），虽结构不同，却有十分类似的解决问题的控制策略。AMT 结构最为简单，从理论上可以通过发动机的转矩调节来缓解这种冲击，但因多变而复杂的使用条件，其技术难度大，AMT 产业化的道路异常艰难。结果导致结构简单、研发时间最长的 AMT，并未得到普遍采用。需要指出的是，对需要更多档位的商用车，AMT 无疑是最合适的技术方案。

对 AT、DCT，换档期间同时存在两条传动路线（即换档前的传动路线和换档后的传动路线），参与换档的两摩擦元件在控制的作用下逐步完成过渡的传递方式。动力重叠的比例和时间是通过控制参与交接的多片离合器/制动器实现的，判定其控制策略的有效性原则是：是否圆满地解决了自动变速器换档过程的动力无中断、无冲击的问题。动力重叠传动阶段，从机械原理上讲是几何超静定的过渡模式。在换档过程中：一路要退出的传动元件，先要经历一个部分接合的过程，再全部退出工作状态；进入接替的一路传动元件，则先从部分接合的过程慢慢过渡到全接合工作状态。解决换档无动力中断、无换档冲击，就归结于两条传动路线的摩擦器件在控制作用下的控制策略。以 AT 的升档过程为例，其传动器件的接替工作顺序如图 4-35 所示。换档过程可分为三个阶段：换档预备阶段、过渡阶段、事后调节阶段。在预备阶段，即将退出工作的传动器件（多片离合器/制动器）的接合压力降低至标准压力（线压）的 3/4 左右，同时把将要接替工作的传动器件从管路的剩余压力升至线压，保持很短的时间后迅速降低至 1/2 线压。接替的器件虽然施加了接合压力，但传递转矩要比接合压力要滞后一点时间，所以当将退出的传动器件减压时，变速器实际传递的转矩下降，从而导致发动机有个瞬时增速过程。在预备换档的继续阶段，发动机转速继续保持原有的增长趋势。在换档的过渡阶段，接替传动器件快速增压，这相当于退出器件仍在传递部分转矩，接替器件开始逐步进入工作状态，传动器由当前档位向高一级档位过渡，变速器出现适量的运动干涉使发动机负载增加，导致发动机转速下降。待系统检测到发动机转速下降时，退出器件接合压力快速降压，直至接替器件的接合压力升至3/4线压时，退出器件立即泄压至管路的剩余压力，接替器件转入缓变增压过程。至此换档过渡阶段结束，进入事后调节阶段。在事后调节阶段，退出器件接合压力一直保持剩余压力，接替器件保持为缓变增压过程，直至接近线压，接合压力跳变到线压，到此换档过程结束。需要说明的是，压力重叠的过程不能太长，也不能太短。太长会导致传动器件的扭转造成过大的内部应力；太短则会出现瞬间动力中断，发动机空转突然增速。换档重叠过程需要通过试验标定和在反复验证的基础上才能最后确定。

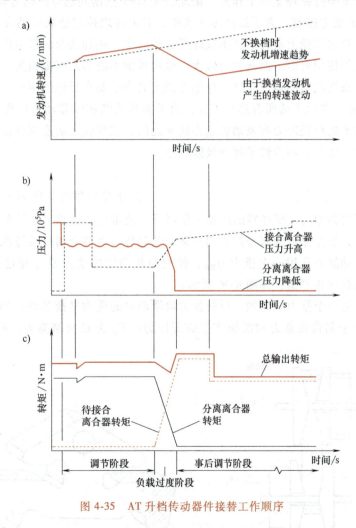

图 4-35 AT 升档传动器件接替工作顺序

　　AT 因当前的工作档位不同，是升档还是降档操作不同，参与换档的器件则不同，但换档品质就本质都是快速平稳实现两组摩擦器件动力传递的接替动作，在控制的作用下实现动力无中断、无冲击的换档过程。

DCT换档，不管现在的档位是什么，是升档还是降档，都是在两个离合器之间完成，两离合器间的动力传递的接替控制，其过程与AT是完全一样的。

除AMT外的有级自动变速器，AT、DCT的结构设计都是为谋求在换档过程实现无动力中断、换档过程平稳连续。在变速器结构可满足的条件下，最终能否达成预期目标，则取决于控制技术。因此换档控制是有级变速器的关键技术之一，换档品质是评价变速器的重要性能指标。

三、无级变速器的夹紧力和速比控制

CVT传动系统的两个主要任务是：一是把发动机输出功率可靠地传递到驱动轮，并尽可能减小功率损失；二是根据汽车的运行条件，按驾驶人选定的工作模式，自动改变传动速比，使发动机维持在理想的工作点。由此决定CVT控制问题可归结为如下两个目标：

1）金属带夹紧力控制。为了提高传动效率，必须合理控制金属带的夹紧力。若夹紧力过小，则金属带在带轮上滑转。这不仅降低传动效率，还加快金属带与带轮的磨损，缩短金属带与带轮的使用寿命。而夹紧力过大，也将增加不必要的摩擦损失，同样会降低传动系统的效率。根据汽车的运行条件，应始终把夹紧力控制在目标值附近。

2）速比控制。在汽车的所有运行工况，为了满足其经济性和动力性要求，应使传动系统的速比在汽车的行驶阻力和发动机输出功率之间，按驾驶人的意图自动实现动态最佳匹配，把汽车的经济性、动力性发挥到极限状态。

1. 目标金属带夹紧力

（1）主、从动轮夹紧力的稳态比值 Q_{DR}/Q_{DN}　由于金属带的长度为一定值，当在从动缸施加的夹紧力为 Q_{DN}，则在锥面的楔力作用下，使带向外移动，于是在带内产生张紧力。在主动轮上，被张紧的金属带产生向里运动的趋势。为使金属带维持在稳定的节圆位置上，必须在主动缸上作用一个推力 Q_{DR}，使它与从动缸的推力 Q_{DN} 通过金属带在主动轮上产生的轴向载荷相平衡，如图4-36所示。

以金属带上的一个推力块为例，分析推力块滑动时的受力平衡条件，如图4-37所示。图4-37中，P 为金属带张紧力对滑块产生的正压力；F_R 为径向摩擦力；F_T 为切向摩擦

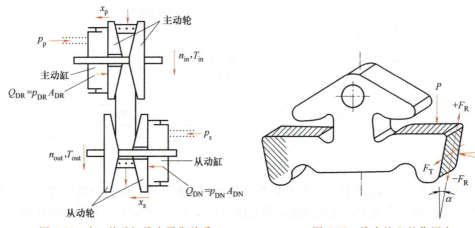

图4-36　主、从动缸推力平衡关系　　　　图4-37　推力块上的作用力

力；α 为带轮锥形角；N 为锥轮对推力块的正压力。

（2）金属带传递的转矩与夹紧力　通过理论分析可以得出，当从动轮的夹紧力给定以后，金属带能传递的最大转矩为

$$T_{in}^* = 2Q_{DN}\mu_{DR}R_{DR}/\cos\alpha \tag{4-13}$$

式中，μ_{DR} 为推力块与主动轮间的摩擦系数；R_{DR} 为主动轮节圆半径；α 为带轮锥形角。

实际传递的转矩 T_{in} 与可能传递的最大转矩 T_{in}^* 之比定义为转矩比 r，即

$$r = \frac{T_{in}}{T_{in}^*} \tag{4-14}$$

一般地，只要金属带传递的转矩比满足 $r = T_{in}/T_{in}^* < 1$，金属带就不会出现滑转。但是过大的传动余量，会使金属带过度张紧，结果不仅使金属带的寿命缩短，也会使 CVT 的效率降低。所以精确控制金属带传递转矩比 r，并使 r 趋近于 1，这就是金属带夹紧力控制的基本思想。式（4-15）即为金属带夹紧力控制的依据。从动缸的目标夹紧力

$$P_{obj} = \frac{T_{in}^* \cos\alpha}{2A_{DN}\mu_{DR}R_{DR}} \tag{4-15}$$

式中，A_{DN} 为从动缸的有效面积。

2. 目标速比

（1）CVT 的速比　传动装置的速比 i 定义为主动轮的转速与从动轮的转速之比，即

$$i = n_{DR}/n_{DN} = n_e/n_{out} \tag{4-16}$$

式中，n_{DR} 为主动轮输入转速；n_{DN} 为从动轮输出转速；n_e 为发动机输出转速；n_{out} 为从动轮输出转速。

它也可用主、从动轮的节圆半径之比表示。当从动轮处在最大节圆半径、主动轮处在最小节圆半径时，得到最大传动比：

$$i_{max} = R_{DNmax}/R_{DRmin} \tag{4-17}$$

通常 CVT 传动装置的最大传动比为 2.5。当主动轮在最大节圆半径、从动轮在最小节圆半径，得最小传动比：

$$i_{min} = R_{DNmin}/R_{DRmax} \tag{4-18}$$

该比值一般为 0.5。传动装置的速比范围为 0.5~2.5。

（2）目标速比定义　目标速比 i_0 定义为

$$i_0 = \begin{cases} i_{max} & n_{e0}/n_{out} > i_{max} \\ n_{e0}/n_{out} & i_{min} < n_{e0}/n_{out} < i_{max} \\ i_{min} & n_{e0}/n_{out} < i_{min} \end{cases} \tag{4-19}$$

即为发动机目标转速与从动轮实际转速之比。由式（4-19）可见，当发动机的目标转速确定以后，则 CVT 的目标速比就随之确定。无论是采用经济模式或动力模式，根据节气门开度和车速就可容易地确定目标速比。与 AT 情形类似，汽车的行驶工况和驾驶人的操作意图是一个动态变化过程。显见，CVT 不是工作在一个固定的匹配模式，或明显地从一个模式切换到另一个模式，而是根据汽车的行驶工况和驾驶人的操作意图，在典型匹配模式的基础上，按照某种规则生成综合性能指标最佳的动态匹配规律。

四、小结

CVT 是无级式的，AT、DCT、AMT 是有级式的，两类变速器的换档规律略有不同。从结构上看，四种变速器的差别很大。但它们都有共同之处：就是控制系统从传感信号中获取汽车的行驶状态、外部环境及驾驶人的操作意图等信息，根据大量的标定数据和经验公式进行决策推论，自动控制离合器的分离与接合，调节变速器的速比，使整车的燃油经济性、动力性达到最佳的状态。

思 考 题

1. 自动变速器有哪些类型？各有什么特点？
2. 起步离合器要进行的控制有哪些？
3. 液力变矩器的锁止点该如何进行选择？
4. 最佳动力性换挡规律如何实现？
5. 最佳经济性换挡规律如何实现？
6. AT 换挡的原理是怎样的？
7. DCT 的优点与缺点各有哪些？
8. CVT 的控制难点是什么？
9. 新能源汽车给自动变速器行业带来了哪些机遇与挑战？

第五章

防滑控制技术

汽车防滑控制技术分为制动防滑移和驱动防滑转两类。其中，制动防滑移依靠防抱制动系统（Anti-Lock Braking System，ABS）实现，驱动防滑转依靠驱动控制装置（Traction Control System，TRC；Acceleration Slip Regulation，ASR）实现。

第一节　ABS 控制技术概述

汽车防抱制动系统是指汽车在制动过程中能实时判定车轮的滑移率，自动调节作用在车轮上的制动力矩，防止车轮抱死并取得最佳制动效能的电子装置。汽车在行驶中遇到危急情况驾驶人会采取紧急制动，有相当多的交通事故是由于汽车在紧急制动时车轮抱死，从而导致各种非稳定因素造成的。汽车的防抱制动系统（ABS）就是为消除在紧急制动过程中出现的这些非稳定因素（诸如侧滑、跑偏、失去转向操纵能力）而研制的。当驾驶人猛踩制动踏板时，对装备常规制动器的汽车，它的四个车轮很快会处于"抱死"状态，车轮不再滚动而是在路面上滑移。结果不但不能实现最佳的制动效果，反而还会带来以下的负效应：

1）由于车轮被抱死，车辆失去操纵性，不能按驾驶人的要求改变行驶方向以躲避障碍物或行人而造成交通事故。

2）在非对称附着系数的路面，车轮抱死将丧失直线行驶稳定性，易出现侧滑、甩尾及急转等危险现象。

3）车轮抱死时的附着力一般低于路面所能提供的最大附着力，车轮在全抱死状态的制动距离反而略有增加。

4）因为车轮被抱死导致轮胎局部急剧摩擦，降低轮胎的使用寿命。

由此可见，车轮抱死的常规制动方式有较多的弊端，为了提高制动安全性，在现代汽车上的防抱制动系统（ABS）已成为法规要求的必备装置之一。

一、轮胎与路面间的相互关系

汽车通过轮胎与路面之间的相互作用，把发动机传至车轮的驱动转矩转变为推动汽车前进的驱动力，在制动时把作用在车轮上的制动力矩转变为制动力。在弯道行驶，由于地面对轮胎的侧向作用力，使车辆能按驾驶人的要求改变它的运动方向。路面所能提供的附着力（即最大纵向、侧向作用力）与附着系数有关，附着系数 μ 定义为路面附着力 F_t 与作用在车轮上的垂直载荷 F_N 之比，即

$$\mu = \frac{F_t}{F_N} \tag{5-1}$$

它与轮胎的结构、材料、花纹、气压及路面特性等多种因素有关。如子午线轮胎在干燥路面上附着系数最大。不同路面的附着系数为 $0.05 \sim 1.0$，在冰面上最小，约为 0.05，其他路况介于这两者之间。根据汽车的行驶方向可将附着系数分为纵向附着系数 μ_b 和侧向附着系数 μ_s。在车轮制动时，作用在车轮上的纵向制动力 F_b 和侧向附着力 F_s 分别为

$$F_b = \mu_b F_N \tag{5-2}$$

$$F_s = \mu_s F_N \tag{5-3}$$

附着系数还与车轮的滑移/滑转率 λ 有关。在分析防抱制动系统（ABS）制动问题时，把车轮的滑移/滑转率定义为

$$\begin{cases} \lambda = \dfrac{v_e - v_w}{v_w} & 驱动 \quad \lambda < 0 \\[3mm] \lambda = \dfrac{v_e - v_w}{v_e} & 制动 \quad \lambda \geqslant 0 \end{cases} \tag{5-4}$$

式中，v_e 为实际车速，$v_e = \omega_w r_e$，r_e 为车轮有效滚动半径，定义如图 5-1 所示，ω_w 为车轮转动角速度；v_w 为车轮的切线速度。

如果把实际车速用动力滚动半径 r_d 表示，则车辆在自由滚动时的有效角速度 ω_e 为

$$\omega_e = \frac{v_e}{r_d} \tag{5-5}$$

把式（5-5）和 $v_w = \omega_w r_d$ 代入式（5-4），则式（5-4）还可写成另一种形式：

$$\begin{cases} \lambda = \dfrac{\omega_e - \omega_w}{\omega_w} & 驱动 \quad \lambda < 0 \\[3mm] \lambda = \dfrac{\omega_e - \omega_w}{\omega_e} & 制动 \quad \lambda \geqslant 0 \end{cases} \tag{5-6}$$

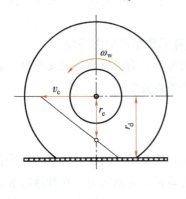
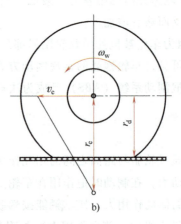

图 5-1　车轮的滚动半径

a）驱动工况　b）自由滚动或制动工况

式中，λ 在 ［-100%，+100%］ 范围内变化。λ 在 ［-100%，0%) 区间为驱动工况，其轮速大于车速，车轮相对地面滑转，对应的 λ 值称为滑转率。λ 在 (0，100%］ 为制动工况，此时车速大于轮速，车轮相对地面滑移，λ 值称为滑移率。几个特殊点 $\lambda=0$、$\lambda=-100\%$ 和 $\lambda=100\%$ 分别对应车轮自由滚动、车轮纯空转和车轮被完全抱死状态。

车轮的滑移率与纵向、横向附着系数间的关系如图 5-2 所示。不同的路面特性、轮胎参数及轮胎的侧偏角都会影响 μ-λ 曲线。对纵向 μ_b-λ 曲线，滑移率从零开始，附着系数随 λ 上升到最大值 $\mu_{bmax}(\lambda_k)$。自 λ_k 以后，附着系数或多或少保持下降的趋势。由控制理论可知，当滑移率小于 λ_k 的区间是稳定制动区，大于 λ_k 后为非稳定制动区，λ_k 为临界稳定点。制动时一旦车轮的滑移率 $\lambda > \lambda_k$，如果不迅速减小制动力，则车轮就会很快抱死。对实际防抱制动系统（ABS），滑移率 λ 被控制在 λ_k 附近的小范围内，即图 5-2 中的阴影部分。侧向附着系数 μ_s 在 μ-λ 曲线上，在 $\lambda=0$ 时具有最

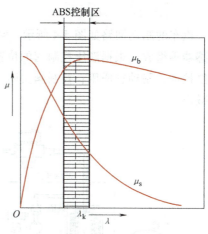

图 5-2　μ-λ 曲线

大值，随 λ 增加，μ_s 一直呈下降趋势。防抱制动系统（ABS）制动系统把 λ 控制在 λ_k 附近，既能使路面提供最大的制动力，又能提供足够大的侧向附着力，满足车辆制动时直线行驶稳定性和操纵稳定性。

防抱制动系统（ABS）正是利用道路与轮胎之间的关系，强制性地把车轮的滑移率控制在临界点 λ_k 附近，使路面附着性能得到最充分的发挥，从而达到最佳的制动效果。有经验的驾驶人，当驾车行驶于较滑路面上或速度较高而需紧急制动时，它往往不是一次把制动踏板踩到底来施加全制动，而是采用"点制动"的方法来达到安全减速、停车的目的。这正是驾驶人在常规制动器上无意识地实施了防抱制动的过程。

二、单轮车辆系统的数学模型

1. 车轮制动状态数学模型

为研究 ABS 的控制过程，车辆可简化为图 5-3 所示的单轮车辆系统。由于车速通常是指直线运动速度，轮速用角速度表示，故在后文中车速用 v 表示，车轮角速度用 ω 表示。由此可得车轮和整车的运动微分方程分别为

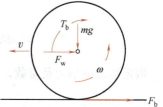

$$J\dot{\omega} = r_d F_b - T_b - T_f \qquad (5\text{-}7)$$

$$m\dot{v} = -F_b - F_w \qquad (5\text{-}8)$$

式中，T_f 为车辆的滚动阻力矩；T_b 为制动力矩；m 为汽车质量；$\dot{v}$ 为汽车制动时的负加速度；F_w 为车体受到的迎风阻力；J 为车轮转动惯量，对驱动轮还应计入传动系统的转动惯量 J_T，单轮车辆系统可取

图 5-3　单轮车辆系统

$$J = J_T/2 + J_{qw} \tag{5-9}$$

式中，J_{qw} 为驱动轮的转动惯量。

其中，地面对车辆的制动力 F_b 按式（5-2）计算，式中的纵向附着系数 μ_b，与车轮滑移率及路面状态有关。

2. 驱动机构的数学模型

汽车的制动回路如图 5-4 所示。它主要由制动踏板、主制动缸、控制阀、轮缸及速度传感器等组成。根据液压控制阀的位置可使制动器对应三种不同状态：当控制阀使油源与轮缸接通，制动缸增压；控制阀关闭，制动器保压；控制阀使制动器和回油路相通，制动缸减压。

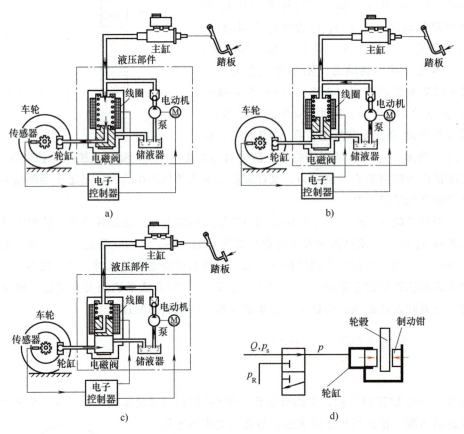

图 5-4　汽车的制动回路

a）增压　b）保压　c）减压　d）轮缸施压制动过程

假定油源的压力是常数，根据液压流体力学，进入制动轮缸的流量 Q 为

$$Q = c_d A \sqrt{\frac{2(p_s - p)}{\rho}} \tag{5-10}$$

式中，c_d 为阀的流量系数；A 为控制阀过流面积；p_s 为油源压力；p 为制动缸压力；ρ 为油液密度。

在制动开始时，进入制动缸的油液推动活塞消除钳盘之间的间隙。不考虑油液的可压

缩性，由流量连续方程，可求得活塞的运动速度为

$$v_p = \frac{Q}{A_p} \tag{5-11}$$

式中，A_p 为液压缸的作用面积。

设制动器的间隙为 S_0，则消除间隙所需要的时间 t_d 为

$$t_d = \frac{S_0}{v_p} = \frac{S_0 A_p}{Q} \tag{5-12}$$

所求的 t_d 即为制动器响应的滞后时间。消除制动器间隙以后，进入制动缸的油液被压缩增压，增压变化规律为

$$Q = \frac{V_D}{\beta_e} \frac{dp}{dt} \tag{5-13}$$

式中，V_D 为液压缸及管路的容积；β_e 为油液的体积弹性模量。

把式（5-10）代入式（5-13）得

$$\frac{dp}{dt} = K \sqrt{p_s - p} \tag{5-14}$$

式中，$K = \dfrac{\beta_e}{V_D} c_d A \sqrt{\dfrac{2}{\rho}}$。

对开关阀，K 为常数。由式（5-14）可见，当控制阀的开口保持恒定时，液压缸的压力升高率不是常数，而是随制动缸的压力升高而减小。在减压过程，由制动缸排出的油液为

$$Q_R = -c_d A_R \sqrt{\frac{2}{\rho}(p - p_R)} \tag{5-15}$$

式中，p_R 为回油路压力；A_R 为控制阀回油路过流面积。

此时液压缸内被压缩的油液被释放，液压缸压力下降变化率为

$$\frac{dp}{dt} = -K_R \sqrt{p - p_R} \tag{5-16}$$

式中，$K_R = \dfrac{\beta_e}{V_D} c_d A_R \sqrt{2/\rho}$。

在进行系统分析与设计时，为了简化系统，可按图 5-5 所示的方法把式（5-14）和式（5-16）在常用的工作压力点（图中标注为 p_0）线性化得

$$\frac{dp}{dt} = u k_0, \quad u = \begin{cases} 1 & 增压 \\ -1 & 减压 \\ 0 & 保压 \end{cases} \tag{5-17}$$

式中，k_0 为阀的线性化系数。

由式（5-17）可得作用在车轮上的制动力矩的变化率为

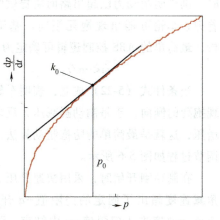

图 5-5 压力变化率线性化方法

$$\frac{\mathrm{d}T_\mathrm{b}}{\mathrm{d}t} = K_\mathrm{b}u$$

式中，K_b 为与制动器的结构参数和线性化系数 k_0 有关的常数。

考虑到制动缸在增压和减压时需要不同的变化率［采用脉宽调制（PWM）实现］以满足不同的使用工况，则作用在车轮上的制动力矩的变化率可进一步写成如下的形式：

$$\frac{\mathrm{d}T_\mathrm{b}}{\mathrm{d}t} = u , u = \begin{cases} U_\mathrm{i} & 增压 \\ -U_\mathrm{d} & 减压 \\ 0 & 保压 \end{cases} \tag{5-18}$$

第二节　ABS 逻辑控制算法

防抱制动系统的目的是把车轮的滑移率控制在 λ_k 附近，使路面的附着系数得到最充分的发挥。那么，应以哪些参数作为控制目标才能使控制的效能最佳？事实上，有不同的方法都可以达到预期的目标，但每种方法将以不同的规律逼近期望的点。下面以车辆上普遍采用的逻辑控制算法，分析防抱制动算法的调节过程。

一、简单逻辑控制算法

设路面条件是一定的，则路面附着系数都不会超过某一给定的值，也就是作用在四个车轮上的总的制动力必满足不等式：

$$F_\mathrm{b} \leqslant \mu_\mathrm{max}mg \tag{5-19}$$

汽车制动时的最大减速度 a 也必然满足条件：

$$a \leqslant \mu_\mathrm{max}g \quad (a>0) \tag{5-20}$$

所以当车轮的角减速度超过极限条件：

$$\dot{\omega}r_\mathrm{d} < -a \tag{5-21}$$

时，则表明制动力已超出路面所提供的最大附着力，车轮可能出现抱死倾向。基于上述分析，最简单的 ABS 控制逻辑可确定为

$$\dot{\omega} < -a/r_\mathrm{d} \tag{5-22}$$

当条件式（5-22）成立，表明车轮可能出现抱死的倾向，于是制动缸减压，反之制动缸增压，这就是最简单的防抱制动算法，其动态调节过程如图 5-6 所示。

在制动刚开始时，采用快速升压。当车轮角减速度超出了固定的门限值 $-a$ 开始减压，至负加速度进入门限值 $-a$ 内结束。随后以慢速升压到车轮减速度再次超出 $-a$ 门限值，以

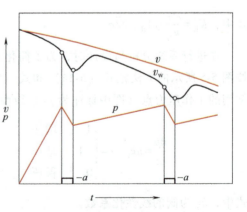

图 5-6　以车轮负加速度作为门限的防抱制动过程

此周期性地重复，直至汽车完全制动。仅以减速度$-a$作为门限值的逻辑控制，车轮的滑移率变化较大，也不能适应路面附着系数的变化。

从增压到减压切换的过程来看：车轮的减速度超过$-a$门限值，随后逐渐由减速变为加速，在这一转变过程中，车轮减速度必然经过等于零的点，减速度为零的点即为制动力矩与路面所能提供的制动力产生反驱力矩的平衡点。可见，只要车轮的加速度大于零（即路面所能提供制动力对车轮中心之矩大于所施加的制动力矩）就可避免抱死的倾向。于是可取一个适当大的正数$+a$（$+a$、$-a$仅表示车轮加、减速度，它们的值可以是不同的）作为车轮加速度的门限，构成双门限的逻辑控制，经组合可得到三个常用的逻辑判定条件：

$$\begin{cases} \dot{\omega} < -a & 减压 \\ \dot{\omega} > +a & 保压，上一个过程是减压过程 \\ \dot{\omega} < +a & 增压，上一个过程是保压过程 \end{cases} \quad (5-23)$$

按逻辑条件式（5-23）实现防抱制动的调节过程如图5-7所示。双门限控制逻辑可以适应不同的路面特性，一般可消除车轮抱死现象。但当路面附着系数出现跃变时，就不能快速适应，对快速变化的路面跟踪性能较差。

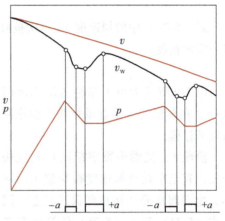

图 5-7　车轮正负加速度门限值的防抱控制

二、以车轮加、减速度和滑移率结合的逻辑控制

1. 参考车速和滑移率的计算

为了适应路面特性的变化，必须通过相应的逻辑条件识别出这些变化，再对控制逻辑做相应的修改，使车辆在不同运行环境下都能取得最佳的效果。为此引入了车轮的滑移率作为辅助的门限值，与车轮负加速组合构成双参数逻辑控制算法。由式（5-6）可知，确定滑转率要用到车体速度，需要增加另外的传感器。故现今汽车上一般不采用直接测量的方法获得实际车速，而是采用间接的方法由车轮的角速度和负加速度构造车辆的参考速度，其构造方法如图5-8所示。在初始制动过程中，当车轮的负加速度小于$-a$时，把此时车轮的速度作为初始参考速度v_{R0}，以后以减速度a_R（初始时设定汽车在一般路面制动时能达到的负加速度）计算参考速度，即

$$v_R = v_{R0} - a_R t \quad (5-24)$$

由于车轮的角速度是已知的，当参考速度

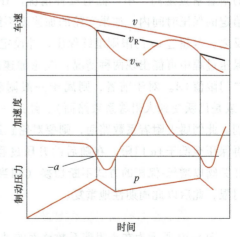

图 5-8　参考速度的构造方法

估算出来以后，则车轮的参考滑移率为

$$\lambda = \frac{v_R - r_d\omega}{v_R} \times 100\% \qquad (5-25)$$

在减压阶段，车轮在路面制动力的作用下反驱增速。当车轮的速度大于参考速度后，则说明此时的车速不会低于当前的轮速，于是应把参考速度设定为当前的轮速，使参考速度得到修正。经过第一个循环以后，减速度 a_R 也被估算出来：

$$a_R = \frac{v_R - v_{R0}}{t_1 - t_0}$$

式（5-24）中的加速度 a_R 再次被修正。可见估算参考速度可以跟踪路况变化，也具有一定的精度。

2. 大附着系数路面上的制动控制

图 5-9 所示为引入车轮的加速度门限值 $+a$，在典型的大附着系数路面防抱制动的调节过程。

阶段 1（见图中数字标注）轮缸快速升压，直至车轮负加速度很快超出门限值 $-a$，电磁阀从升压切换到保压状态，同时由式（5-24）和式（5-25）估算出参考车速和滑移率为 λ_1 的门限曲线。阶段 2 保压，轮速继续下降，当轮速降至低于 λ_1 门限值时，电磁阀由保压切换到减压状态。阶段 3 减压，轮速又开始回升，当车轮的负加速度进入 $-a$ 门限内，减压过程结束又开始保压。阶段 4 定时保压，即一个规定时间间隔的保压过程，用于识别路面

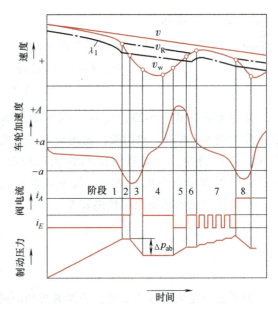

图 5-9　大附着系数路面的制动调节过程

的附着系数是高、中、低的三种情况。在给定的保压时间内，如果车轮的加速度不能超过 $+a$ 门限，则属于低附着系数路面的情况。反之，若超过 $+a$ 门限则继续保压，并设定识别高附着系数路面的第二门限值 $+A$。在继续保压过程中可能出现两种情况：车轮加速度没超过第二门限值 $+A$；车轮加速度超过了第二门限值 $+A$。对于前者，则属于一般附着系数路面；对于后者，则属大附着系数路面（或是已跃变到大附着系数路面）。经过一个完整的制动循环，完成了路面附着系数的识别。此例属大附着系数路面，则要对轮缸进行一次增压，直至车轮的加速度低于 $+A$ 门限，再保压至低于 $+a$ 门限。在随后的升压过程中，一般采用比初始升压慢得多的上升梯度，开关阀以增压-保压的方式不断切换（相当于脉宽调制），直至车轮负加速度再次低于 $-a$ 门限，此后以此周期性地重复。

3. 小附着系数路面的制动控制

图 5-10 所示为在小附着系数路面的动态调节过程。在初始的 1、2 调节阶段和大附着系数的路面相同。阶段 3 首先有一个定时保压阶段，由于在给定的时间内车轮的加速度达

不到+a门限，于是可以判定：此时是属于小附着系数路面的情形，控制逻辑产生一个小的减压-保压脉冲，使车轮慢慢升速，然后再比较车轮加速度是否到+a门限，若低于此门限值再次产生减压-保压脉冲，车轮继续升速直至超过+a门限。阶段4为保压阶段，当车轮加速度再低于+a门限时，阶段4结束。阶段5是以增压-保压（脉宽调制）方式的慢速升压过程，直至出现-a门限，到此第一个控制周期结束。因为在高附着系数路面和在小附着系数路面的控制逻辑不同，故制动开始的第一个周期是用于识别路面特性。自第二周期采用和路面附着系数相对应的控制算法，如第一个周期的阶段3加了一个缓慢减压过程，结果导致车轮以较大滑移率运行较长时间，这对汽车的操纵稳定性来说是不利的。为纠正这种现象，在阶段6（第二周期）的制动压力是持续下降到出现+a门限，结果车轮只在短时间处于大滑移状态，改善了操纵稳定性。

当路面附着系数向大值突变，其识别方法是采用第二加速度门限值+A。而当路面附着系数向小值跃变，则以第二滑移率门限值λ_2作为识别依据。图5-11所示为路面的附着系数由大值到小值跃变的调节过程。在阶段1出现了附着系数由大到小的跃变，车轮的减速度在超出-a门限值时切换到减压状态——阶段2。在阶段2，车轮滑移率超出了第二门限λ_2。这是由于路面附着系数的突然降低，导致使车轮速度回升的摩擦力也随着降低之故。所以，当电子装置监测到车轮滑移率门限信号λ_2时，即可判定路面的附着系数出现了由大到小跃变，随后将按小附着系数路面特性确定控制逻辑。

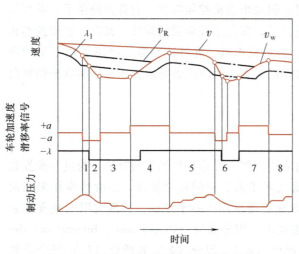

图5-10　小附着系数路面的动态调节过程

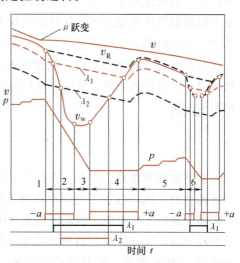

图5-11　附着系数由大到小跃变的调节过程

综上所述，逻辑控制是把车轮的加速度分为-a、+a、+A几个门限值，再辅之以车轮的滑移率门限值λ_1、λ_2，并利用控制从减压切换到保压后的规定时间间隔里，根据可能出现的几种门限信号（+a、+A、λ_1、λ_2）识别出路面的特性（小、一般和大附着系数路面三种情况）。再根据识别结果，分别采用不同的控制逻辑，确保防抱制动系统对路面状况的跟踪性能，保证在各种路面条件下都能取得期望的制动效果。

门限条件又称为边界条件，常用防抱制动的边界条件见表5-1。表中，P边界条件，就是当满足这些条件时，车轮就有抱死的倾向。此时就应当降低制动轮缸压力，使车轮增速。而R边界条件，即当满足这些条件就避免了车轮抱死的倾向，可对轮缸再次升压。

从 P 和 R 中挑选不同的条件可以组成各种不同的控制逻辑。如 BOSCH 公司采用的就是 P1R3 控制逻辑，再辅之其他特征量识别路面特性的变化，以保证控制逻辑对路面附着系数变化的适应能力。

表 5-1 常用防抱制动的边界条件

边界		对应的条件
P 边界	P1	$-\dot{\omega}r_\mathrm{d}>k_1$
	P2	$-\dot{\omega}/\omega>k_2$
	P3	$-\dot{\omega}r_\mathrm{d}>k_1$ 和 $-\dot{\omega}/\omega>k_2$
R 边界	R1	当所有 P 边界条件都不满足时
	R2	满足 P 边界条件后延迟固定时间 τ_d
	R3	$\dot{\omega}r_\mathrm{d}>k_3$
	R4	$\ddot{\omega}<0$
	R5	$\ddot{\omega}<0$ 和 $\dot{\omega}r_\mathrm{d}>k_3$

从形式上看，逻辑控制与防抱制动系统的模型（动态特征）无关，但实际上决定逻辑控制的门限值是根据所用的车型和路面特性在反复试验的基础上确定的，它隐含了系统模型与路面特性的依赖关系。因为系统的动态特性和路面条件在较大的范围内连续变化，而逻辑控制把这些变化分为有限的几种状态（三种状态）。显然，不能期望逻辑控制算法在不同路面条件都能达到最佳控制的效果。但采用逻辑控制算法，它首先避免了一系列繁杂的理论分析和对一些不确定因素的定量计量，简化了控制器的设计。其次，逻辑控制算法仅需要测定车轮的角速度，便于实现，装车成本低。此外这种算法经历了几十年的发展，设计方案已经成熟，且在制动性能方面已达到工程应用的要求，逻辑控制算法仍将会被普遍采用。

三、基于滑移率的控制系统

逻辑控制算法虽已在车上得到广泛的应用，但它并非最佳的控制算法。为进一步提高 ABS 的性能，汽车电子工程师都在致力研究基于滑移率的控制算法。用滑移率作为控制目标容易实现连续控制，因而可提高 ABS 在制动过程中的平顺性，并最大限度地发挥它的制动效能。实现连续控制的最简单算法是比例积分微分（Proportional, Integral and Derivative, PID）控制，它只要适当地整定比例（k_p）、积分（k_i）和微分（k_d）三个系数即可。设滑移率的设定目标为 λ_0，则控制误差

$$e=\lambda-\lambda_0 \tag{5-26}$$

于是 PID 的控制规律可表示为

$$u=k_\mathrm{p}e+k_\mathrm{i}\int_0^t e\mathrm{d}t+k_\mathrm{d}\frac{\mathrm{d}e}{\mathrm{d}t} \tag{5-27}$$

按式（5-27），ABS 控制器的设计最后就归结为：根据 ABS 动态系统，确定出一组最佳的参数 k_p、k_i 和 k_d，使车轮的滑移率以最快的方式趋近设定目标 λ_0。

μ_b-λ 曲线在 λ_k 这一点被分成两个区，在 λ_k 左边，$\dfrac{\mathrm{d}\mu_\mathrm{b}}{\mathrm{d}\lambda}>0$ 为稳定制动区，而在 λ_k 右

边，$\dfrac{\mathrm{d}\mu_\mathrm{b}}{\mathrm{d}\lambda}<0$ 为非稳定制动区。通过计算发现，当目标值 λ_0 设在 λ_k 的左侧，通过 PID 控制可以使车轮滑移率迅速趋近 λ_k，制动过程近似为理想过程（见图 5-12a）。如把 λ_0 设定在 λ_k 这点，则形成以滑移率 λ_k 为中心的稳定极限环。特别是 λ_0 略为设定在 λ_k 右侧，滑移率就出现较大幅度的波动（见图 5-12b）。在实际应用中，μ_b-λ 曲线的峰值变动很大（5%～30%），只要把 λ_0 设定在 λ_k 的右侧，滑移率就会出现很大的波动。如 λ_0 在距 λ_k 较远的右侧，车轮就有抱死的危险。而保守地把 λ_0 选得过小，虽可保证 λ_0 在 λ_k 的左侧，解决控制系统的非稳定性问题，但在相当多的路面条件下，会使路面附着系数得不到充分的利用，从而失去滑移率控制算法的优越性。从 PID 的动态调节过程可以得出，用滑移率作为控制目标必须解决这样一个问题。实时辨识路面的附着系数变化情况，自动地改变控制目标 λ_0 以跟踪路面附着系数的变化，使制动效能始终在最佳状态。由此也可见，简单的 PID 控制器不能满足 ABS 在全工况的使用要求，它必须具备识别路面特征的辨识功能，并有在线整定控制器参数的功能。

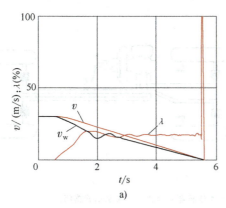
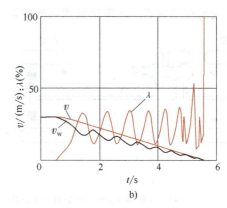

图 5-12 λ_0 的位置对控制性能的影响

a）λ_0 在 λ_k 的左侧　b）λ_0 在 λ_k 的右侧

第三节　ABS 整车控制技术

一、整车布置形式

如前所述，ABS 单轮控制技术的本质是把车轮的滑移率控制在 μ_b-λ 曲线的峰值点。因此，在制动时可保证取得最短的制动距离和转向时的操纵稳定性。但作为整车，如果所有的车轮都采用单轮方式进行独立控制，在非对称的路面就会出现侧偏现象，汽车不能保持行驶方向的稳定性。所以对于整车，除了评价 ABS 的制动距离、操纵性，还必须考虑汽车行驶方向稳定性。

1. ABS 的通道与传感器

可以独立地控制车轮制动缸压力的执行机构称之为一个通道，一般一个通道对应一个传感器，如 4 传感器 4 通道 ABS 是当前最普遍的配置形式。而早期的 ABS，通道数与传感器个数不一定相等,如 4 传感器 3 通道 ABS、4 传感器 2 通道 ABS 都已成为过时的系统了。

2. ABS 整车布置形式

图 5-13a、b 所示都是 4 传感器 4 通道的 ABS,每个车轮都具有一个轮速传感器和一个液压通道,可对每个车轮实现任意目标压力的控制,使 ABS 总体性能达到最佳状态。但布置形式是不同的,其中图 5-13a 是按前后方式布置,即前、后轮缸分别采用不同的液压回路,图 5-13b 是按对角(X 形方式)方式布置,即处在对角线上的两个轮缸采用同一液压回路,其目的就是提高系统的可靠性。两套分离的液压系统,可保证其中的一套出现故障,另一套还能使系统正常地工作,只是制动效能降低了一半。

如果简单地按单轮控制目标进行独立控制,把每个车轮的滑移率都控制在 μ_b-λ 曲线的峰值点,在对称路面,可使 ABS 总体性能发挥到最佳状态。但在非对称路面(如图 5-14 所示的情形),将在左、右两侧车轮上产生不同的制动力,使汽车很难保持它原来的行驶方向,方向稳定性恶化。可见,4 传感器 4 通道是 ABS 最完备的配置形式,也必须配合相应的控制方式,才能达到预期的效果。

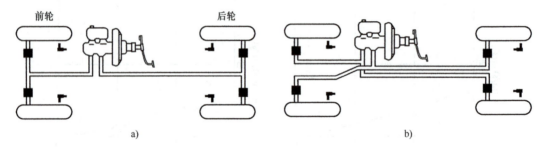

前轮　　　　　　　后轮

a)　　　　　　　　　　　　b)

图 5-13　ABS 的布置形式

a) 4 传感器 4 通道(前后制动管路用)　b) 4 传感器 4 通道(X 形制动管路用)

二、整车制动时的受力分析

前面已讲述了 ABS 的单轮控制技术,是否可以把汽车的所有车轮均按前述的方法进行控制就能达到期望的效果呢?在分析 ABS 整车控制技术之前,先考查汽车直线行驶在非对称路面制动时的整车制动动力学。设汽车的一侧车轮在大附着系数路面行驶,另一侧在小附着系数路面行驶(如冰面,这在我国东北地区的冬天是经常可能遇到的路面条件)。按前面讲述的单轮控制方式,各个车轮的滑移率都控制在峰值点,于是左、右两侧的制动力不等使汽车产生侧向偏转的过程如图 5-14 所示。

在制动刚开始时,前轮的偏转角为零,因而作用在车轮上的侧向力为零,由图 5-14 可得到作用在车辆上的偏转力矩为

$$M_{\Sigma} = (F_{bFL} + F_{bRL}) B/2 - (F_{bFR} + F_{bRR}) B/2 \qquad (5\text{-}28)$$

式中,B 为轮距;F_{bFL}、F_{bFR} 为作用在左、右前轮上的制动力;

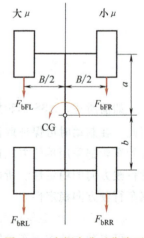

图 5-14　车辆在非对称路面制动的侧偏现象

F_{bRL}、F_{bRR} 为作用在左、右后轮上的制动力。

在偏转力矩作用下，车辆回转运动方程为

$$J_v \dot{\omega}_{yaw} = M_\Sigma \qquad (5\text{-}29)$$

式中，J_v 为整车惯性矩；$\dot{\omega}_{yaw}$ 为汽车横摆角速度。

由式（5-28）和式（5-29）可知，车辆将向大附着系数的一侧偏转。为了保持车辆直线状态，由驾驶人和车辆构成的环闭系统，观测到汽车行驶方向与期望的行驶方向出现偏差时，于是会通过转向盘进行校正。当导向轮（假定为前轮转向的车辆）偏转一定的角度（见图 5-15）后，作用在车辆上的回转力矩成为

$$M_\Sigma = (F_{bFL} + F_{bRL})B/2 - (F_{bFR} + F_{bRR})B/2 -$$
$$(F_{sFL} + F_{sFR})a + (F_{sRL} + F_{sRR})b \qquad (5\text{-}30)$$

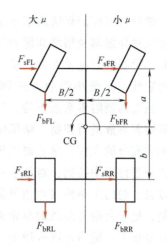

图 5-15　在非对称路面的整车动力学（带修正导向轮偏转角）

式中，下标 b、s 分别表示作用在车轮上的纵向力和侧向力；下标 F、R 分别表示作用在前、后车轮上的力；下标 L、R 分别表示作用在左、右两侧车轮上的力；a、b 分别表示车辆的重心到前、后车轮中心的距离。可见，只要适当把前轮偏转一定的角度，就能抵消制动力不等所产生的回转力矩，并保持车辆直线行驶的稳定性。

但在上述情况，驾驶人往往处在毫无准备的状态，因而很难在短时间做出及时、正确的判断，并把车轮偏转这样一个合适的角度来达到校正的目的。再考虑到驾驶人技术熟练程度、反应时间及对这类问题处理经验等实际情况，因而就更难期望通过驾驶人的操作来满足车辆在制动时的直线行驶稳定性。为此必须采取相应的措施，以保证车辆在图 5-14 所示路面的条件下的直线行驶稳定性。解决上述问题有不同的方法，最好的方法是基于汽车动力学的综合控制。因为汽车期望的横摆角速度由转向盘的输入唯一确定，一旦监测到在制动过程中出现了转向盘的转角为零（直线行驶状态），而车辆的横摆角速度不为零的情形，由综合控制系统即可判定车辆当前的工况是属于路面特性的扰动导致车辆非稳态的回转运动。于是通过车辆行驶方向自动控制系统，把导向轮逆非稳态横摆方向转动一个角度，就可抵消制动过程中的非稳态现象，保证车辆在制动过程中的直线行驶稳定性。在当前技术条件下，最为实用的方法就是通过 ABS 自身的整车布置方式和整车控制技术来满足车辆在不同路面条件下的操纵性与稳定性。

三、整车控制技术

通过对整车布置的分析可知，在非对称路面上，采用单轮独立控制方式，可最大限度地利用路面附着力，缩短制动距离。但在非对称路面必然导致两侧车轮制动力不等，使车辆向大附着系数侧路面偏转。按附着系数取小的方式控制，虽消除了偏转力矩，改善了方向稳定性，但导致制动距离增加。基于这两种控制方式的特点，目前实用产品一般采用修正的单轮控制方式，它是对前述两种方式的综合，既兼顾了制动距离，又兼顾了行驶方向稳定性。下面讲述修正单轮控制的基本思想。

单轮修正控制算法的基本思想是：单轮控制方式过分强调利用路面附着系数，结果导致两侧车轮制动力相差太大，最后使车辆失去方向稳定性。而低小控制方式则走到另一个极端，只要两侧附着系数不等，就不加选择地按小侧附着系数进行控制，结果使制动器的效能得不到充分的发挥。单轮修正算法是在上述两者之间进行折中控制，对处于小附着系数的车轮按自己的门限条件（由边界条件确定）进行控制，处于大附着系数的车轮则在小附着侧压力的基础上，适量地逐步增加一个变化的压力差。其工作原理（见图5-16）是：当处于小附着系数的车轮（假定为左轮）到达减速度门限时开始减压，处于大附着系数车轮（右轮）则开始保压，左轮减压结束时车轮减速度达到加

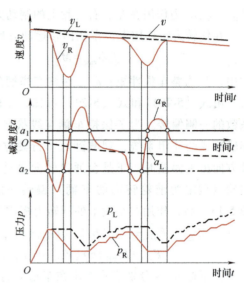

图 5-16　单轮修正控制工作原理

速度门限，则左轮开始保压，而右轮则保压结束开始减压，减压幅度为左轮减压幅度乘以修正系数 α（$0<\alpha<1$），α 具体取值视修正的要求而定。减压结束后右轮又开始保压，直到左轮低于加速度门限时，则两轮同时进入小步长增压阶段。这样每个 ABS 循环结束形成一个压力差，随着 ABS 循环的继续，其压力差逐步增加。

第四节　ASR 控制技术

随着交通量的增加和车速的提高，驾驶人对汽车的起步性能和操纵性能的要求日益提高。汽车在行驶过程中，驾驶人、汽车和环境三者之间的关系可由图5-17表示。根据路面条件，驾驶人通过操纵节气门、转向盘及制动踏板，使汽车按照驾驶人的意图行驶。汽车作为被控对象，由路面条件和驾驶人的控制作用决定了汽车真实的运动状态。汽车真实的运动状态是否与驾驶人的意图一致则取决于以下两个条件：

1）驾驶人的动作及其意图是否能达到一致，这通常由驾驶人的经验和反应速度决定系统是否处在可控状态。

2）导致汽车运动状态失控的主要因素是轮胎和路面间的摩擦系数。要使汽车处在可控的状态，车轮的滑转或滑移率必须控制在允许的范围之内。要及时精确控制车轮的滑转或滑移率在允

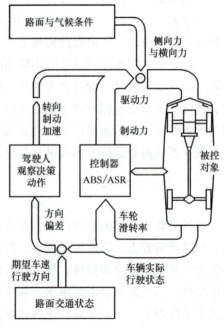

图 5-17　ABS/ASR 闭环控制系统

许的范围之内，驾驶人的反应速度往往达不到要求，于是采用比人工响应速度快、精度高的自动控制系统已成为提高汽车的经济性、主动安全性的必然趋势。

一、ASR 的原理

ABS 是防止制动过程中车轮被抱死，保持方向稳定性、操纵性并缩短制动距离的装置。而驱动控制装置的作用是防止汽车在加速、起步过程中的滑转，特别是防止汽车在非对称路面或在转弯时驱动轮的空转，是保持方向稳定性、操纵性和最佳驱动力的装置。可以说，在利用 $\mu\text{-}\lambda$ 曲线的性质，并把滑转/移率控制在某一范围，这两者是一致的。对驱动控制，车轮的滑转率定义为

$$\lambda = \begin{cases} \dfrac{\omega r_{\rm d}-v}{\omega r_{\rm d}} & \lambda>0,\text{驱动} \\[3mm] \dfrac{\omega r_{\rm d}-v}{v} & \lambda<0,\text{制动} \end{cases} \tag{5-31}$$

由此可知，ASR 的控制区间与 ABS 相反。ABS 控制的是车轮的滑移率，而 ASR 控制是车轮的滑转率，如图 5-18 所示。

当今汽车的重量/输出功率比正在逐步减小，其趋势还会继续发展。也就是说，发动机转矩储备较大。所以在小附着系数的路面上，必须谨慎地控制节气门。对大功率后轮驱动车，若猛踩加速踏板又突然释放，可能导致汽车横摆。对前轮驱动车，导致驱动轮滑转而失去方向稳定性。为提高汽车的经济性、动力性、方向稳定性和可操纵性，必须对驱动力进行控制。作用在车轮上的驱动力和侧向力依赖于摩擦的存在，其合力不会超出摩擦圆（图 5-19）。也即驱动力和侧向力是相互制约的，若驱动力增大，侧向力就必然减小。若驱动轮发生滑转时，驱动力和侧向力就处在 A 区，相应的侧向力很小。此时若有很小的外力或路面倾斜等原因均会使车轮发生侧滑。为了防止侧滑，就必须适当降低驱动力，提高抵抗侧滑的能力。ASR 和 ABS 都是为了增加汽车抗侧滑能力的装置，但 ASR 不是把车轮的滑转率控制在 $\mu\text{-}\lambda$ 曲线的峰值点，只是减小驱动力，提高侧向力，在这一点与 ABS 也是不同的。

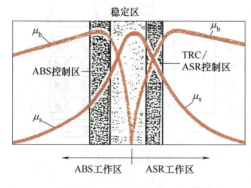

图 5-18　ABS/ASR 的 $\mu\text{-}\lambda$ 曲线

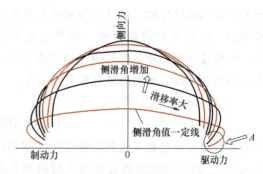

图 5-19　驱动力和侧向力摩擦圆

二、ASR 的控制

驱动控制的目的是精确控制传递到驱动轮上的转矩，使之产生与路面附着条件相适应的驱动力，提高汽车的动力性和通过性；控制车轮的滑转率，使车辆的行驶方向处在控制状态；尤其在非对称的分离附着系数路面，有效分配作用到两个驱动轮的转矩，把车辆的驱动性能和可操纵性发挥到最佳状态。目前常用的几种控制方式为：

制动控制方式。该方式对将要空转的驱动轮施加制动力，把发动机输出的多余转矩在制动器上消耗掉，控制车轮的滑转率在期望的范围内，尤其在非对称路面条件下，有效分配作用到两驱动轮的转矩，使驱动性和操纵性达到最佳状态，其方法类似 ABS。

发动机控制方式。该方式调节发动机输入到驱动轮上的转矩，使车轮的滑转率在合适的范围。

制动控制方式比发动机控制方式响应速度快（图 5-20），能有效地防止汽车起步时或者从大 μ 路面突然跃变到小 μ 路面时车轮的空转。制动控制方式还能对每个驱动轮进行独立控制，可实现两驱动转矩的分配功能。发动机控制方式则是根据路面状况输入给驱动轮最佳的驱动转矩，燃油经济性好，可持续长时间使用，但响应速度比制动控制方式慢。发动机控制的方法有改变燃料喷射量、点火时间和节气门开度。这两种方法既可以单独使用，也可以组合起来使用。

发动机与制动控制的组合方式。采用制动控制方式，有几点不足之处：在动力传动路线上附加了高频振动载荷；把多余功率在制动器上以热的形式消耗掉，降低了燃油经济性；长时间使用，会导致制动器发热。由此可见制动方式只能是辅助的方式。把发动机与制动控制组合起来，是 ASR 最合理的组合之一。

发动机与限滑差速器的组合方式。在配置有限滑差速器的大型商用车上，发动机与限滑差速器则是最佳的组合方式。这种方式可实现两侧驱动轮转矩的最佳分配，以适应分离附着系数的路面条件，改善车辆的通过性。调节发动机的转矩，使传递到驱动轮上的转矩与路面相适应，提高车辆的动力性、燃油经济性和可操纵性。

1. 发动机转矩调节方式

（1）控制燃油喷射和点火时间　对 ASR 非常重要的输入信息是车轮的旋转速度（驱动轮和被动轮）。当采用燃油喷射和点火时间调节发动机转矩方式时，ABS/ASR 的 ECU 和发动机的

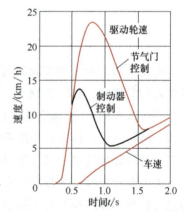

图 5-20　发动机控制方式与制动
控制方式性能比较

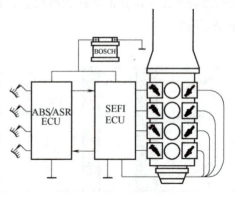

图 5-21　ABS/ASR 的 ECU 与发动机的
ECU 之间的信息传递
SEFI—顺序电控燃油喷射

ECU 之间的信息传递如图 5-21 所示。由从动轮和驱动轮的转速可计算出驱动轮的滑转率 λ 为

$$\lambda = \frac{\omega_{DR} - \omega_{DN}}{\omega_{DR}} \tag{5-32}$$

设驱动轮的期望滑转率为 λ_e，则发动机转矩控制的依据为

$$\begin{cases} \lambda > \lambda_e & \text{减小发动机转矩} \\ \lambda < \lambda_e & \text{增加发动机转矩} \end{cases} \tag{5-33}$$

减小发动机转矩输出的最简单方法是按一定的顺序停止向气缸喷射燃油，也可中断对某一缸的点火。但中断点火会把没有燃烧的燃油排出气缸，降低了燃油经济性并加剧了对空气的污染。

一种逐级减小发动机输入转矩的控制方式如图 5-22 所示。在一个工作周期内，各缸都喷射燃油，此为发动机正常工作情况；各缸都不喷射燃油，则为发动机制动工况，发动机输出转矩达到最小。对四缸发动机，在一个工作循环内，分别向一个缸、两个缸或三个缸喷油，就可使发动机得到多级转矩输出。可见，控制发动机一个工作循环内参加工作缸的数目，就可得到发动机转矩的 4 级输出。

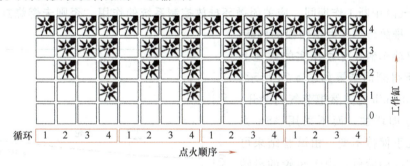

图 5-22　发动机转矩 4 级输出方式（单循环控制）

对 ASR 控制，上述调节方式太粗，实用 ASR 系统通常采用双循环燃油中断喷射法（图 5-23）。在两个工作循环内，对四缸发动机将有 8 个气缸参与工作。控制两个工作循环内参与工作缸的数目，就可使发动机得到 8 级转矩输出，相当于单循环内的工作缸数目可以按 0.5 的间隔变化。同理，采用多循环燃油中断喷射法可以得到更多级转矩输出，但

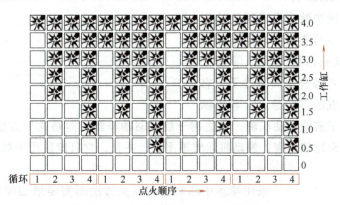

图 5-23　8 级转矩输出（双循环控制）

标定要花费的代价更大。因为每一种模式（每一级输出），都要建立相应的发动机输出转矩预测 MAP（数据模型）图，故而需要占用太多的 ECU 内存。

供油中断法和点火延迟控制组合起来，可获得更好的效果。从理论上来说，控制点火时间可使发动机输出转矩无级可调。一般地，如果参与工作的缸数目越少，则点火延迟越多。但点火延时过大，在气缸来不及燃烧的混合气会在排气管中继续燃烧，结果导致发动机的温度高出允许范围。所以可用的点火时间（本质是位置信号，用曲轴转角表示）的变化范围是很窄的。在各种工作条件下，为了控制发动机的输出转矩有待确定的点火时间，需要标定的工作量很大。

采用中断喷油法和延迟点火组合方式能够快速实现发动机输出转矩控制，发动机应具备的条件和基本规则如下：

1）发动机管理系统是顺序电控燃油喷射（简称 SEFI）系统。

2）一进入 ASR 控制模式，下一个未进行工作过程的气缸就得中断供油，以保证发动机输出转矩尽快地下降。

3）在气缸工作中断期间，由于在进气管上有未燃烧的蒸发油膜，所以当该缸重新进入工作时，应对喷油量进行调节以保证可靠燃烧。

4）在气缸中断工作期间，应关闭循环排放控制系统的作用，否则未燃烧缸排出的过量氧气会使排放传感器做出错误的判断。

前轮驱动车辆在冬季压实的雪地上进行试验所得到的结果如图 5-24 所示。在车速为 40km/h 时突然把节气门全开，结果车速立即增加。而不采用 ASR 方式，车速几乎保持不变。由试验结果可以看出：在起始阶段，由于车轮的滑转率较大，为了立即减小发动机的输出转矩，切断了对所有工作缸的供油。一旦滑转率达到可以接受的程度时，工作缸数逐步增加，最后达到稳态时，工作缸的数目在 2.5～3 缸之间。

采用喷油中断法减小发动机的输出转矩非常简单，不需要增添其他硬件设备。驱动控制试验已经证实，借助于 ASR 控制软件，在各种路面条件下，它都能保证车辆行驶的方向稳定性和操纵

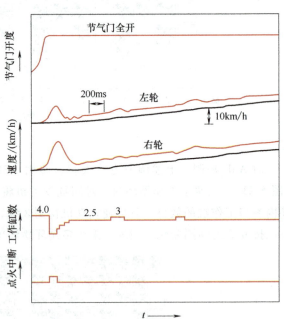

图 5-24 发动机转矩逐级调节 ASR 系统的性能

性。它不仅适用于前轮驱动车辆，也适用于后轮驱动车辆。但是这种方法在 ASR 工作模式噪声偏大，振动比较厉害，发动机运转不平稳；并且，它只能适用于顺序电控燃油喷射发动机。

（2）节气门调节方式 采用喷油中断和延迟点火方法不需要增加硬件设备，但发动机噪声大，运转不平稳。因此，目前更广泛采用的是节气门调节方式，该系统框图如

图 5-25 所示。在这种 ASR 系统中，汽车各电控系统的 ECU（发动机和变速器的 ECU、驱动控制装置 ASR 的 ECU 以及 ABS 的 ECU）之间也需要信息共享。如轮速传感器的信号由 ABS 的 ECU 可输入 ASR 的 ECU 中，节气门的位置传感器信号和发动机速度信号也可通过发动机和传动系统的 ECU 输入 ASR 的 ECU 中。

ASR 系统的节气门总成由主、副节气门组成，主节气门由驾驶人通过加速踏板控制，在主节气门上流的副节气门通常由机械回位弹簧维持在最大开度。进入 ASR 工作模式，副节气门的开度由一个步进电动机控制。由于把副节气门从全开位置驱动到全闭位置要花一定的时间（约为 200ms），所以用节气门调节发动机的输出转矩时滞大，响应也较慢。

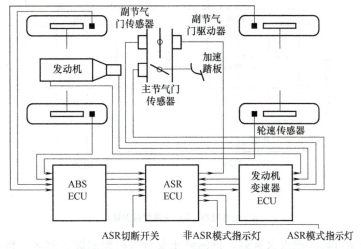

图 5-25　节气门调节驱动控制系统框图

1）节气门控制算法。设车辆的行驶速度为 v_e，驱动轮期望的滑转率为 λ_e，则驱动轮的理想速度

$$v_{DR0} = (1+\lambda_e)v_e \tag{5-34}$$

为把驱动轮转速控制在目标值 v_{DR0} 的小范围内，节气门闭环控制规律可由式（5-35）计算：

$$\alpha(t) = K_a \int (v_{DR0} - v_{DR})\,dt + K_b(v_{DR0} - v_{DR}) + \alpha_i \tag{5-35}$$

式中，K_a、K_b 为反馈控制增益；v_{DR} 为驱动轮实际速度；v_{DR0} 为驱动轮目标速度；$\alpha(t)$ 为节气门开度角；α_i 为节气门的初始开度角。

这是 PI（比例积分）控制器。如果对式（5-35）再加一微分项，从理论上来说，它可改善系统的动态响应速度。但实际上由于传感器轮速信号的噪声和路面扰动，结果导致微分项的作用表现为对噪声的控制。且在工作频率内也混有噪声，很难找到抑制噪声的有效方法，所以节气门闭环控制规律适于采用式（5-35）的形式。

基于控制规律式（5-35），为使驱动控制取得满意的性能，其问题就归结为确定合理的反馈增益 K_a、K_b 和初始角度 α_i。在线合理整定反馈增益系数 K_a、K_b，得到 ASR 起步过程的动态调节过程，如图 5-26 所示。由图示结果可见，驱动轮的滑转率在初始瞬间波动较大，调节的速度较慢。如果把设定好的反馈增益加倍，结果驱动轮滑转率的最大幅值稍有减小，但却导致节气门周期性地振动。由此可见，仅仅通过整定反馈增益对驱动控制不会有明显的改善。

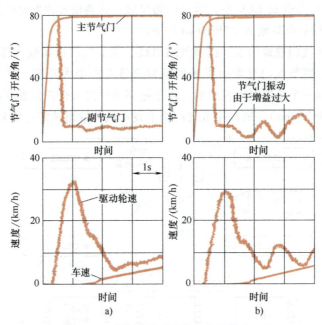

图 5-26 反馈增益对动态响应的影响

a）正常增益 b）反馈增益加倍

2）总体控制策略。把点火延迟、供油终止及节气门控制综合起来，得到驱动控制总体方案，如图 5-27 所示。需要指出的是：如果发动机温度过低，或发动机转速低于事先给定的某一阈值，就不能采用供油终止方式。

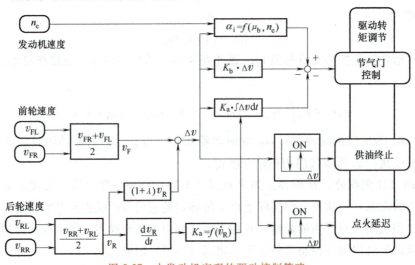

图 5-27 由发动机实现的驱动控制策略

3）驱动控制的性能。采用节气门与发动机管理系统进行综合控制，得到 ASR 的性能改善如图 5-28 所示，控制效果非常接近采用制动控制方式。采用制动方式是把发动机输出的多余功率以热的形式在制动器上消耗掉，因而降低了汽车的燃油经济性。而采用节气门控制是以减小发动机的输出转矩（即减小燃油的供给）来达到同一目的，因而效率比前者高。

图 5-29 所示为 ASR 控制系统在雪地上的加速性能试验数据，分别为汽车从静止起步，通过 100m 所需要的时间。结果表明，装备 ASR 的车辆无论采用冬季轮胎，还是夏季轮胎，其加速性能均得到明显的改善。

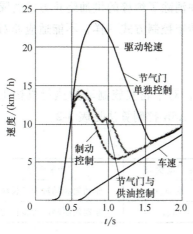

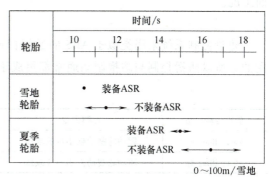

图 5-28　节气门控制在起步时的动态响应　　　图 5-29　ASR 控制系统的加速性能

不装备 ASR 的车辆和装备 ASR 的车辆在积水路面行驶稳定性的对比试验结果如图 5-30 所示。装备 ASR 的车辆，在积水路面行驶不仅转向盘转角而且转向盘的保持力矩都比未

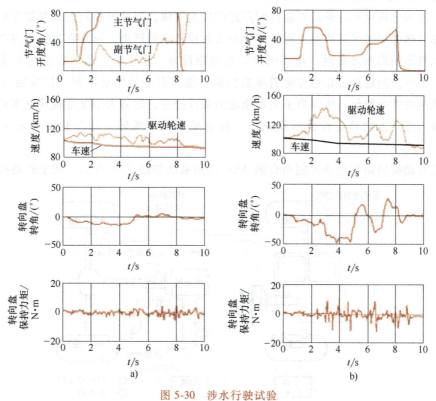

图 5-30　涉水行驶试验

a）装备 ASR 的车辆　b）不装备 ASR 的车辆

装备 ASR 的车辆小，并且不需要精确控制加速踏板。对未装备 ASR 的车辆，转向盘最大转角达到 50°，为了保持方向稳定性，还要配合加速踏板的操作。

从试验的结果可以看出，基于节气门和发动机控制的驱动控制系统（ASR）可使 ASR 的驱动控制性能几乎达到制动控制的水平，而实现的成本比制动控制方式低。在操纵性和方向稳定性方面也取得了非常明显的效果，并消除了纯粹的供油终止方式的噪声和振动。但是，这种控制方式和任何其他基于发动机转矩控制方式一样，不能适应非对称路面工况。

2. 驱动轮制动控制方式

防滑控制系统采用类似于 ABS 的逻辑门限方式，对车轮实施制动的执行机构也是共用的，所以防滑控制与防抱制动通常都集成于一体。ASR 控制算法见表 5-2。

表 5-2　ASR 控制算法

车轮运动状态	控制命令	车轮运动状态	控制命令
$\lambda > \lambda_e$ 和 $\dot\omega_R > 0$	驱动轮制动缸小步长增压	$\lambda < \lambda_e$ 或 $\dot\omega_R < \omega_v$	驱动轮制动缸大步长减压
$\lambda > \lambda_e$ 和 $\dot\omega_R < 0$	驱动轮制动缸小步长减压	$\lambda > \lambda_{lim}$	驱动轮制动缸大步长增压

表 5-2 中：$\dot\omega_R$ 为驱动轮的角加速度；ω_v 为与车速等效角速度（从动轮转速）；λ_e、λ_{lim} 为驱动轮期望滑转率和滑转率门限值。

3. 发动机与制动控制的组合方式

由上述的分析可知，采用制动控制方式响应速度快，但这种控制方式要把发动机多输出的功率以热的形式在制动器上消耗掉，因而制动器发热严重，影响它的使用寿命，也不利于提高汽车的燃油经济性。而采用发动机转矩控制，除了响应速度比制动方式较慢以外，另一个本质问题是在非对称附着系数路面不能实现最佳驱动控制，其效能和 ABS 控制系统低选的情形相似。所以为了实现驱动力最佳控制，即最大限度地提高汽车的燃油经济性、动力性、方向稳定性及可操纵性，通常采用发动机转矩与车轮制动的组合控制方式。

采用发动机转矩和制动控制组合的 ASR 控制系统如图 5-31 所示。用于驱动控制的制

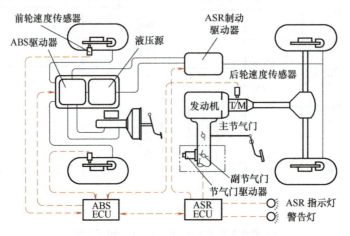

图 5-31　发动机转矩与制动控制组合的 ASR 控制系统

动液压回路如图 5-32 所示。ASR 控制和 ABS 控制采用同一液压系统，从 ABS 模式切换到 ASR 模式由切换控制阀实现，左右两驱动机构采用非独立控制方式。

（1）ASR 控制算法 节气门的开度角由式（5-36）确定：

$$\alpha(t) = K_a \int_0^t (v_{DR0} - v_{DR}) + K_b(v_{DR0} - v_{DR}) + c \tag{5-36}$$

式中，c 为常数。

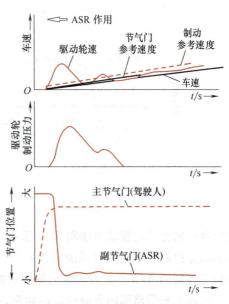

图 5-32　ASR 制动液压回路

同时根据车速和加速度，由脉宽调制信号控制制动缸的增压、减压变化速率。制动器的控制逻辑见表 5-3。

表 5-3　制动器的控制逻辑

信号条件	$\dot{v}_{DR} < a_1$	$a_1 < \dot{v}_{DR} < a_2$	$a_2 < \dot{v}_{DR}$
$v_{DR}^b < v_{DR}$	慢减压	慢增压	快增压
$v_{DR0} < v_{DR} < v_{DR}^b$	慢减压	慢减压	慢减压
$v_{DR} < v_{DR0}$	快减压	快减压	快减压

表 5-3 中：v_{DR}^b 为制动器起作用参考速度；a_1、a_2 为车辆加速度门限值。

制动器与节气门起作用的参考速度如图 5-33 所示。为了防止制动控制与节气门控制相互干涉，用驱动轮的滑转率的门限值（$\lambda_1 < \lambda_2$）确定两种控制方式的作用区间。车辆的目标速度为

$$v_{DR0} = (1 + \lambda_1) v_e \tag{5-37}$$

若驱动轮的速度满足条件：

$$v_{DR} > v_{DR}^b = (1 + \lambda_2) v_e \quad \lambda_1 < \lambda_2 \tag{5-38}$$

则采用制动控制方式，迅速降低驱动轮的滑转速度。当驱动轮的速度进入门限值 λ_2 之内，即当 $v_{DR} < v_{DR}^b$ 时，于是便切换到节气门控制方式。

采用发动机节气门与制动控制组合方式，加快了驱动控制的响应速度和调节能力，驱动控制的效果如图 5-34 所示。在压实的雪地上进

图 5-33　驱动轮滑转时 ASR 的控制过程

行方向行驶稳定性试验结果如图 5-35 所示，在 S 形弯道的可操纵性试验如图 5-36 所示。这些试验结果表明，节气门与制动器组合的 ASR 驱动控制系统，能够更有效地改善车辆在小附着系数路面行驶的方向稳定性、可操纵性和加速性能。

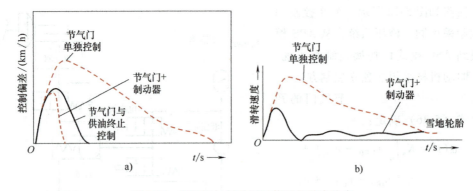

图 5-34 节气门与制动同时使用的动态响应

a）控制偏差 b）滑转速度

图 5-35 在压实的雪地上的方向行驶稳定性试验

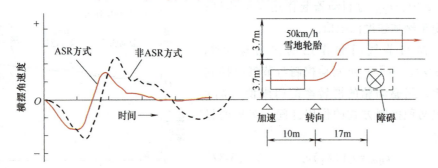

图 5-36 在压实雪地 S 形弯道的可操纵性试验

（2）采用独立控制与非独立控制的性能比较 在非对称的路面上，采用独立和非独立两种控制方式的驱动力如图 5-37 所示，采用独立控制方式，驱动能力得到了明显改善，而非独立控制的驱动力（或加速性）与没有装备 ASR 的车辆相差不大。可见在此种情况，非独立控制的 ASR 不能发挥最大的驱动能力。

在压实积雪路面的方向稳定性如图 5-38 所示。车辆的初始速度为 10km/h，转向盘转角保持不变。在压实雪地行驶时，独立控制比非独立控制的方向稳定性好，车辆的回转角速度变化小。通过试验进一步证实，在压实的积雪路面上，独立控制的 ASR 一边转向，一边自然加速，方向稳定性也无明显的恶化。

在 S 形弯道的可操纵性对比试验结果如图 5-39 所示。显见采用独立控制比非独立控制在 S 形弯道的加速转向的可操纵性好。

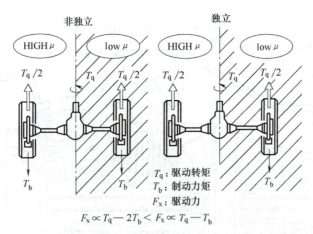

$$F_x \propto T_q - 2T_b < F_x \propto T_q - T_b$$

图 5-37 独立和非独立 ASR 在非对称路面的驱动力比较

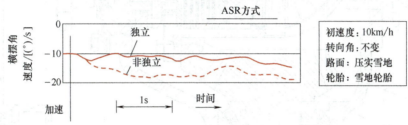

图 5-38 独立和非独立 ASR 在压实积雪路面的方向稳定性

综上所述，ASR 驱动控制系统的性能与它的硬件配置有关。其中以发动机供油终止方式最为简单。对顺序喷射发动机，它不需要增加任何硬件设备，通过相应的控制软件就能达到较好的效果。但是这种驱动控制方式，ASR 工作模式噪声较大，发动机运转也不平稳。在此基础上，再增加发动机节气门的控制，可更有效地降低发

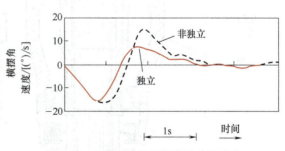

图 5-39 S 形弯道的可操纵性对比试验

动机的多余转矩，提高汽车的加速性、经济性、方向稳定性和可操纵性，并克服单一供油终止法的不足之处。但节气门控制与供油终止组合方式不可避免存在发动机控制的固有缺陷，在非对称路面失去它的控制效能。为了最大限度地提高 ASR 的性能，显然，发动机转矩调节与驱动轮制动就成为自然的组合。但把发动机转矩调节和非独立制动组合起来，也只是充分利用了制动控制的快速性，却仍然解决不了发动机转矩调节方式的本质问题。

综合各类 ASR 系统的特点，采用发动机节气门控制与驱动轮独立控制方式，是 ASR 系统最完备的硬件配置，只要采用合理的控制算法，就可以解决各种路面条件的驱动控制问题，并使车辆的加速性、经济性、方向稳定性和可操纵性达到最佳状态。

4. 发动机转矩调节与限滑差速器组合方式

一种主动式限滑差速（Limited Slip Differential，LSD）锁止装置的 ASR 系统如图 5-40 所示。通过主动控制，可使锁止程度在 0% ~ 100% 范围内变化。当限滑差速器不起作用

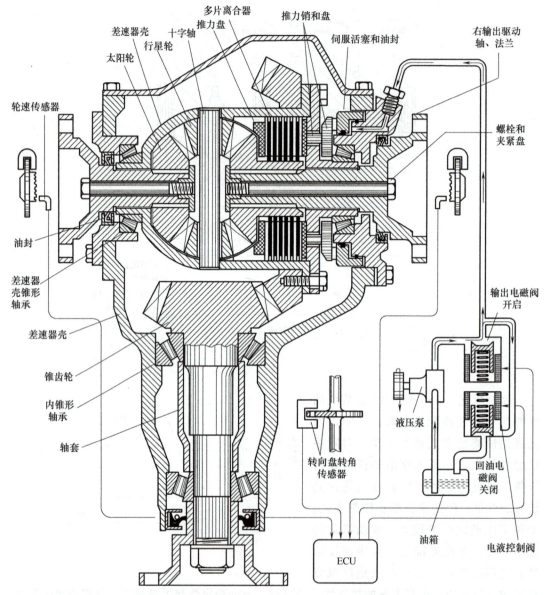

图 5-40　采用主动式 LSD 锁止装置的 ASR 系统

时，允许两轮独立旋转。当完全锁定时，两轮成为一个整体一起旋转。根据路面状况，可任意控制锁止程度。ECU 通过测量两轮的转速信号与转向盘的转角信号，即可判定路面附着系数的分布情况。在正常情况下，两侧车轮的速度差与转向盘的转角成一定的比例关系变化。而在分离附着系数路面，低附着侧的车轮出现的滑转，导致两侧车轮的速度差与转向盘的转角关系出现畸变，于是通过这些信号，ECU 即可准确判定路面附着系数的分布。根据车辆行驶的路面条件，电子控制装置自动调节离合器驱动液压缸的压紧力，经过多片湿式离合器把左右半轴锁定起来，保证左右驱动轮的滑转率之差在允许的范围之内。可见，限滑差速锁止装置在非对称路面条件具有很好的效果。但 LSD 锁止装置在对称路面，对提高车辆的驱动力的效果并不明显，故它通常不单独用作 ASR 系统的驱动控制，而是和发动机转矩调节方式组合使用。在装备有限滑差速器的大型商用车上，节气门控制与限滑差速器锁止控制的组合方式同样构成了完备配置的 ASR 控制系统。图 5-40 所示为采用 LSD 锁止装置的 ASR 系统。

5. 实现 ASR 不同方式的性能比较

ASR 系统的本质是：①控制作用在驱动轮上的转矩；②在非对称路面，对传到驱动轮上的转矩实现最佳分配，从而改善汽车的加速性、方向稳定性和操纵性。实现 ASR 控制的各种不同方法的性能比较见表 5-4。

表 5-4 实现 ASR 控制的各种不同方法的性能比较

控制方式	性能指标					
	操纵稳定性		驱动力	舒适性	传动系统载荷	系统复杂程度
	RWD	FWD				
节气门	+	+(+)	−	++	++	++
喷油+点火时间	+	++	0	0	0	++
制动（单轮）	+	+	++	−−	−−①	−
节气门+制动（单轮）	++	++	++	+	+	−−
节气门+喷油、点火时间	++	++	0	+	+	+
节气门+喷油、点火时间+LDS	++	++	++	+(+)	+	−−−

注：++—很好；+(+)—好；RWD—后轮驱动；FWD—前轮驱动；+—较好；0—一般；−−—不好；−−−—很不好；−−−−—非常不好；LDS—限滑差速器。

① 表示仅在低速下是可行的。

采用单一的节气门控制，结构简单，便于实现，它不会对传动系统带来任何附加载荷，舒适性也好，但驱动控制的效果不好。单独采用制动方式，多余的功率都得以热的形式在制动器上消耗掉，因而发热严重，不宜在高速下也不宜长时间使用。此外在制动时对传动件和轴等产生附加动载荷，引起传动轴的振动和噪声。两种综合性能好的组合方式分别为发动机与制动组合、发动机与限滑差速器组合。由于现代车辆通常都有 ABS，很容易就可把 ABS 扩充到 ASR 方式，不需要添加更多的硬件设备。而采用发动机与限滑差速器组合，需要不同的液压驱动装置和控制系统，成本较高。所以，发动机与制动器组合是 ASR 系统的最佳组合方式和最完备的硬件配置形式。只要采用合理的控制算法，充分发挥发动机控制和制动控制的优势，它完全可以满足车辆在各种路面条件的驱动控制的要求，使车辆的方向稳定性、可操纵性、舒适性和加速性达到最佳状态。

这里需要再说明的一点是：ASR 控制与 ABS 控制类似的地方，就是在非对称路面提高驱动力与方向稳定性是矛盾的，最大限度地利用大附着系数路面一侧的驱动力，必然降低车辆的方向稳定性。在这种工况，即使车辆没有转向要求，也可能会使车辆偏离期望的行驶方向。为此驾驶人必须通过转向盘产生纠偏力矩以抵消非稳态力矩（由两侧驱动力之差产生）的影响。当车辆在高速行驶时，驾驶人是否能做出及时正确的反应，并把车辆的行驶方向控制在期望的状态，这是 ASR 控制系统无法保证的。从这一方面说，ASR 系统只是通过它的控制作用，保证车辆处在一个可控的状态，而能否准确控制车辆的行驶方向，则取决于驾驶人的心理状态、技术的熟练程度等多种因素。要主动实现车辆行驶方向的稳定性，就必须采用综合控制系统。如增加转向盘转角信号传感器，构成车辆行驶方向闭环自动控制系统，在各种路面条件下就可实现车辆方向稳定性的主动控制。可以肯定，随着汽车电子控制技术的发展，必然出现由当前的单目标（驱动）的控制逐步向多目标（驱动、方向稳定性）的综合控制方向过渡。

第五节　ABS/ASR 的驱动机构与电子控制装置

一、ABS 及主要部件

ABS 主要由制动主缸、液压装置、电控装置、轮速传感器以及制动缸组成。由于采用制动方式实现防滑控制与防抱制动控制的原理与方法一致，通常 ABS 液压系统和 ASR 液压回路都集成在一起。如 ABS/ASR5 液压回路（图 5-41），它在 ABS 液压回路的基础上，增加了两个切换阀和两个充液阀，完成从 ABS 状态到 ASR 状态的切换，或由 ASR 到 ABS 状态的切换。当切换阀在非通电状态，切换阀是开启的。通电以后，切换阀关闭，进入 ASR 工作状态，液压泵输出的高压油和制动主缸分开。此后 ASR 的增压、降低和保压与 ABS 的方式相同。充液阀在通常状态（ABS）是关闭的，仅在 ASR 状态是开启的，此刻液压泵经充液阀快速通过主缸中心阀从油箱吸油。图 5-41 所示是前驱防滑控制系统，液压泵的高压油仅供给左右驱动轮。在切换阀和充油阀之间，还有个限压阀，用来控制系统的最高工作压力。特别指出的是：ABS 在正常情况并不工作，制动主缸的压力油直接进入制动轮缸，仅当 ABS 的 ECU 检测到车轮有抱死倾向，ABS 进入工作状态，产生调制压力进入轮缸，解除车轮抱死状态。ABS 触发后进入工作状态，驾驶人会感觉到制动踏

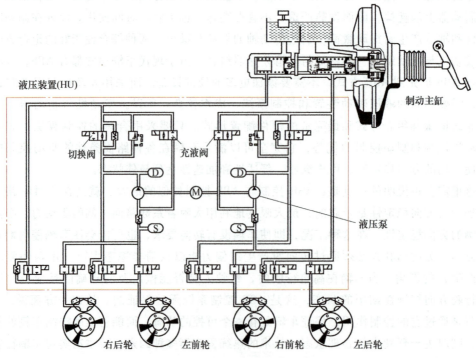

图 5-41　ABS/ASR5 液压回路

板的振动。

1. 轮速传感器

ABS 采用的轮速传感器的外形与基本结构如图 5-42 所示。由于齿圈、齿顶和电极之间的间隙随车轮的转动交替地变化，使之在线圈回路中感应出周期性的电压信号，经整形电路得到与轮速成正比的脉冲信号。

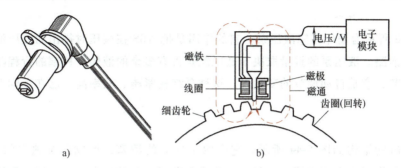

图 5-42 轮速传感器的外形与基本结构

a）外形 b）基本结构

2. 电磁阀

ABS 中采用的电磁阀如图 5-43a、b 所示，分为 2/2、3/3 两种，其中图 5-43a 所示为 2/2 电磁阀，只有通断两种功能，要实现增压、保压和减压三种状态，就需要把两个阀集成在一起。由于阀只有开启和关闭两个状态，阀的结构非常简单。考虑到阀的作用不同，进油阀和出油阀的结构会略有不同。如进油阀，阀芯的背部无大刚度弹簧，在不通电时，是常开的。对出油阀，则在阀的背部装有大刚度弹簧，在不通电时是常闭的，以保证当电气系统出现故障时，ABS 仍能按常规制动方式工作。图 5-43b 所示为 3/3 电磁阀，它有三

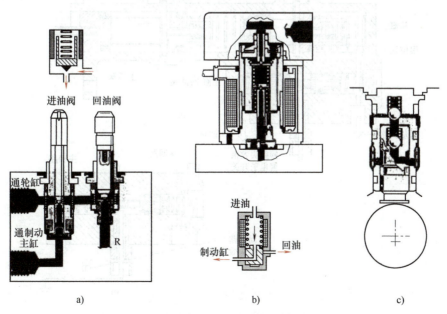

图 5-43 ABS 采用的电磁阀和循环柱塞液压泵

a）2/2 电磁阀 b）3/3 电磁阀 c）循环柱塞液压泵

个通孔、三个状态。根据输入电流的大小，可将阀芯控制在对应的三个状态，从而改变三个阀孔之间的通路。当电流为零，阀芯在弹簧作用下处于最低位置，主缸和轮缸相通，得到增压状态，保证当电气系统出现故障时，ABS 仍能按常规系统进行工作，这是所有 ABS 必备的基本功能。输入电流最大，阀芯移至最高位移，把主缸油道关闭，轮缸和储液筒接通，此为减压状态。电流在两者之间，阀芯居中，封闭所有通路，对应 ABS 的保压状态。

3. 循环柱塞液压泵

图 5-43c 所示为循环柱塞液压泵。它的作用是把 ABS 在减压时排出的液压油加压后再送回到高压油路。液压泵的排量取决于低压侧是否有多余的液体，柱塞的行程随充液量的多少自动调节，它是自动调节的变量泵。这种泵结构紧凑、效率高，已在车辆上得到广泛采用。

4. 制动主缸

制动主缸的结构如图 5-44 所示。它有两个独立的活塞，形成两个独立的主、从缸。主、从缸不是靠机构方式连接在一起的，而是借助于主缸的压力驱动从缸的活塞。当踩下制动踏板时，首先在主缸建立起压力，然后在压力油作用下，使从缸活塞随主缸活塞依据压力的变化一起运动。主、从缸如此设计的目的是：保证主、从缸输出压力相等（如不计从缸活塞的摩擦力）。当一个缸的油路出现故障，仍可保证另一缸的正常工作。假如从

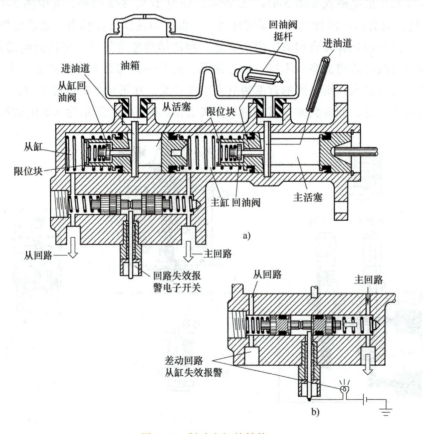

图 5-44 制动主缸的结构

a）释放压力 b）失效报警

缸的液压管路松脱，不能建立起压力，当踩下制动踏板时，则首先不能在主缸建立起压力，从缸活塞将随主缸活塞一起运动至最左端的限位块处（图5-44）。此时由于从缸活塞被限位，当踏板进一步踩下时，于是主缸开始按正常工作方式建立起工作压力。

当系统处在 ASR 工作模式时，循环泵能通过充液阀经主缸的中心阀从油箱吸油，保证 ASR 响应的快速性。

为了研究 ABS 的控制算法对改善 ABS 制动性能、可操纵性和方向稳定性的可能性，许多文献研究了各种不同的算法，但目前在车辆上广泛采用的仍是门限控制算法。从理论上来看，门限逻辑控制算法不是最优的，但经过相当长时间的完善和发展，对这种算法的理论分析和试验研究已趋于成熟。

基于车轮滑移率的各种控制算法，从理论上优于门限逻辑控制算法，但在实际应用中面临两个问题：其一是车速的测量，其二是精确实时估计峰值附着系数对应的滑移率。因为在不同路面条件下，峰值附着系数对应的滑移率变化很大，只有当滑移率的设定目标与路面峰值附着系数的滑移率保持一致时，才能保证这种算法最终可达到最优的控制效果。

ABS 在相当多的路面条件下（如峰值附着系数不明显的路面），在缩短制动距离方面比常规制动器并无明显优势，甚至没有优势。可以说，ABS 首先是用来改善汽车的可操纵性和方向稳定性的，其次是用来缩短汽车的制动距离。而最大限度地缩短汽车的制动距离和方向稳定性是相互矛盾的，如单轮独立控制可最大限度地利用路面的附着系数，使制动距离缩短到极限，但由此导致汽车方向稳定性恶化。相反，采用低选控制方式是为了保证汽车的方向稳定性而牺牲了制动距离。单轮修正方式是对前述两种极限情况的折中，使制动距离和汽车方向稳定性的综合性能达到最佳。

二、ASR 的电控装置

ASR 的电控装置如图5-45所示。中央处理单元一般是单片机，具有适量的存储单元、可编程定时器和高速 I/O 中断控制器。

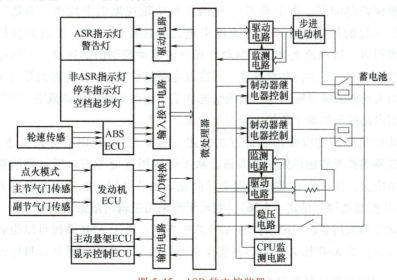

图 5-45 ASR 的电控装置

ASR 的 ECU 的输入信号来自 ABS 的 ECU、发动机控制 ECU 及几个选择控制开关。根据输入信息，ASR 的 ECU 通过精确计算后输出控制指令，控制制动器与节气门的工作状态，并通过指示灯显示当前工作情况。一旦 ASR 的 ECU 检测到任何故障，ASR 的 ECU 立即关闭它的工作，车辆按常规方式行驶，检测出的错误信息存入由蓄电池供电的 RAM 区。同时，诊断的故障代码输出到多功能显示 ECU，并点亮闪烁警告指示灯。

ASR 的 ECU 的程序流程如图 5-46 所示。主程序完成初始化，确定控制模式，并依次计算驱动轮速度、副节气门的参考位置及诊断过程。为了提高实时处理车轮速度与发动机速度信号的精度，采用了中断执行方式。速度信号中断处理计算具有最高的优先级，而节气门和制动器控制则采用定时中断。

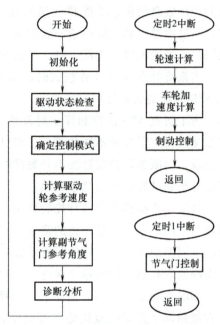

图 5-46　ASR 的 ECU 的程序流程

三、ASR 与 ABS 控制算法的比较

ASR 控制与 ABS 控制相比，其控制算法有相同的地方，也有不同的地方，既有其简单的方面（对两轮驱动方式），又有其复杂的方面。其简单的方面就是：设车辆运动速度为 v_e，期望的滑转率为 λ_e，则驱动轮的目标速度

$$v_{DR0} = (1+\lambda_e)v_e \tag{5-39}$$

于是最佳驱动控制问题就可简单地描述为：控制驱动轮的速度跟踪目标速度的变化，这就是伺服跟踪控制问题。由于车速 v_e 是两个从动轮速度的平均值，均是可测的。而 ABS 只能依据车轮的加减速度和参考速度来进行间接控制，为了实现最佳控制，就比 ASR 控制困难得多。从理论上来说，制动方式可使驱动控制的加速性、方向稳定性和可操纵性达到最佳状态。但由此必然导致一些难以克服的负效应，如突然的强力制动会在传动系统产生很大的动载荷及噪声等，极限情况甚至会超出车辆的允许范围，所以在现代车辆上通常采用发动机与制动干预的组合控制方式。

由于发动机输出特性很难用解析方法描述（通常用 MAP 图的形式描述），这就是 ASR 系统实现精确控制较困难的一个方面。从工程应用方面考虑，所采用的算法并不涉及对象的数学模型，使 ASR 的控制问题得以简化。如节气门与制动组合控制方式，节气门通常采用 PI 控制规律，见式（5-36），制动干预采用逻辑门限条件。

ASR 制动干预采用逻辑门限条件与 ABS 算法类似。由于 ASR 系统可以很容易获得目标车速和滑转率，故 ASR 比 ABS 更容易实现精确控制。ASR 控制系统由目标速度和滑转率门限值 λ 决定的逻辑控制见表 5-5。

表 5-5 ASR 控制系统逻辑控制

信号条件	$\dot{\lambda}<-a$	$-a<\dot{\lambda}<a$	$\dot{\lambda}>a$
$v_{DR}<v_{DR0}$	快减压	慢减压	保压
$v_{DR}=v_{DR0}$	慢减压	保压	慢增压
$v_{DR}>v_{DR0}$	保压	慢增压	快增压

ASR 和 ABS 虽然都是利用最佳的路面附着系数，但两者所利用的区间不同，附着系数的理想工作点也不同。ABS 控制的是车轮的滑移率，并把滑移率控制在曲线的峰值。而 ASR 控制的是车轮的滑转率，通常把滑转率控制在 10% 左右。

第六节 ESP 及其控制技术

典型的平面稳定性电子控制系统是电子稳定程序（ESP），可在车辆即将失去稳定时，主动对车辆姿态纠正并恢复稳定的过程进行控制，主要控制车轮的驱动力和制动力，克服汽车因加速、制动和转向时的偏转力矩，保持汽车的行驶稳定性和车道行车轨迹。

ESP 在事故发生之前起作用，防范事故的发生，主动提高行车安全。该系统主要由 ABS 轮速传感器、侧偏角传感器、转向角度传感器、压力传感器、电子稳定系统开关、ESP 调节器和控制模块总成、组合仪表、发动机 ECM 和诊断连接器等组成，如图 5-47 所示。

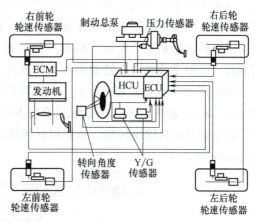

图 5-47 ESP 系统的结构

一、平面稳定性基本理论

车辆的横摆角速度和质心侧偏角是反映车辆稳定性的两个最重要参数，它们从不同侧面表征了车辆的稳定性。质心侧偏角描述汽车的轨迹保持问题，横摆角速度描述车身的稳定性问题。

汽车在等速行驶时，在前轮角阶跃输入下的稳态响应就是等速圆周行驶，用稳态横摆角速度 ω_r 与前轮转角 δ_f 之比来评价稳态响应，这个比值称为稳态横摆角速度增益，用 ω_r/δ_f 表示，即

$$\frac{\omega_r}{\delta_f}=\frac{\dfrac{u}{L}}{1+Ku^2} \tag{5-40}$$

式中，K 为稳定性因数；u 为车速纵向分量；L 为轴距。

当 $K=0$ 时为中性转向，当 $K>0$ 时为不足转向，当 $K<0$ 时为过度转向。这三种不同转

向特性的汽车具有以下行驶特性：在转向盘保持一定的固定转角 δ_f 下，缓慢加速或不同车速等速行驶时，随着车速的增加，不足转向汽车的转向半径 R 将增大，中性转向汽车的转向半径维持不变，而过度转向汽车的转向半径则越来越小。

当转向盘转过一定的角度时，前轮转向角为 δ，对应的转弯半径为 R，当侧向加速度比较小时，转弯半径 R 和转向盘转角近似呈线性关系，驾驶人很容易控制汽车的弯道行驶，这时不足转向比较小。如果进一步增大转向盘转角，轮胎就进入了非线性工作区，这时转弯半径不再增加。在大转向角时，驾驶人不能按照原来的经验驶过弯道，因而不能准确控制车辆。当超过极限时，可能是前轮先侧滑，然后车辆向外驶离弯道；也有可能是后轮先侧滑，然后出现车轮急转情况。无论哪种情况都会在实际车道上发生危险情况。

二、ESP 基本控制组成原理

以某 ESP 控制系统为例，稳定性控制系统一般包括两个回路，如图 5-48 所示。其主回路通过 8 个传感器（侧向加速度传感器、横摆角速度传感器、转向盘转角传感器、制动缸压力传感器和 4 个轮速传感器）得到汽车状态参数值，由此估算各轮的滑移率、垂直载荷、摩擦系数、质心侧偏角和纵向速度等，通过信号处理计算出车辆各参数的名义值，ECU 控制器将差值进行分析，计算需要施加的横摆力矩增量，确定被控车轮，副回路通过 ABS 子系统和 ASR 子系统以及防倒拖转矩控制（MSR）子系统对指定车轮进行制动或者调整发动机输出转矩，达到控制制动力和驱动力来满足主回路的控制，实现车辆的稳定性控制。

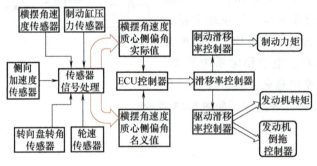

图 5-48　ESP 控制系统的组成

ESP 用于在高速转弯或在湿滑路面上行驶时提供最佳的车辆稳定性和方向控制。当 ESP 检测到车轮侧向滑移或计算得到的车辆方向偏离实际的车辆方向时，将利用 ABS/TCS 系统中的发动机转矩减小功能和主动制动控制功能来稳定车辆并使车辆正确转向。ESP 通过监测车轮速度传感器、横摆角速度传感器和转向盘转角传感器以确定车轮是否侧向滑移。如果仍然检测到车轮侧向滑移，则 ESP 将实行主动制动干预。

ESP 工作时，为了使车辆恢复稳定行驶，必须相应对各个车轮单独施加精确的制动压力。而且，ESP 能降低发动机转矩并干预自动变速器的档位顺序。为此，ESP 利用 ECU 分析来自传感器的信号并输出相应的控制指令。在任何行驶状况下，不管是紧急制动还是正常制动，以及在车辆自由行驶、加速或载荷发生变化时，ESP 都能使车辆保持稳定，并确保驾驶人对车辆操纵自如。ESP 以 25 次/s 的频率对车辆当前的行驶状态及驾驶人的转向操作进行检测和比较，即将失去稳定的情况、转向过度和转向不足状态都能立即得到记录。一旦针对预定的情况出现问题，ESP会做出干预以使车辆恢复稳定。

如果在ESP模式下进行常规制动，则制动开关将向电子控制单元发送一个信号，以退出ESP制动干预模式并允许常规制动。ESP主要修正两种状态：一种是转向不足，另一种是转向过度。当电子控制单元接收到行驶方向、打转方向和汽车前端滑移方向信号并确定车辆开始转向不足（转向过度）时，电子稳定程序将实行主动制动干预。ESP为了修正转向不足（转向过度），利用ABS/TCS系统中已有的主动制动控制功能向车辆的一个或两个内侧车轮（外侧车轮）施加计算得到的制动力，以稳定车辆并按照驾驶人想要的方向转向。ESP调节过程与ABS调节过程类似，如图5-49所示。

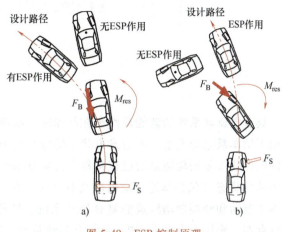

图 5-49 ESP 控制原理

a）转向不足　b）转向过度

ESP以ABS为基础，通过外围的传感器采集转向盘的转动角度、侧向加速度等信息，这些信息经过MCU处理，再由液压调节器向车轮制动器发出制动指令，从而实现对侧滑的纠正。特别是在转弯时，即侧向力起作用时，ESP使车辆稳定并保持安全行驶。而ABS和ASR仅仅在纵方向上起作用。ESP不仅用到了ABS和ASR的所有部件，还包含了一个集成有侧向加速传感器的横摆角速度传感器和方向传感器。

三、PID 控制器设计

对于横摆角速度和质心侧偏角两个控制量，采用PID控制方法，分别设计两个PID控制器，经过加权形成联合控制器。其控制原理框图如图5-50所示。

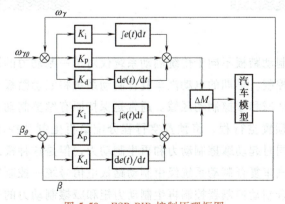

图 5-50 ESP PID 控制原理框图

传感器信号经计算之后，可以得到此时的横摆角速度和质心侧偏角，与名义值比较之后，横摆角速度差值和质心侧偏角的差值作为输入量传递给控制器。通过 PID 控制器三个参数的调整，控制器根据输入量的变化计算所需的横摆调整力矩，最后由制动力分配逻辑传递给各个车轮的制动力控制器。

第七节　新能源汽车制动能量回收技术

一、新能源汽车含制动能量回收功能的 ABS

1. 复合制动系统结构

具有电驱动系统的新能源汽车在制动时一般都会让电机工作在发电状态，发出的电可以用于给车载电源充电。因为发电状态的电机处于电机运行的制动工况中，驱动电机制动时发电回收部分制动能量的过程常称为再生制动过程。由于再生制动力矩的大小受限于汽车当前的状态（包括车速、蓄电池及电机状态等），所以现有的电动汽车制动系统通常是由再生制动和摩擦制动组成的复合制动系统，即传统液压制动（或气制动）与再生制动并行存在。乘用车上多采用电-液复合制动系统，其结构如图 5-51 所示。

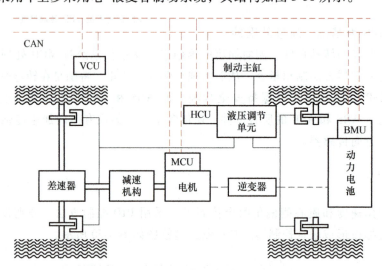

图 5-51　电动汽车电-液复合制动系统的结构

复合制动系统的制动踏板不同于传统制动系统仅对单一制动力的调节，它同时还要实现对再生制动力矩的控制。早期的电动汽车复合制动系统将制动踏板行程分为两部分，分别对应再生制动工作区域和摩擦制动区域。通常是保持原有摩擦制动系统结构，单纯调节制动踏板摩擦制动力预置空行程，将预置空行程分配给再生制动控制；或者无预置空行程，制动踏板动作，同时起动摩擦制动力和再生制动力，但是这种模式下再生制动能量回收效率非常低。电动汽车复合制动系统经由制动踏板电信号统一控制复合制动系统的总制动力输出，同时由复合制动控制器控制再生制动力矩和摩擦制动力的分配与输出关系。

2. 制动力分配方案

根据复合制动系统制动输出特性即制动踏板与总制动力的输出关系，也即制动踏板对制动力的控制与调节，复合制动系统按再生制动力的输出控制模式可分为并联式复合制动系统和串联式复合制动系统，两者的制动力输出控制逻辑分别如图 5-52 和图 5-53 所示，箭头线覆盖区域分别表示各制动力矩值。

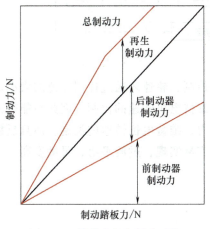

图 5-52　并联式复合制动系统

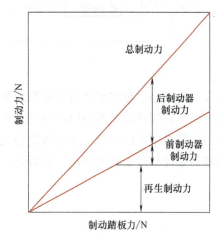

图 5-53　串联式复合制动系统

二、电动车再生 ABS

电动车再生 ABS 主要由控制器、三相逆变桥、供电系统、输入/输出信号组成，如图 5-54 所示。

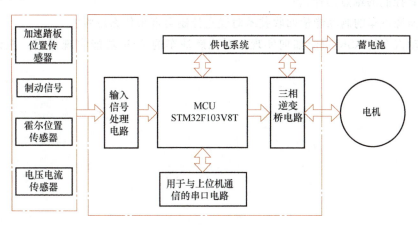

图 5-54　电动车再生 ABS 的组成

控制器控制算法基于模糊控制理论。基于模糊控制的电动车再生 ABS 是指包括了模糊控制器模块、PWM 模块、电机制动模块以及车辆运行模块的一个总的控制系统，其控制原理整体框图如图 5-55 所示。

将汽车的实际滑移率 λ_a 与目标滑移率 λ_d 进行比较，得出滑移率偏差 e 以及滑移率偏差变化量 e_c，通过模糊控制算法调节输出量调制比的变化 $\mathrm{d}\beta/\mathrm{d}t$，改变 PWM 占空比，使电机电枢电流 I_d 发生变化，控制电机反向制动力矩 T_e 的大小，进而控制车轮的实际轮速 v_w，从而实现车辆实际滑移率对目标滑移率的跟踪。此控制系统包含了两个控制闭环：滑

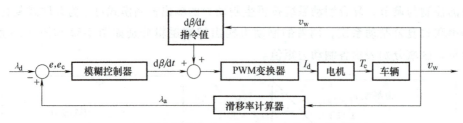

图 5-55 基于模糊控制的电动车再生 ABS 控制原理整体框图

移率环与轮速环。滑移率环通过模糊控制算法进行控制,轮速环通过检测轮速的大小进行控制。由于在制动的末期会出现制动力不足,不能维持电机转速的控制,因此在能耗回馈制动的末期采用反接制动,这样可以增大反向制动力,维持电机转速的控制。而且反接制动和能耗制动都属于电气制动,两者之间相互切换容易实现,过渡平滑,灵敏度高。

思 考 题

1. 车轮抱死的负效应有哪些?
2. ABS 控制过程中对路面附着系数的识别是如何实现的?
3. 为什么现在 ABS 控制并不以滑移率为控制目标?
4. ASR 的控制有哪几种常用的控制方式?
5. 实现 ASR 的各种方案性能如何?你认为最优的方案是哪个?
6. ESP 控制的难点是什么?
7. 新能源汽车的制动能量回收技术对底盘控制会带来什么影响?
8. 电动汽车的 ASR 功能如何实现?对比燃油车的 ASR 功能实现过程,能说明什么问题?

第六章

悬架电子控制技术

第一节　电控悬架的必要性

悬架是汽车的重要组成部分，它把车体与车轴弹性地连接起来，并承受作用在车轮和车体之间的作用力，缓冲来自不平路面给车体传递的冲击载荷，衰减各种动载荷引起车体的振动。悬架对汽车的行驶平顺性、乘坐舒适性及操纵稳定性等多种使用性能都有很大影响，因此悬架设计一直是汽车设计人员非常关注的问题之一。

按悬架的工作原理不同可分为被动悬架（Passive Suspension）、半主动悬架（Semi-Active Suspension）及主动悬架（Active Suspension）三种。目前在汽车上普遍采用的多为传统机械悬架。随着汽车速度的提高，汽车悬架的性能需要有越来越好的性能。由于机械式悬架的结构和主要参数不能随着汽车行驶速度和路面条件自动进行调节，它不可能在各种工况下都能达到期望的性能指标。通过改变机械结构与参数优化来改善这类悬架的性能也临近到极限，故当前对汽车悬架的研究工作主要围绕电子控制悬架展开。特别是近年电子空气悬架的迅速发展，被广泛用于大型客车与大型货车，并逐渐在高档轿车上应用。

一、悬架模型

先分析机械式被动悬架的本质问题，由此引出电子控制悬架（简称电子悬架）的基本概念和系统设计时的关键问题。图 6-1 所示汽车上采用的机械悬架，具体的结构可能不同，但研究来自不平路面的激励引起车体的垂直振动都可用图 6-2 所示的 1/4 车辆力学模型表示。

考虑到轮胎的弹性、阻尼特性对选用的轮胎来说是确定的，且固有频率远高于车体簧载质量的固有频率。为了分析被动悬架的簧载质量、悬架的刚度及阻尼系数对振动传递特性的影响，进一步可把图 6-2 所示的力学模型简化，如图 6-3 所示。

以车体的静平衡位置作为原点，由系统动力学，可写出图 6-3 所示系统的运动微分方程为

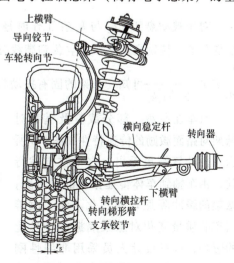

图 6-1　机械悬架的结构

$$m_s \ddot{x}_s + c_s(\dot{x}_s - \dot{x}_r) + k_s(x_s - x_r) = 0 \qquad (6\text{-}1)$$

式中，m_s 为 1/4 车体质量；x_s 为车体的垂直位移；x_r 为路面的垂直位移；c_s 为悬架的阻尼系数；k_s 为悬架的刚度系数。

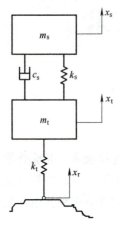

图6-2　1/4 车辆力学模型

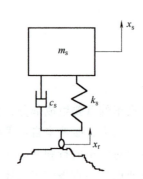

图6-3　1/4 车辆力学简化模型

对式（6-1）进行拉普拉斯变换得

$$(m_s s^2 + c_s s + k_s) x_s(s) - (c_s s + k_s) x_r(s) = 0 \qquad (6\text{-}2)$$

由式（6-2）可得到从车轴到车体振动传递函数为

$$H_{x_r - x_s}(s) = \frac{x_s(s)}{x_r(s)} = \frac{c_s s + k_s}{m_s s^2 + c_s s + k_s} = \frac{2\xi \omega_n s + \omega_n^2}{s^2 + 2\xi \omega_n s + \omega_n^2} \qquad (6\text{-}3)$$

式中，ω_n 为悬架的固有振动频率，$\omega_n^2 = \dfrac{k_s}{m_s}$；$\xi$ 为悬架的阻尼比，$\xi = \dfrac{c_s}{2\sqrt{m_s k_s}}$。

二、被动悬架的不足

对于被动悬架，c_s 与 k_s 在工作时是一定的，仅有汽车车体的质量因载人或载货不同是变化的。特别是货车，从空载到满载时车体质量相差较大。当 c_s 与 k_s 恒定时，由 $\omega_n^2 = \dfrac{k_s}{m_s}$ 和 $\xi = \dfrac{c_s}{2\sqrt{m_s k_s}}$ 可知，悬架的固有振动频率及阻尼比都随汽车的质量发生变化。

汽车在空载、部分载荷及满载时悬架对路面激励的传递特性如图6-4所示。由计算结果看出，汽车在空载行驶，由车轴到车体传递振动的频带宽，悬架的缓冲隔振效果恶化。为了改善因车载质量变化对悬架隔振缓冲性能的影响，汽车设计人员采用非线性刚度悬架以降低车载质量变化对悬架传

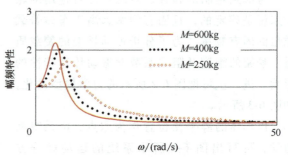

图6-4　车载质量变化对传递特性的影响

递振动特性的影响。由 $\omega_n^2 = \dfrac{k_s}{m_s}$ 可以得出

$$k_s = \omega_n^2 m_s = cm_s \qquad\qquad (6\text{-}4)$$

如果 $\omega_n^2 = c$ 为常数时，则弹性元件的刚度与车体质量成正比。

当弹性元件的特性曲线（见图 6-5）满足

$$\frac{\dot{y}(x)}{y(x)} = c \qquad\qquad (6\text{-}5)$$

即可满足条件式（6-4）。求式（6-5）得弹性元件特性曲线方程为

$$y = a e^{\omega_n^2 x}, \quad \omega_n^2 = \frac{k_{s0}}{m_{s0}} \qquad (6\text{-}6)$$

式中，a 表示车体平均质量，$a = m_{s0}$；x 为相对参考点的静挠度（以车体平均质量 m_{s0} 对应的稳态工作点为参考点）；y 为悬架载质量；k_{s0} 为悬架在参考点的刚度。

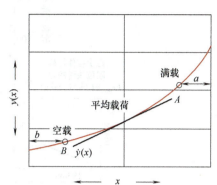

图 6-5 变刚度特性曲线（$\omega_n^2 = c$ 是常数）

只要悬架的弹性元件具有式（6-6）的特性，它可使悬架的固有频率不会因车体质量的变化而变化。但在悬架上实现如此特性曲线有一定的困难，在实际应用中也存在以下问题：

1）由于车体质量变化，将导致悬架的静态工作点变化很大。如当汽车空载或满载时，悬架的静态工作点将处在弹性元件的两端，结果使车体的高度变化较大（参见图 6-5 中的工作点 A、B）。

2）当动载荷使悬架的载荷减小时，由于悬架刚度按指数规律降低，它将导致较大的单边动挠度。

由上述分析可知，因机械悬架的结构特点，很难全面提高悬架在所有工况的性能指标。一种实用的非线性特性如图 6-6 所示。它的特点是静平衡点附近刚度小，而在离静载荷较远的两端刚度大。来自不平路面的激励产生的动载荷使悬架的挠度以静平衡点为中心变化，因而汽车在一般道路条件下行驶有低刚度悬架的性能，能保证良好的行驶平顺性。而在曲线的两端，刚度急剧增大。当遇到较大的冲击时，这样可使悬架在同样有限的工作范围内能吸收（或存储）比线性悬架更多的能量，防止悬架与车体的直接碰撞。

采用图 6-6 中的特性曲线，也同样存在簧载质量不同导致悬架的静挠度变化的情形，且比图 6-5 中曲线更为明显。因为工作段弹簧刚度较低，当车载质量偏离期望质量，则实际工作点很快向两端移动。如图 6-6 所示，在满载时，上跳行程只有 36mm。如图 6-6 所示的变刚度悬架特性曲线，不能满足对车载质量变化的使用要求。

三、问题的解决

由上述的分析可知，为了使机械悬架取得较为满意的性能，必须使悬架的固有振动频

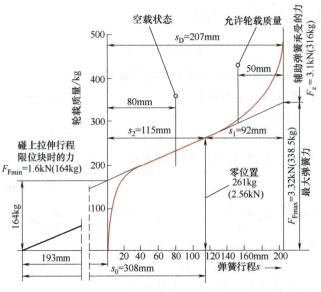

图 6-6　实用的变刚度悬架特性曲线

率和车身高度均保持不变。于是要求悬架的刚度特性必须是无级可调的，在不同的簧载质量下，悬架都对应一条力-位移特性曲线，故理想悬架的弹性特性应该是由一族曲线组成的。

　　当 ω_n 维持为一定时，由于簧载质量 m_s 的变化，还将导致悬架的阻尼比 ξ 的变化。如阻尼比减小，这将导致悬架的传递特性在固有频率处的振幅增加。ξ 变化对传递特性的影响如图 6-7 所示。

　　由图 6-7 可见，当阻尼比 ξ 过大，悬架在高频段的性能变差；而当 ξ 过小，则在悬架的固有频率处的振幅较大。因此，为了取得满意的传递特性，要求悬架的阻尼系数也必须随冲击的频率特性是任意可调的。

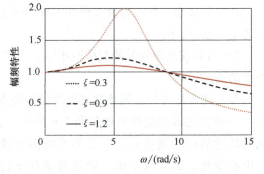

图 6-7　阻尼比对传递特性的影响

　　由于汽车的载荷、行驶速度及路面条件经常变化，驾驶人既不能随时地去调节悬架的高度，也不能根据当前的工况去准确地调节刚度与阻尼，这就是机械悬架不能实现理想传递特性的本质问题。

　　高速路网得到了迅猛的发展，对汽车的性能也提出了更高的要求，许多驾驶人在高速公路上行驶时喜欢柔软舒适的行驶性能；而在急转弯、紧急制动或快加速时又喜欢刚硬稳固的行驶性能。在这些驾驶条件下，刚硬稳固的行驶性能可以降低汽车的横摆、侧倾和俯仰。随着电子技术、传感器技术和各种柔性实时控制技术的发展，用这些技术装备起来的汽车悬架系统，使汽车的乘坐舒适性达到了令人满意的程度，又使汽车的操纵稳定性得到了可靠的保证。某些计算机控制的悬架系统已具有在 10～12ms 内即能对路面和行驶条件做出反应的能力，以改善行驶时的稳定性和操纵性。

从对机械悬架的分析可知，如果悬架的刚度、阻尼及车身的高度能根据汽车装载质量和路面状况实现自动调节，就能使悬架取得较好的隔振缓冲效果。于是在悬架中增加信号传感、执行驱动机构及电子控制装置，根据汽车工作状况与路面的不平度，对悬架的阻尼、刚度及车身的高度进行自动调节，这就是汽车上采用电控悬架的基本思想。

第二节　电控悬架的分类

电控悬架系统能根据不同的路面状况、载质量、车速等控制悬架系统的刚度和减振器的阻尼，也可以调节车身高度以提高车辆的通过性。根据有无动力源，可以将电控悬架分为两大类：半主动悬架及主动悬架。

一、半主动悬架

根据路面冲击、车轮与车体的加速度、速度及位移信号仅实时调节悬架的阻尼系数，消耗来自不平路面的冲击能量，而不需要提供能量，以这种方式来改善悬架的缓冲性能的

称为半主动悬架。它具有结构简单、造价低、能量消耗小等特点，目前在轿车上采用较为普遍。图 6-8 所示为半主动悬架的工作原理，它通过改变油缸上下两腔节流口的过流面积，以调节悬架的阻尼系数，在结构上更接近传统的机械悬架。

图 6-9 所示为半主动悬架控制系统，可以根据路面的激励和车身的响应对悬架的阻尼系数进行自适应调整，使车身的振动被控制在某个范围内，可提高车辆的行驶平顺性和安全性。半主动悬架系统无动力源，因此，汽车在转向、起步、制动等工况时不能对刚度和高度进行有效控制。

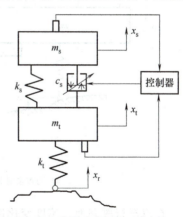

图 6-8　半主动悬架的工作原理

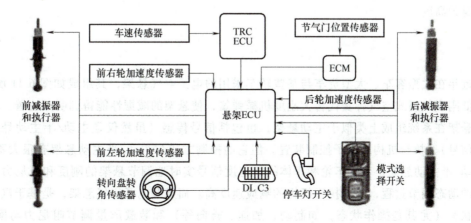

图 6-9　半主动悬架控制系统

二、主动悬架

根据路面冲击、车轮与车体的加速度、速度及位移信号同时实时调节悬架的阻尼、刚度及车身的高度称为主动悬架。这种调节方式必须由外部提供能量，相对半主动悬架，其结构复杂，造价也较高，其工作原理如图6-10所示。主动悬架实际是主动力发生器，可根据汽车的重量和地面的冲击载荷，自动产生相应的力与其平衡，保证汽车在各种路面条件下都具有较好的平顺性，相当于在不同工况下都能自动调节悬架的刚度与阻尼系数到最佳值的调节装置。主动悬架在结构上有两种基本布置方式，力学模型如图6-10所示。

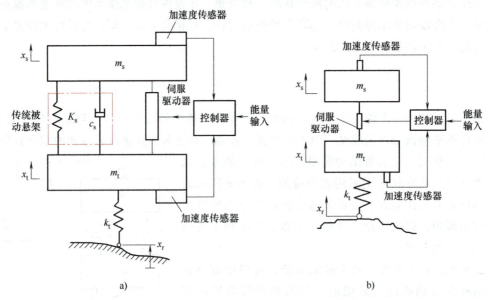

图 6-10 主动悬架的力学模型

a）与被动悬架并置式主动悬架 b）完全独立式主动悬架

在汽车行驶路面、速度变化以及在汽车起步、制动、转向等工况时，主动悬架都可以对刚度和阻尼进行有效控制。此外，主动悬架的另一个特征就是还可以根据车速的变化控制车身的高度。

三、电子空气悬架

近年在大型客车、大型货车与某些轿车采用的电子空气悬架，其组成如图6-11所示。它用低刚度气囊式空气弹簧代替大刚度机械弹簧，使悬架的减振性能得到明显改善。电子空气悬架在系统组成上类似于主动悬架，也包括信号传感（虽然仅是主动/半主动悬架的部分信号）、执行机构与电子控制装置。但它的控制方式与主动/半主动悬架有很大不同，如主动/半主动悬架是基于车轮和车体的加速度信号实时地调节悬架的刚度和阻尼力，是连续的动态调节过程，要求执行机构的响应速度高。而某些电子空气悬架，是基于汽车的行驶状态（尤其是操作状态，如制动、加速、转向等）和装载质量调节阻尼力与刚度，是有级的不连续的过程，对执行机构响应速度要求不高，消耗的能量极低。从工作方式来

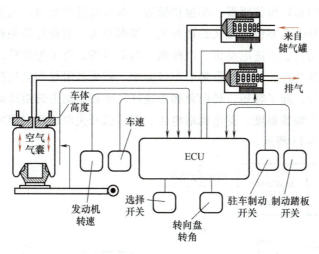

图 6-11　电子空气悬架的组成

看，电子空气悬架更接近被动悬架。

综上所述，电控悬架实际是在机械悬架的基础上，增加了阻尼、刚度与车体高度自动调节装置。故电控悬架的设计任务最终也就归结为：寻求合适的控制算法，使之能够根据汽车的运行工况和路面条件，自动地跟踪调节悬架的刚度、阻尼及车体的高度到最佳状态，以保证悬架在任意工况都具有最佳的平顺性和操纵稳定性。

第三节　电控悬架系统的组成及原理

一、电控悬架系统的组成

电控悬架系统由传感器、各种开关、电子控制单元和执行机构等组成，如图 6-12 所示。

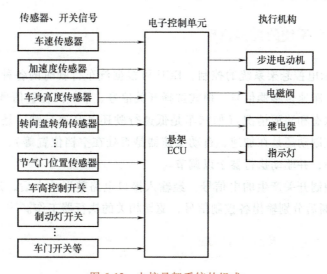

图 6-12　电控悬架系统的组成

传感器包括转向盘转角传感器、车速传感器、车身高度传感器、加速度传感器和节气门位置传感器等；开关主要包括模式选择开关、停车开关、制动灯开关和车门开关等；执行机构包括泵气电动机、步进电动机、电磁阀、继电器等。电子控制单元将传感器采集到的电信号通过控制器处理，然后对悬架的车身高度、减振器阻尼和空气弹簧的刚度进行调节。系统的输入信号，除了转矩、转向角和车速这三个控制助力转矩所必需的参数外，还有电动机电流、动力装置温度、蓄电池端电压、起动机开关电压和交流发电机电枢端电压等输入信号，如图 6-13 所示。

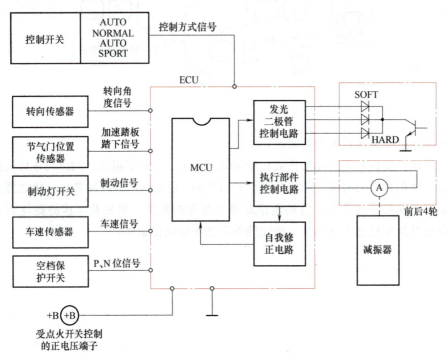

图 6-13　电控悬架 ECU 的组成及输入输出信号

二、电控悬架系统的控制原理

如图 6-13 所示电控悬架系统的控制，ECU 可根据汽车行驶时的各种传感器信号，如制动灯开关信号、车速传感器信号、模式选择开关信号、节气门位置信号等，经过处理后确认汽车的行驶状态和路面情况（如汽车是低速行驶还是高速行驶，是直线行驶还是处于转弯状态，是在制动还是在加速；自动变速器是否处在空档位置等），以确定各悬架减振器的阻尼力大小，并驱动执行器予以调节。

各传感器和控制开关产生的电信号，经输入接口电路整形放大后，送入 ECU 中，经过 ECU 处理和判断后分别输出各控制信号，驱动相关的执行器工作。

三、电控空气悬架系统的控制过程

电控空气悬架系统的控制过程主要有三个方面：悬架刚度控制、减振器阻尼控制、车高控制。

1. 悬架刚度控制

MCU 接收由车速传感器、转向传感器、汽车加速度传感器、加速踏板加速度传感器和汽车高度传感器传来的信息，计算并控制弹簧刚度。基于不同传感器输入的信号，弹簧刚度的控制主要有防前倾控制、防侧倾控制和前后轮相关控制等方面的操作。

（1）防前倾控制　"前倾"一般是汽车高速行驶时突然制动时发生的现象，防前倾主要是防止紧急制动时汽车前端的下垂，可以分别用制动灯开关和汽车高度传感器检测制动状况和前倾状况。如果判断为汽车处于紧急制动时自动地将弹簧刚度增加，使在正常行驶条件下空气弹簧刚度的"中"设置变为"硬"设置，当不再需要时则恢复到一般状态的设置。

（2）防侧倾控制　当紧急转向时，应由正常行驶的"中"刚度转换为"硬"刚度，以防止产生侧倾。

（3）前后轮相关控制　当汽车行驶在弯曲道路或凸凹路面上时，通过前后轮弹簧刚度相关控制并结合协调阻尼力大小控制，使在正常行驶时刚度从"中"的设置转换到"软"的设置以改善平顺性。但在高速运行时"软"的状态工作会导致汽车出现行驶不稳定的状态，因而仅限于车速低于80km/h 的情况。MCU 通过来自前左侧的高度传感器信号判断凸凹路面，若前轮检测到凸凹路面后，控制后轮悬架由"中"变"软"。图 6-14 所示为这种控制的一个实例，可以看出，在后轮通过凸凹路面之前改变后轮的刚度和阻尼力，在"软"状态运行 0.2s 之后，再恢复到原来的状态。

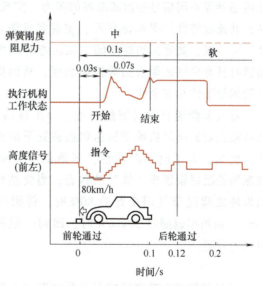

图 6-14　前后轮相关控制实例

2. 减振器阻尼控制

悬架阻尼自动调节的原理如图 6-15 所示。减振器液压缸上下两腔油液的通路由阻尼阀调节，它由驱动空气阀的同一个步进电动机调节，实现悬架刚度与阻尼的同步调节。于是，在调节悬架高、中、低三种刚度的同时，也分别产生了悬架高、中、低三种阻尼状态。

阻尼阀关闭，活塞上下两腔的油液只能经过一个固定的小孔通过，液体流动的阻力很大，减振器工作在高阻模式，此工况如图 6-15 所示的位置。

图 6-15 中的阀芯逆时针旋转 60°位置，阻尼阀全开，控制阀在三个剖面的位置上都与节流口连通，活塞上下两腔的油液产生的节流阻力最小，悬架工作在低阻模式。

图 6-15 中的阀芯顺时针旋转 60°位置，阻尼阀部分开启，活塞上下两腔的油液在剖面 B—B 的节流口通相通，节流阻力较大，悬架工作在中阻模式。

ECU 根据车速传感器、转向传感器、制动灯开关、自动变速器空档开关和节气门位

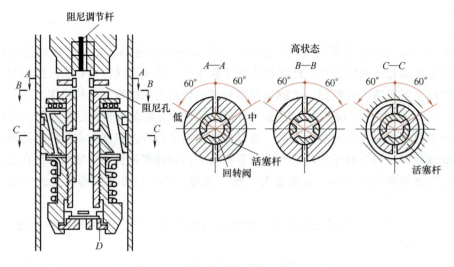

图 6-15　悬架阻尼自动调节的原理

置传感器等不同信号控制减振器的阻力，实现"软""中""硬"三种速度特性的有级转换，其速度特性如图 6-16 所示，主要完成防止加速和换档时后倾、高速制动时前倾、急转弯时侧倾和保证高速时具有良好的附着力等控制功能，从而提高汽车行驶的舒适性和安全性。

　　若汽车低速行驶时突然加速，会出现后倾现象，防后倾控制的结果依赖于加速踏板被踩下的速度和大小。例如，为了改善舒适性，车速低于 20km/h 时，减振器的阻尼设置成"软"的状态；当突然踩下加速踏板使之超过节气门全开的 80% 时，将阻尼设置为"硬"；而当车速超过 30km/h 时，回到一般情况下的阻尼力设置。

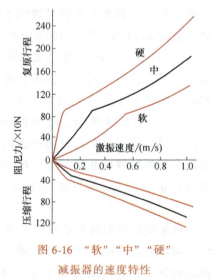

图 6-16　"软""中""硬"
减振器的速度特性

3. 车高控制

　　ECU 根据汽车高度传感器信号判断汽车的高度状况，当判定"车高低了"，则控制空气压缩机电动机和高度控制阀向空气弹簧主气室内充气，使车高增加；反之，若打开高度控制阀向外排气时，则使汽车高度降低。系统根据车速、车高和车门开关传感器信号来监视汽车的状态，控制执行机构来调整车高，实现如下功能：

　　1）自动水平控制。控制车高不随乘员数量和载荷大小的变化而变化，由此抑制空气阻力和升力的增加，减小颠簸并保证平稳行驶。

　　2）高速行驶时的车高控制。汽车高速行驶时操纵稳定性一般会受到破坏，此时降低车高有助于抑制空气阻力和升力的增加，提高汽车直线行驶的稳定性。

　　3）驻车时车高控制。乘员下车时自动降低车高方便乘员上下车，另外，通过调节车高也利于在车库中的存放。

第四节　电子空气悬架

汽车主动悬架可以明显改善乘坐舒适性和操纵稳定性已成为人们的共识，但成本高、液压装置噪声较大、功率消耗较大。在当前技术条件下，主动悬架很难在汽车上得到普遍采用，主要应用对象为数量较少的高档轿车。而近年发展起来的电子空气悬架，同时具备主动、半主动及被动悬架的特性。其阻尼和刚度可以根据汽车的行驶工况自动调节，具备主动悬架的特征。调节过程不需要补充能量（不计调节悬架的高度和系统泄漏需要补充的能量），此为典型的半主动悬架特征。但系统的调节过程是有级的，也不是根据检测到的路面扰动的实时调节，工作过程更接近传统的被动悬架，因此很难给空气悬架一个精确的定义，为此本书把它称为电子空气悬架。由于该类悬架不仅造价低，且性能优越，近年很快在大型运载货车、公交车、中高档轿车上采用。从能量消耗、生产成本及使用性能三个方面综合考虑，电子空气悬架必将成为汽车悬架的主导产品。

一、空气弹性器件及工作原理

1. 空气气囊

空气悬架的主要部件为空气气囊，根据使用对象不同，悬架气囊有不同的结构形式。在轿车上，为减小悬架的结构尺寸，通常把气囊和阻尼减振器做成一体，结构如图 6-17a 所示。它主要由橡胶限位块、气囊及阻尼器等组成。在客车或货车上，可以容许气囊有较大的结构尺寸，为提高气囊的承载能力，气囊做成独立结构，如图 6-17b 所示。由于悬架动行程的限制，加上橡胶限位块后的力学特性如图 6-18 所示。

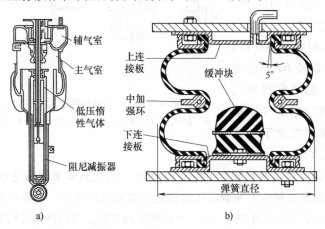

图 6-17　空气悬架的结构

a）轿车用整体式空气悬架　b）客车、货车用气囊

2. 空气弹性元件的力学特性

空气悬架用低刚度空气弹簧代替大刚度机械弹簧，使悬架的减振性能得到明显改善。也恰恰是空气悬架的低刚度特性，使得它在被动方式存在一些难以解决的本质问题。如随着汽车的载质量变化时，悬架的静态工作点很快向限位块两端移动（图 6-18），结果与限

位块碰撞导致性能恶化。且在满载时，使汽车的离地间隙过低，影响通过性。所以空气悬架必须根据汽车的载质量自动调节车体的高度。又如汽车在加速、制动及转向时，由于弹簧的刚度低，车身易出现点头、仰俯及侧倾运动。要克服这些缺陷，悬架系统应该根据汽车的行驶状态调节各个悬架的刚度，以保持车体正常的运动姿态。可见，汽车在不同的行驶状态对悬架特性的要求是不同的。采用传

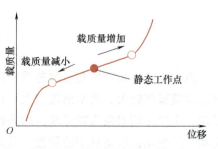

图 6-18　空气悬架的力学特性

统的被动方式，空气悬架就无法解决这些本质问题。把电子控制技术与空气悬架结合起来，根据汽车的行驶状态，自动调节悬架的刚度与阻尼，解决了汽车在不同行驶状态对悬架的不同要求的难题。此种空气悬架同时具备主动悬架、半主动悬架及被动悬架的特性。

3. 刚度、阻尼自动调节装置

某种轿车用的阻尼调节和悬架刚度调节的装置如图 6-19 所示，可实现阻尼和刚度自动调节。刚度调节方法为：主、副两个气室的通路间装有由步进电动机驱动的空气阀，调节空气阀的开度，可把悬架的刚度变为高、中、低三种状态。

当空气阀关闭，空气阀位置如图 6-19b 所示，副气室不参与工作，悬架的刚度由主气室决定，即为悬架的大刚度模式。

当空气阀阀芯相对于图 6-19b 所示的位置顺时针旋转 60°，打开连通主、副气室的大节流口 9，主、副气室以较小的节流阻力连通，相当于两个气室参与工作，于是得到低的悬架刚度。

当空气阀阀芯相对于图 6-19b 所示的位置逆时针旋转 60°，就得到部分开启，主、副气室的空气由一小孔连通，两气室空气流动的阻力很大，悬架产生介于上述两者之间的中等刚度。

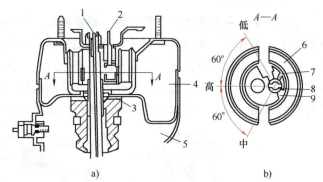

图 6-19　刚度、阻尼自动调节装置

1—阻尼调节杆　2—气阀控制杆　3—主辅气室通路　4—副气室　5—主气室　6—阀体　7—小节流口　8—阀芯　9—大节流口

一种油气悬架刚度自动调节装置如图 6-20 所示。油气悬架采用的是电磁阀，它仅调节悬架的刚度，而阻尼是由两空气弹簧之间的固定小阻尼孔产生的，是不可调的。在每个悬架上有两个电磁阀，一个是高度调节阀，另一个是刚度调节阀。当刚度调节阀关闭，一个空气弹簧工作，悬架工作在硬模式（大刚度），当阀全开，两个空气弹簧工作，悬架工作在软模式（舒适模式）。阀部分开启，两空气弹簧通过小节流孔连接，悬架工作在中刚度模式。

二、电子空气悬架系统的结构组成

1. 大型客车、货车用电子空气悬架

大型客车、货车用电子空气悬架的工作原理如图 6-21 所示。主要由电子控制单元

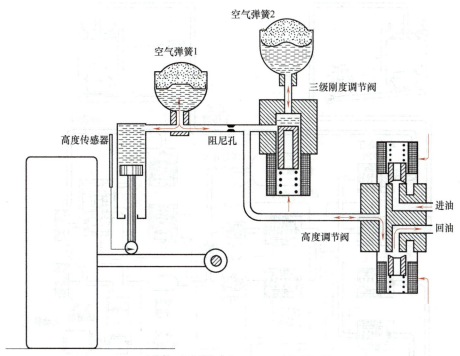

图 6-20　油气悬架刚度自动调节装置

（ECU）、执行机构和传感器组成。其中传感器包括：车身高度、车速、发动机转速、制动及储气罐压力等。电子控制装置根据这些传感信号，确定汽车的行驶状态，通过执行机构，自动调节悬架系统的刚度及车身高度等参数，使汽车具有良好的乘坐舒适性和操纵稳定性。悬架的主要功能分述如下：

（1）**储气罐充气**　当发动机一运转，电控装置立即起动空气压缩机电动机，开始通过储气罐单向阀给储气罐充气。此时四个车身高度调节阀全部关闭，排气阀关闭，进气阀开启。于是卸载阀膜片的上方作用压力空气，克服弹簧的张力，把卸载阀关闭，防止空气压力卸到大气中去。当储气罐的压力达到 1MPa 时，电控装置自动停止空气压缩机电动机。

（2）**悬架高度和刚度调节**　悬架应处在驾驶人选定的或系统预定的高度，如果悬架不在期望的位置，电控装置就会发出信号，使相关悬架的车身高度调节电磁阀动作。如汽车停放一段时间后由于空气泄漏导致悬架的高度偏低，电控装置就会打开进气电磁阀和四个车身高度调节电磁阀，于是储气罐的高压空气进入悬架气囊，使车体升高直至规定的高度，电磁阀关闭。当车辆减小载荷导致车身高度过高，其调节过程与此相反。电控装置则打开排气电磁阀和四个车身高度调节电磁阀，气囊多余的空气经高度调节阀、排气阀，再经卸载阀排到大气中，直至悬架达到规定的高度，电磁阀关闭。

（3）**单个悬架高度调节**　当车辆载荷分布不均时，由此可能导致某一悬架下陷过多，使车身失去水平姿态。电控装置打开进气阀与对应的车身高度调节阀，补充空气增加气压，恢复悬架的水平姿态。

（4）**储气罐安全工作压力限制**　当储气罐压力超过安全限（1MPa）时，作用在卸载

169

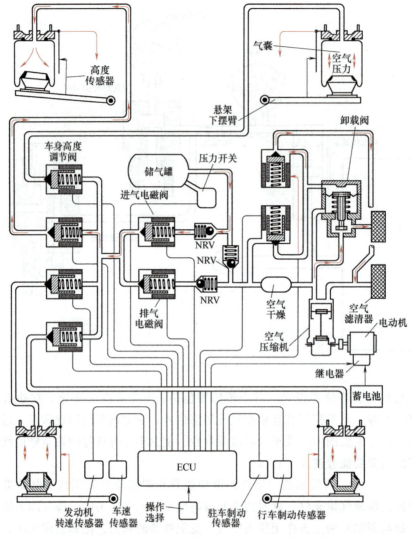

图 6-21 大型客车、货车用电子空气悬架的工作原理

阀膜片下方的压力加弹簧力将克服膜片的阻力，把膜片向上举起来，多余的空气通过卸载阀排放到大气中，系统的压力稳定维持在 1MPa 左右。

（5）传感器及其功能

1）储气罐压力传感器。该传感器用于监测储气罐的空气压力，当储气罐的压力超过1MPa，停止空气压缩机电动机。当储气罐的压力低于 0.75MPa 再次起动空气压缩机电动机。

2）车身高度传感器。车身高度传感器监测每个空气弹簧的高度，测量的信号输入电控装置与预定的值进行比较。当空气弹簧的高度低于预定的值时，打开车身高度调节电磁阀及进气阀，直到达到预定的值为止。工作过程中，每间隔 12s 测量一次悬架的高度，各空气悬架都在不停地上下运动。

3）车速传感器。当汽车的速度大于 80km/h，为降低空气阻力和改善路面附着性能，电控装置降低悬架高度 20mm 左右。

4）发动机转速传感器。发动机转速传感器用来确定发动机的运转状况，只要发动机在运转就切断空气压缩机的驱动电动机，以减小蓄电池的用电。如果发动机停止或转速低于 500r/min，则起动空气压缩机电动机。

由图 6-21 可见，这类空气悬架根据悬架的载荷在不停地调节悬架的高度至规定的值，而实际上是调节悬架的刚度，使悬架的固有频率在轻载和重载时保持不变。工作过程等价于理想变刚度的被动悬架。而阻尼特性取决于系统的固有特性，没有调节功能。由于这种悬架结构简单，消耗的能量小，非常适合大型客车、货车。

2. 轿车用电子空气悬架

轿车用电子空气悬架的工作原理如图 6-22 所示。为减小空气悬架的结构尺寸，一般空气气囊和阻尼减振器做成一体。所用传感器包括：车身高度传感器、车速传感器、制动传感器、加速踏板传感器、转向盘转角传感器、纵向及侧向加速度传感器等。电控装置根据这些传感信号，确定汽车的行驶状态，通过执行机构（刚度与阻尼控制阀），自动调节悬架系统的刚度、阻尼及车身高度等参数，使汽车具有良好的乘坐舒适性和操纵稳定性。高度调节过程为：根据高度传感器 12 的输入信号，电控装置比较悬架的高度与预定的值，自动控制电磁阀 1 的动作。如果悬架的高度低于预定的值，电磁阀 1 打开储气罐至主气室通道，储气罐向悬架充气，直至悬架至规定的高度。相反，电磁阀 1 打开储气罐至大气通道，多余的空气排到大气中，直至悬架高度降低到预定的值。

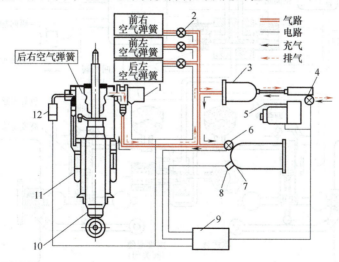

图 6-22　轿车用电子空气悬架的工作原理

1、2—电磁阀　3—干燥器　4—排气阀　5—空气压缩机　6—进气阀　7—储气罐
8—压力传感器　9—ECU　10—减振器　11—橡胶气囊　12—高度传感器

3. 电子控制油/气体悬架

油/气体悬架和空气悬架的工作原理类似，不同的地方是油/气体悬架包括两种隔离的工作介质，即气体与液体。其中用高压氮气填充的气囊作为弹性元件，而液体用来实现悬架的高度与刚度控制。油/气体悬架的工作原理如图 6-23 所示。前悬架为一组，后悬架为一组，每组悬架作为整体控制。当汽车在不平路面行驶时，遇到凸起部分或凹坑时，车轮上下运动，通过横摆臂带动减振器活塞运动。如悬架遇到凹坑，高压空气弹簧的膜片扩张，产生很大的流量驱动活塞向外伸出。如遇到凸起路面时，车轮向上运动，空气弹簧的

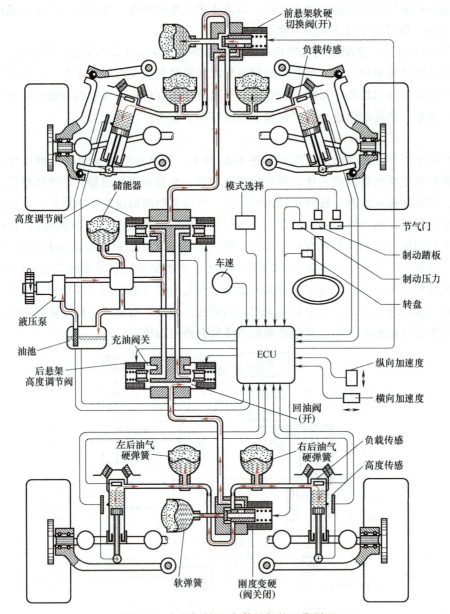

图 6-23　电子控制油/气体悬架的工作原理

膜片向内收缩，可吸收很大的瞬时流量。可见油/气体悬架完全具有空气悬架的特性。

三、小结

　　某些电子空气（或油/气体）悬架虽然包括传感元件、执行机构和电控单元，其构造类似主动悬架，但它的控制方式与主动悬架有很大不同。主动悬架基于车轮和车体的加速度信号调节悬架的刚度和阻尼力，是连续的动态调节过程，要求执行机构响应速度高，消耗的能量多。而电子空气悬架基于汽车的行驶状态调节阻尼与刚度，是有级的不连续的过程，对执行机构响应速度要求不高，消耗的能量极低。从工作过程来看，这类电子空气悬架更接近被动悬架。也正是这类电子空气悬架不涉及反馈控制，故悬架的设计本质仍属于被动悬架的参数匹配设计。

由于空气悬架可实现理想的变刚度特性，在工作点附近，具有很低的弹簧刚度，汽车平稳行驶具有很好的减振性能。而当汽车加速、减速或转向，由于软弹簧导致车体姿态发生变化，悬架系统可以自动有级调节悬架的刚度，以保证车体水平运动的姿态，又具有主动悬架的特性。

思 考 题

1. 为什么要对悬架进行控制？
2. 电控悬架各有哪些功能和特点？
3. 空气悬架的优点有哪些？
4. 智能汽车时代电控悬架能做的创新有哪些？

第七章

车辆运动控制技术

第一节　转向系统电控技术

转向系统需要助力才能使车辆具有较好的可操纵性，因此车辆都会装备转向助力系统（又称转向助力装置）。该系统利用其他能源来辅助驾驶人进行转向。

通常情况下，在高速行驶时，对助力进行限制，使转向不致过轻，以增强转向的灵敏度（路感）。在正常情况下，汽车转向所需的能量，只有一小部分由驾驶人的人力提供。但在动力转向装置失效时，应当还能由驾驶人的手力独立承担其传统转向的任务。

动力转向按能源的形式可分为两大类：一类是电控-液压式动力转向系统，另一类是电动式动力转向系统。在燃油车领域，两种形式的转向助力装置都可以采用；在新能源汽车领域则只能用电动动力转向助力装置。即便在燃油车领域，为了实现高端的汽车电子控制功能（如自动泊车），往往也只能采用电动动力转向助力装置，该电动动力转向助力装置也可以实现主动电动转向。

一、电控-液压式动力转向系统

现代电控-液压式动力转向系统的主要类型大多为车速响应型，即主要根据车速的变化，通过传感器向计算机模块或 ECU 传递信号，经过处理后控制电液转换装置，改变动力转向器转向的手力，使驾驶人的转向手力根据车速和行驶条件的变化而得到改变。也就是说，在低速行驶或转急弯时，能以很小的转向手力进行操作，以获得较轻便的转向；而在高速行驶时能以稍重的转向手力进行稳定的操作，以避免转向"发飘"，使转向的操纵性和稳定性达到最合适的平衡状态。

1. 基本类型及原理

电控-液压式动力转向系统按其控制方式可分为流量控制式、液压缸分流控制式、压力反馈控制式和阀特性控制式四种。

（1）流量控制式　流量控制式动力转向系统，其工作主要是随着车速的变化，通过改变通往动力转向器的供油流量来控制转向手力。车速低时，充分发挥动力转向器的助力效果，减小转向手力；车速高时，适当减少液压泵的供油量，使转向手力略显沉重，无"发飘"的感觉，以提高行驶稳定性；转急弯时，又可通过传感器检测出转向的角度，做出快速变换，控制系统恢复到全动力转向状态，以帮助驾驶人操纵。该控制方式主要有可变量孔式、电磁阀式及独立液压泵式三种结构形式。

（2）液压缸分流控制式　液压缸分流控制式动力转向系统，通常在连接液压缸两腔室的油路中增设电磁分流阀和分流的油路，随着车速的提高，电磁分流阀开启间隙增大，从而减小了液压缸工作压力，增大转向手力；在停车或低速行驶转急弯情况下，电磁分流阀完全关闭，不起分流作用，转向手力明显减小，以达到改变转向手力的效果。

（3）压力反馈控制式　压力反馈控制式动力转向系统，是采用改变控制阀反作用腔室反馈压力的办法来改变转向手力的。该结构在动力转向器控制阀旁边增加一个电液转换器，在车速信号控制下，车速越高，使通往控制阀反作用腔的反馈压力越高，从而增大了开启控制阀的阻力，转向手力也随着增加；反之，转向手力减小。该结构必须增加一个电液转换阀和一个反作用力阀才能实现。

这种结构能在低速掉头和停车转动转向盘时提供较高（95%）的助力作用；随着车速的提高，可以逐渐减少到最低（65%）的助力作用，这样可提供明显的路感和精确的手动控制，并且不受温度变化而引起的油量变化或液体黏度变化的影响。另外，可保证在轮胎爆裂时对转向的控制，在任何电子器件失效时，均能作为一般动力转向使用，确保车辆行驶的安全性。

（4）阀特性控制式　阀特性控制式动力转向系统，以可变的阀特性来控制转向手力，即在回油道中增加一个电磁阀，利用电磁阀开度的大小，控制回油道中阻力的方式来改变阀特性，而电磁阀开度的大小由车速传感器传来车速变化的信号通过计算机模块或 ECU 来控制。转急弯时则保证电磁阀全开，几乎不影响转向。

2. 应用实例

液压式动力转向系统有很多种，在此以旁通式液压动力转向系统为例介绍其结构与工作原理。

旁通式动力转向系统的一个典型例子是日本日产（NISSAN）公司的蓝鸟牌轿车，系统构成及原理如图 7-1 所示。它采用的是旁通流量控制阀，具体结构可参见图 7-2。流量主孔的开口面积由主滑阀来控制。主滑阀与电磁线圈柱塞相连接，因此电磁线圈产生的推力大小与滑阀的移动量成正比，滑阀的移动改变流量主孔的开口面积。当进入的油压高于

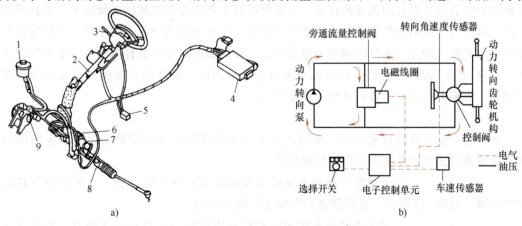

图 7-1　蓝鸟牌轿车动力转向系统构成及原理

a）构成简图　b）原理简图

1—动力转向油罐　2—转向管柱　3—转向角速度传感器　4—ECU　5—转向角速度
传感器增幅器　6—旁通流量控制阀　7—电磁线圈　8—转向齿轮联动机构　9—液压泵

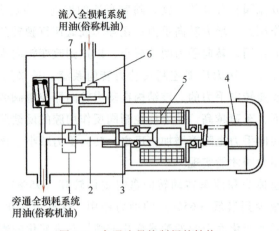

流入全损耗系统
用油(俗称机油)

旁通全损耗系统
用油(俗称机油)

图 7-2　旁通流量控制阀的结构

1—流量主孔　2—主滑阀　3—电磁线圈柱塞　4—调节螺钉　5—电磁线圈　6—节流孔　7—稳压滑阀

设定值时，稳压滑阀左移，使节流孔的开口面积减小，进入的液压油量减少，稳压滑阀的前后压差减小，在回位弹簧的作用下，稳压滑阀右移，将节流孔的开口面积增大，这样就能调节压力的稳定性。利用在仪表板上的转换开关，蓝鸟牌轿车还有三种不同行驶条件的转向力特性曲线可以选择。

二、电动式动力转向系统

传统的动力转向一般都是采用液压式的助力方式，这些系统结构复杂，功率消耗大，容易产生泄漏，转向力不易进行有效的控制。随着新能源汽车的快速发展，电动式动力转向（Electronic Powered Steering，EPS）系统大有取代传统动力转向系统的趋势。

电动式动力转向系统的一个显著特点就是所谓的"精确转向"，它能在汽车转向过程中，根据不同车速、转向盘转动的快慢，准确提供各种行驶路况下的最佳转向助力，减小由路面不平引起的对转向系统的扰动。它不但可减小低速行驶时的转向操纵力，而且可大大提高高速行驶时的操纵稳定性，并能精确实现人们预先设置的在不同车速、不同转弯角度所需要的转向助力。通过控制助力电动机，可降低高速行驶时的转向助力，增大转向手力，解决高速"发飘"问题，而且成本相对较低。同时，因降低发动机功率损耗而节省了燃油，也是电动式动力转向系统的重要特点。

1. 分类与结构

根据电动机布置的位置不同，电动式动力转向系统可分为转向轴助力式、齿轮助力式、单独助力式及齿条助力式四种结构形式。

（1）**转向轴助力式**　该电动转向系统的电动机固定在转向轴一侧，由离合器与转向轴相连接，如图 7-3 所示，直接驱动转向轴进行动力转向。

（2）**齿轮助力式**　该电动转向系统的电动机和离合器与小齿轮直接相连，从而直接驱动齿轮进行动力转向。

（3）**单独助力式**　该电动转向系统的电动机和离合器固定在齿轮齿条转向器的小齿轮相对另一侧，单独驱动齿条助力实现转向动作。

(4) 齿条助力式　该电动转向系统的电动机与齿条为一体，电动机转动时带动循环球螺母转动，使齿条-螺杆产生轴向位移，直接起动力转向作用。

总之，转向轴助力式转向系统是将电动机安装在转向管柱上，通过减速机械与转向轴相连。其特点是结构紧凑，所测取的转矩信号与转向盘转矩在同一直线，因此控制直流电动机助力的响应性较好，但对电动机的噪声和振动要求较高。这种类型一般在微型轿车上使用。

小齿轮助力式转向系统的转矩传感器、电动机、离合器和转向助力机构仍为一体，只是整体安装在转向小齿轮处，直接给小齿

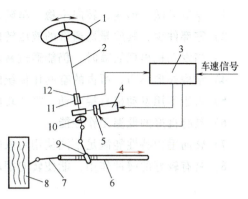

图 7-3　转向轴助力式转向系统的结构原理
1—转向盘　2—输入轴　3—ECU　4—电动机
5—电磁离合器　6—转向齿条　7—横拉杆
8—转向轮　9—转向小齿轮　10—输出轴
11—扭杆　12—转矩传感器

轮助力，可获得较大的转向力。该形式可使各部件布置更方便，但当转向盘与转向器之间装有万向传动装置时，转矩信号的取得与助力车轮部分不在同一直线上，其助力控制特性难以保证准确。

齿条助力式转向系统的转矩传感器单独安装在小齿轮处，电动机与转向助力机构一起安装在小齿轮另一端的齿条处，用以给齿条助力。这种结构是第一代电动动力转向系统，由于电动机位于齿条壳体内，结构复杂，价格高，维修也很困难。也有的将电动机轴与齿条平行放置，称为轴旁式。由于轴旁式易于制造和维修，成本低，在一般汽车上已取代了第一代产品。

2. 基本原理和特点

各种电动式动力转向系统的基本工作原理都是相同的，由于其转矩传感器与转向轴（小齿轮轴）连接在一起，所以当转向轴转动时，输入轴和输出轴在扭杆作用下产生相对的位移，转矩传感器就把该位移转变成电信号传送给电子控制单元（ECU），ECU 根据车速传感器和转矩传感器的信号，决定电动机的旋转方向和助力电流的大小，因此，它可以很容易地实现在车速不同时电动机提供不同的助力效果，保证汽车在低速行驶时转向轻便灵活，高速行驶时转向稳定可靠。

一般在电动式动力转向系统中都装有电磁离合器，在规定车速和出现异常情况时，可以自动切断电磁离合器，使转向器变为手动转向。电动式动力转向系统中的 ECU，既可以将输入的转矩传感器和车速传感器的信号加以处理，确定如何控制电动机的工作，又可以采集电动机的电流、电动机的电压、发动机工况等信号，判断其系统工作状况是否正常。

电动式动力转向系统中装有减速机构，不同类型的电动式动力转向系统中减速机构的结构也有所不同。其结构可以保证电动机的转速，使之适合转向速度的要求；又可以增大转向力矩，满足转向助力的要求。

电动式动力转向系统的主要特点有：

1）反应灵敏、迅速，转向平稳、精确，具有良好的路感。

2）零部件少，其质量比通常的液压转向助力系统小25%，成本也降低了。

3）当发动机出现故障时，仍能通过蓄电池供电继续提供转向助力。

4）结构外形小巧，所占的空间比传统的液压动力转向器要小，且布置方便。

5）由于不用发动机直接驱动，需要转向时才接通电源，因此降低了油耗。

6）具有良好的低温工作性能。

7）转向手力特性能满足不同使用对象的需求。

8）具有较好的缓冲作用，能使转向摆动和反冲力降低到较小程度。

3. 应用实例

现以齿轮齿条式电动动力转向系统为例来简单说明其基本结构和工作原理。

图7-4所示为齿轮齿条式电动动力转向系统组成示意图，它包括转矩传感器、车速传感器、ECU、电动机、电磁离合器、减速机构和警告指示灯。

（1）转矩传感器 直流电动机（电动机）通过蜗轮蜗杆减速，带动转向管柱的转向轴转动，转向管柱中的转向轴通过扭杆与转矩传感器相连。如图7-5所示，转矩传感器有三个探测环，探测环1和探测

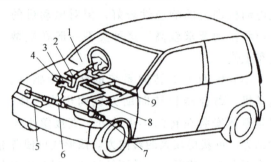

图7-4 齿轮齿条式电动动力转向系统组成示意图

1—车速传感器 2—转矩传感器 3—减速机构
4—电动机和离合器 5—发电机 6—转向齿轮
7—发动机转速传感器 8—蓄电池 9—ECU

环2安装在输入轴上，探测环3安装在输出轴上，同时有一个探测线圈和一个补偿线圈。转矩由探测线圈测量，在转矩的作用下，1、3两个探测环与探测环2产生相对转角，磁通发生改变。探测线圈的温度和外部电磁辐射噪声的影响，由补偿线圈来加以修正。

探测线圈和补偿线圈组成的转矩传感器电路框图如图7-6所示。线圈由高频正弦波励磁，经一个电流驱动电路和一个反相电流驱动电路来驱动线圈，这样高频励磁的相位差为180°。探测线圈的阻抗只由输入转矩来改变，经过差动放大器，将转矩信号电压放大。

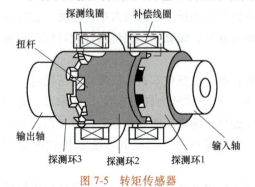

图7-5 转矩传感器

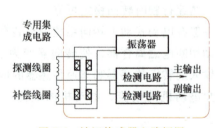

图7-6 转矩传感器电路框图

其输出电路分主、副两路，是冗余设计，主、副两路的电源和放大电路结构都是一样的，并且彼此分开，相当于把两块相同的芯片集成在一个基片上，从而提高了可靠性。该芯片的使用温度范围为-40~120℃。车速传感器输入车速信号，转矩传感器输入转矩信

号，控制器以此计算出电动机的驱动电流，输出合适的方波信号，采用脉宽调制的方法来驱动电动机。电动机大多采用直流电动机，其电动机的要求为低速、大转矩、惯量小、重量轻、尺寸小，还要求可靠性高、容易控制。为此，针对电动式动力转向（EPS）的特点，对电动机结构做一些特殊处理，如沿转子的表面开出斜槽、定子磁铁设计成不等厚、靠特殊形状的定子产生不均匀磁场等来改进电动机的性能。

（2）**直流电动机** EPS用的电动机可以采用直流有刷电动机，也可以采用无刷直流电动机。在最初的电动式动力转向助力系统中多采用直流有刷电动机，新的EPS系统常用无刷直流电动机。

EPS直流电动机需要正反转控制，图7-7所示为一种比较简单适用的控制电路。其中，a_1、a_2为触发信号端。当a_1端得到输入信号时，晶体管VT_3导通，VT_2得到基极电流而导通，电流经VT_2、电动机M、VT_3、搭铁而构成回路，于是电动机正转；当a_2端得到输入信号时，电流则经VT_1、M、VT_4、搭铁而构成回路，电动机则因电流方向相反而反转。只要控制触发信号端电流的大小，就可以控制通过电动机电流的大小。

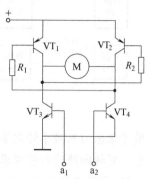

图7-7 电动机正反转控制电路

（3）**电磁离合器** 电磁离合器的主要功用是保证电动助力只有在预定的车速范围内起作用。当汽车行驶速度超过系统限定的最大值时，电磁离合器便切断电动机的电源，使电动机停转，离合器分离，不起传递转向助力的作用。另外，在不助力的情况下，离合器还能消除电动机的惯性对转向的影响；当该动力转向系统发生故障时，离合器还会自动分离，此时又恢复手动控制转向。

（4）**控制原理** 电子控制电动式动力转向系统的基本原理是根据汽车行驶速度信号、转矩及转向角信号，由ECU控制电动机及减速机构产生助力转矩，使汽车行驶在低速、中速和高速下都能获得最佳的转向效果。

电动机连同离合器和减速齿轮一起，通过一个橡胶底座安装在车架上。电动机的输出转矩由减速齿轮增大，并通过万向节、转向器中的助力小齿轮送至齿条，向转向轮提供转矩。当操纵转向盘时，装在转向盘轴上的转矩传感器不断地测出转向轴上的转矩信号，该信号与车速信号同时输入ECU。ECU根据这些输入信号及助力特性，确定助力转矩的大小和方向，即选定电动机的电流和转向，确定一个目标电流和电动机转动的方向，并以脉宽调制（PWM）的方式通过H桥电路来驱动电动机转动。同时，系统对电动机的输出电流进行采样，将采样结果与目标电流相比较，用于电动机的控制。电动机的转矩由电磁离合器通过减速机构减速增加转矩后，施加在汽车的转向机构上，使之得到一个与汽车工况相适应的转向作用力。电动式动力转向系统组成原理如图7-8所示。

三、电动式动力转向助力特性与控制

1. 转向助力特性

（1）转向助力特性基本要求

1）在汽车静止和极低车速下提供助力，克服轮胎与地面之间的滑动摩擦力和转向系

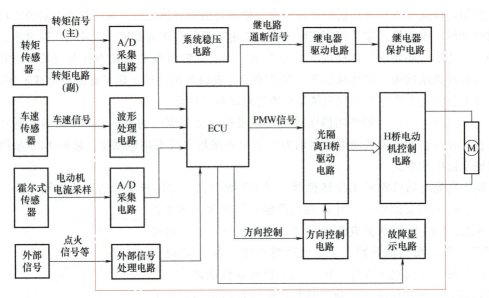

图 7-8 电动式动力转向系统组成原理

统的干摩擦力来减小转向手力，使得转向轻便，而此车速下与路感对应的侧向力回正力矩很小，对转向路感没有要求。

2）在低速转向时，电动机助力主要用于克服重力回正力矩和转向系统摩擦力。由于此车速下驾驶人对路面的信息要求不高，因此对转向路感也无具体要求。

3）汽车在零车速或低速行驶转向过程中，转向阻力矩较大，为使转向轻便，降低驾驶人劳动强度，此时应尽可能发挥较大的助力转向效果，且助力矩增幅应较大。

4）在中速转向时，由于车速增加，转角逐渐减小，与侧向力回正力矩对应的转向路感也随之逐步减小，为保证路感，此时助力应随车速增加而逐步减小，以便在保证转向轻便性的同时，保持转向路感基本不变。

5）在转向力矩很小的区域希望助力矩越小越好，甚至不施加助力，以便保持较好的路感和节约能源。

6）在高速行驶时为使驾驶人获得良好的路感，保证行车安全，应停止助力。

7）助力矩不能大于同工况下无助力时的转向驱动力矩，即助力矩应小于转向阻力矩，否则将出现"打手"现象。

8）当车速由低速向高速变化时，手力大小应平滑上升，不能有很明显的波动，以免操纵力矩出现跳跃感。

9）当手力大于某个值时，对应的电动机助力电流也很大，为防止电动机过热烧坏电动机或使电动机退磁，规定当手力大于某个值后助力不再增加。

（2）助力特性曲线的类型 电动式动力转向系统的助力特性曲线按照助力车速范围的不同，可分为全车速范围助力型和中低速范围助力型两种，中低速范围助力型只在低于某个车速时，电动机才提供助力，高于此车速时不提供助力，并切换为机械转向。这种助力特性曲线在车速切换点存在手力的突变，而全车速范围助力型在整个车速范围内都可提供助力。助力特性曲线按照曲线形状可分为线性和非线性两种。

线性助力特性曲线特点是模型简单，助力增益在固定车速下是固定不变的，所以控制实施更简便易行，但是在转向阻力上升很快时，只能按固定比例提供助力，所以会造成手力较大；而采用非线性助力特性曲线，如抛物线型助力特性曲线，在一定车速下助力随手力增大而迅速增加，因此更有利于减少手力。图7-9所示为三种典型助力特性曲线。图中助力特性曲线可以分成三个区，$0 \leq T_d < T_{d0}$ 区为无助力区，$T_{d0} \leq T_d < T_{dmax}$ 区为助力变化区，$T_d \geq T_{dmax}$ 区为助力不变区。

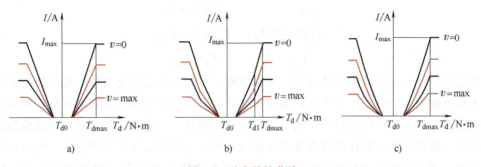

图 7-9　助力特性曲线

a）直线型　b）折线型　c）曲线型

1）直线型助力特性。图7-9a所示为直线型助力特性曲线，其特点是在助力变化区，助力与转向盘力矩呈线性关系。当转向盘输入力矩小于 T_{d0} 时，系统不工作，汽车靠转向盘输入力矩进行转向；当转向盘输入力矩达到 T_{d0} 时，系统开始工作，并提供助力力矩，帮助驾驶人转向；当 T_d 超过 T_{d0} 时，系统提供最大助力力矩并保持助力恒定。该助力特性曲线可用以下函数表示：

$$T_a = \begin{cases} 0 & 0 \leq T_d < T_{d0} \\ K(v)(T_d - T_{d0}) & T_{d0} \leq T_d < T_{dmax} \\ T_{max} & T_d \geq T_{dmax} \end{cases} \tag{7-1}$$

式中，T_d 为转向盘输入力矩；$K(v)$ 为助力特性曲线的梯度，随车速 v 的增加而减小；T_{d0} 为转向系统开始助力时的转向盘输入力矩；T_{max} 为转向系统提供最大助力时的转向盘输入力矩。

2）折线型助力特性。图7-9b所示为折线型助力特性曲线，其特点是在助力变化区，助力与转向盘力矩呈分段线性关系。当转向盘输入力矩小于 T_{d0} 时，系统不工作，汽车靠转向盘输入力矩进行转向；当转向盘输入力矩达到 T_{d0} 时，系统开始工作，提供助力力矩，帮助驾驶人转向；当转向盘输入力距离未达到 T_{d1} 时，助力特性曲线的梯度为 $K(v)$；当转向盘输入力矩达到 T_{d1} 时，助力特性曲线的梯度为 $K_1(v)$；当 T_d 超过 T_{max} 时，系统提供最大助力力矩。该助力特性曲线可用以下函数表示：

$$T_a = \begin{cases} 0 & 0 \leq T_d < T_{d0} \\ K_1(v)(T_d - T_{d0}) & T_{d0} \leq T_d < T_{d1} \\ K_2(v)(T_d - T_{d1}) + K_1(v)(T_{d1} - T_{d0}) & T_{d1} \leq T_d < T_{dmax} \\ T_{max} & T_d \geq T_{dmax} \end{cases} \tag{7-2}$$

式中，$K_1(v)$、$K_2(v)$ 分别为助力特性曲线的梯度，随车速 v 的增加而减小；T_{d1} 为助力特性曲性梯度由 $K_1(v)$ 变为 $K_2(v)$ 时的转向盘输入力矩。

3）曲线型助力特性。图7-9c所示为典型的曲线型助力特性曲线，其特点是在助力变化区，助力与转向盘力矩呈非线性关系，在一定车速下助力力矩随转向盘输入力矩增大而迅速增加，因此更有利于减少手力，典型的非线性助力特性曲线形式是抛物线型。该助力特性曲线可用以下函数表示：

$$T_a = \begin{cases} 0 & 0 \leqslant T_d < T_{d0} \\ K(v)f(T_d) & T_{d0} \leqslant T_d < T_{dmax} \\ T_{max} & T_d \geqslant T_{dmax} \end{cases} \qquad (7\text{-}3)$$

通过比较以上三种助力特性曲线，可以发现：直线型曲线确定简单，便于控制系统设计，调整也简便，缺点在于虽然可以感应车速对助力曲线的斜率特性做出变化，但对于输入的高、低区域却不能区别对应，输出为线性、路感单一，故无法较好地协调路感和轻便性的关系；曲线型助力特性曲线在感应车速的同时，每条曲线自身又感应高、低输入区域进行变化，是十分理想的特性曲线，但在确定过程中需要大量的理想转向盘力矩特性信息，故确定和调整都不容易；折线型助力特性曲线的优、缺点则介于上述两者之间。

2. 助力控制器设计

助力控制是电动式动力转向（EPS）的基本控制策略，其主要控制过程为：根据车速传感器测得的车速信号和转向盘力矩传感器测得的转向盘力矩信号，按照助力特性曲线得到助力值，根据电动机的电磁转矩特性确定助力电流，助力力矩和助力电流是线性关系。

EPS控制策略的任务之一就是确定助力目标电流的大小。PID（比例积分微分）控制是根据助力特性曲线来确定助力目标电流的大小，然后对电动机采用闭环PID控制。这里采用了PD控制策略，对整个EPS系统进行闭环控制，根据转矩传感器和车速信号的输入来确定助力目标电流的大小，算法中没有采用积分环节，这是因为EPS系统是一个有差系统，需要保持系统的静差，控制器中不能有积分环节。EPS的PD控制原理如图7-10所示。给定转向盘的转矩 T_h，转矩传感器则有相应的输出，PD控制器根据转矩传感器输出的转矩和转矩的变化率确定助力电动机电流的大小，并通过PWM方式驱动电动机助力。电动机电压与转矩的关系可表示为

$$U = K_p T_{sen} + K_d T'_{sen} \qquad (7\text{-}4)$$

式中，K_p 为比例因子；K_d 为微分因子；T_{sen} 为转矩信号值。

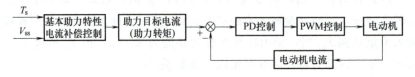

图7-10 EPS的PD控制原理

除了助力控制外，控制器还进行如下控制：

1）回正控制。动力转向系统可根据转矩传感器输入信号，产生回正作用力矩。

2）侧向加速度响应回正控制。助力转矩是对于车速的响应，同样也可使回正作用力

响应车速，动力转向系统可根据转向角和车速计算出车辆的侧向加速度，并以此产生回正力矩。

3）阻尼转矩控制。阻尼控制动力转向系统可以利用生成的阻尼转矩提供阻尼控制，阻尼转矩的方向与转向方向相反。阻尼控制允许转向系统调整回正速度。此外，阻尼转矩随车速的变化而变化，使得从低速到高速的整个变化范围内，都可得到最优的转向回正和车辆回正速度。

对于目标电流的控制，主要采用 PID 控制方法得出控制电压，再经脉宽调制过程控制电动机电枢电压。用电流传感器检测电动机实际电流并作为反馈用于电流的 PID 控制。

四、电动转向系统

1. 电动转向系统原理

电动转向系统是一种通过电动机提供转矩的转向系统。不同于一般的电动式助力转向系统仅在驾驶人操作转向盘时提供辅助转矩以减轻驾驶人的转向力，电动转向系统根据 ECU 的输出自动控制转向盘的转动。对于自动泊车系统，电动转向系统是实现车辆行为自主控制的重要组成部分。

电动转向系统由角位移/转矩传感器、车速传感器、电动机和减速机构组成。当 ECU 采集到环境信息后，根据当前车速信号以及模糊控制输出信号，计算电动机转矩的大小并输出相应的控制信号给驱动电路。驱动电路提供相应的电压或电流给电动机。电动机的输出转矩经过蜗轮蜗杆装置放大再施加给转向轴，从而完成转向控制。转向轴的变化通过角位移/转矩传感器返回给 ECU，形成反馈。若出现故障或车速超出设定值，则停止对电动机供电。电动转向系统控制结构如图 7-11 所示。

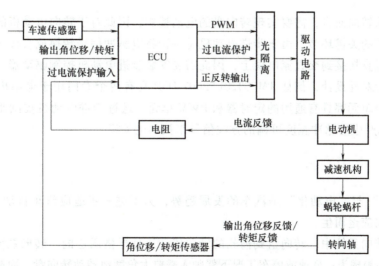

图 7-11　电动转向系统控制结构

2. 关键器件选择

（1）ECU　ECU 是汽车进行信息处理和控制的单元。电动转向控制要求系统能够对输入及时响应，做出合理的控制处理。传统单片机运算速度较低，限制了智能控制算法的应用。而数字信号处理器（Digital Signal Processor，DSP）作为控制单元可以储存多种数据并具有快速、实时处理能力，可以将系统控制、故障监视、诊断和保护等功能集于一体，可以实现诸如模糊控制等复杂算法，且具有更高的精度和速度。DSP还集成了丰富的数字输入输出口、通信口和专用电动机控制PWM输出口，使用非常方便。由DSP扩展构成ECU是能够满足控制要求的。

（2）**角位移/转矩传感器**　电动转向系统中的角位移/转矩传感器用来测量转向盘的转角大小和方向以及相应的转矩大小，角位移/转矩传感器的输出特性直接影响电动转向系统的控制性能。角位移/转矩传感器分为非接触式和接触式两种。接触式主要是电位计式传感器，非接触式主要包括电磁感应式、光电式和超声波式传感器。接触式传感器成本较低，但受温度和磨损影响，易发生飘移，使用寿命较低，难以实现绝对转角和角速度的测量。非接触式传感器测量精度高、抗干扰能力强，易实现绝对转角和角速度的测量，但成本较高。

（3）**电动机及减速机构**　对于前轮转向控制而言，需要精确控制转向角。车辆转向盘采用步进电动机驱动控制，且在电动机转动轴上安装旋转编码器。旋转编码器可精确测量旋转角度，相应的数据传送到ECU，根据实际需要进行转向调整，这样就实现了转向的闭环控制。步进电动机可以将电脉冲转化为角位移，当步进驱动器接收到一个脉冲信号，它就驱动步进电动机按设定的方向转动一个固定的角度（步进角）。通过控制脉冲个数可以控制角位移量，达到准确定位的目的。同时，可以通过控制脉冲频率来控制电动机转动的速度和加速度，达到调速的目的。随着电动机及其控制技术的发展，针对实现位置控制这一目标，除选用步进电动机外，还可以选用开关磁阻电动机、无刷直流电动机、永磁同步电动机等。

3. 转向盘控制

对于电动转向而言，需要实现转向盘的电动控制，因此对于转向电动机的控制是实现电动转向系统的关键环节。由于步进电动机是一种将电脉冲信号转换成直线或角位移的执行器件，不能直接接到交直流电源上，因此需要安装步进电动机控制驱动器。有的控制芯片为此进行针对性设计，例如TMSS320LF2407 DSP具有两个专门用于电动机控制的事件管理器；每个单元都具有通用的定时器和PWM单元。通过步进电动机控制驱动器，即可用PWM单元产生的脉冲宽度可调的方波信号来控制电动机。

五、线控自动转向

"智能化"与"电动化"是汽车的发展趋势，为了进一步适应汽车自动驾驶的需要，线控自动转向应运而生。

在传统转向系统中，转向盘到前轮的转向传动比是严格固定的。转向系统定传动比设计的缺陷主要表现为：低速或停车工况下驾驶人需要大角度地转动转向盘，而高速时又不能满足低转向灵敏度的要求，否则车辆的稳定性和安全性会随之下降。因此，同时满足转向系统在低速时的灵活性要求与高速时的稳定性要求是当今汽车转向系统设计的核心问题之一。

汽车线控自动转向（Auto Steering By Wire，ASBW）系统是随着汽车电子控制技术、智能控制技术的发展而出现的一种新型的汽车转向控制系统。线控自动转向系统取消了汽车转向盘和转向轮之间的机械结构连接，加大了转向盘在驾驶室的布置空间，驾驶人可以很方便地操纵汽车转向。线控自动转向系统可以对汽车转向系统的力传递特性和角传递特性进行自由设计，给汽车转向系统的设计带来很大的发展空间。线控自动转向系统主要包括电子控制单元（ECU）、传感器、电动机系统（路感、转向）、减速机构等。图 7-12 所示为线控自动转向系统结构组成示意图。

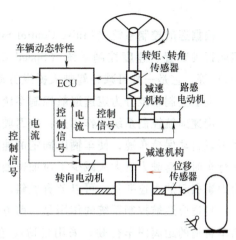

图 7-12　线控自动转向系统结构组成示意图

线控自动转向系统根据传感器采集的车速、转矩、横摆角速度等信号，从而实现转向传动比的任意设置，提高汽车在转向时的动态性能、改善车辆转向手感和操纵稳定性。线控自动转向系统有利于对车辆稳定性进行控制以及自动驾驶汽车的转向控制。车辆行驶时，稳定性会受侧向风等外部干扰的影响，高速行驶时外部干扰可能导致危险。ASBW 系统对车辆的不稳定性能够自动进行补偿，通过横摆角速度和质心侧偏角反馈，在驾驶人毫无觉察的情况下及时提供转向控制，保证车辆稳定性。线控自动转向系统与制动系统组成集成控制模式，为车辆提供比单独的制动系统更有效的稳定控制。

已有的主动前轮转向（Active Front Steering，AFS）系统独立于驾驶人的转向干预，从而达到主动改变前轮转向角的目的。该系统具有可变传动比设计：在低速状态下传动比较小，使转向更加直接，以减少转向盘的转动圈数，提高车辆的灵活性和操控性；在高速行驶时转向传动比较大，提高车辆的稳定性和安全性。除了可变传动比设计外，通过转向干预来实现对车辆的稳定性控制是该系统最大的特点。

1. 主动转向控制

电控单元做出是否要改变转向盘角度或要改变多少角度的决策。在低速时给出一个与转向盘转角成正比的控制电动机转角加到前轮上，在高速时给出一个与转向盘转角成反比的控制电动机转角抵消部分前轮转角。主动转向的这一控制方式，从驾驶人角度看汽车在低速和高速行驶时相当于转向系统的传动比发生了变化，转向力在很宽的汽车速度变化范围保持不变。在高于某个转向范围，在所有的行驶状况转向盘转角不会超过 180°。

2. 稳定性控制

为达到稳定的转向干预，需要参照汽车行驶参量、横摆角加速度和横向加速度，以及驾驶人设定的转向盘角度和汽车行驶速度，与行驶稳定性系统共同作用。稳定的转向干预有以下特点：

1）转向干预比有明显声响的制动干预难以被驾驶人发觉。

2）转向干预要快于制动干预，因为制动器建立制动压力需要一定的时间。

3）在稳定性方面制动干预要优于转向干预。

将主动转向，即转向干预与车轮滑转控制、制动干预结合起来可达到汽车的最佳稳定性。即制动力矩和主动转向形成的补偿力矩共同作用，进行稳定性控制。

第二节　巡航控制系统

根据巡航控制系统（Cruise Control System，CCS）的特点，巡航控制系统一般又称为巡航行驶装置、速度控制系统（Speed Control System）、自动驾驶系统（Auto Drive System）等，它是一种可减轻驾驶人操纵劳动强度、提高行驶舒适性的汽车自动行驶装置。

巡航控制系统分为定速巡航控制系统和自适应巡航控制系统。

定速巡航控制系统的作用是：按驾驶人所要求的速度闭合开关之后，不用踩加速踏板就可以自动保持车速，使车辆以固定的速度行驶。采用了这种装置，当在高速公路上长时间行车时，驾驶人就大大减少了对加速踏板的控制，减轻了疲劳，同时减少了不必要的人为因素引起的车速变化，可以节省燃料。

自适应巡航控制系统的作用是：前方无车辆时采用定速巡航，前方有车辆时则保持与前车合适的距离跟车行驶。采用自适应巡航控制系统，驾驶人既减少了对加速踏板的控制，也减少了对制动踏板的操作，进一步减轻了疲劳。

一、定速巡航控制系统

1. 定速巡航控制系统的基本组成

定速巡航控制系统主要由主控开关、车速传感器、执行器和巡航 ECU 四部分组成。

（1）**主控开关**　主控开关是杆或按键式组合开关，装在转向柱或转向盘等驾驶人容易接近的地方。操纵主控开关可实现的功能有：设定车速、加速、减速、恢复、解除等。

（2）**车速传感器**　巡航系统与发动机电控系统共用一个车速传感器。车速传感器有多种结构形式，有磁脉冲式、光电式、霍尔式、磁阻式等。

（3）**执行器**　执行器是一种将 ECU 输出的电信号转变为机械运动的装置。节气门执行器有电动式和气动式两种。电动式一般采用步进电动机或直流电动机控制，而气动式采用由进气歧管真空度控制的气动活塞式结构。

（4）**巡航 ECU**　定速巡航控制系统的重要部件是巡航 ECU，它是整个系统的中枢。早期巡航控制系统的 ECU 多采用模拟电子技术制造，随着数字电子技术的发展，特别是大规模集成电路及微机控制技术在汽车控制方面的推广，巡航控制系统已全部采用数字微型计算机车速控制器。

2. 定速巡航控制系统的原理

定速巡航控制系统按控制原理可分为机械巡航控制系统与电子巡航控制系统两类。机械巡航控制系统是早期使用的汽车巡航控制系统，电子巡航控制系统则经历了从晶体管分立元器件组成的模拟计算控制到数字式微型计算机控制的发展过程。

汽车在平坦路面行驶时，车速与节气门开度的关系如图 7-13 中的 A 曲线所示。当汽车以速度 v_0 在平坦路面行驶时，一旦进入自动行驶状态，节气门的开度则处于 θ_0，故不需要进行任何调节。当汽车遇到上坡路段时，行驶阻力增加，车速与节气门开度的关系将按 B 曲线变化。若不及时调整节气门开度，车速将会下降到 v_d。采用巡航控制系统可以根据设计的具有一定斜率的控制线，自动调节节气门开度，使其从 θ_0 变为 θ_H，将车速稳定在 X 点，取得新的平衡。行驶阻力减小时，车速与节气门开度的关系将按 C 曲线变化，同样控制系统也沿控制线调节节气门，其开度从 θ_0 变为 θ_L，车速在 Y 点取得平衡。因此，汽车行驶阻力在上述 B 曲线和 C 曲线中间变化时，车速在 $X \sim Y$ 范围内变化。显然，自动调节的结果，汽车速度并不是保持在某一点，而是在一定的速度范围内变动，即与设定车速间存在一定的误差。

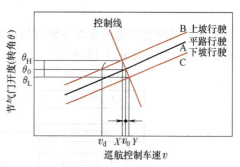

图 7-13 车速与节气门开度的关系

在设计时，若使控制线垂直于车速，从理论上看则车速控制的误差可减少为零，但这样一来，行驶阻力的微小变化都会引起节气门快速变化，容易产生较大的振荡，即产生游车现象。因此，应综合考虑控制车速误差范围与游车问题，并选择适当的控制线斜率。

图 7-14 所示为电子巡航控制系统的基本原理框图。ECU 有两个基本输入信号，一个是驾驶人的指令车速信号，另一个是实际车速的反馈信号。ECU 检测这两个输入之间的误差后输出一个节气门的开度控制信号，执行器根据接收的控制信号调节发动机节气门开度修正所检测到的车速误差，从而使车速保持恒定。

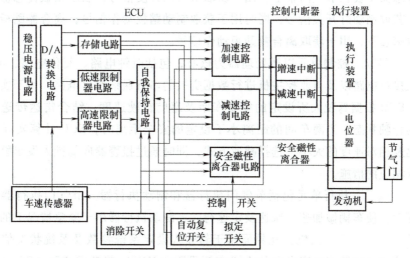

图 7-14 电子巡航控制系统的基本原理框图

二、自适应巡航控制系统

自适应巡航控制（ACC）系统是在传统的巡航控制系统上增加了前视探测器（雷达），不需要驾驶人的干预就可以根据驾驶人的驾驶模式进行合理的匹配，包括减速控制、跟随控制和加速控制。通过设定合适的速度和距离，保证车辆不发生碰撞，减轻驾驶人的劳动强度，提高驾驶安全性。

1. ACC 系统的基本组成

汽车自适应巡航控制系统主要由信息感知单元、控制单元、执行单元和人机交互界面构成，其基本组成如图 7-15 所示。

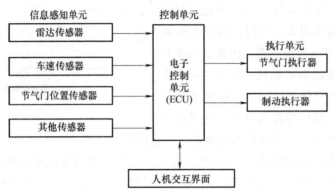

图 7-15　ACC 系统的基本组成

（1）信息感知单元　信息感知单元主要用于向电子控制单元（ECU）提供自适应巡航控制所需的车辆行驶状况信息及驾驶人的操作信号，包括雷达传感器、车速传感器、节气门位置传感器、制动踏板传感器和离合器踏板传感器等。雷达传感器安装在汽车前端，用来获取车间距离信号；车速传感器安装在变速器输出轴上，用于获取实时车速信号；节气门位置传感器安装在节气门轴上，用于获取节气门开度信号；制动踏板传感器安装在制动踏板下，获取制动灯开关信号，同时用于获取制动踏板动作信号；离合器踏板传感器安装在离合器踏板下，用于获取离合器踏板动作信号。

（2）控制单元　控制单元以微处理器为核心，包括时钟电路、复位电路、电源电路、传感器输入接口电路以及与监控主机进行数据交换的串行通信接口电路，用于实现系统的控制功能。ECU 根据驾驶人所设定的安全车距及巡航行驶速度，结合雷达传送来的信息确定主车的行驶状态。当两车间的距离小于设定的安全距离时，ECU 计算实际车距和安全车距之比及相对速度的大小，选择减速方式，同时通过报警器向驾驶人发出警报，提醒驾驶人采取相应的措施。

（3）执行单元　执行单元包括节气门执行器和制动执行器。节气门执行器用于调整节气门的开度，使车辆做加速、减速及定速行驶；制动执行器用于紧急情况下的制动。

（4）人机交互界面　人机交互界面用于驾驶人设定系统参数及系统状态信息的显示等。驾驶人可通过设置在仪表盘上的人机交互界面（MMI）起动或清除 ACC 指令。起动 ACC 系统时，要设定主车在巡航状态下的车速和与目标车辆间的安全距离，否则 ACC 系统将自动设置为默认值，但所设定的安全距离不可小于设定车速下交通法规所规定的安全距离。

2. ACC 系统的工作原理

在行驶过程中，安装在车辆前部的车距传感器会持续扫描车辆前方道路，同时轮速传感器采集车速信号。当与前车之间的距离过小时，ACC 控制单元可以通过与制动防抱系统、发动机控制系统协调动作，使车轮适当制动，并使发动机的输出功率下降，同时车内音响会发出报警声音，提醒走神的驾驶人注意，能有效防止追尾这类事故的发生。

图 7-16 所示为 ACC 系统的控制原理。其中自适应巡航控制系统是由一个 A（自适应）模块和一个 CC（巡航控制）模块组成的。在图 7-16 中 CC 模块就是乘用车使用比较广泛的定速巡航控制。定速巡航控制系统是一个闭环系统，它的输入是整车的实际车速和驾驶人设定的期望车速，根据比较两个车速的差值，利用巡航控制模块控制节气门的开度，从而保证实际车速跟随到驾驶人的期望车速。自适应控制的目的是保持两车之间的距离，至少是期望距离（在实际车辆中可以通过开关和组合仪表设置期望的最小距离），通过该距离和反馈回来的车速（实际车速）通过自适应模块的算法给出自适应系统的期望车速，该期望车速代替传统的定速控制系统驾驶人输入的期望车速，从而实现自适应巡航控制。

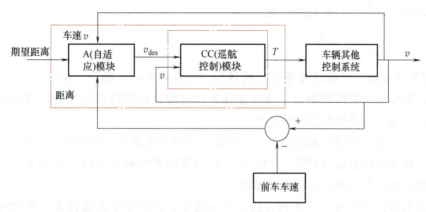

图 7-16 ACC 系统的控制原理

3. ACC 系统的功能

如图 7-17 所示，ACC 系统的功能包括：

1）前方没有车辆时，ACC 系统控制车辆处于普通的巡航状态，按照驾驶人设定的车速行驶，如图 7-17a 所示的车速 140km/h，驾驶人只需要进行方向的控制（匀速控制）。这里还包括一个工况，就是当驾驶人在设定的速度基础上加速时，ACC 将按驾驶人意图

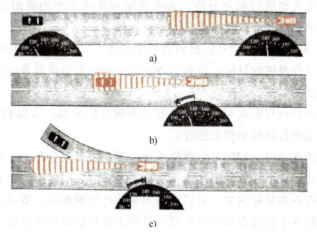

图 7-17 ACC 系统的功能

行驶。当驾驶人不再加速以后，如果没有新的速度设定，ACC将继续按照原先设定的车速行驶。

2）当ACC车辆前方出现目标车辆时，如果目标车辆的速度小于ACC车辆时，ACC车辆将自动开始进行平滑的减速控制，如图7-17b所示减到120km/h。

3）当两车之间的距离等于安全车距后，采取跟随控制，即与目标车辆以相同的车速行驶。

4）当目标车换道或者ACC车辆换道后，前方又没有其他的目标车辆，如图7-17c所示，那么ACC车辆恢复到初期的设定车速（加速控制）行驶。

可见，ACC系统可以自动控制自车的加、减速以保持自车与前车的距离，从而大大减轻驾驶人在驾驶时的劳动强度，让驾驶人从频繁的加速和减速中解脱出来，在保证一定舒适性的同时，增加了行驶的安全性。

4. 关键技术

（1）雷达信号处理

1）傅里叶变换。所有同时被定位的目标，如各种车辆，都会产生特有的信号成分。信号成分的频率由汽车间的距离、相对速度和由这些目标的反射特性的信号成分复合而成。所有信号成分的叠加得到接收信号。

首先要对接收信号进行频谱分析，以确定汽车间的距离和相对速度。为此要有一个有效的算法，即傅里叶变换（FFT）。FFT将一系列等距离扫描的时间信号值变换为具有等距离频率间隔的一系列频谱的功率密度值。

在分析的频谱中具有一个特别大的功率密度值。该功率密度值包含了雷达的反射信号。在频谱中还包含有噪声成分。噪声成分来自传感器并与有用的信号合成。

频谱的分辨率由扫描次数和扫描速率决定。

2）探测。探测是搜索雷达目标特有的频率信号。由于不同目标的信号强度和同一目标在不同时间的信号强度差别很大，需采用专门的识别器。识别器一方面要尽可能找到来自真实目标的信号峰值，另一方面要对噪声或干扰信号的信号成分不灵敏。雷达自身产生的噪声信号在频谱中不是常数，而是随频率和时间而变化的。

对每一个频谱首先要进行噪声分析。需要确定与噪声功率的频谱分布有关的阈值曲线。只要信号的峰值高于阈值，就可将它作为目标频率。

3）信息识别。在各个调制循环的反射信号中包含了一些目标的距离和相对速度的信息，但是没有指明这些具体的目标。只有与调制循环的识别结果联系起来才能得到这些目标的距离和相对速度的结果。

寻找的目标频率是由与距离和相对速度有关的成分组成的。为得到距离和相对速度，必须与多个调制斜面的目标频率相互配合。

利用多斜面调频连续波（FMCW）测量原理，对于物理上存在的、在每一个调制斜面上的雷达目标可以找到一个目标频率。该目标频率是由目标间的距离和相对速度得到的。

如果在频谱中有许多目标频率，识别它们的相关性是困难的。雷达目标相对雷达轴的角度位置可以从比较3个相邻雷达波束在同一目标上的频谱幅值中得到。

4）跟踪。跟踪是将当前识别到的目标测量数据与先前测量的数据进行比较。先前测

量的目标距离为 d，相对速度为 v_r，在当前测量与先前测量的时间 Δt 内，目标的期望距离应为

$$d_e = d + v_r \Delta t \qquad (7\text{-}5)$$

如果考虑测量的目标可能加速或减速，这样就有一个不确定的期望距离以及应期望新的测量距离。

如果在新的测量中找到了目标的距离和相对速度的期望范围，就可判断该目标就是先前的目标。因为先前测量的目标在当前的测量中又被找到，所以测量数据在考虑了"历史性"的测量数据（即先前的测量数据）后被过滤。

若先前测量的目标在当前测量中不再被找到，如在雷达波束之外或是产生的反射信号太弱，就要进一步使用预测的目标数据。

如果多个反射信号来自同一个目标的不同距离，则在跟踪目标时需要一些附加措施。商用车就是这种情况。这些反射信号必须认为是同一个目标。

分析雷达反射信号还要考虑识别盲区和雷达部件的故障。

（2）弯道目标识别　为识别本车道上前方的汽车，路线预测非常重要，它对 ACC 系统的控制品质有很大影响。

图 7-18 所示为路线预测和目标选择示意图，在左车道、在弯曲的路线 A 的固定弯道向前方目标 1 行驶的路线，这是驾驶人所希望的配备 ACC 系统的汽车跟随行驶路线。图中路线 B 则是错误地顾及在右车道上缓慢行驶的目标 2，如在弯道开始前。这样，对配备 ACC 系统的驾驶人来说会使本身产生不舒适和不真实的减速行驶。为减小意外错选目标的风险，需要可靠的弯道预测。

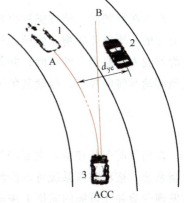

图 7-18　路线预测和
目标选择示意图

1—目标 1　2—目标 2　3—配备 ACC
系统的汽车　A、B—路线　d_{yc}—偏移

1）弯道预测方法。在曲率多变的行驶路段，如弯道高速公路，容易出现错误的目标选择。在一定距离内的弯道预测可通过雷达数据预测、导航系统和图像处理实现。

2）目标选择。如图 7-19 所示得到目标 1 的定位值，即汽车预测路线的路线偏移。

$$d_{yc} = d_{yv} - d_{yvCourse} \qquad (7\text{-}6)$$

式中，d_{yv} 为侧向偏移；d_{yc} 为路线偏移；$d_{yvCourse}$ 为传感器到目标的距离。

$$d_{yvCourse} = k_y d^2 / 2 \qquad (7\text{-}7)$$

式中，k_y 为曲率半径。

应用自适应巡航控制系统的车辆可以改进传统巡航控制的部分内容：①平滑接近某一车辆；②对前车突然减速做出迅速响应；③对前方直接穿过并实施制动的车辆做出响应。

自适应巡航控制系统中，低价格、全天候、可测量距离达几百米的传感器是其中的一项关键技术。另外，还需要应用高性能的微控制器以完成快速复杂的数学运算。车辆距离传感器的成功开发，使得巡航控制可以实现车辆恒速行驶或与其他车辆保持恒距。

对于燃油车的自适应巡航控制系统除利用发动机控制速度外，还需要与制动控制系统

相联系，因此带来的开发难度也较大。如果是电动汽车，减速的功能大多可以直接通过对驱动电机的控制实现。因此开发电动汽车的自适应巡航功能是相对比较简单的。

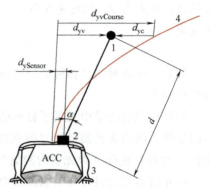

图 7-19　侧向目标偏移位置 d_{yc}
1—目标　2—传感器　3—汽车　4—路线

而且，针对速度控制这一目标，燃油车的控制过程是：首先控制节气门开度，由节气门开度控制进气量，发动机 ECU 根据进气量控制喷油，喷油量影响发动机输出转矩，输出转矩再对车速产生影响。电动车的控制过程则非常简单，直接设定电机转速，在控制过程中由电机控制的速度闭环动态控制电机输出转矩即可。燃油车的自适应巡航控制由于各环节都存在明显时滞，其实时性将明显弱于电动车的自适应巡航控制。

第三节　防撞系统

汽车在行驶时，前方突然出现障碍物或者由于驾驶人的疲劳及其他疏忽的原因而忽视了前方的车辆或障碍物，驾驶人反应不及，可能造成交通事故。汽车防撞系统一方面可以提醒驾驶人注意潜在的危险，并帮助他们采取措施以避免危险；另一方面可以自动对车辆实施制动和转向控制，尽量避免追尾等碰撞事故的发生，有效地保证人车安全。

一、主动防撞与被动防撞

根据目前现状和将来发展趋势，防撞系统可以分为两大类：被动防撞系统和主动防撞控制系统。被动防撞系统可以探测危险并向驾驶人发出危险预警，而主动防撞控制系统可以发现危险并在可能的前提下采取预防措施避免碰撞。两种类型的系统都需要进行障碍物探测，它们之间仅有的区别就是在障碍物探测之后如何执行防撞程序：由驾驶人执行还是自动执行。

被动防撞系统通过向驾驶人提供潜在的危险预警来降低发生碰撞的概率，让他们采取措施避免危险。有很多系统具有向车辆驾驶人提供预警的功能，首个典型的产品化车用预警系统是辅助倒车，当一辆汽车平行停靠或接近一个静止的物体，如一辆车或一堵墙时，辅助倒车系统就会发音提示。很多小轿车上就使用了这个系统，用来探测处于驾驶人视线之外的正在过马路的小孩。现在有了更为先进的雷达倒车系统，在正常行驶状态下对可能发生的碰撞向行人发出预警。被动防撞系统如图 7-20 所示。该系统通过一个可视信号或声音向驾驶人发出预警，但是不能采取主动干预行为避免碰撞。

主动防撞控制系统通过结合动力系统、制动系统和转向系统来执行防撞程序。可能每个

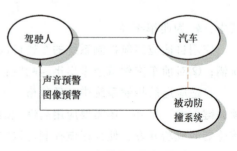

图 7-20　被动防撞系统

汽车制造商的方案略有不同，但共同的目的是探测那些将要与车辆发生碰撞危险的障碍物，然后采取防范措施以避免意外发生。主动防撞控制系统如图 7-21 所示。主动防撞控制系统不需要驾驶人直接控制就可以采取行动避免可能发生的碰撞。

　　先进的主动防撞控制系统使用了许多先进的技术，不仅具有障碍物探测功能，还可以确保防撞程序能提高汽车安全性和效率。例如，风窗玻璃上的雨量传感器可

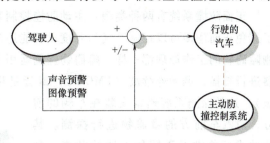

图 7-21　主动防撞控制系统

以检测雨水量大小，从而可以推断路面是否打滑。在这种情况下，制动距离很可能会增加，因此必须更快地探测到危险的障碍物。同样，轮胎压力传感器可用于检测轮胎膨胀的程度，也能推断出制动距离的大小。

　　被动防撞系统和主动防撞控制系统中最关键的部分都是障碍物探测系统。应当指出，虽然被动防撞系统和主动防撞控制系统都需要进行障碍物探测，但是障碍物探测系统的工作原理是有差别的。主动防撞控制系统中障碍物探测的性能必须比被动防撞系统的障碍物探测性能要更高、更有效，人们难以接受误报警导致的紧急制动。误报警虽然容易引起驾驶人的不快，但在被动防撞系统中却能让人接受。虽然说被动防撞系统对误报警的要求不是很严格，但是传感器的反应时间应更加迅速，因为在防撞过程中必须考虑到驾驶人的反应时间。

二、按碰撞方向分类

　　按照碰撞方向分类，防撞系统分为正面（前方）防撞系统、后方防撞系统和侧面防撞系统。未来的公路会变得更加自动化，因此侧面防撞系统和车周遭传感系统将显得更加重要，但是目前最普遍的还是正面和后方防撞系统。

　　图 7-22 所示为美国国家公路交通安全局（NHTSA）公布的关于发生追尾碰撞的数据。从数据中可以清楚地看到，驾驶人注意力分散和车距过近是导致追尾事故的主要原因。这就增加了向驾驶人提供正面碰撞预警的必要性。因为大多数驾驶人的反应时间为 1.6s 或更长，因此事先给驾驶人任何预警都可以明显降低发生碰撞的概率。

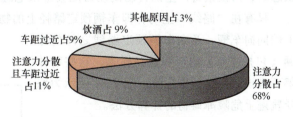

图 7-22　追尾事故原因比例

　　由于驾驶人驾驶风格的不同，因此可视化预警系统和声音预警系统都可能会显得更加有效。汽车防抱制动系统在这方面就显示出了它的缺陷性，因为制动踏板的瞬间反冲（因液压油回流到主缸）和工作时的噪声会使很多驾驶人觉得不自然。在预警系统中有望提出类似的问题：如何提醒驾驶人即将发生的危险而不是惊吓他们。人们设计的那些预警信号，如音乐声和语音信息，以及可视化预警器件的位置、清晰度，其目的就是有效地提醒驾驶人，而不增加实际的危险程度。

1. 正面防撞系统

正面防撞系统有两种类型：主动防撞控制系统和被动防撞系统。主动防撞控制系统为了避免正面碰撞可以控制节气门开度，可能还包括控制转向系统与制动系统，但是它们探测障碍物的工作原理都一样。障碍物探测运用了不同的技术。主要方法是用激光雷达传感器进行扫描，调频连续波（FMCW），或者是用摄像机（具有探测危险障碍物的特殊算法）。这类探测系统通常安装在车辆的前方，对汽车前方的障碍物进行探测。其他技术可能涉及不同传感器的共享，包括倒车传感器的使用。各种探测技术都将在本章中讨论。图7-23所示为汽车雷达探测正面障碍物的方法。

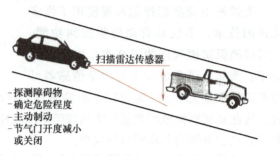

图 7-23　汽车雷达探测正面障碍物的方法

由于车辆行驶时的速度很高，并且需要确定相邻车道上的物体，正面防撞系统必须安装远程和大方位角分辨率雷达。此类系统向前探测的距离通常有 100～200m，当汽车以 100km/h 的速度行驶时，对于静止的障碍物有 3～6s 的时间发出预警。对于正面防撞系统来说，分辨出前方有不止一辆车、位置很近但在不同的车道，是很重要的功能。因此正面预警雷达比后方预警雷达的频率应该更高（也就是说波长更短），因为频率更高才能获得更好的方位分辨率。

主动障碍物探测系统与被动障碍物探测系统的关键区别在于：主动系统需要更精确地探测障碍物，以防止防撞系统对类似于道路标志的障碍物做出反应。

道路识别时，一般的障碍物探测相对来说比较简单。然而当车辆高速行驶时，前方有很多障碍物，确定哪一个障碍物是潜在的危险才是最富有挑战性的问题。也许主动系统可以探测所有的障碍物，但如果每遇到一个障碍物都向驾驶人发出预警，就会产生误报警，这样可能会引起驾驶人不必要的担心。这就违背了预警功能的本意。在防撞系统处于工作状态时，由误报警产生的自动制动可能会带来危险。

只有在"路线"上的，即车辆预定路径上的物体才算是"危险障碍物"。而相邻车道上的同向车辆，及在车辆预定路线之外的车辆（包括迎面车辆）和道路标志，这些物体都不应该被系统认作危险。图7-24所示为路径轨迹上危险障碍物的计算方法。

主车的预定行驶路线很显然是路线 A，如图7-24中的虚线所示。这条路线上存在危险障碍物：沿路线附近有一辆同向行驶的汽车。该路段同时也存在没有危险的障碍物：在相反（逆向）方向上，即路线 B 上有一辆行驶中的汽车。

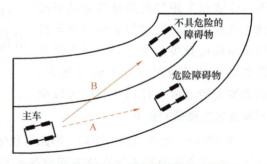

图 7-24　路径轨迹上危险障碍物的计算方法

为了有效地工作，该系统必须确认被测障碍物中哪些是危险的，哪些不是。为了做到这一点，必须进行道路识别。无论障碍物探测应用哪种传感技术，都必须采用能够确定行驶路线的算法。因此这种算法将有助于区分危险的障碍物（比如主车所在车道上的车辆）和那些没有危险的障碍物（比如逆向车道上的汽车和固定的物体，如路牌、树木等）。

从道路识别算法的角度看，基础设施辅助是处理这个问题最简单的方式。基础设施辅助是建立行驶路线的系统，与主车系统相独立。嵌入在道路中及路边用来帮助主车确定行驶路线的磁性装置就属基础设施。

尽管如此，在没有基础设施辅助的前提下进行道路识别也是有可能的。许多基于统计方法的不同算法已经成功用于道路识别。摄像机就很好地实现了该功能，但是当汽车在低能见度情况下高速行驶时追踪道路几何信息就会出现困难。相比来说，雷达在任何天气条件下和黑暗中都能很好地工作。许多算法通过识别一致性的物体建立自身的基础设施辅助信息，比如道路屏障和标记。从护栏或其他路边建筑反射回来的回声可以用来建模，在线性拟合算法中通常会用到这些模型。联合使用多种传感器解决这个问题也很常见，这通常被称为"传感器融合"。通常摄像机用于道路识别而扫描雷达传感器用于障碍物探测和分析。

2. 后方防撞系统

后方防撞系统通常使用近距离非扫描传感器为停车辅助功能提供近距离检测，或用扫描雷达提供更高级的检测功能。某些制造商生产的防撞系统可能将两种类型结合起来使用。比如将用于正面防撞系统的雷达扫描检测功能用于后方防撞系统中，告诉驾驶人在主车后方有一辆靠得相当近的汽车，或在停车场倒车的时候，提醒驾驶人附近有障碍物，如难以发现的自行车、购物车或者其他物体。图 7-25 所示为后方障碍物探测系统示意图。

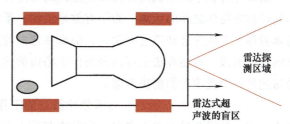

雷达探测区域

雷达式超声波的盲区

图 7-25 后方障碍物探测系统示意图

与正面防撞系统不同的是，后方防撞系统通常使用低频雷达系统，因为它对方位分辨率的要求没有正面系统高，工作距离也更短。

后方防撞系统也对静止的或移动的物体进行探测，通过分析距离和时间，对可能发生的碰撞发出预警，如在倒车时发出声音预警。

3. 侧面防撞系统

侧面防撞系统使用雷达传感器来探测处于行车视觉盲点的障碍物，这些障碍物往往是造成事故的原因。这类系统的典型视野如图 7-26 所示。此类传感器安装在车辆侧后区域，用来探测相邻车道上的障碍物，通过与后视镜配合使用可以增强车辆的安全性。

装在车辆两侧的雷达不仅仅用来对盲点内的障碍物预警，也可能辅助路线追踪，用来确定行驶路线。经常出现在车辆两侧的障碍物（例如安

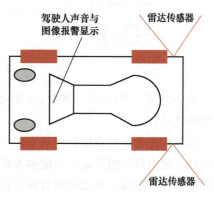

驾驶人声音与图像报警显示

雷达传感器

雷达传感器

图 7-26 侧面防撞系统的视野

全护栏和平行车道上的其他车辆）都可用来追踪处于车道上的车辆的位置。如果车辆离开其原有车道，系统就会报警。虽然目前所有的侧面防撞系统还都是被动系统，但是将来主动系统在当主车的相邻车道存在危险时，可能会（通过转向控制单元）控制车辆的行驶方向以防止其变换车道。

三、防撞系统的关键技术

防撞系统的关键技术包括距离测定和安全距离确定。要根据安全距离来决定对执行机构的控制，其首要问题就是如何准确测量自车与障碍物间的距离。

1. 测距方案

碰撞预警系统或防撞系统中的关键器件是传感器，该传感器向电控单元提供关于自车与潜在危险障碍物之间的距离信息。该障碍物可能是一辆（移动的或静止的）汽车，也可能是一个无生命的物体，比如说道路标志牌或一棵树。

虽然固定光束式传感系统有其用途，比如说用于停车辅助系统，但是该类型的传感系统在某种条件下，如在弯曲路面上可能发出误导信息，固定光束式系统仅用作倒车扫描传感器。

诸如在行驶中的车辆间保持限定距离的那些智能系统，需要更多的信息，而不仅仅是车辆同前方物体之间的距离。为了有效地工作，系统应该了解道路的形状。如果系统把某物体看作水平线并且知道它的距离，那么在弯曲的道路上就可以将其看作一个移动的目标车辆进行追踪。智能算法也可以分析位于路边的标识，比如反射装置。基于这些原因，扫描雷达是一个受欢迎的解决方案。

（1）扫描脉冲激光雷达 扫描脉冲雷达的工作原理非常简单。脉冲的传输时间与距离成正比。扫描装置在水平方向上向前方与后方发射脉冲（因此称作"扫描"）。因为单片机计时器能根据发送的脉冲和接收到的脉冲计算时间间隔，所以距离很容易计算出来，如图 7-27 所示。在每次发射脉冲之后，接收器等待接收回波脉冲，因此发射过程是不连续的。脉冲雷达常被称作激光雷达，这是因为脉冲雷达使用了脉冲激光二极管作为发光器件。

图 7-27　用脉冲雷达测量距离

图 7-27 中，$D = ct/2$。其中，c 为光速（m/s），$c = 3 \times 10^8$ m/s；t 为光波从发射到接收的时间（s）。

因为脉冲之间的发射频率具有相位一致性，所以也可以测量目标的多普勒频移。该信息可以反映出目标的运动、速度和方向。当接收器接收到的反射波频率变高或变低时，才会发生多普勒频移，从而得知目标车辆正在靠近或远离。

举个例子作为对比，有一辆行驶中的装有警报器的警车，当它接近观察者时，因为声波实际上被压缩了，所以警报声调听起来比正常情况下要提高；反之当汽车远离时，声调就比正常情况下低。这种现象就使得人们可以确定物体的运动：究竟它是在靠近接收器还是在远离接收器。通过测量频移的变化率就可以确定物体速度。

图 7-28 所示为用于这种类型系统的一种简化控制框图。框图包括一个微控制器（MCU），此微控制器用于执行控制算法并生成用于控制激光二极管的输出信号。激光二极管的信号通过一个由平面镜和透镜组成的系统（即图中光学模块）反射出来，该系统由步进电动机控制。电动机逐步通过不同位置，并且在扫描过程中允许光束在水平位置上发生偏移。有多种不同结构可以进行激

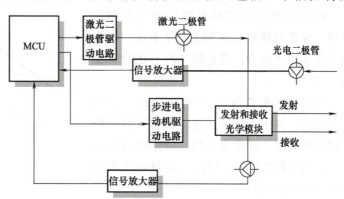

图 7-28　扫描脉冲激光雷达的控制框图

光束扫描，目前最常见的是电流镜和多边镜。它们都具有很好的精确度和减振能力。

电动机在任一个位置时，激光束反射信号都被反射到处于互补位置的镜面上，然后通过激光二极管，回到微控制器。微控制器根据图 7-27 中给出的公式计算目标或障碍物的距离。时间由与微控制器集成在一起的计数器测量得到，当发射脉冲时，该计数器激活，当它接收到信号放大器的输入信号时就开始进行计数。因为光速为 $3×10^8$ m/s，为了使测得的距离基本正确，微控制器的时钟频率必须足够高。脉冲雷达的不足是其需要窄脉冲。为了使测得量程处在可接收的范围内，接收器则需要非常高的带宽。这又意味着接收反射脉冲时会携带许多噪声信号，因此发射器必须有较高的峰值功率。在每次扫描过程中，雷达通常都会进行数百次测量和计算，并且由微控制器执行的算法会对这些数据进行平均，以获得可靠程度更高的结果。

该系统也使用了光电二极管，用来确定光学孔口是否清洁，是否被碎石堵塞。如果孔口玻璃脏污，激光束脉冲在通过时可能会发散，工作性能就会受到影响，可以通过增加激光脉冲的输出功率克服这一缺陷。恶劣的天气也会对系统性能造成影响。增加光电二极管来判断光学孔口是否透明很有必要，因为这种正面扫描脉冲雷达系统很可能安装在汽车的前部，这个部位经常接触道路上的碎石和泥土。一种解决方法就是为光学孔口安装刮除装置。

理论上有多种以脉冲为基础的系统可以使用。脉冲雷达使用的就是电磁脉冲。同样，也可以使用超声波传感器。除了超声波传感器是用声波替代光波外，它们发送脉冲波和根据反射波测量时间的原理都一样。知道了声速，传感器就可以测出到障碍物的距离。因为声速相对较慢（大约为 340m/s），所以通常在低速状态下使用，如辅助停车时，超声波传感器才能发挥作用。这类系统往往被用于近处障碍物探测系统。

（2）调频连续波（FMCW）　基于雷达系统的调频连续波（FMCW）将电磁波的发送频率与时间线性联系起来。在一定时间范围内，频率与时间呈线性变化关系。从目标返回

的信号与发射信号就体现了这种关系。在被发送信号和接收信号之间还存在传输延迟，混频器（或差分器）的输出是衡量时间延迟和频率调制的方法。混频也可以产生多普勒频移，当前方有多个目标时（如不同车道上的多辆汽车），就有多个不同频率需要解码。FMCW 雷达通常被称为毫米波雷达或微波雷达。

图 7-29 所示为 FMCW 线性频率调制的原理。发送与接收的时间差用 t 表示，频率的变化率用 d 表示，则差频（F_b）的计算公式为 $F_b = dt$。

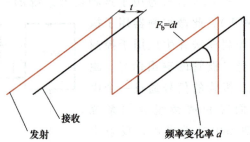

图 7-29　FMCW 线性频率调制的原理

假设给定距离为 r，时间由公式 $t = 2r/c$ 计算得到，其中 c 代表光速，要计算到目标之间的距离需先计算出差频。根据公式 $F_b = 2dr/c$ 可以求出差频。因此，到目标之间的距离为 $r = F_b c/(2d)$。

当前方有多个物体时，中间频谱会包含每个目标的信息。为了确定每条信息（分别代表一个物体），通常用数字信号处理器（DSP）对中间频率进行快速傅里叶变换，这是系统中必须处理的主要过程。DSP 成本较高是早期 FMCW 系统推广的主要障碍。

因为调频（FM）扫描的速度慢，所以 FMCW 系统中的发射器带宽控制要比以脉冲为基础的系统更容易。这对于功率的消耗来说是有利的，因为 FMCW 功率/频谱从根本上说是脉冲，而以脉冲为基础的系统的频谱实际上有很多旁波瓣，由于其脉冲有尖锐的边缘，当两种不同系统前方距离一样时，这类系统会消耗更多的功率。图 7-30 所示为 FMCW 与脉冲调制发射器典型频谱的对比。

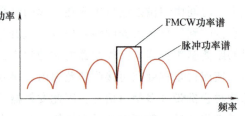

图 7-30　FMCW 与脉冲调制发射器典型频谱的对比

图 7-31 所示为一个典型的以 FMCW 为基础的雷达系统框图。发射器的频率在经过数/模转换器的数据控制下线性变化。接收器的信号经过混合、滤波和放大，然后由模/数转换器进行采样。如果只探测到了一个物体，那么混频在调制后会保持不变。为了解决多个物体的问题，使用了多种调制斜率。以 FMCW 为基础的系统一个最大的挑战是保持调制过程的直线性和解决多个物体问题。

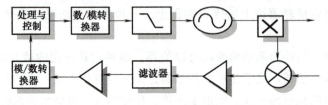

图 7-31　以 FMCW 为基础的雷达系统框图

耿氏振荡器通常用来产生发射器波形，随着技术的成熟，该技术已普遍使用于如车库大门一类的系统。

（3）采用摄像机的立体图像识别系统　那些支持以摄像机为基础的障碍物探测系统

的人认为，雷达虽然在精确判断距离方面的表现非常优秀，但它在探测可能造成误报警的静止障碍物方面还不如摄像机可靠，如路标。以摄像机为基础的系统最具挑战性的问题是如何确定距离和障碍物靠近的速度，因为摄像机不能像雷达那样确定多普勒频移。

以摄像机为基础的系统在运行过程中生成数字化图像序列，这些图像被分割成一些不连续的部分。图 7-32 举例说明了这些分割后的部分看起来大概像什么。障碍物的轮廓通过识别算法进行探测，然后对移动障碍物（比如其他车辆）进行追踪。在分析车辆运动之后，算法会对车辆方位和可能碰撞的时间进行估算。有很多种不同的图像分割技术，包括统计学规则和解析图像变换，主要目的是确定潜在的危险。通过比较一段连续的录像画面确定背景图像、估算的轨迹以及图像是否清晰，从而判断是否存在危险。为了更好地解决这个

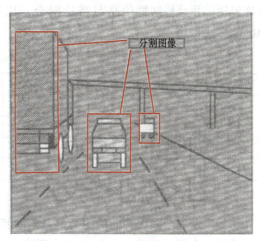

图 7-32　图像分割

问题，图像亮度使用了另一种技术，在低能见度情况下这种技术显得尤其有效，比如尾灯就很容易被识别出来。

摄像机系统中用于障碍物探测的算法一般都很智能化。众所周知，从汽车后方看过去，汽车的形状大致是由直角和直线构成的，而不会像树木那些自然物的形状。注意到这个特点有助于滤除那些没有危险的障碍物（除非它们在车辆的行驶路线上）。算法还可以在视野范围内确定视距，并且在应对那些似乎有直角边缘但处于视距之外的障碍物时（例如桥梁或高速公路标志），努力做出明智的判断。

图 7-33 所示为一种简化的典型算法，该算法用于确定潜在的危险，如另一辆行驶中的车辆。请注意系统中可能还需要其他几种算法，如追踪路边标识、车道标记和静态障碍物（如树木和停驶的车辆）。

另一个支持以摄像机为基础的系统的原因是，很多障碍物是被同时探测到的，在如何给这些障碍物分类时（有危险或没有危险），此类系统会更容易做出正确的判断。摄像机系统提供的数据最有可能用来同其他系统（比如雷达）共同使用。为了安全起见而使用两种来源的数据，以及在繁忙的多车道公路上采用尽可能好的方法判断危险（可能使用摄像机）和动态信息（多普勒频移产生的），不过这样可能会使系统变得冗余。

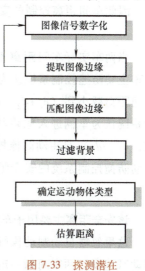

图 7-33　探测潜在危险的通用算法

（4）各种障碍物探测技术的对比　表 7-1 是几种障碍物探测技术的性能对比。虽然各种技术都在不断地改进，但是最有效的防撞系统同时使用多种不同技术，这些技术采用了

传感器数据融合原理。系统从多个传感器获取数据，并且把它们整合到一起，以便获得更精确的信息，这个过程叫作传感器融合。一个广泛看好的用于防撞系统的方法是，使用一个摄像机（为了获得立体图像也可以使用两个摄像机）最有效地进行障碍物探测和行驶轨迹识别，并且将这种信息与雷达融合，比如为了获得多普勒信号（如速度信号）的FMCW雷达。

表7-1   几种障碍物探测技术的性能对比

探测技术	激光雷达	FMCW	摄像机
障碍物探测	良好	良好	良好
行驶轨迹识别	满意	满意	良好
低能见度适应性	良好	良好	良好
成本	合理	昂贵	昂贵

2. 安全距离算法

得到准确的与障碍物间的距离只是第一步，接下来的问题是计算不与前车发生碰撞应该保持的安全距离是多少。这个安全距离显然与自车速度、前车速度都相关。

图7-34所示为同向运行自车和前车安全距离模型，驾驶人主观安全距离由三部分组成，包括驾驶人反应时间内自车行驶过的距离 d_1、消除自车与前车之间相对速度行驶过的距离 d_2、两车之间的最小距离 d_0，因此车间距离控制的安全距离为

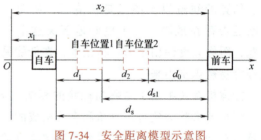

图7-34   安全距离模型示意图

$$d_s = d_0 + d_1 + d_2 \qquad (7\text{-}8)$$

当两车实际车间距离不小于 $(d_0 + d_1 + d_2)$ 时，按照驾驶人享有最高控制权的原则，汽车主动防撞控制系统认为目前自车处于安全行车状态，此时系统没有控制动作；当实际车间距离减小到 $(d_0 + d_2)$ 时，若驾驶人没有采取制动或者转向动作时，汽车主动防撞控制系统认为车辆进入危险状态，报警提示并开始采取制动，避免车辆进入危险状态，因此，$(d_0 + d_2)$ 是主动防撞控制系统用来判断当前行车安全状态的安全距离，得到适用于主动防撞控制系统的安全距离为

$$d_{s1} = d_0 + d_2 \qquad (7\text{-}9)$$

该安全距离主要用于车间距离保持，因此控制目标是车距，而不是以车速跟踪为目的。

这里忽略自动制动执行机构响应时间，同时假设自车制动减速度总是大于前方车辆的制动减速度。两车间隔一定距离向 x 轴正方向行驶，自车距原点距离为 x_1，前车距原点距离为 x_2，虚线框表示制动过程中自车的位置，相对减速度用 δ_a 表示，根据图7-34中的坐标及位置关系，定义自车与前车之间的相对速度为

$$\dot{\zeta} = \dot{x}_2 - \dot{x}_1 \qquad (7\text{-}10)$$

则驾驶人按照自己期望的减速度，对自车进行制动来消除自车与前车之间的相对车速，该

段时间内所需要的距离为

$$d_2 = \int_0^{\frac{\dot{\zeta}}{\delta_a}} (\dot{\zeta} - \delta_a t)\, dt = \frac{\dot{\zeta}^2}{2\delta_a} \qquad (7-11)$$

将式（7-11）代入式（7-9）可得安全距离为

$$d_{s1} = d_0 + d_2 = d_0 + \frac{\dot{\zeta}^2}{2\delta_a} \qquad (7-12)$$

式中，$\dot{\zeta}$ 由主动防撞系统的雷达测量得到；δ_a 为驾驶人期望的相对减速度。

　　两车之间的最小距离是驾驶人的特性参数，因人而异，两者的取值应该反映实际驾驶人的驾驶特性，需要通过大量试验数据分析得到。

四、防撞系统的组成与原理

　　主动防撞控制系统与其他控制系统协同工作，同时（通常通过语音系统，可能也包括头部平视显示器）发出预警。与其协同工作的系统中执行具体动作的主要是制动系统和转向系统。其中最关键的是制动系统。一个避撞任务在多数情况下只要执行制动动作就可以了，只有在少数情况下制动仍然无法避免碰撞则考虑主动转向操作。主动转向就必须用到本章第一节介绍的电动转向系统。

　　虽然目前多数防撞系统都有多个独立式电子控制单元（ECU），但是将来很可能防撞功能会被集成到 ABS 或车辆动力的 ECU 或某个负责监督所有车载系统的整体式安全控制 ECU 中。

　　图 7-35 所示为一种用于判断危险并相应地调整制动压力的障碍物探测系统。该系统安装了雷达传感器，并有可能与正面防撞/自适应巡航控制系统集成于一体。

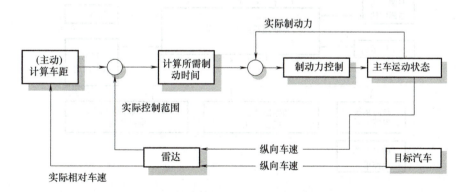

图 7-35　与制动系统协同工作的障碍物探测系统

　　图 7-35 所示系统的算法非常简单。那些相互竞争的供应商们像比较他们的生产成本与业绩那样相互攀比他们生产的硬件控制器，而且这种现象也越来越普遍。软件中的智能部分和鉴别特征就是控制算法。这种算法可以用雷达跟踪目标车辆。当主车接近目标时，系统首先会提示驾驶人"小心"，然后制动系统会自动开始工作。当略微超过驾驶人应该踩制动或绕过障碍物所需的正常时间后，系统就会报警（这就给驾驶人留下了反应时间）。所发出的报警可能是用来制动的短脉冲。由于距离已经越来越短，系统将限制发动

机的喷油量，从而减少转矩。最后，当车辆的相对速度趋近于零时，表明危险已经消除，制动将会被释放，在 ABS ECU 的控制下，ABS 的执行器也必定会停止工作。如果系统已经报警，但是驾驶人却没有采取措施，系统就会认为驾驶人已经睡着了。当车距达到安全距离时，系统会恢复节气门人工控制。

另一种采用了制动系统的控制系统就是制动助力装置，它可被视为防撞系统。制动系统安装制动助力装置是为了增加 ABS 的有效性。人们发现，许多驾驶人在将要发生碰撞的时候并没有竭尽全力去实施制动；只有当碰撞几乎已经发生了，他们才用最大的力气去踩制动。很多时候宝贵的制动距离就是这样被错过。制动助力装置通过安装在制动踏板上的传感器探测制动踏板下降的速度。如果速度很快，控制器就会起动紧急程序，并在制动减弱的时候使制动压力达到最大值（当释放制动后，制动助力系统自动松开）。

图 7-36 所示为一个包括所有子系统的设施齐全的防撞系统。这种水平的技术会被看作是高端技术，并且会作为高级系统的支撑子系统。车载正面探测系统具有两个传感器系统：77GHz 的 FMCW 和摄像机系统。来源于两者的数据经过融合，可靠地告诉驾驶人潜在的危险。共用两种来源的数据从而可以最有效地确定周围环境的信息，同理，倒车时有两种障碍物探测系统则更加安全。就安全性来说，许多系统的内部配置是重复的，在自动控制的车辆上，譬如防撞系统的这类问题亟须解决。如果经济上允许，有多种信息来源当然是个好方案。后方障碍物探测使用的是频率较低（通常约 24GHz）的雷达，而且侧面雷达系统也集成到总系统中。

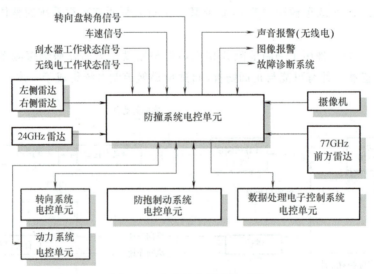

图 7-36 完整的高端防撞系统

转向角度是系统的一个重要输入信号。尽管如转角传感器、纵向倾角传感器和横摆率传感器都可用于提供车辆的实际动力学参数，但转向角表明了驾驶人预想的行驶方向。角度变化率同角速度一样，都可用于确定驾驶人是否正在采取紧急动作。汽车速度可以单独测得或由 ABS 的 ECU 提供，ABS 系统根据传感器输入计算每个车轮的转速，然后根据算法可以估算出汽车速度。另外，用其他雷达可更精确地测定汽车相对于地面的速度。刮水器状态输入有助于判断路面状况。如果刮水器处于工作状态，那么可以推断制动距离很可能会增加。如果驾驶人在手动调整收音机，那他就不大可能全神贯注地注意路上情况。这些输入会向 ECU 发出信号，告诉它存在这种情况。收音机还用作系统的声音警报的来源。这类系统会自动接通收音机并提醒驾驶人即将发生的危险。

防撞系统需要与制动系统、动力系统和转向系统这三个主要系统共同作用。以制动系统为例，将来它可能会提供更多的功能，而不只是 ABS。用于安全性的补充、对转向不足和转向过度的有效控制的稳定性管理系统，在不久的将来将会很常见。尽管图 7-36 中并没有指出，但是以后的交通设备将包括更多的基于模块化的被动系统，如导航系统和其他高级的智能交通系统（ITS）。系统会识别那些代表不稳定或不专心的驾驶行为的数据，并进行分析，判断驾驶人是否在打盹，然后会向驾驶人发出提醒。

系统还包括一个数据记录模块。不管是驾驶人的动作，还是汽车的自动动作，所有的信息都会被储存到数据模块中，它实际上是一个汽车版的黑匣子。

五、主动防撞系统的控制技术

1. 防撞系统的工作过程

防撞系统的工作过程可分为三部分，如图 7-37 所示。图中，D_s 为安全距离；y_r 为期望的自车到目标车辆的距离；a_{cdes} 为期望的自车加速度；a_{ccon} 为控制加速度；k、k_{cdes} 分别为自车实际、期望的节气门开度；p_b、p_{des} 分别为自车实际、期望的制动压力；$\dot{x}_1$ 为自车实际速度；$\ddot{x}_1$ 为自车实际的加速度；ω_e 为自车发动机转速；ω_w 为自车车轮转速；b_r 为自车驾驶人制动信号；$\dot{\xi}$ 为自车与目标车辆间的实际距离；$\ddot{\xi}$ 为自车与目标车辆间的相对速度。

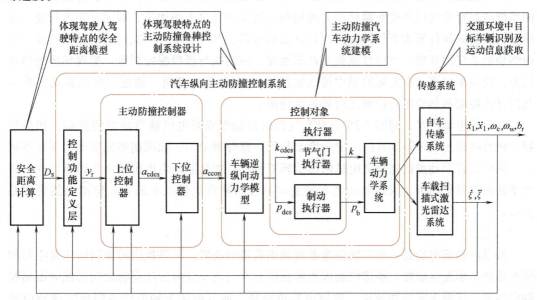

图 7-37　汽车主动防撞系统纵向控制系统

1）车辆正常行驶时，汽车主动防撞系统不停地对车辆行驶的安全程度进行评估。如判断为安全状态，防撞系统无任何动作，不干扰正常驾驶，同时驾驶人可以随时选取适合当前环境的模式进行车辆的自动控制。

2）当系统判断为危险状态时，防撞系统会首先自动关闭节气门，此时若驾驶人尚未采取相应的动作，则系统将自动控制车辆制动和转向，并调用其他相关控制系统（如ABS、ESP等），使车辆远离危险的同时保证自车的安全。一旦车辆回到安全的行驶状态或驾驶人采取了控制动作，系统对车辆的控制将自动解除，回到正常行驶状态。

3）当系统判断为危险无法避让时，除采取远离和减少危险的控制外，还将根据危险程度的大小和障碍物的类型（车辆、行人或者其他障碍物），选择合适的被动安全（如乘客保护甚至行人保护措施）控制策略。

2. 汽车防撞分层控制系统

控制系统设计包括控制功能定义层、上位控制器和下位控制器设计三部分，其结构如图7-38所示。

在控制功能定义层方面，目前，汽车主动防撞控制方式主要有上位控制和下位控制。前者由安全距离出发，从运动学的角度应用控制算法获得当前情况下车辆应当具有的减速度等；后者从上位控制算法确定的车辆目标减速度等目标参数出发，结合车辆制动系统模型，应用控制算法，实现对节气门、制动、转向等精确控制，实现上位控制要求的目标，保持车辆的安全距离。

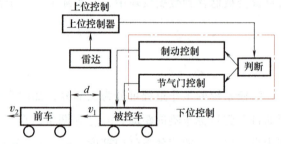

图 7-38 汽车主动防撞分层控制系统结构

汽车主动防撞控制系统结构控制指令需要经过执行器执行使得控制功能得以实现，防撞系统通过对节气门开度和制动压力的控制从而实现对自车的加速、减速及匀速行驶。防撞系统控制的执行器为节气门执行器和制动执行器。其中，节气门执行器根据控制量，实现期望的节气门开度，维持怠速或是自车加速；制动执行器根据控制量，实现期望的制动压力，使自车减速。在实际控制中可以根据加速/制动切换逻辑，通过一定的算法实现节气门开度控制和制动压力控制之间的灵活切换。

如果是电动汽车，则图7-38中对节气门的控制变成对电机输出转矩的控制，如果控制电机直接输出负转矩则可以一定程度上替代一部分制动力；如果期望的制动力不是特别大，则可以将制动控制完全由电机输出负转矩替代。如果制动由电机输出负转矩实现，则主动防撞变得更简单，因此电动汽车的主动防撞功能将比燃油车的主动防撞功能更容易实现。

3. 换道防撞

换道防撞研究的是：当车辆防撞系统做出换道的决策，车辆换道时如何防止发生与相邻车道的车辆发生碰撞。换道控制应能够根据自车与前车或前方障碍物之间的纵向距离和侧向距离、纵向速度和加速度，规划出换道路径，通过控制车辆前轮转向角完成转向操作。完成换道的前提条件是安全的换道路径以及合适的纵向安全距离。

换道防撞控制系统一般包括传感器、控制器和执行器三部分，如图7-39所示。

（1）安全距离 换道防撞安全距离模型如图7-40所示。假设双直行车道上只有自车

F 和前车 D。F 车位于 D 车后方并同道行驶，相邻车道上无其他车辆，且 D 车匀速向前行驶。

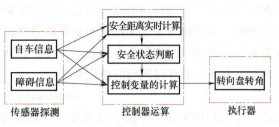

图 7-39　换道防撞控制系统

　　合适的间距是防止车辆随意"变道"而设置的安全距离，间距不足是造成追尾的最主要原因。最佳的轨迹规划行驶路径不仅要能够保证足够小的转向行驶距离，还要保证车辆行驶的稳定性。

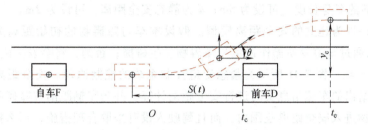

图 7-40　换道防撞安全距离模型

　　设变道前车辆初始速度为 u，进行最大强度制动所需制动时间为 t_{adj}，路面附着系数为 μ，则车辆制动时的最大制动减速度 $a = \mu g$，那么自车在进行车速调整过程中的纵向运动距离为

$$x_1(t) = ut - at^2/2, \quad 0 \leqslant t \leqslant t_{adj} \tag{7-13}$$

制动过程完成之后的 t_{adj} 时刻，自车此时的行驶速度即为变道过程中的纵向速度，即

$$u(t_{adj}) = u - at_{adj} \tag{7-14}$$

变道轨迹函数为

$$y(t) = (y_e/t_e^5)(6t^5 - 15t_e t^4 + 10t_e^2 t^3), \quad 0 \leqslant t \leqslant t_e \tag{7-15}$$

式中，y_e 为车辆完成整个变道过程的侧向位移，一般取为一个标准的车道宽度，即为 3.75m；t_e 为整个变道过程所用时间。

　　车道变换过程中的纵向位移为

$$x_2(t) = u(t_{adj})(t - t_{adj}), \quad t_{adj} \leqslant t \leqslant t_{adj} + t_e \tag{7-16}$$

在整个制动和变道的过程中，车辆的侧向位移可表示为

$$y(t) = \begin{cases} 0, & 0 \leqslant t \leqslant t_{adj} \\ (y_e/t_e^5)[6(t-t_{adj})^5 - 15t_e(t-t_{adj})^4 + 10t_e^2(t-t_{adj})^3], & t_{adj} \leqslant t \leqslant t_{adj} + t_e \end{cases} \tag{7-17}$$

　　设车辆前方障碍物的宽度为 w，自车的前外侧与障碍物的后内侧轮廓可能产生碰撞的时刻为 t_c，那么车辆在此时刻恰好不与障碍物发生碰撞的临界条件为 $w = y(t_c)$，则有

$$w = (y_e/t_e^5)[6(t-t_{adj})^5 - 15t_e(t-t_{adj})^4 + 10t_e^2(t-t_{adj})^3] \tag{7-18}$$

　　自车达到临界碰撞点时所用的变道时间为 $t_c - t_{adj}$，那么自车从发现障碍物开始进行制动到到达可能的碰撞点时车辆行驶的纵向距离为

$$x_3(t_c) = x_1(t_{adj}) + x_2(t_c) = ut_{adj} - at_{adj}^2/2 + (u - at_{adj})(t_c - t_{adj}) \tag{7-19}$$

　　由式（7-19）可知，其最小值只会取在两个端点上，即 $t_{adj} = 0$ 或 $t_{adj} = u/a$ 处，两者

分别代表不对车辆进行制动和一直制动直至车辆停止两种情况。即说明在车速较高且障碍物较小时，直接进行变道所用的安全距离最短；在车速较低且障碍物较大时，直接进行制动避撞所用的安全距离最短，因此 $t_{adj}=0$，由式（7-19）求得到达可能碰撞点的时间 t_c，车辆到达碰撞的临界时刻时的航向角为

$$\theta = \arctan\left[v_y(t_c)/u\right] \tag{7-20}$$

式中，v_y 为侧向速度。考虑车身长度，并保证车辆在整个变道的过程中不与前方障碍物发生碰撞，相应的安全距离为

$$x = x_3(t_c) + S\cos\theta + d \tag{7-21}$$

式中，S 为车辆的车身长度，可设为 5m；d 为静态安全距离，可设为 2m。

式（7-21）即为建立的安全距离模型。假设本车与障碍物的初始距离为 D，那么当 $x \geqslant D$ 时，可以通过车道变换操作避免与障碍物发生碰撞；否则，将会发生碰撞事故。

（2）控制系统 图 7-41 所示为紧急变道控制系统的控制原理。安全距离模型根据车辆动力学模型给出的车速信息实时进行安全距离计算，并与车辆距前方障碍物的距离进行比较，若障碍物进入安全距离范围内，而且驾驶人没有采取合理措施，那么控制模块便会起动，控制车辆按照设定变道轨迹进行变道。控制模块的输入是根据变道轨迹模型得到的期望侧向加速度，其经过车辆转向盘转角模型计算后会得到期望的转向盘转角，由转向盘转角信号控制车辆完成变道。考虑到车辆模型的强非线性，简单的开环控制难以满足要求，应采用模糊 PID 控制器等，实现基于侧向加速度偏差值的闭环反馈控制。

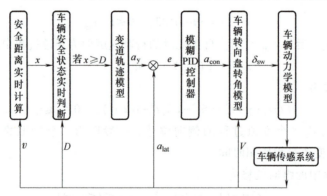

图 7-41 紧急变道控制系统的控制原理

图 7-41 中，v 为自车行驶速度，D 为自车到障碍物间的距离，x 为控制系统实时计算出的最小安全距离，a_y 为通过较优变道轨迹模型计算出的理想的侧向加速度，a_{lat} 为自车的实际侧向加速度，a_{con} 为控制器处理后的控制加速度，e 为 a_y 和 a_{lat} 的偏差值，δ_{sw} 为转向盘转角。

例如模糊 PID 控制器，即通过设定相应的模糊论域和模糊规则，自适应地对 PID 控制器的三个参数进行整定。控制器的输入是侧向加速度的理想值与实际值的偏差，通过对偏差信号的处理，力求实际的侧向加速度与期望值相同，从而使车辆可以按照设定的变道轨迹行驶。

控制系统的仿真主要借助于 MATLAB/Simulink、CarSim、TruckSim、PreScan 等软件平台。

六、防撞系统需要解决的问题

被动防撞系统和主动防撞控制系统还有不少问题或疑问，这些问题主要涉及人为因素。

系统与驾驶人的交互界面对碰撞预警系统来说显然非常重要。当对驾驶人发出警告后，其反应必须能够安全地使汽车脱离险境。因此，设计的警告应该能产生这样的效果，而不是使驾驶人受到惊吓。与这个交互界面相关的还有其他一些因素，例如报假警会引起驾驶人的不快。

以 ABS 为例，驾驶人还必须关注风险补偿行为。关注风险补偿行为的理论是：驾驶人认为被动防撞系统和主动防撞控制系统会帮助他们解决问题，因此他们在驾驶时就可能不专心。在某些研究报告中已经证明当汽车配备了安全增强系统后，驾驶人确实有这种关于安全的错觉。在这种情况下，系统反而被看作安全的威胁，而不能起安全增强作用。为了提高驾驶人对 ABS 的认识水平，人们正在进行几个大的尝试。这一点必须在介绍被动防撞系统和主动防撞控制系统之前优先考虑。

最佳反应时间也非常重要。这取决于驾驶人的身体特点，可能差别很大。如果假设驾驶人是位老人，系统会设定一个较长的反应时间。然而，在这种情况下，如果老年驾驶人的性格很年轻化，对驾驶人发出预警就显得没有必要和令人厌烦。

在只起制动作用的防撞系统中，另一个令人关注的问题是，在某些情况下，当紧急制动只会降低撞击速度时，驾驶人可能驶离从而避免导致碰撞。当系统实施制动时，驾驶人可能不能这样选择，因为在减速时改变车道可能会带来危险。防撞系统必须非常先进，才可以采取这些动作，比如制动或转向，而且系统还必须能可靠地探测出整个汽车周围的障碍物。当系统认为碰撞不可避免时，即使驾驶人试图驶离碰撞位置，它也会充分实施制动。还应当指出的是，自动转向系统要比自动制动系统复杂得多。

最后，可能所有的读者都经历过这样的场景：当他们与前面的汽车保持安全距离的情况下，突然出现一辆汽车抢在他们面前。当公路穿过具有多个出口道路的城镇时，通常就会发生这种情况。当有这种情况发生时，系统肯定会自动制动，这时驾驶人可能非常恼火，并可能会关闭系统。许多驾驶人可能会缩短他们与前面车辆之间的安全距离，防止让其他的车辆突然抢到他们面前，虽然这样做是很危险的。

第四节　自动泊车系统

自动泊车系统是一种通过探测车辆周围环境信息来找到合适的泊车位，从而控制车辆的转向、速度，使得车辆能够自主驶入泊车位的系统。相比于人工泊车事故率高、传统倒车雷达智能程度低，自动泊车系统提高了车辆的智能化水平和安全性，进一步降低了新手驾驶人驾驶车辆的难度，也为将来实现车辆的自动驾驶打下基础。

一、研究自动泊车系统的意义

随着经济水平的发展和人民生活水平的不断提高，一方面汽车拥有量越来越多，公路、街道、停车场、居民小区等拥挤不堪，可利用的泊车空间越来越少；另一方面，驾车新手逐年增多，由于不熟练导致的各种问题也很多。美国密歇根大学交通研究所的 Paul Green 的研究表明，根据交通事故数据库统计资料和保险公司事故统计资料，泊车导致的事故占到各类事故的44%，其中1/2~3/4的泊车碰撞是倒车造成的。由此可见，倒车进行泊车是驾驶人容易出问题而导致交通事故的一个重要原因。如何改善汽车的操控性，尤其是泊车过程中的不便利，消除安全隐患，迅速、准确、安全地将汽车停靠到合适的位置，逐渐引起了人们的关注。汽车在泊车过程中的困难主要有三方面：一是驾驶人的视野有限，驾驶人在驾驶座上很难完全看清楚后方的情况，仅能通过后视镜来观察车尾部情况，然而由于位置、天气等因素，后视镜又往往难以起到良好的效果；二是对于经验较少的驾驶人，通过后视镜来观察车尾情况，需要推理反向视角的变化，又需要常常扭头观察真实情况，同时还需要控制转向盘、加速和制动等，容易造成操作失误；三是对于不熟悉的环境或者车位狭窄的情况下，驾车新手由于缺乏经验技巧，或者对车型部件的灵敏程度不熟悉，往往难以很好地控制汽车进行快速准确的泊位。

二、自动泊车系统的组成与工作原理

自动泊车系统的基本组成是：①传感器系统，主要用来探测环境信息，寻找车位并实时反馈车辆位置信息；②中央控制系统，主要用来处理环境感知信息，并在线实时计算目标车位参数和车辆相对位置，判断可行性并确定自动泊车策略；③执行系统，主要根据中央控制系统的决策信息，控制转向盘和动力系统，忠实地按照决策路径控制车辆运动到泊车位。

自动泊车系统运行的基本过程是：①通过传感器系统感知环境信息；②根据传感器系统的信息得出有效车位信息、车辆相对位置，从而决策泊车初始位置；③电子控制单元（ECU）根据传感器信息，实时进行环境建模，生成车辆运动路径，控制车辆无碰撞地自动运动到泊车位。

三、自动泊车的过程分析

常见的泊车情形有平行泊车、垂直泊车和斜行泊车三种。它们的主要区别在于最终完成泊车时车身方向角与泊车过程中车辆行驶方向的位置关系。平行泊车多见于日常泊车，垂直泊车多见于车库泊车，斜行泊车多见于停车场泊车。

1. 有效泊车空间探测

对于自动泊车来说，必须首先感知环境信息。当车辆通过泊车区域时，需要通过传感器来实时获得环境信息和车辆位姿信息，即需寻找预测泊车空间的长宽是否能够进行泊车，并判断每一时刻车辆相对于预测泊车空间的位置和方向角。泊车空间预测如图7-42所示。

图 7-42　泊车空间预测

2. 自动泊车基本过程

可以将泊车分为以下三个步骤：

（1）步骤 1 车体从初始位置到达预备倒车位，如图 7-43 所示，车身方向角可以从任意初始位置运行到中间位置，运行过程中期望车身方向角 θ 为 0°。其中步骤 1 又可分为以下两个子步骤：

1）期望的中间位置纵坐标与预备倒车位置的纵坐标相同。车辆从初始位置到达中间位置，如图 7-43 所示。如果初始位置发生变化，则中间位置的横坐标也会相应变化，但其纵坐标仍然不变。因此，对于任意车辆初始位置，控制器仍能够使得车辆达到纵坐标为定值的中间位置。

2）车辆从中间位置向预备倒车位置运动，同时调整车身方向角 θ。当车辆到达预备倒车位置时，期望 θ 值为 0°，距离侧面障碍物以 0.5m 左右为宜。

（2）步骤 2 增大 θ 角到约 45°开始倒车；再反打方向，减小 θ 角进行倒车至车尾接近泊车位侧面和底部约 0.1m，如图 7-44 和图 7-45 所示。

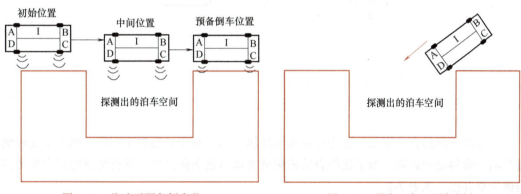

图 7-43 移动到预备倒车位   图 7-44 增大 θ 角以预备倒车

（3）步骤 3 车辆前进并调整方向，在泊车空间进行位姿的微调，直至车辆到达泊车空间中部，车身方向角基本为 0°，距离泊车位各面距离合适，且车速基本为零，如图 7-46 所示。

综合上述分析，可以将自动泊车系统的运行流程归纳为如图 7-47 所示。

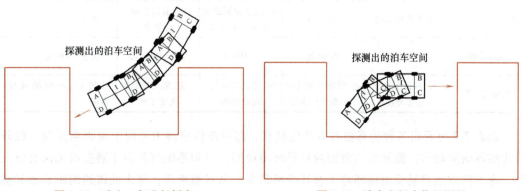

图 7-45 减小 θ 角进行倒车   图 7-46 泊车空间内位置调整

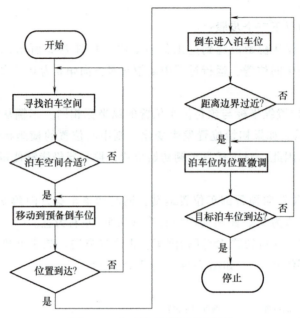

图 7-47　自动泊车系统运行流程

四、自动泊车系统的关键技术

1. 传感器选择

为实现车辆的自动定位，首先需要感知环境信息。对于自动泊车而言，则需要实时测量车辆与障碍物的距离。为了选择合适的传感器以满足测距需要，下面将测距用主要传感器做简单对比，见表7-2。

表 7-2　各种传感器测距性能比较

性能	超声波传感器	红外线传感器	激光雷达	视频系统	毫米波雷达
最大探测距离	10m	10m	150m（波束能量集中）	>100m	>150m（根据波束宽度和接收灵敏度）
响应时间	较快，约15ms	慢，10^3ms	较快，约10ms	取决于处理器时间	快，可以达到1ms
磨损/污染影响	几乎没有影响	影响不大	很大，使探测距离减少 1/3～1/2	大，直接影响分辨率	较小
成本比较	约20元	约80元	约500元	大于1000元	大于1500元
环境适应性	好，可以工作于恶劣环境	差，低能见度时好于一般光学系统	差，受恶劣天气、振动影响	差，能见度低时无法工作	较好，不受能见度影响

由表7-2可看出各种传感器各有其优缺点：超声波传感器主要用于短距离探测，红外线传感器响应较慢，激光雷达测距对外界环境敏感，视频系统容易由于磨损而无法有效工作，毫米波雷达容易受电磁环境干扰且价格昂贵。从目前来看，毫米波雷达测距和激光雷达测距方式主要是汽车防撞应用的最广泛形式，超声波传感器测距目前主要应用于倒车雷

达，对于自动泊车系统的测距要求而言，可以看到超声波传感器具有如下优点：①对于色彩、光照度不敏感，可用于识别透明及漫反射性差的物体（如玻璃、抛光体）；②对外界光线和电磁场不敏感，可以用于黑暗、有灰尘或烟雾、电磁干扰、有毒等恶劣环境；③结构简单，体积小，费用低，信号处理简单可靠，易于小型化和集成化。特别是在空气测距中，由于空气中波速较慢，其回波信号中包含的沿传播方向上的结构信息很容易检测出来，具有很高的分辨力，因而其准确度也较其他方法高。

2. 传感器布局及自动定位实现

由超声波传感器特性可知，有效探测出车辆周围环境信息往往需要多个传感器联合使用。考虑到自动平行泊车过程中车体的运动方向以及泊车位的预测位置，超声波传感器布局如图 7-48 所示。

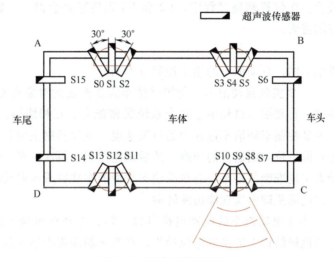

图 7-48　超声波传感器布局

一共需要安装 S0~S15 共计 16 个超声波传感器。其中，车身侧面各有 6 个，每 3 个为 1 组，分别安装在车身前、后部的位置；车头、尾各安装 2 个。将这 16 个传感器分别编组为：车身左侧 U0（S0~S2）和 U1（S3~S5）组；车头 U2（S6、S7）组；车身右侧 U3（S8~S10）和 U4（S11~S13）组；车尾 U5（S14~S15）组。其中 U0、U1、U3、U4 组中每个传感器间夹角为 30°，这样可以保证没有死角，且不会出现信号干扰。由于超声传感器占用空间很小，所以忽略车体侧方传感器组中各传感器间的误差。由于在寻找车位和倒车过程中，系统需要更精确的环境信息，因此在车身两侧安装 4 组共计 12 个传感器；而车头、尾部传感器的作用在于当车辆进入泊车位，接近泊车位前、后部时，可提示车辆改变行进方向，从而调整车姿，因此只需要 U2 和 U5 共计 2 组 4 个传感器即可。考虑到泊车位既可能出现在车辆右侧，也可能出现在车辆左侧，因此实际工作中，U0、U1 和 U3、U4 的功能是一样的。每个传感器对应一个 PWM 口，但并非所有时刻所有传感器均需同时工作。

为方便讨论，假设预测泊车位位于车辆的右侧，在正向进入泊车区域后，无论车辆初始方向角如何，控制车辆低速向前以寻找泊车位，方向平行于预测泊车位侧方，以 U3 和 U4 各自测得的距离差基本为零来控制车辆的方向角。对于车辆自主控制而言，假设环境地图已知、自身位姿未知，为实现自动定位，需要探明的环境信息有：预测泊车位的长、宽；基于后轮距的车辆相对几何坐标；车身方向角。车辆向前以寻找车位时，当 U3 组传感器探测到可满足泊车宽度的距离时，车辆继续向前，认为找到了泊车位的后沿；当经过一定时间后，U3 组传感器不能探测到可满足宽度的距离时，计算这两次信号发生的起始时间差，再乘以当前车速，即可得到潜在泊车位的长度，并判断该长度能否满足泊车要求。此时，即实现了泊车空间参数的探测。继续控制车辆向前，至 U4 组传感器不能再探测到可满足泊车宽度的距离，此时认为车辆已到达预备倒车位置。根据已知的几何信息，此时可计算出车辆基于后轮距的相对几何坐标。而车身方向角可由角位移传感器得知。从增大车身方向角开始倒车开始，到泊入泊车位底部，由 U3 组和 U5 组传感器的信息，可知模糊控制器的输入 x_1 和 y_1 的值。在倒入底库后，U5 组传感器测量车位后方相对车辆的距离，以避免碰撞。在位置调整过程中，U2 和 U5 组传感器会测量车辆距离前后障碍物的距离以满足控制需要。

3. 输出控制

动力总成的类型不同，自动泊车的输出控制也不同。

（1）传统燃油车　要实现自动泊车，传统燃油车需要控制的对象有发动机、变速器、制动系统、转向系统。自动泊车过程中这几个系统紧密配合，互相协调，共同完成任务。对发动机的控制主要是控制车辆泊车过程中的行驶速度。变速器则主要是当车辆不能一次性泊车入位时，进行前进位与倒退位的切换，然后调整位置，再次泊车。制动系统是在泊车到位时控制制动力实现准确的停车。有自动泊车功能的车往往采用电动转向系统，在需要转向时，控制转向电动机即可实现准确地转向。

（2）电动汽车　由于电动汽车的驱动电机可以反转，电动汽车倒车的实现过程不需要进行燃油车变速器机械结构上的换倒退位操作。在汽车制动强度不大的情况下，电机的制动转矩可以实现车辆的制动。而实际泊车过程中的制动强度一般都不大，因此可以直接利用电机的制动转矩实现制动。

因此，对于电动汽车来说，其自动泊车的过程中输出控制就只需要分别对驱动电机和转向电机进行控制即可，实现的难度比燃油车小多了。

第五节　车道保持辅助系统

车道保持辅助（Lane Keeping Assist，LKA）系统采用数字摄像机记录车道标记，并且智能检测汽车在道路上的位置。只要汽车在行驶中逼近任何一条边界线，将要驶离正常的车道而驾驶人来不及做出反应时，该系统能够根据偏移的程度自动修正驾驶方向并告警提示。该系统在驾驶人交谈、疲劳、听音乐等分散注意力的情况下，能有效地减少交通事故的发生。

一、LKA 系统的分类和组成

根据汽车偏离车道时所采取的措施不同，车道保持辅助系统分为两种类型：一类为车道偏离提醒，即当汽车偏离正常车道时，系统通过振动转向盘，以提醒驾驶人注意；另一类为车道偏离干预，即当汽车偏离正常车道时，系统会对转向盘施加一个纠正力矩（不低于 2N·m），促使汽车回到正确的车道上。摄像机一般安装在车内后视镜区域的风窗玻璃处。摄像机的拍摄范围包括至车辆前方最远大约 40m 处，至车辆左右两侧最远大约 5m。

二、LKA 系统的工作原理

LKA 系统是基于图像识别以及图像处理技术，主要由图像传感器以及图像处理的控制器组成。图像传感器安装在前风窗玻璃的上方，它采集车辆前方 20~60m 范围内场景的图像信息，并且发送给控制器。控制器根据得到的场景信息进行分析，抽取其中的特征建立三维或二维模型，从而得出车辆两侧的车道线，并将车道线与车辆的行驶方向进行比较，当存在交叉时，控制器判定汽车已经或正在偏离正确的车道，将做出相应的提示。

如图 7-49 所示，LKA 系统根据车辆偏离车道中央、偏离行驶方向和车辆半径计算出辅助转向力，对应偏离的程度来控制 EPS 施加的转向力大小，辅助驾驶人操控转向盘。车辆行驶方向的控制是在驾驶人的转向力上增加这个控制。

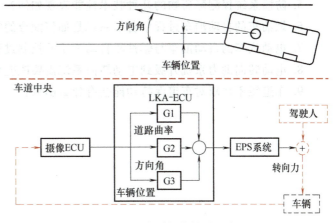

图 7-49　车道保持辅助系统

三、LKA 系统的功能

1. 直行车道上的车道保持功能

借助识别出的车道标线，车道保持辅助系统计算出一条可使车辆沿其行驶的虚拟车道。此外，该系统还会确定车辆相对于该虚拟车道的位置。如果车道将要偏离虚拟车道，那么车道保持辅助系统便会借助电控转向系统，施加一个转向修正力矩（最大 3N·m），以修正车辆的偏移，在这种情况下，转向力矩的大小取决于车辆与识别出的车道标线之间形成的夹角。转向干预最长一般持续 100s，如果车辆在这段时间内重新按车道走向行驶，修正过程便告结束。如果该力矩不足以修正转向，那么电控转向电动机便会振动转向系统，使驾驶人感到转向盘振动，从而对其发出警告。驾驶人也可通过主动的转向操作，随时轻松终止转向干预过程。

2. 弯道上的车道保持功能

即使是在一段很长的弯道上，如果车辆偏离系统计算出的虚拟车道，那么车道保持辅助系统也可以实施干预。在此情况下，车道保持辅助系统设置虚拟车道时，使弯道内侧的虚拟车道边缘线尽量接近系统识别到的弯道内侧车道标线。通过这种方式，驾驶人可以轻松地切线行驶，而车道保持辅助系统不进行修正性转向干预。

如果在超过 100s 的转向干预时间内，系统无法使车辆保持在弯道内行驶，那么便会给予驾驶人振动告警并发出电子告警音，同时在组合仪表的显示屏上显示一条文字信息，要求驾驶人接管转向操作。

思　考　题

1. 电动转向助力的优点有哪些？
2. 电动式转向助力系统如何分类？各有什么特点？
3. 燃油车定速巡航功能的实施过程是怎样的？
4. 电动汽车定速巡航功能如何实现？
5. 防撞系统探测障碍物的几种技术性能表现如何？
6. 燃油车的自动泊车过程中各子系统是如何配合的？
7. 电动汽车的自动泊车与燃油车自动泊车的控制过程有什么区别？
8. 电动转向助力系统升级到电动转向系统需要改变什么？
9. 车道线不清晰对车道保持功能会有什么影响？

第八章

车身电子控制技术

第一节　安全气囊系统

一、安全气囊概述

1. 安全气囊的功用

安全气囊系统（SRS）又称辅助乘员保护系统。它是一个可吹胀的气囊。当汽车受到撞击而急剧减速时，气囊就迅速膨胀以防止驾驶人和副驾驶座人员的身体向前冲撞转向盘和风窗玻璃。安全气囊系统有助于防止碰撞过程中头部和胸部的损害。特别是在汽车正面碰撞和前侧碰撞时，其保护作用尤为明显。

气囊会根据车速判断汽车是否发生碰撞而胀开。当事故发生时，人体在加速度作用下向前运动。当人体运动到距离气囊一定位置时，气囊必须已经打开并充气，准备同人体的接触。如果人体运动到距离气囊很近时，气囊还没有打开，人体会非常危险，因为这时爆发的气囊极可能对人体造成损伤。因此必须利用人体的运动距离来确定传感器起动安全气囊的时间。这就是所谓的最大容许时间。从汽车碰撞开始算起，气囊胀开所需的总时间少于100ms，其实际的展开时间大约是30ms，气囊胀开1s之后就会瘪掉，以防止驾驶人被气囊窒息。

2. 安全气囊的可靠性设置

安全气囊是汽车发生碰撞时的安全装置，其可靠性十分重要。为保障安全气囊可靠地工作，首先要考虑电源的可靠。因此，一般采用双电源工作，而且在断电的情况下，还有气囊电子电路的储能元件（如大容量电容）供短时间控制用。另外还有低电压小功率的备用电源，在外电源全无的情况下，它可以点燃报警灯。

其次，气囊的硬件部分要采用高标准、高可靠性的器件。除高强度的机械部件外，其电子器件应经过比汽车的环境条件更恶劣的工况的各种抗干扰、老化等方面的试验。并且主要部件都应采用降额使用、并联冗余等措施以提高可靠性。传感器除了采用高可靠性的器件外，也可采用多种形式的传感器并联使用等措施，以确保气囊能可靠地工作。

采用微机控制的气囊系统，其软件应具有自检功能，每隔一定的时间就对气囊的电源、传感器、微机等部分进行自检，以便及时发现故障以进行维修。此外，软件应设置陷阱、超时检测等措施，以便在软件执行过程中可克服由于外界干扰等原因造成软件短时间的跑飞、锁死等现象。

3. 气囊在车内的标识

驾驶人用气囊放在转向盘外壳内，有一个完整光洁的装饰外罩；乘客用气囊则藏在仪表板内，当发生前碰撞或近似前碰撞事故时，固装在组件内的气囊以规定方式冲破外罩充气膨胀。在转向盘外壳和仪表板上刻有"Air Bag"或缩写"SRS"（辅助乘员保护系统）或"SIR"（辅助充气保护系统），表明该车装有气囊。

装有驾驶人用气囊的轿车仪表板上有一个指示灯，向驾驶人表明气囊系统状态，汽车用户手册上说明了该指示灯的功能。尽管汽车厂规定了维护或检查要求，但大多数气囊系统不需要常规维护就能经常处于可使用状态。

二、安全气囊的分类

根据碰撞类型，安全气囊可分为正面碰撞防护安全气囊系统和侧面碰撞防护安全气囊系统两种。按照安全气囊数量可分为单气囊系统（只装在驾驶人侧）和双气囊系统（驾驶人侧和副驾驶人侧各有一个安全气囊）。

在安全气囊系统开发中，就安全气囊和安全带的主、从关系不同，有被动安全气囊和主动安全气囊之分。所谓被动安全气囊是指气囊在开发过程中是作为被动约束系统，即该系统无须使用者设定就能够处于工作状态。此时安全带需要使用者主动系上。所以被动安全气囊系统主要针对未系安全带的乘员设计。对于这类乘员，在车速很低的情况下发生碰撞时，他就有受伤的危险。因此，系统要求设定在以18～20km/h发生碰撞时就能点火引爆气囊。

由于三点式安全带在欧洲已经作为法规要求强制安装，所以欧洲国家在开发安全气囊时会将安全气囊作为安全带保护能力的扩充。由于安全带大部分属于主动约束系统，所以将这种气囊称为"主动安全气囊"。试验表明，在30km/h以下的碰撞中，三点式安全带已经有较好的保护效果。但是在更高速的碰撞中，乘员的头部仍有第二次碰撞的危险。这时，主动安全气囊系统可以减少第二次碰撞带来损害。

安全气囊系统按控制类型不同，可分为机械式和电控式两类。电控式又有分立器件型、集成电路型、微机控制型之分。此外电控式还可以分为集中控制式即一个电子控制器控制两个以上的气囊，以及分散控制式即一个电子控制器只控制一个气囊。

三、安全气囊系统的组成及工作原理

安全气囊系统包括传感器系统、安全气囊总成、气体发生器、系统控制模块（ACM）及其他附件。

1. 碰撞传感器

传感器是检测、判断汽车发生事故后的撞击信号，以便及时起动安全气囊，并提供足够的电能或机械能来点燃气体发生器。在人体只可能受到极轻微损伤的条件下（例如在汽车速度低于12km/h时的正面碰撞、一般的追尾事故等，或是由于路面过于颠簸造成的速度变化），传感器对于起动安全气囊的判断应该是否定的；而在人体可能受到严重损伤必须使用安全气囊保护时，传感器应能够在最大容许时间之前起动安全气囊。

在安全气囊系统（SRS）中，一般设置有 3～4 只碰撞传感器，分别安装在车身中部和前部。如车身两侧的前翼子板内侧、两侧前照灯支架的下方、发动机散热器（水箱）支架左右两侧等，如图 8-1 所示。

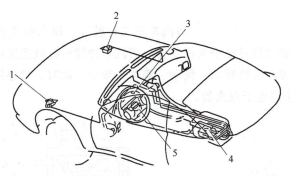

图 8-1　典型安全气囊系统的组成

1—左碰撞传感器　2—右碰撞传感器　3—SRS 警告灯　4—SRS 电控单元（包括安全传感器）　5—气囊组件

常用的安全气囊传感器有滚子式传感器、钢球式传感器、水银开关式传感器、偏心锤式传感器等。

（1）**滚子式传感器**　如图 8-2 所示，它主要由电路触点、电阻器、加载弹簧、滚子、壳体组成。当发生碰撞产生的冲击力达到一定程度时，在加速度的作用下，滚子会沿着一定的轨迹向前推进，当滚子接触到前部的电路触点时，使连接 SRS 微机的电路闭合接通。它是一种加速度传感器，只能测量到前后的运动力，而不能检测左右的运动力，并且它对低速撞击和粗糙面过于敏感，所以它逐渐被另一种钢球式传感器所取代。

（2）**钢球式传感器**　如图 8-3 所示，钢球式传感器是一个小球在一个圆柱形缸套内运动，小球被磁场力约束，在正常情况下，钢球被磁力吸附在钢套的一端。碰撞时，如果冲击力足够，钢球将克服磁场力，向前运动，当接触到前面的电触头时便将局部电路接通。碰撞后磁场力自动把钢球吸离电触头，回到原位。这种传感器既是加速度传感器，又是速度传感器。传感器的灵敏度由磁场力的大小、钢球和圆柱形钢套的间隙以及钢球距电触头的距离决定。

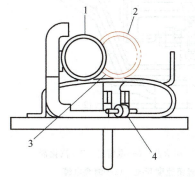

图 8-2　滚子式传感器

1—滚筒在未碰撞时的位置　2—滚筒在碰撞时的位置
3—电路触点　4—电阻器

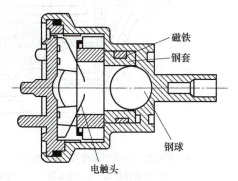

图 8-3　钢球式传感器

磁铁
钢套
钢球
电触头

（3）**水银开关式传感器**　水银开关式传感器利用水银导电良好的特性制成，一般用作安全传感器（防护传感器），如图8-4所示。当汽车发生碰撞时，减速度将使水银产生惯性力。惯性力在水银运动方向上的分力会将水银抛向传感器电极，使两个电极接通，从而接通气囊点火器。

（4）**偏心锤式传感器**（图8-5）　当汽车正常行驶时，扭力弹簧将锤、动触头定在止点位置，传感器没有触发信号给中央控制器。当汽车冲撞时，减速度作用力克服弹簧的扭力而使其产生运动，带动触桥转动，使动、静触头接合。此时，传感器向中央控制器发出"接通"信号，从而引爆电子点火器。

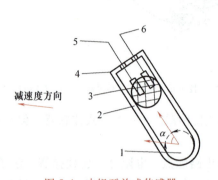

图 8-4　水银开关式传感器

1—水银（正常位置）　2—水银（冲撞位置）
3—触头　4—外壳　5—接电源　6—接雷管

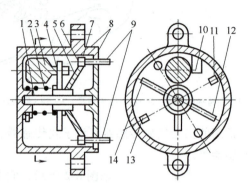

图 8-5　偏心锤式传感器

1—心轴　2—扭力弹簧　3—锤　4—转盘　5—触桥
6、12、14—动触头　7、11、13—静触头
8—外壳　9—插头　10—止位块

2. 安全气囊总成

安全气囊总成主要包括点火器、充气泵、气囊组件及固定部件，如图8-6所示。点火器和充气泵也称为气体发生器。

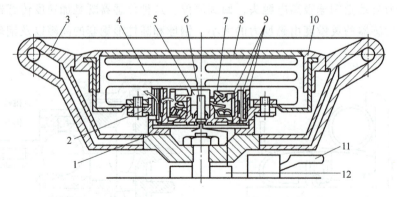

图 8-6　转向盘安全气囊总成

1—安装架　2—充气器外壳　3—转向盘　4—气囊　5—引火药　6—电雷管　7—汽化剂
8—气囊保护盖　9—过滤器　10—气囊盒　11—经济速度开关　12—缠叠电缆

（1）**气体发生器**　气体发生器由点火器和充气泵组成，如图8-7所示。点火器是一个引爆装置，它可接收控制模块的低电流点火信号，发热点燃充气泵中的叠氮化钠。驾驶人

席充气泵采用热效反应法。它有一个轻金属铝壳，内装能产生气体的化学药品，为气囊充气。当碰撞传感器把蓄电池供电电路接通，点火器获得电能而加热点火剂引起点火。充气泵中的叠氮化钠与氧化铜剧烈反应，迅速产生无害气体氮。氮气经过增压器快速扩散到气囊内，使之充气。乘客席充气泵如图8-8所示。折叠后的气囊质心偏离气泵气流吹出的方向，以利于气囊的迅速展开。

（2）气囊组件　气囊组件包括气囊、气囊容器、支承架和底板、充气器和装饰盖等。

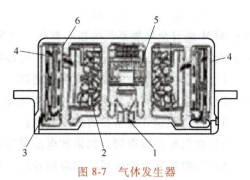

图8-7　气体发生器

1—点火器　2—叠氮化钠　3—增压过滤器
4—到气囊的出口　5—点火剂　6—充气泵壳体

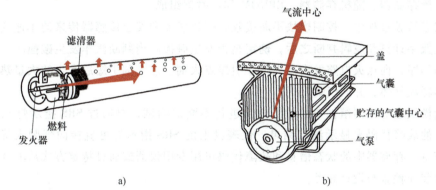

a)　　　　　　　　　　　　　　　b)

图8-8　乘客席充气泵

气囊一般用轻尼龙或聚酯纤维布料制成，内层涂有聚氯丁二烯，用以密闭气体。气囊组件在静态时，可以折叠成包，安放在气体发生器的上部与气囊装饰盖之间，如图8-9所示。气囊的大小因制造公司不同而有所差异。气囊背面或顶部有2~4个排气孔。当驾驶人或乘员在惯性作用下压到气囊上时，气囊便通过排气孔排气，从而吸收驾驶人与气囊碰撞的动能，使人体不致受到伤害。

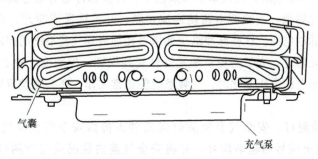

图8-9　未展开的气囊

支承架和底板用不锈钢制成，和充气器铆接在一起。驾驶人一侧的气囊总成通常用螺栓固定在转向盘上，乘客一侧的气囊总成通常装在靠乘客一侧的仪表板中。由于乘客与仪表板之间的距离比驾驶人与转向盘的距离大，因而乘客一侧的气囊要大得多。

（3）安全气囊系统控制组件（ACM） 安全气囊系统（SRS）控制组件简称 SRS 微机。ACM 是安全气囊系统的核心部件。其安装位置依车型而异。一般安装在中央控制台下面或者乘客座椅下面。典型的 ACM 具备以下功能：

1）控制仪表板上的安全气囊检测灯。

2）连续监测安全气囊系统的各个部件。

3）控制安全气囊系统的诊断功能。

4）在汽车碰撞期间，如果蓄电池电压不足时，提供胀开气囊所需的电能。

5）当收到来自传感器的相应信号时，负责给一个或几个气囊充气。

ACM 主要由控制模块、信号处理电路、备用电源电路、保护电路和稳压电路等组成。

1）控制模块。控制模块主要用以监测汽车纵向减速度或惯性力是否达到设定的阀值，控制气囊总成中的点火器引爆点火剂。控制模块由 A/D 转换器、D/A 转换器、I/O 接口、只读存储器、随机存储器、EPROM 和定时器组成。

在汽车行驶过程中，控制模块不断接收碰撞传感器和安全传感器传来的车速变化的信号，经过数字计算和逻辑判断之后，确定是否发生碰撞。当判断汽车发生碰撞时，立即运行点火的程序，向点火电路发出点火指令引爆点火剂。点火剂引爆后产生的大量热量使充气剂分解释放气体，并向气囊充气。

控制模块还对控制组件中的关键电路进行不断地测试，再通过 SRS 指示灯和存储在存储器中的故障代码来显示测试结果。仪表盘上的 SRS 指示灯可直接向驾驶人提供 SRS 的状态信息。存储器中的状态信息和故障代码可用专用仪器或通过特定方式从 I/O 串口调出，以供装配检查与设计参考。

2）信号处理电路。信号处理电路主要由放大器和滤波器组成，主要用来将传感器检测到的信号整形、放大和滤波，以便使控制模块能够接收、识别和处理。

3）备用电源电路。为了提高可靠性，SRS 采用两个电源：一个是汽车电源（蓄电池和交流发电机）；另一个是备用电源。备用电源电路由电源控制电路和若干个电容器组成。发动机工作时，电容器就会连续不断地充电。当汽车电源与控制模块之间的电路切断后，在一定时间内（一般为 6s）电容器凭借所储存的能量维持向气囊系统供电，保持其正常功能。

4）保护电路和稳压电路。在汽车电气系统中，许多部件带有电感线圈，电器开关数量繁多，电器负载变化频繁。当线圈电路接通或切断、开关接通或断开、负载电流突然变化时，都会产生瞬时脉冲电压，这些脉冲电压如果直接加载到气囊系统的控制电路上，会严重冲击电路中的电子元器件。为了避免系统元器件受到损坏，控制模块中必须设置保护电路。同时，为了保证汽车电源电压变化时，气囊系统能正常工作，还必须设置稳压电路。

（4）其他电气附件

1）安全气囊检测灯。安全气囊检测灯向驾驶人提供安全气囊系统的状况，由 ACM 控制。ACM 接收点火信号和起动信号，并将安全气囊的状况通过检测灯显示出来。正常情况下，当点火开关开通时，气囊检测灯闪光 7~9 次，然后在发动机起动的过程中保持稳定发光。一旦发动机起动，气囊检测灯闪光 7~9 次，此后在发动机运转过程中保持熄灭状态。

2）护膝板。为保护驾驶人的膝盖并防止驾驶人向前滑向气囊下方，通常在驾驶人一侧的仪表板下部安装有带衬垫的护膝板。

四、座椅安全带控制系统

1. 座椅安全带控制系统的结构组成

安全气囊系统是座椅安全带的辅助控制装置，为了充分发挥安全带的保护作用，确保汽车驾驶人和乘员的安全，部分中高档轿车装备了座椅安全带控制系统。座椅安全带控制系统的功用是：在汽车遭受碰撞时，迅速收紧安全带，缩短驾驶人和乘员身体向前移动的距离，防止身体受到伤害。座椅安全带控制系统是在安全气囊系统的基础上，增设防护传感器和左、右座椅安全带收紧器。其中，防护传感器用于接通收紧器电源电路，安全带收紧器为执行器，前碰撞传感器和 SRS 电控单元与安全气囊系统公用。安全带收紧器又称为安全带紧急张紧收缩器（Emergency Tensioning Retractor，ETR），安装在前排左、右车门立柱旁边。安全带收缩器由导管（又称为气缸）、活塞、钢丝绳、气体发生器和安全带收缩棘轮组成，其结构原理如图 8-10 所示。

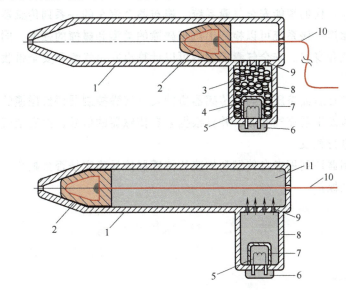

图 8-10　安全带收紧器的结构原理

1—导管（气缸）　2—活塞　3—充气剂（叠氮化钠药片）　4—引爆炸药　5—电热丝
6—线束插座　7、9—通气孔　8—气体发生器　10—钢丝绳　11—气体

气体发生器由充气剂和点火器（电雷管）组成，结构原理与气囊组件的充气剂和点火器相同，但体积很小。活塞直径为 20mm，安装在导管（气缸）内。活塞上焊接有一根钢丝绳，钢丝绳的另一端固定在棘轮机构的一个棘爪上。棘轮机构设定在安全带缩卷筒的一端，由三个棘爪、一个外齿圈和时钟弹簧组成。外齿固定在安全带缩卷筒的转子上，可与转轴一同转动，棘爪安放在外齿圈周围的圆形固定架内。当钢丝绳不动时，棘爪在时钟弹簧作用下处于松弛状态，外齿圈可随安全带卷筒沿顺时针或逆时针方向转动；当拉动钢丝绳时，拉力力矩克服时钟弹簧弹力力矩使棘爪抱紧在外齿圈上，并带动安全带伸缩卷筒转动，从而使安全带收紧。

2. 座椅安全带控制系统的控制过程

当汽车遭受碰撞且减速度达到前碰撞传感器和防护传感器设定阈值时，安全带控制系统的防护传感器将接通安全带点火器电源电路，前碰撞传感器信号输入 SRS ECU 后，SRS ECU 将立即发出控制指令接通安全带收紧器点火器电路，电热丝通电红热并引爆引药，引药释放大量热量使充气剂受热分解释放大量无毒氮气充入收紧器导管。活塞在膨胀气体推力作用下带动钢丝绳迅速移动。与此同时，钢丝绳通过棘轮机构带动安全带卷筒转动将安全带收紧，并在 8ms 内将安全带收紧 10~15cm，使驾驶人和乘员身体向前移动距离缩短，防止面部、胸部与转向盘、风窗玻璃或仪表台发生碰撞而受到伤害。

SRS ECU 在向安全带收紧器点火器发出点火指令的同时，还要向气囊点火器发出点火指令，引爆气囊点火器。因此，在座椅安全带收紧的同时，驾驶席气囊和乘员席气囊将同时膨开，吸收碰撞产生的动能，从而达到保护驾驶人和乘员的目的。

五、新一代的智能安全气囊系统

正在开发的新一代的智能安全气囊系统，遍布整个汽车的一系列传感器与一个单独的安全气囊控制器相连，该系统可以检测出汽车碰撞的类型和碰撞的强度，同时可以监测任何汽车乘客的位置和身材。安全气囊控制器可以计算出安全气囊和安全带收紧器需要联合作用还是单独作用。

安装在前保险杠后面挤压区内的传感器协助安全气囊控制器评价碰撞的严重程度。安全气囊由双级气体发生器充气吹胀，并且根据来自传感器的信号，由安全气囊控制器确定何处的安全气囊进行触发。

安全气囊控制器还利用来自偏摆和加速的传感器信号确定是否会翻车，判断是否触发车顶和车门的安全保护。

第二节　座椅电控系统

一、电动座椅

1. 电动座椅的功能

汽车座椅对汽车舒适性和安全性影响很大。随着经济和科技的发展，人们对汽车座椅的性能要求越来越高，而改善驾乘环境一直是汽车厂商努力的方向，这一努力从 20 世纪 60 年代就已经开始了。人们一直在尽力改善车内的"压抑空间"，采用可调座椅取代固定式座椅。20 世纪 80 年代出现了气垫座椅、电动座椅、立体音响座椅等特种功能座椅，到今天多功能电动可调座椅已经在许多中高档汽车上应用。图 8-11 所示电动座

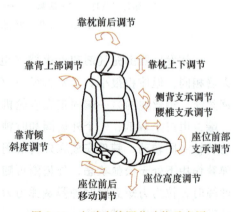

图 8-11　电动座椅调节功能示意图

椅的调节功能多达 9 种。

现在在座椅上增加加热功能也已经司空见惯，研发人员的目标开始转向了深层次的座椅通风问题。传统的通风系统是靠九个小电风扇驱动新鲜的空气从后面流到身体的各个部位。新的方案是将湿空气有针对性地吹过身体，这样既可以使身体的各个位置局部降温，又可以使皮肤上的汗液被很舒服地风干。

基于 LIN 和 CAN 总线技术的电动座椅控制系统具有更多的控制功能和更优异的性能，包括自动加热、按摩、独立控制、记忆功能和联合控制等，是电动座椅技术的重要发展方向。

汽车座椅设计应满足如下要求：

1）使驾驶人处于最佳的驾驶位置。

2）符合人体生理要求。

3）安全可靠，有足够的刚度、强度，并有可靠的锁止机构。

4）具有灵活的调节机构，操作简单省力。

2. 电动座椅构造及工作原理

汽车座椅的基本结构如图 8-12 所示，主要包括调节开关、调节装置和传动机构。调节开关输入实现座椅前后位移、高度升降和后背倾斜角度的调节，还包括腿部支承、侧向气垫和腰部气功垫的调节。调节装置负责座椅上述动作的操作，有真空式、液压式和电动式三种。由于真空式和液压式管路较多，结构复杂，已逐步被淘汰。目前主要采用直流电机。传动机构实现电机力的放大和转换，完成操作。

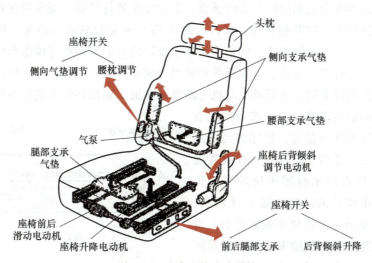

图 8-12　汽车座椅基本结构

如图 8-13 所示，汽车座椅电动机有 4 种，分别负责座椅前后位移、高度升降、后背倾斜角度和腰部气垫的调节，座椅前后位移的调节范围大约为 150mm，采用直流电动机驱动丝杠螺母的传动方式。靠背倾斜角度的调节范围（与座椅滑动平面）为 0°~90°，采用直流电动机驱动蜗轮蜗杆加一级直齿轮减速的传动方式。每个电动机分别配备两个继电器控制电动机的方向，另有一个继电器作为总电路继电器。为防止电动机过载，大多数永磁型电动机内装有断路器。座椅的位移和角度一般采用滑线电阻器传感器采集，将直线和

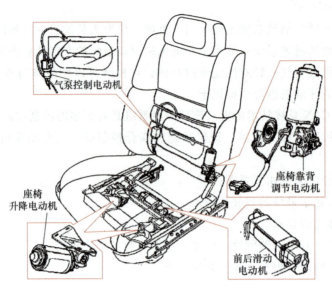

图 8-13　汽车座椅电动机

角度转换为电阻的变化。开关接通后，电动机的动力通过齿轮、齿条或其他机构使座椅移动，当调节器到达行程终点时，有一个碰撞开关使系统断电从而停止转动。

3. 电动座椅电子控制系统

电动座椅电子控制系统由座椅位置传感器、ECU 和执行机构的驱动电动机三大部分组成。位置传感器部分包括座椅位置传感器、后视镜位置传感器、安全带扣环传感器以及转向盘倾斜传感器等；ECU 包括输入接口、微机 CPU 和输出处理电路等；执行机构主要包括执行座椅调整、后视镜调整、安全带扣环以及转向盘倾斜调整等微电动机，而且这些电动机均可灵活进行正、反转，以执行各种装置的调整功能。另外，该系统还备有手动开关，当手动操作此开关时，各驱动电动机电路也可接通，输出转矩而进行各种调整动作。

带存储功能的电动座椅电子控制系统有一个存储器，只要按下按钮，就能将当前座椅位置储存起来。座椅上装有电位计式直线位移传感器，可以用来检测座椅的当前位置。电动座椅电位计的结构如图 8-14 所示。它由一根螺杆驱动一个滑块在电阻丝面上滑动。滑块的位置决定了传给电子控制装置的电压信号。当座椅位置调定后，驾驶人按下

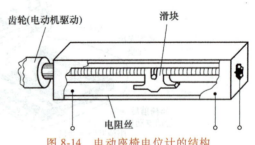

图 8-14　电动座椅电位计的结构

存储器的按钮，电子控制装置就把这些电压信号储存起来，作为以后重新调整位置时的基准。

图 8-15 所示为装有四个调整电动机和单独存储器的七自由度电动座椅电子控制系统的结构，该系统采用单片机作为控制器，七个电动机分别控制座椅的前部上下运动、后部上下运动、座椅前后移动、座椅靠背的旋转运动，可使座椅获得四个调节自由度，通过八个继电导通控制电动机实现双向操作。

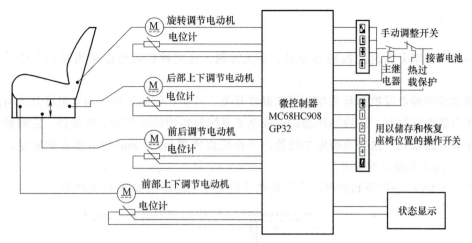

图 8-15　七自由度电动座椅电子控制系统的结构

调节时，由手动调整开关控制调节量，每个自由度上的电动机分别驱动座椅按不同方向运动，同时使各个滑动变阻器随动。根据变阻器的电压，控制装置可以识别座椅的运动机构是否到达死点，如果到达死点位置，控制装置能够及时切断供电电源，保护电动机和座椅驱动机构。位置调定后，按下储存操作开关，就可将座椅当前位置存储起来，操作面板上能够显示存储状态。以后，如果有他人使用该汽车，变换了座椅位置，需要将存储过的位置恢复时，只需按下"恢复"按钮，座椅就会按照存储在控制单元内的该位置对应的每个变阻器的电压，自动将电动机调节到位。不同驾驶人、不同季节可采用不同的位置，储存在微控制器的闪存中。该系统具有独立的电源开关，使用时开启，调整完成后关闭。

二、座椅加热系统

座椅加热的概念非常简单。在座椅上安装电加热元件及相关的开关和控制单元来调整对座椅的加热温度与热量。然而，这些加热器的设计可能要比人们想象的复杂。

加热器必须满足下列条件：

1）加热器必须能且只能提供人体所感觉到的加热量。

2）仅仅能在人与座椅的主要接触点上提供加热。

3）皮革和纤维座椅需要不同的系统，原因是它们的导热属性不同。

4）加热元器件必须符合座椅的设计。

5）加热元器件必须通过与座椅相同的严格测试，例如蠕动试验、弹跳试验和颠簸试验。

为了让乘员（包括驾驶人）感觉舒适，必须对座椅及其加热部件进行严格的测试，以找到最优的加热方法和加热元器件的最佳位置。人们通过使用带有传感器的假人对新型电加热座椅设计进行大量试验，以测量温度和热场分布。

碳纤维材料制成的加热系统具有更理想的温度和热场分布，近年来用碳纤维材料制作加热系统正逐步推广。

三、座椅控制系统

座椅的控制分为温度控制与位置、姿态控制，这两种控制可以采用同一个电子控制单元。

最初的座椅温度控制是依靠简单的温度开关。然而，新的发展趋向于温度开关与热敏电阻组合的电子控制。座椅加热器的主要电子系统包括按钮式开关、电位器、定时器、电路短路和开路检测。这些座椅电加热器的工作应该使乘员在 1min 内有明显的感觉，并在 3min 内达到预先设定的温度。

基于 CAN 网络的五自由度汽车座椅电子控制单元的结构如图 8-16 所示。

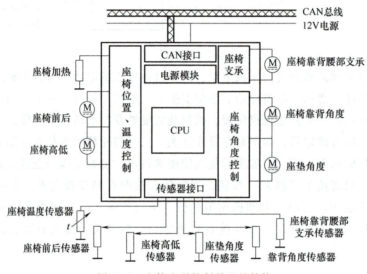

图 8-16 座椅电子控制单元的结构

第三节 自适应前照灯系统

自适应前照灯系统（Adaptive Front-lighting System，AFS）是指能自动改变两种以上的光型以适应车辆行驶条件变化的前照灯系统。

一、AFS 的功能

1. 阴雨天气的照明

阴雨天气，地面的积水会将行驶车辆打在地面上的光线反射至对面会车驾驶人的眼睛中，使其目眩，进而可能造成交通事故。AFS 前照灯可发出特殊的光型，减弱地面可能对会车产生眩光的区域的发光强度。

2. 转弯道路的照明

传统前照灯的光线因为和车辆行驶方向保持一致，所以不可避免地存在照明的暗区。一旦在弯道上存在障碍物，极易因为驾驶人对其准备不足，引发交通事故。车辆在进入弯道时，AFS 产生旋转的光型，给弯道以足够的照明。

3. 高速公路的照明

车辆在高速公路上行驶，因为具有极高的车速，所以需要前照灯比乡村道路照得更远，照得更宽。而传统的前照灯却存在着高速公路上照明不足的问题。AFS 采用了更为宽广的光型解决这一问题。

4. 城市道路的照明

城市中道路复杂、狭窄。传统前照灯光型比较狭长，所以不能满足城市道路照明的要求。AFS 在考虑到车辆市区行驶速度受到限制的情况下，可以产生比较宽阔的光型，有效地避免了与岔路中突然出现的行人、车辆可能发生的交通事故。

二、关键技术

目前 AFS 还需要解决某些难题，首要的难点就是缺乏有效、廉价的传感器能对基本道路的状况做出判断，要完成路面积水、转弯道路、高速公路、乡村道路和城市道路的综合识别。现在一般做法是：采用车身高度传感器感知车身的纵倾角，使前照灯保持和路面水平；采用转向盘转角传感器感知前轮转角，结合车速判断道路的弯曲状况，实现弯道旋转的功能；采用自动刮水器的湿度传感器感知雨量，实现前照灯反光遮挡的功能。目前，这些技术仍处于发展之中。

1. 车身纵倾调光技术

车身会因为前后负载的不同，改变纵倾的角度，安装在车身上的车灯射出光线的角度也会发生改变，对夜间行车安全产生不利的影响。如图 8-17 所示，上部是正常的前照灯出射角度和照明范围，中下部分别是后倾和前倾情况下的前照灯出射角度和照明范围，其差异是非常明显的。

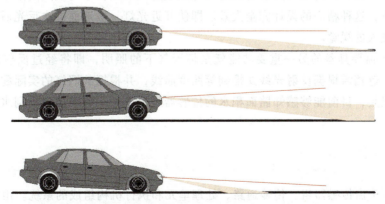

图 8-17　车身纵倾对前照灯照明产生的影响

另外，车辆的加速和减速也能改变车身的纵倾角，前倾尤其在制动时常见。

采用安装在悬架和车身上的车身高度传感器，获取前轴和后轴的高度变化量，并依据轴距计算车身纵倾角度。车身纵倾角度的变化量，就是前照灯光轴角度的变化量，通过调光电动机的运作，反向调整此角度变化，就可以使光轴回复到原先的状态，保持水平。

理论上按上述说法即可实现灯光的调整，实际上，这种自动调光系统在何时调光、速度多快、精度多高，与车速及其变化都是息息相关的。例如，悬架是不停振动的，频率、幅度变化都很大，但实际需要的是随着车身载荷和车身加减速导致的近稳态变化量，而并非随着路面不平度、轮胎受力、车辆侧倾等引起的瞬态变化。这些瞬态变化产生的干扰需要去除，从传感器得到的信号要进行滤波、处理和识别。

2. 弯道旋转功能

传统国标对前照灯照明有很严格的要求。但是，即使完全满足国标的配光要求，仍然不能保证驾驶人能发现弯道上近在咫尺的危险，因为横向固定光轴的传统前照灯存在着盲区。如果前近光灯能够提前旋转一个角度，可见区域就能覆盖大半个转弯半径 37m 左右的弯道，从而提早地发现道路上存在的危险，应对处理。

弯道上发现危机最极端的应对措施就是制动，前照灯需要旋转的角度就是要保证这个有效的制动距离。一般来说从发现危机、踩下制动踏板到制动器起动需要 1.5s 的时间，这段时间车辆以初始速度行驶；制动器工作后，若不出现甩尾、抱死的情况，其制动距离大致和直线制动相同。两者相加，所需的距离必须要在前照灯旋转后的照明区域内。

由上面的分析可知，每一款不同前照灯的等照度曲线都是不同的，进而其在路面的照明区域也是相异的；同样，不同车辆的弯道制动特性也相差较大，甚至同一款车的负载、车况、路面改变后，制动能力也会受到很大的影响，所以要想精确计算前照灯的转向角度是不现实的。

弯道转向的另一个问题就是如何求得车辆的转弯半径 R。计算 R 有两个方案：一是使用横向加速度传感器结合车速计算转弯半径；二是使用转向盘转角传感器结合车速计算转弯半径。

3. 阴雨天灯光遮挡功能

阴雨天、坏天气下的照明一直是影响夜间行车安全的主要因素。车辆前照灯分为远光和近光的原因，就是因为近光灯能有效避免光线直射到对面会车驾驶人的眼中，但在路面积水的状况下，这种精心的设计完全失效。即使开近光灯，被地面的水反光后仍然会影响对面会车驾驶人的视觉。

所以 AFS 需要具备的另一重要功能就是坏天气下的照明，即将经过反射后射进会车的光线遮挡。遮挡需根据反射光线逆推到等照度曲线，并根据前照灯的实际配光效果做细致的调整。但是，目前能够感知路面积水的传感器还很少，一般采用自动刮水器的雨量传感器替代。

三、AFS 的组成

AFS 是一个由传感器组、传输通路、处理单元和执行机构组成的系统。由于需要对多种车辆行驶状态做出综合判断，客观上决定了 AFS 是一个多输入、多输出复杂的系统。AFS 的组成简图如图 8-18 所示。

要实现不同的功能，AFS 必须要从不同的传感器取得不同的车辆行驶信息。例如，为了实现弯道旋转照明的功能，除了要从车速传感器获取车速、转向盘角度传感器获取转向盘转角、车身高度传感器获得车身倾斜角度以外，还必须通过一些特殊的传感器获取车辆实际转向角度的信息；为了实现阴雨天照明的功能，就要从湿度传感器获得是否为阴雨天

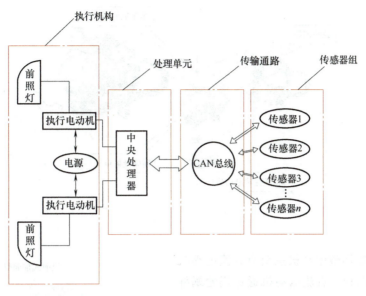

图 8-18 AFS 的组成简图

的信息。因为在通常的情况下，AFS 所需获得部分信息也被其他的控制系统采用，即 AFS 实际上要和其他的系统共用一些传感器，所以，一般是通过总线这一传输通路以后，实现这些传感器信息的共享。

AFS 接收到的信息，除了车速、车身转角和车身倾斜角等少数信息是可以定量的以外，其他传感器发回的信息大多只能到定性的程度。诸如，地面平不平、雨下得大不大等车身之外的环境信息，都是不能精确量化的。这就使得 AFS 的中央处理器要能够进行模糊的判断。并且很多信息之间是相互关联的，AFS 的中央处理器不仅要做模糊的判断，而且还要随着这种环境的改变不断地修整系统参数，这使得 AFS 最终成为一个自适应的模糊系统。

AFS 的执行机构是由一系列的电动机和光学机构组成的。一般有投射式前照灯，对前照灯垂直角度进行调整的调高电动机，对前照灯水平角度进行调整的旋转电动机，对基本光型进行调整的可移动光栅，此外还有一些附加灯，如角灯等。

四、主要硬件和软件

系统的硬件指的是传感器、执行机构、控制单元和线束，软件主要指的是控制单元 ECU 中的程序。AFS 以实现不同功能为目的，选择性配装，所以其软、硬件变化比较大，特别是灯具中安装的旋转核心机构，每个公司都会有独特的设计。

1. 前照灯旋转核心

目前大致共有两大类旋转核心机构：自由曲面旋转核心和投射单元旋转核心。目前批产的 AFS 多使用投射单元旋转核心，其结构如图 8-19 所示，一个普通旋转核心包括水平旋转电动机、旋转框架、椭球投射单元和旋转轴等部件。如果系统有自动调平功能还要在后灯壳上安装调光电动机，实现上两种功能的旋转核心的完整结构如图 8-20 所示。

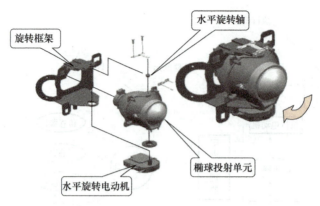

图 8-19 投射单元旋转核心的结构

2. 执行电动机

常用的高度调整电动机主要有直流电动机和步进电动机两种。直流电动机通过蜗轮蜗杆传动后，输出转矩较大，但响应速度变慢且转速不可调节，寿命短，噪声也增大。相比之下，步进电动机输出转矩小，响应速度快，转速可以调节，寿命长，噪声低。直流调高电动机总成可由专用驱动芯片控制，并且有传动杆进给量的反馈信号输出；但使用步进调高电动机总成则无反馈，有反馈在系统设计上能省去不少麻烦，所以电动机总成设计必须要从系统控制的角度详加考虑。

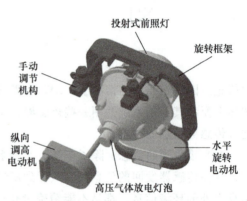

图 8-20 旋转核心的完整结构

旋转电动机总成的设计方法分为日式设计和德式设计两种。日式旋转步进电动机包括步进电动机、齿轮组合、霍尔式角度传感器几部分。采用齿轮传动的日式旋转电动机总成，响应速度可以调节，但存在必须通电保持、不能自锁的缺陷，步进电动机每相都需要几百毫安的电流，所以耗电较大。如果从传动的机械角度考虑自锁性能，就可以为整个系统工作节省大量的电能。德式设计具备了上述的优点，而且结构更紧凑。但德式的电动机传动部件和旋转框架结合紧密，装配比较复杂。

3. 传感器

（1）车速传感器 车速信号通常来自变速器的转速信号或者 ABS 的轮速信号。轮速信号一般不建议从传感器直接取得，因为四轮的转速各自不同和车速也不同，轮速信号只能是从 ABS 的 ECU 中取得的经过处理的信号。车速信号如果是数字信号，处理非常方便，但同时存在一个信号间隔的问题，即能不能在短时间（通常是零点几秒）之内判断车辆处在加速或者是减速的状态。如果信号间隔的时间过长，则无法将其应用在动态调光的功能上，因为动态调光需要根据加速度的值，计算车身的倾斜状态，调整灯光。车速信号如果是频率脉冲，则采样方便，但处理比较复杂，在数十到数百毫秒内精确判断车速和加速度，需要一定的信号处理技巧。

（2）**车身高度传感器** 常用的车身高度传感器是一种有源非接触转角传感器，一般放置于车身和悬架之间，感知悬架振动的幅度。车身高度传感器使用连杆将车身与悬架间的距离变化转变为角度变化，并通过输出电压的改变线性测得此角度的变化量。车身高度传感器在 0~5V 内表征±40°的变化，并可以通过调节连杆的长度得到悬架在数十厘米间的变化量。车身高度传感器的输出信号随悬架振动变化剧烈，在车辆未起动之前尚可以通过求取多次均值的方法得到稳定的输出信号，一旦有了速度不仅振动的幅度很难确知，甚至连振动的频率都难以描述。因此，动态调光时，车身纵倾根据加速度而变化的角度，采用理论计算的方法要比直接采集信号更容易、更有效。

（3）**转向盘转角传感器** 转向盘大致可以旋转 2.9 圈，即 1044°，通过转向机构以固定的传动比带动前轮在左右 40° 内变化。比较常见的转向盘转角传感器有齿轮式和光码盘式两种。齿轮式转角传感器是一种接触的有源角度传感器，而光码盘式转角传感器则是一种非接触的有源角度传感器。采用一个大盘带动两个小盘，通过两个小盘的相位差判断转向盘是正转还是反转。输出的信号一般都是经过处理的数字信号，甚至有可能是 CAN 信号。这种数字信号用控制器处理时，也存在信号的传送速率和更新速率的问题，选择不当，就会影响系统的最终效果。转向盘转角传感器的安装位置在组合开关的下面，方向管柱从中间穿出，如图 8-21 所示。

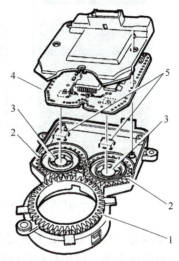

图 8-21 转向盘转角传感器

1—齿轮 2—测量齿轮 3—磁铁 4—判断电路
5—各向异性磁阻（AMR）集成电路

4. 控制器 ECU

控制器可分别实现动态自动调光和弯道转向两种功能。ECU 通过点火信号（IGN）和前照灯点亮信号（来自继电器）进入功能起动状态，同时开始处理速度信号，当车速为零时，处理来自于前后车身高度传感器发出的 0~5V 的模拟信号，计算此时车身的纵向倾角，并输出 0~5V 的电压控制直流电动机，以相反的角度调节灯光。

图 8-22 所示为 AFS 控制器原理，图中包括了动态调光、弯道转向功能。与动态调光控制器相比，AFS 控制器增加了变速器档位信号、转向盘转角信号，即在倒车状态不启动弯道转向功能。车速为零时，执行静态调光功能，车速高于某个值的时候，起动 AFS 功能。控制器检测到转向盘转角的信号，乘以固定传动比，得到前轮转向角，结合相应的车速计算出转弯半径，输出多路 PWM 脉冲，控制水平旋转步进电动机转动，并可得封装在电动机内的霍尔式角度传感器反馈的前照灯转角信号。但对于日式的旋转电动机而言，要想使前照灯保持此转角必须维持一定的功率输出，因为齿轮传动无法实现自锁功能。当车速发生变化和车速过高的时候，动态调光功能也会起动。如果车辆在弯道上制动，则水平旋转电动机和调高电动机同时工作。

5. AFS 系统的软件（控制程序）

ECU 的控制程序首先需要以车速为底层逻辑进行一系列状态的判断。车速、加减速

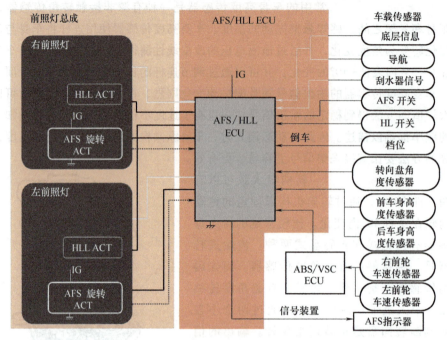

图 8-22　AFS 控制器原理

HLL—前照灯调平　ACT—电动机　IG—接口组　VSC—车辆稳定性控制

度是最基本的参数，当满足了一定的车速、加速度，特定功能相应起动。一块 ECU 除了这些功能程序之外，还应包括传感器、执行器状态自检模块，当传感器、执行器信号和反馈出错时的应急处理程序，报警程序，不同总线和故障诊断端口的通信模块等。

为了便于匹配和调校，控制程序还要留有参数修改的软件接口。通常情况下，一个电喷主程序的运行周期大约为 10ms，ABS 主程序的运行周期大约为 5ms，考虑到两款 ECU 需处理的信号频率，只能采用 16 位以上的 MCU 才能实现高速信号处理运算。AFS 如果要在转向盘旋转以后 400ms 以内完成前照灯旋转的功能，水平电动机的旋转速度如果是 50°/s，则主程序的运行周期只能在 100ms 以下；如果要在紧急加速和减速开始后 400ms 以内完成前照灯光轴调节的功能，调光电动机的进给速度如果是 5mm/s，那么主程序的运行周期也只能在 100ms 以下。应该来说对一款 8 位的 MCU，实现此种要求难度并不是很大，只是要在 50ms 以下计算一次车速和加速度。

第四节　电动后视镜

为了便于驾驶人调整后视镜的角度，很多轿车的后视镜增加了电动调节功能。

一、构造

汽车的电动后视镜一般由镜片、调整开关、双电动机、传动和执行机构、外壳及连接件等组成。在每个后视镜镜片的背后都有两个可逆电动机，可操纵其上下及左右运动。通常绕竖直方向的转动由一个永磁电动机控制，绕水平方向的转动由另一个永磁电动机控制。另外，有的电动后视镜还带有伸缩功能，由伸缩开关控制伸缩电动机工作，使两个后视镜整体回转伸出或缩回。电动后视镜的结构和控制开关如图 8-23 所示。

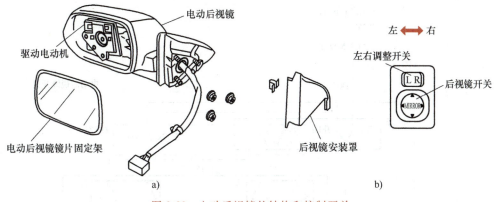

图 8-23 电动后视镜的结构和控制开关

二、控制电路及工作原理

下面以北京现代索纳塔轿车的电动后视镜电路为例，说明电动后视镜控制电路的工作原理。图 8-24 所示为北京现代索纳塔轿车电动后视镜控制电路。每个后视镜都用一个独立的开关控制。操纵开关能使一个电动机单独工作，也可使两个电动机同时工作。

电路分析：首先说明电动后视镜开关中用实线框和点画线框分别表示操作时总开关内部的联动情况。在这里只讨论一侧后视镜中一个电动机的工作情况。若要调节左后视镜竖直方向的倾斜程度，按下"升/降"按钮。

1."降"的过程

实线框"升/降"开关中的箭头开关均和"降"接通，此时的电流方向为：电源→熔丝 30→开关端子 3→降 1→开关端子 5→左电动后视镜连接端子 6→"升/降"电动机→"左"电动后视镜连接端子 8→开关端子 7→选择开关中的"左"→"降左"端子→开关端子 6→搭铁，形成回路，此时后视镜向相反的方向旋转。

2."升"的过程

实线框"升/降"开关中的箭头开关均和"升"接通，此时电流的方向为：电源→熔丝 30→开关端子 3→"升右"端子→选择开关中的"左"→端子 7→左电动后视镜连接端子 8→"升/降"电动机→端子 6→开关端子 5→升 1→开关端子 6→搭铁，形成回路，这时左后视镜向上旋转运动。

电动后视镜左右运动的电路分析与此类似，此处不再赘述。

三、自动防眩后视镜

现代汽车上研制出一种新型的自动防眩后视镜（Automatically Dipping Mirror，ADM）。夜晚开车时后方车辆灯光透过后视镜照射到驾驶人眼睛上而影响到开车视线，传统的防眩

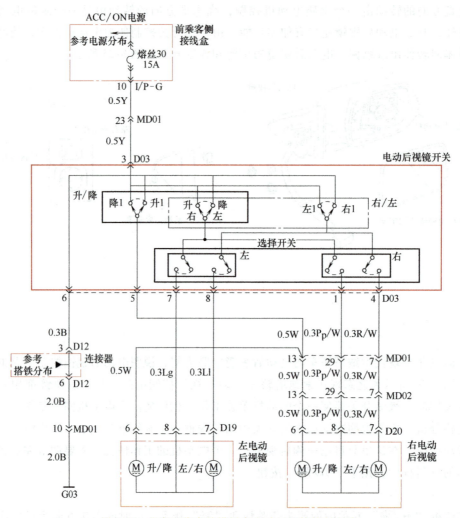

图8-24　北京现代索纳塔轿车电动后视镜控制电路

后视镜必须以手动的方式调整室内后视镜的镜面角度来产生防眩作用，而自动防眩后视镜可随后方来光反射的刺眼程度，调整后视镜的镜面反射率，其调整的方式并不是调整镜面角度，而是透过后视镜内的电解液的电子回路，根据不同的后方光线的照度来调整镜面的反射率，在白天不刺眼的情形下，通常镜面反射率会固定于约75%的固定反射率，使得白天时仍能维持好的后方视野。但到了晚上则会随着眼睛的刺眼程度大小，随时调整最适合的反射率，越刺眼则反射率越低，反之则反射率较高，可大大地增加夜间行车的视野安全性。

　　防眩后视镜由一面特殊镜子和两个光电二极管及电子控制器组成。两个光电二极管分别设置在后视镜的前面及背面，分别接收汽车前面及后面射来的光线。当车后面跟随车辆的前照灯照射在车内后视镜上时，后面的光强于前面的光，此反差被两个光电二极管感知并向电子控制器输出一个电信号到后视镜导电层上，致使后视镜镜面电化层颜色变深，此时再强的光照射在车内后视镜上也不会反射到驾驶者眼睛上，不会晃眼。

　　防眩后视镜虽然能防眩目，但在从车库倒车出来时由于车后面的光线较强而车前光线弱，此时后视镜若变暗就不利于倒车时看清车后情况，因此一些汽车便设计成当汽车挂倒档时能自动取消防眩目功能。若没有自动取消功能的也会设计有手动取消防眩目功能。因此，在驾驶具有防眩目后视镜的汽车时一定要了解其防眩目功能能否自动取消。

思　考　题

1. 安全气囊控制技术的难点是什么？
2. 安全气囊还可以进行的改进有哪些？
3. 电控座椅的位置记忆功能是如何实现的？
4. 现有的自适应前照灯系统存在哪些不足？如何优化？
5. 电动后视镜如何提高智能化程度？

第九章

汽车信息技术

第一节　电子导航技术

20 世纪 40 年代，随着全球经济、社会的发展，科技的不断进步，城市的机动车数量不断增加，而原有的道路条件远远不能满足需要，这就导致城市交通流量不断增大，交通拥挤程度日益加剧，交通拥挤将导致时间延误、交通事故增多、环境污染加剧、燃油损耗上升，这些都造成巨大的经济损失。

为解决这一共同面临的问题，从 20 世纪 60 年代末开始，世界各国的交通管理部门投入大量的人力和物力，利用飞速发展的电子、信息、系统工程等高科技手段来进行道路交通运输智能化的研究，智能交通系统（Intelligence Transport System，ITS）应运而生。在整体结构上，ITS 旨在在社会活动的大范围内建设包括多种运输方式的实时、准确、高效的道路运输综合管理系统，而这种系统在传统交通运输中是无法实现的。它由若干个高科技开发项目组成，这些项目的开发可加强道路、车辆、驾驶人以及管理人员之间的联系，实现道路交通管理"自动化"，车辆行驶"智能化"，使管理人员对车辆行驶状况一清二楚，驾驶人对实时交通状况了如指掌，从而减少道路阻塞，提高行车安全和行车效率。

综合现在各国进行的 ITS 研究，当前 ITS 的研究课题可以分为以下六类：

（1）先进的交通管理系统（Advanced Traffic Management System，ATMS）　　ATMS 用于监测、控制和管理道路交通，在道路、车辆和驾驶人之间提供通信联系，它依靠先进的交通监测技术、计算机信息处理技术和现代通信技术获取有关交通状况的信息并进行实时处理，及时地向道路使用者发出诱导信息，从而达到有效地管理交通的目的。

（2）先进的驾驶人信息系统（Advanced Driver Information System，ADIS）　　ADIS 是以个体驾驶人为服务对象，对车辆进行导航以及为驾驶人提供路线向导，驾驶人可以通过车载路径诱导系统，在与控制中心的双向传递中获取信息，让驾驶人或旅客知道所处的位置以及如何找到相应的服务，使车辆始终在最优路径上以安全、高效和舒适的方式从出发地到达目的地。

（3）先进的车辆操控系统（Advanced Vehicle Control System，AVCS）　　AVCS 主要是利用激光技术、电子技术、微波技术、雷达技术和图像处理技术等先进技术帮助驾驶人实行自动车辆控制，有效地防止碰撞危险，提高道路的流通量，以保证车辆高效、安全行驶，它与 ADIS 的结合，在不远的将来将发展成汽车自动驾驶系统。

（4）商用车辆调度管理（Commercial Vehicle Operation/Fleet Management，CVOM）**系统**　　CVOM 系统实质上是运输企业应用智能道路交通管理系统技术来谋求最大效益的一种调度管理系统，该系统利用车辆自动识别技术、车辆跟踪技术、车辆自动定位技术等来提高车辆的运营效率，增加安全度，改进对突发事件的反应能力，改善车队的管理和交通状况。

（5）先进的公共交通系统（Advanced Public Transportation System，APTS）　APTS 采用各种智能技术促进公共运输业的发展，如通过个人计算机、闭路电视等向公众就出行方式和时间、路线及车次选择等提供咨询，在公交车站通过显示器向候车者提供车辆的实时运行信息。

（6）先进的乡间运输系统（Advanced Rural Transfer System，ARTS）　ARTS 主要包括为驾驶人和事故受害者提供无线紧急呼叫系统，不利道路和交通环境的实时警告系统以及有关驾驶人的服务设施和旅游路线景点等的信息系统。

一、智能车辆导航系统

智能车辆导航系统是智能交通系统的重要组成部分，集成应用了自动车辆定位技术、地理信息技术、数字道路地图、多媒体技术和现代通信技术等高科技综合系统。从实现导航功能的角度看，目前车辆导航系统主要可分为两类：一类是自主式（分布式）车辆导航系统，其定位和路径规划功能全部在车载设备实现；另一类是中心决定式导航系统，它的某些功能需要借助通信网络才能完成。

智能导航系统上应用的一些重要技术有卫星定位、地理信息系统（IGS）、电子地图和路径规划等。

1. 卫星定位

（1）全球定位系统　导航卫星授时和测距/全球定位系统（Navigation Satellite Timing and Ranging/Global Positioning System，NAVTAR/GPS）的含义是，利用导航卫星进行测时和测距，以构成全球定位系统。全球定位系统是一种以无线电为基础的全天候高精度快速导航卫星授时和测距的先进系统，是为了满足军用和民用的要求而逐步发展与完善起来的。自从美国政府批准，对其广播星历解密，向全世界提供用 C/A 码以来，GPS 接收机及其他专用设备都得到了迅猛发展，各种各样的 GPS 接收机相继问世。特别是随着大规模集成技术的发展，自动化程度仍不断提高，GPS 技术的应用范围也越来越广。

美国政府于 1973 年正式开始了 GPS 的研制和论证工作。此方案计划由 24 颗卫星组成一个实用的定位系统。这些卫星分布在互成 120°的 3 个轨道上，每个轨道平面平均分布 8 颗卫星。这样，地球上处于任何一处均可同时观测到 6~9 颗卫星，可以满足接收机的工作要求。1978 年，由于经费的原因，又将实用的定位系统的卫星数目由 24 颗减少到 18 颗，并调整了卫星配置。这 18 颗卫星分布在互成 60°的 6 个轨道面上，轨道倾角为 55°。每个轨道面上分布了 3 颗卫星，每两颗卫星相距 120°，从一个轨道面的卫星到下一轨道面的卫星间错动为 40°。这样的卫星配置基本上保证了地球上任何位置均能同时观测到 4 颗卫星。1990 年初又对卫星配置进行了第三次修改。最终的 GPS 方案是由 21 颗工作卫星和 3 颗备用卫星组成。每七年调整一次卫星的位置。GPS 卫星的配置如图 9-1 所示。

GPS 是一种全球性、全天候的连续实时导航定位系统。它包括以下三大部分：GPS 卫星（空间部分）、地面支撑系统（地面监控系统部分）、GPS 接收机（用户部分）。

1）GPS 卫星。空间卫星由 21 颗工作卫星和 3 颗备用卫星组成。工作卫星分布在 6 个轨道平面内，每个轨道面分布有 3~4 颗卫星，卫星轨道面相对地球赤道面的倾角为 55°，各个轨道面升交点的赤径相差 60°，在相邻轨道面上，卫星的升交距相差 30°。每颗卫星每天约有 5h 位于地平面上。同时，位于地平线上的卫星数目随着时间和地点而异，最少为 4 颗，最多为 n 颗。这样的空间配置可保证在地球上任何时间、任何地点，每一台接收机设备至少可同时观测到 4 颗工作卫星，从而满足了接收机的工作要求。

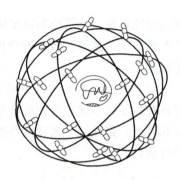

图 9-1　GPS 卫星的配置

2）地面支撑系统。整个 GPS 支撑系统由 5 个监控站、3 个注入站和 1 个主控站组成。其中，监控站为数据自动采集中心，配有双频 GPS 接收机、高精度原子钟、环境数据传感器和计算设备等，向主控站提供所需的各种观测数据。主控站为系统管理和数据处理中心，它的主要任务是：利用监测站自身的数据及各监控站的观测数据推算各卫星的星历、卫星钟差和大气延迟修正系数；提供全球定位系统的时间基准，并将这些数据输入注入站，用于调整偏离轨道的卫星，使之沿预定的轨道运行；起动备用卫星代替已失效的工作卫星等。注入站则将主控站推算、编制的卫星星历、钟差、导航电文和其他控制指令等注入相应的存储系统，并监测注入信息的正确性。

3）用户设备部分。基本构成是由 GPS 接收机、天线、数据处理软件及计算设备等组成。它可以通过接收卫星信息及进行相应地数据处理，来满足导航和高精度定位用户的要求。GPS 接收机的基本构成如图 9-2 所示。

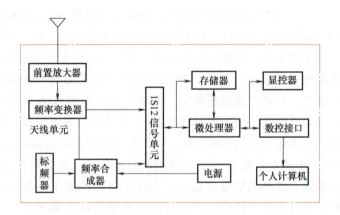

图 9-2　GPS 接收机的基本构成

目前，GPS 的应用范围很广，可以扩展到陆上、空中和海上。进入 20 世纪 90 年代以后，民用车辆导航已成为西方许多发达国家关注的重点。在通信技术、多媒体技术、计算机技术的迅猛发展下，车辆定位、跟踪及管理技术得到了长足发展。由于通信快捷、定位准确等优点，它可以更好地进行导航、监控、管理和调度，可以大大提高公路交通运输管理的效率和提高人员的自身安全性。GPS 在车辆管理系统中的应用已经非常普遍。

（2）北斗导航卫星系统　北斗导航卫星系统（BeiDou Navigation Satellite System，BDS）是中国自行研制的全球导航卫星系统，也是继 GPS、GLONASS 之后第三个成熟的导航卫星系统。

北斗导航卫星系统（以下简称北斗系统）是我国着眼于国家安全和经济社会发展需要，自主建设、独立运行的导航卫星系统，是为全球用户提供全天候、全天时、高精度的定位、导航和授时服务的国家重要空间基础设施。

随着北斗系统建设和服务能力的发展，相关产品已广泛应用于交通运输、海洋渔业、水文监测、气象预报、测绘地理信息、森林防火、通信系统、电力调度、救灾减灾、应急搜救等领域，逐步渗透到人类社会生产和人们生活的方方面面，为全球经济和社会发展注入了新的活力。

北斗系统的发展目标是：满足国家安全与经济社会发展需求，为全球用户提供连续、稳定、可靠的服务；发展北斗产业，服务经济社会发展和民生改善；深化国际合作，共享导航卫星发展成果，提高全球导航卫星系统的综合应用效益。

北斗系统的建设原则是自主、开放、兼容、渐进。坚持自主建设、发展和运行北斗系统，具备向全球用户独立提供卫星导航服务的能力。免费提供公开的卫星导航服务，鼓励开展全方位、多层次、高水平的国际交流与合作。提倡与其他导航卫星系统开展兼容与互操作，鼓励国际交流与合作，致力于为用户提供更好的服务。分步骤推进北斗系统建设，持续提升北斗系统服务性能，不断推动导航卫星产业全面、协调和可持续发展。

1）基本组成。北斗系统由空间段、地面段和用户段三部分组成。

空间段由若干地球静止轨道卫星、倾斜地球同步轨道卫星和中圆地球轨道卫星组成。

地面段包括主控站、时间同步/注入站和监测站等若干地面站，以及星间链路运行管理设施。

用户段包括北斗及兼容其他导航卫星系统的芯片、模块、天线等基础产品，以及终端设备、应用系统与应用服务等。

2）增强系统。北斗系统增强系统包括地基增强系统与星基增强系统。

地基增强系统是北斗导航卫星系统的重要组成部分，按照"统一规划、统一标准、共建共享"的原则，整合国内地基增强资源，建立以北斗为主、兼容其他导航卫星系统的高精度导航卫星服务体系。利用北斗/GNSS高精度接收机，通过地面基准站网，利用卫星、移动通信、数字广播等播发手段，在服务区域内提供1~2m、分米级和厘米级实时高精度导航定位服务。

星基增强系统是北斗导航卫星系统的另一个重要组成部分，通过地球静止轨道卫星搭载导航卫星增强信号转发器，可以向用户播发星历误差、卫星钟差、电离层延迟等多种修正信息，实现对于原有导航卫星系统定位精度的改进。按照国际民航标准，开展北斗星基增强系统设计、试验与建设。已完成系统实施方案论证，固化了系统在下一代双频多星座（DFMC）SBAS标准中的技术状态，进一步巩固了BDSBAS作为星基增强服务供应商的地位。

3）发展历程。我国高度重视北斗系统建设发展，自20世纪80年代开始探索适合国情的导航卫星系统发展道路，形成了"三步走"发展战略：2000年年底，建成北斗一号系统，向我国提供服务；2012年年底，建成北斗二号系统，向亚太地区提供服务；2020年，建成北斗三号系统，向全球提供服务。北斗三号全球导航卫星系统开通以来，系统运行稳定，持续为全球用户提供优质服务，开启了全球化、产业化新征程。

4）发展特色。北斗系统的建设实践，实现了在区域快速形成服务能力、逐步扩展为全球服务的发展路径，丰富了世界导航卫星事业的发展模式。

北斗系统具有以下特点：①北斗系统空间段采用三种轨道卫星组成的混合星座，与其他导航卫星系统相比，高轨卫星更多，抗遮挡能力强，尤其低纬度地区性能特点更为明显；②北斗系统提供多个频点的导航信号，能够通过多频信号组合使用等方式提高服务精度；③北斗系统创新融合了导航与通信能力，具有实时导航、快速定位、精确授时、位置报告和短报文通信服务五大功能。

5）服务性能。截至 2022 年 1 月，北斗系统可提供全球服务，在轨工作卫星共 52 颗，既有北斗二号卫星，也有北斗三号卫星；既有地球静止轨道卫星，也有倾斜地球同步轨道卫星和中圆地球轨道卫星。北斗系统当前基本导航服务性能指标见表 9-1。

表 9-1　北斗系统当前基本导航服务性能指标

服务区域	全　球
定位精度	水平 10m、高程 10m（95%）
测速精度	0.2m/s（95%）
授时精度	20ns（95%）
服务可用性	优于 95%，在亚太地区，定位精度水平 5m、高程 5m（95%）

6）未来发展。未来，北斗系统将持续提升服务性能，扩展服务功能，增强连续稳定运行能力。进一步提升全球基本导航和区域短报文通信服务能力，并实现全球短报文通信、星基增强、国际搜救、精密单点定位等服务能力。

① 基本导航服务。为全球用户提供服务，空间信号精度将优于 0.5m；全球定位精度将优于 10m，测速精度优于 0.2m/s，授时精度优于 20ns；亚太地区定位精度将优于 5m，测速精度优于 0.1m/s，授时精度优于 10ns，整体性能大幅提升。

② 短报文通信服务。中国及周边地区短报文通信服务，服务容量提高 10 倍，用户机发射功率降低到原来的 1/10，单次通信能力 1000 汉字（14000bit）；全球短报文通信服务，单次通信能力 40 汉字（560bit）。

③ 星基增强服务。按照国际民航组织标准，服务中国及周边地区用户，支持单频及双频多星座两种增强服务模式，满足国际民航组织相关性能要求。

④ 国际搜救服务。按照国际海事组织及国际搜索和救援卫星系统标准，服务全球用户。与其他导航卫星系统共同组成全球中轨搜救系统，同时提供返向链路，极大提升搜救效率和能力。

⑤ 精密单点定位服务。服务中国及周边地区用户，具备动态分米级、静态厘米级的精密定位服务能力。

7）应用与产业化。中国积极培育北斗系统的应用开发，打造由基础产品、应用终端、应用系统和运营服务构成的产业链，持续加强北斗产业保障、推进和创新体系建设，不断改善产业环境，扩大应用规模，实现融合发展，提升导航卫星产业的经济和社会效益。

北斗基础产品已实现自主可控，国产北斗芯片、模块等关键技术全面突破，性能指标与国际同类产品相当。多款北斗芯片实现规模化应用，工艺水平达到 28nm。截至 2018 年 11 月，国产北斗导航型芯片、模块等基础产品销量已突破 7000 万片，国产高精度板卡和天线销量分别占国内市场 30% 和 90% 的市场份额。

建设北斗地基增强系统。截至 2018 年 12 月，在我国范围内已建成 2300 余个北斗地基增强系统基准站，在交通运输、地震预报、气象测报、国土测绘、国土资源、科学研究与教育等多个领域为用户提供基本服务，提供米级、分米级、厘米级的定位导航和后处理毫米级的精密定位服务。

北斗系统大众服务发展前景广阔。基于北斗系统的导航服务已被电子商务、移动智能终端制造、位置服务等厂商采用，广泛进入中国大众消费、共享经济和民生领域，深刻改变着人们的生产生活方式。

北斗系统持续与其他导航卫星系统开展协调合作，推动系统间兼容与互操作，共同为全球用户提供更加优质的服务。

2. 地理信息系统

（1）地理信息系统概述　地理信息系统（Geograpic Information System，GIS），是地理信息学方法的一种实现手段，是以上多学科技术集成的基础平台。由于计算机科学的兴起和它在航空摄影测量与地图制图学中的应用，使人们有可能用计算机来收集、存储和处理各种与空间和地理分布有关的图形和属性数据，并希望通过计算机对数据的分析来直接为管理和决策服务，于是就导致了地理信息系统的出现。

（2）GIS 的基本功能　地理信息系统的基本功能如下：

1）数据的采集和编辑功能。GIS 的核心是一个地理数据库，建立 GIS 的第一步必须将空间实体的图形数据和描述它的属性数据经 GIS 输入设备采集下来，经过数据编辑和图形编辑送入数据库中。

2）地理的管理功能。地理对象经数据采集与编辑后，送到计算机的外存设备上，对于庞大的地理数据，需要用数据库管理系统来管理，目的在于方便用户查找和获取所需的信息。

3）制图功能。GIS 本身由地图制图发展而来，因此，GIS 的主要功能之一即为制图。它不仅可提供全要素地图，也可根据需要提供专题图，如城市建设规划图、道路交通图等；并且还可以对数字地图进行更新，如添加符号、标注、渲染色彩等；另外还可通过绘图机等硬件输出。

4）空间查询和空间分析功能。通过空间查询和空间分析得出决策结论是 GIS 的主要目的。所谓的空间查询和空间分析不仅可获得对象固有的空间信息和属性信息，还可根据对象空间的空间关系获得新信息和新知识，并对用户询问做出答复。

5）地形分析。地球表面的起伏变化，如山川、盆地等，传统的地图采用等高线来描述。在 GIS 中，通过数字高程模型（DEM），可对等高线进行分析，还可做透视图分析、坡度坡向分析、断面图分析等。

（3）GIS 的组成　GIS 的基本系统包括 5 个系统：数据输入与转换子系统、图形及文本编辑子系统、数据管理子系统、空间查询与空间分析子系统以及数据输出子系统，它们之间的相互联系如图9-3所示。

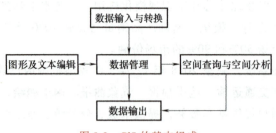

图 9-3　GIS 的基本组成

1）数据输入与转换子系统。数据输入与转换子系统是一组相对独立的功能软件模块，针对不同的输入设备和不同的数据相应配备不同的软件，用来保证各种来源的数据都能转换成 GIS 可以接收的数字形式，存放到数据库中。

2）图形及文本编辑子系统。图形及文本编辑子系统主要用于图形与属性的可视化输入与编辑。它可直观地检查原始输入数据或图形的正确性，并实现图形与属性的联动编辑修改，还能进行各种图面整饰、图案线型的设计，以及建立图形的空间拓扑结构。它的主模块由图形变换、投影变换、图形编辑、属性编辑、图面整饰、拓扑关系建立、图幅拼接等。

3）数据管理子系统。对于一个 GIS，它的数据分两类：一类是与空间位置有关的图形数据，另一类是与应用有关的属性数据。属性数据的管理通常利用通用的数据库管理系统，如所用的关系数据库模型。但是通用的数据库系统管理拓扑结构辅助的图形数据效率低，使用不便。因此，GIS 对图形数据的管理一般都使用专门设计的空间数据。

4）空间查询与空间分析子系统。通用数据库管理系统一般提供了数据库查询语言SQL，但是它们不能支持空间查询。需要利用 GIS 特有的空间查询语言和可视化的查询功能模块。在该子系统中，还提供一组基本的空间运算与空间分析模块，如地形分析、叠置分析、缓冲区分析、重分类分析、相邻相接分析、网络分析等。

5）数据输出子系统。数据输出子系统实现数据的输出与显示，包括报表生成、地图制图、数据格式转换等模块，可以在显示器、打印机、绘图仪、磁带等各种设备上输出各种形式的结果。

（4）GIS 在车辆自主导航系统中的任务　由前叙述可知，GIS 作为一种综合的空间信息系统，主要是处理与空间位置相关的属性，并在一定的软硬件支持下实现数据的输入、存储、检索、处理、显示及对之做出的综合分析。在车辆自主导航系统中，必须要了解车辆的位置信息，并准确地在电子地图上显示和定位。对于系统的数据采集、处理以及功能实现，都可以采用 GIS 来完成。对于车辆的定位，采用全球卫星定位技术实现，可以认为通过全球卫星定位系统获得定位数据是 GIS 的一种数据采集方式，它实现车辆位置的实时、动态确定。而电子地图也以其形象生动、易于操作的优点，被采用为系统的输出方式。

综上所述，GIS 在系统中需完成以下任务：支持管理地图数据库，可以对地图进行编辑和修改，并且可以进行格式转换；提供用户界面，响应用户信息查询和图形操作，可以接收和发送控制信息和其他相关信息。

3. 电子地图

（1）电子地图简介 20 世纪 80 年代中期，随着数字地图及地理信息系统技术的发展和应用，以及计算机视觉化研究的深入，在侧重空间信息表现与显示的基础上，电子地图应运而生。电子地图是以地图数据库为基础，以数字形式存储于计算机外存储器上，并能在电子屏幕上实时显示的可视地图，又称"屏幕地图"或"瞬时地图"。电子地图主要应用于政府宏观管理、科学研究、规划、预测、大众传播媒介、信息服务等领域。另外，它与全球卫星定位系统相结合，在航天、航空领域、军事领域以及汽车导航中发挥着十分广泛的作用。随着发展，众多的地理信息系统的应用成果都采用电子地图的形式来展示。电子地图示例如图 9-4 所示。

图 9-4　电子地图示例

（2）电子地图的概念与特点 电子地图是指由计算机控制产生的地图，它是数字地图符号化处理后的数据集合。另外，电子地图具有显示速度快的特点，能很快将符号化处理后的地图数据转换为屏幕上的地图图形。总而言之，可将电子地图定义为：具有地图的符号化数据特征，能实现快速显示使人们阅读的有序数据集合。

电子地图的优点在于：

1）电子地图数据库可包括图形、图像、文本、数字等多种形式，还可与视频、音频信号相连，有较强的数据扩展性。

2）电子地图检索方便，多种数据类型、多个窗口可在同一屏幕上分层、实时化进行动态显示，可实现屏幕漫游、开窗放大、镜头推移等操作，用户界面友好。

3）信息的存储、更新以及通信方式比较简单，便于携带与交流。

4）可进行动态模拟，便于定性定量分析，可实现图上长度、面积、角度等的自动测量，使用上具有智能化特点，可辅助管理和决策。

5）可缩短大型系列地图集的生产周期和更新周期，降低生产成本。

（3）电子地图的应用 由于电子地图相比传统地图有许多优点，因此在众多领域得到了广泛的应用。电子地图在运动物体轨迹显示方面具有非凡的功能。在现代的指挥控制中，一般都配有电子地图的屏幕显示设备，它与被控对象通过现代通信技术和全球定位系统取得联系，并将其位置实时显示在电子地图的相应位置上。电子地图能使专题内容和主题内容灵活地结合和分离，各自存储和管理。

电子专题地图依其专题内容分布特点，可分为点状、线状、面状和以统计为特点的专题图等，对在空间呈点状分布的各种地物，可以用特定的点状符号在电子地图上表示，如气象站、旅游景点的分布图。电子地图的内容要根据其应用来确定，如用于天气预报的电子地图，只需边界线、主要河流和城市就可以了。而用于车辆监控的电子地图则需要显示该城市的主要道路、次要道路、街区、建筑物以及用户可能要求的特殊地物。而且电子地图的存储往往采用分层方式，这样一来，可根据不同的要求，灵敏地选择显示的内容。

4. 路径规划

路径规划是车辆导航系统必不可少的核心功能之一，也是实现导航功能的前提条件。车辆导航系统的路径规划是帮助驾驶人在旅行前或者旅行中规划行驶路径的过程，它要解决的主要问题是在给定的熟悉道路地图中寻找从出发地到目的地的最优化路径。针对实际应用的不同要求，可以采用不同的优化标准，如最短行车距离、最少旅行时间、最近通行收费等。而距离、时间、收费等信息都可以存储在数字道路地图的路段属性中。在前期的数字道路地图的制作过程中，根据路网数据模型，可以将数字道路地图转化为带权有向图，因此无论采用何种标准，计算道路网络中两点之间的最优路径问题都可以归结为求解带权有向图的最短路问题。在图论中有许多比较成熟的最短路算法可供选择，但在车辆导航系统中，这些算法通常不能直接使用，原因主要有：①对于自主车辆导航系统，负责路径规划的导航计算机系统受车载环境和成本限制，处理能力和存储资源有限，而在实际应用中的数字道路数据库往往规模庞大；②对于实时车辆导航系统，路径规划必须在一定的时间内完成，这就要求路径规划算法必须具有较高的运算效率。为此，可以通过对已有算法的运算效率加以改进或者构造高效的新算法来满足车辆导航对问题求解的时效性要求。但算法的精度有时可能下降，即算法求得的最优路径解可能并非理论意义上的最优，而只是比较满意的次优和较优路径。但如果两者之间的目标值相差不大，而又可能在运算速度和存储开销方面获得较大改进，那么该算法无疑也是非常适合车辆导航系统要求的。

而经典的最短路算法有迪杰斯特拉（Dijkstra）算法、弗洛伊德（Floyd）算法、贝尔曼-福特摩尔（Bellman-Ford-Moore）算法、启发式搜索算法，而启发式搜索算法又包括启发式搜索、A*算法及其改进、双向搜索算法和基于分层地图的搜索算法，这里就不一一论述了。

二、自主式车辆导航系统设计

1. 自主式车辆导航系统的功能

车辆自主导航的主要功能有两个：车辆的定位和自主导航。

车辆的定位功能可以划分为如下的子功能：

（1）获得车辆的定位信息　系统采用了全球卫星定位技术，因此车辆的定位信息将由全球卫星定位系统信号接收机接收来自卫星的定位信号以后，计算出车辆的当前位置，实现车辆的定位。

（2）显示车辆的定位信息　车辆的定位信息需要以某种形式显示给使用者，因此必须考虑采用何种显示界面才能使得使用者最直接、最有效地获取车辆的定位信息。为了实现自主导航，车辆必须携带电子导航地图，自主导航功能分解为如下的子功能：

1）管理电子导航地图。电子导航地图是车辆实现自主导航的基础，是车辆自主导航最主要的用户界面。某种程度上，电子导航地图的设计成败决定了车辆自主导航的成败，此功能可进一步分解为三个功能：组织和管理电子导航地图的数据；显示电子导航地图；制作和编辑电子导航地图。

　　2）查询电子导航地图。车辆自主导航与用户的交互是双向的。一方面，系统将各种导航信息传递给用户，如显示电子导航地图、显示卫星状态等。另一方面，用户也要查询电子导航地图、寻找电子导航地图中自己感兴趣的信息。

　　基于这些功能，一个完整的自主式车辆导航系统由以下功能模块构成：定位模块、数字道路地图、地图匹配模块、路径规划模块、无线通信模块和人机交互界面。

2. 系统总体设计

　　自主式车辆导航系统总体设计是由多个功能模块构成的复杂系统，与其广泛的应用领域相对应，具体的应用系统设计也具有不同程度的复杂性，这种复杂性取决于系统的设计原则、组成结构和具体的性能指标。在设计自主式车辆导航系统时需要考虑的具体因素包括系统的单位成本、所能提供的定位精度、所支持导航功能的复杂性、是否需要无线通信模块以扩展功能以及是否需要支持其他特定功能等。

　　针对车辆导航的要求，典型的自主式车辆导航系统应具备以下功能：

　　1）系统能在90%以上的行程时间里确定车辆的实时位置，与实际位置的偏差应小于20m。

　　2）系统能将车辆的实时位置转化为地图坐标并与道路网相匹配，以提供车辆在路网中最可能的行驶路段以及车辆在该路段中所处的位置。

　　3）系统能向驾驶人提供以地图为背景的图形化实时车辆位置显示。

　　4）系统能接收旅行目的地请求，并按合适的规划标准给出由当前位置或指定起点到达目的地的最佳行车路线。

　　5）系统能根据已规划好的行车路线产生实时的驾驶引导指令，并以图形指示或语音提示的方式提供给驾驶人。

　　6）系统能确定车辆当前是否已经偏离了预定行车路线并及时做出处理，或者以语音或图形方式提醒驾驶人注意，或者从当前位置开始重新规划行车路线。

3. 导航计算机系统设计

（1）硬件体系构成　自主式车辆导航系统的硬件体系构成如图9-5所示。

　　自主式车辆导航系统硬件体系的核心部分，除定位和通信外，系统的其他功能模块都以导航计算机为硬件平台，通过应用软件来实现；用户对整个系统的操作和控制也通过导航计算机来完成。从总体角度考虑，在自主式车辆导航系统的硬件设计过程中，对导航计算机的要求是最严格的。在性能指标上，由于必须负担地图的显示与刷新、行驶指令计算、定位数据的

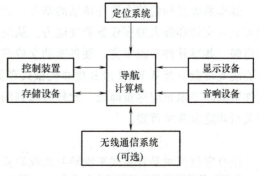

图9-5　自主式车辆导航系统的硬件体系构成

处理与转换等具有较高实时性要求的任务和类似路径规划这样的大计算量任务，因此导航计算机必须要具备足够的运算能力。从功能上看，为满足自主式车辆导航系统控制、输出和功能扩展的需要，导航计算机应具备基本的多媒体功能、强大的控制和通信能力及良好的扩充性。为适应车载环境的要求，导航计算机还需具备良好的抗振性能，其外形尺寸和功耗也要受到严格限制。

（2）软件体系设计 根据系统功能的要求，自主式车辆导航系统的软件体系构成如图9-6所示。其中，操作系统由内核层和操作系统服务（OSS）层组成，其功能是为应用层软件提供运行支持。为满足实时处理的需要，操作系统应支持多任务特性，即允许多个独立的应用程序同时运行。内核层是指操作系统中直接与硬件交互的部分，主要由硬件驱动程序组成，它是整个软件体系中唯一与具体硬件相关的部分。操作系统服务（OSS）层介于应用

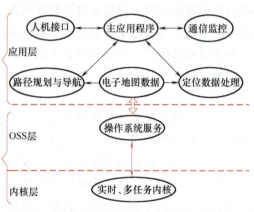

图9-6 自主式车辆导航系统的软件体系构成

层和内核之间，它向应用层提供任务创建、内存分配、磁盘读写缓冲区创建与管理、创建消息队列、起动任务循环、事件检测等基本操作系统服务。自主式车辆导航系统的主要功能如定位数据处理、路径规划与导航、电子地图数据库操作等都由对应的应用层软件模块完成。

在软件体系中采用分层结构使得应用层软件具有硬件无关性，即不依赖于具体硬件的独立性。这种无关性有两层含义：第一，系统中所有的硬件设备都由操作系统接管，应用程序不直接对硬件进行访问；第二，所有涉及硬件的操作都通过调用标准的API（应用程序接口）函数来完成。在这种方式下，每一种硬件设备都通过驱动程序来被操作系统识别，并由驱动程序为系统对硬件设备的访问提供底层支持，即将具体的API函数翻译为直接对目标硬件进行的操作。这样操作系统就将硬件系统与应用软件进行了隔离，在应用程序中无须包含任何针对具体硬件的代码，只需调用API函数就可以完成对硬件的操作。硬件无关性极大地增强了应用程序的可移植性，为系统的软硬件开发、升级和改进带来了方便。

操作系统是构建整个软件体系的基础。根据系统功能的要求，操作系统应提供良好的图形显示支持和强大的多任务管理能力。从应用层软件开发的角度考虑，应选择开发平台功能强、共享软件资源丰富、硬件驱动支持多的操作系统。为适应车载环境，操作系统必须能脱离硬盘直接从ROM或其他非机械式存储媒介中起动，其对内存开销、存储容量等硬件资源的要求也应尽量降低。此外考虑到用户使用的方便程度，操作系统是否支持即时开关机功能也非常重要。

4. 功能子系统设计

组合定位模块是自主式车辆导航系统的重要组成部分，它对整个系统的性能表现有至关重要的影响。为实现连续车辆定位的要求需采用组合定位方式，利用联邦卡尔曼（Kalman）滤波技术实现的 GPS/DR（Dead Reckoning，航位推测法）组合定位系统，它的具体数据处理流程如图 9-7 所示。两个局部 Kalman 滤波器分别接收并处理来自 DR 和 GPS 接收机的数据，并提供各自的最优状态估计，而后进行组合以获取全局最优估计，然后完成对局部滤波器的重置。DR 局部滤波器同时还提供对陀螺转角测量误差和里程仪测距误差的估计，并反馈到对应的传感器，对测量数据进行补偿修正。

将 GPS/DR 组合定位与地图匹配算法结合起来，就构成了 GPS/DR/地图匹配组合定位系统，其结构如图 9-8 所示。具体的数据处理过程是：首先在每个采样时刻 $k = nT$ 由联邦 Kalman 滤波器处理 DR 传感器和 GPS 的量测数据并给出最优估计，然后将滤波器输出的车辆位置估计、其在估计误差矩阵中对应的定位误差估计与行车方向估计一起输入给地图匹配模块，并由地图匹配算法计算出当前时刻的匹配位置坐标，最后按滤波估计值加地图匹配修正的形式给出组合系统的定位输出。

路径规划与导航模块设计在自主式车辆导航系统软件体系中，路径规划与导航模块负

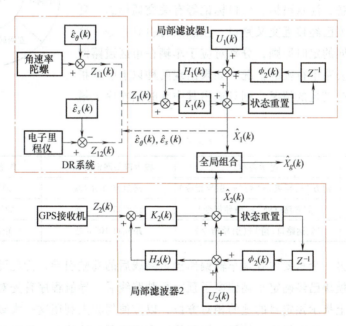

图 9-7　GPS/DR 组合定位系统联邦 Kalman 滤波的数据处理流程

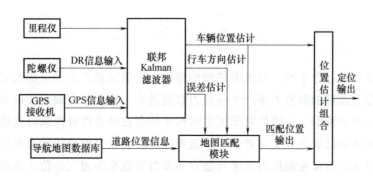

图 9-8　GPS/DR/地图匹配组合定位系统的结构

责完成车辆导航功能，包括提供由出发地到目的地的最优行车路线规划和旅行途中的动态驾驶引导。动态驾驶引导由两个任务组成：一是产生引导指令，二是跟踪车辆在预定规划路径上的行驶情况。引导指令产生的依据是车辆沿规划路线行驶时在交叉路口的转向情况，一旦按用户要求规划出行驶路线，就可根据其中的相邻路段在交叉路处的取向变化值做出对应的驾驶引导指令。图9-9表示了实际使用的驾驶引导指令生成算法，其中的角度标注代表两条相邻路段在交叉点处的取向角差值，顺时针方向为正；路段取向角定义为路段取向与正比方向的差值，取值范围是0°～360°。在引导指令产生之后，接下来的任务是实时监视车辆在预定路线上的行驶情况，以确定在什么时候向用户输出引导信息。在这里采用的是三步提示的原则，将引导信息分为三种，见表9-2：早期提示、准备提示和到达提示。早期提示在车辆通过上一个交叉路口后给出，通知驾驶人在下一个路口所要采取的操作。准备提示在车辆进入距路口一定范围内的区域时给出，提示驾驶人做好转向准备，注意路标、出口标记等有关交通标志。到达提示通知驾驶人已经接近交叉路口，注意执行引导指令。这里考虑到两种不同的定时原则，分别对应于车辆在市区道路网中行驶和在高速公路中行驶的情况。如果出现两种以上引导指令的定时条件同时满足的情况，则只输出其中在时间次序上最靠后的一条指令。

图9-9　驾驶引导指令生成算法示意图

表9-2　路径引导指令输出标准

类型	提示内容	城市道路网定时标准	高速公路定时标准
早期提示	"前方"+（距离）+"处"+（引导指令）	通过路口后10s	通过路口后30s
准备提示	"前方路口处"+（引导指令）	距路口300m处	距路口1500m处
到达提示	"到达路口,请"+（引导指令）	距路口100m处	距路口500m处

动态导航的另一个重要内容是车辆偏离预定路线后的驾驶引导，为此可以设定两种处理方法。当定位模块已经确定车辆偏离了预定行驶路线后，导航程序首先对驾驶人进行提示，同时在屏幕上指示预定目的地的相对方位，以方便驾驶人利用这一大致的方向返回原来的路线。当经过一段时间后，如果车辆仍然没有回到预定路线上，则以当前车辆位置为起点，重新规划到预定目的地的最优路线。

第二节　轮胎压力监测技术

轮胎是汽车行驶过程中唯一与地面接触的部件，轮胎承载汽车的全部质量，缓冲路面的冲击，并通过与地面的附着力来产生驱动力和制动力。轮胎压力偏高或偏低对汽车的使用性能都会产生不利影响。合适的轮胎压力对汽车的燃油经济性及操纵舒适性也是至关重要的。怎样防止爆胎已成为安全驾驶的一个重要课题。据国家橡胶轮胎质量监督中心的专家分析，保持标准的汽车轮胎压力正常与稳定和及时发现车胎漏气是防止爆胎的关键。于是，汽车轮胎压力监测技术应运而生。

一、轮胎压力对汽车性能的影响

在汽车行驶过程中，轮胎慢性渗漏会导致轮胎压力降低，而这种降低往往不易被驾驶人及时发现。图 9-10 所示为压力不足和正常时轮胎的形状。轮胎压力过低时，胎面接触地面面积增大，胎面与地面摩擦阻力加大，胎体各部件的变形量变大，轮胎内部组织间的摩擦也进一步加大，这些因素都进一步加剧了胎体温度的迅速上升；另外，因胎肩变形量大，容易引起帘线、钢丝和橡胶等材料扯断、拆裂，导致胎体强度下降。温度上升或强度下降到一定程度就会引发爆胎。汽车在轮胎压力不足及过低时行驶，会产生以下不利影响：

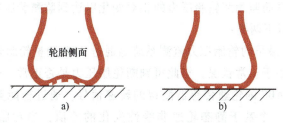

轮胎侧面

a)   b)

图 9-10 不同压力时轮胎的形状

a）压力不足 b）压力正常

1）在同样承载条件下，胎体变形大，行驶时轮胎温度升高，橡胶老化，容易产生帘线脱层等毛病。

2）轮胎下沉量大，轮胎凹陷，使用时容易产生磨胎肩现象。

3）轮胎断面变形大，双胎并装间距缩小，容易引起胎侧碰撞磨损。

4）轮胎发生不正常磨损，减少轮胎寿命，为爆胎埋下隐患。

5）轮胎滚动阻力增大，燃料消耗高，转向性能差。

6）紧急制动时，若某侧轮胎压力偏低，就会造成车身偏转，甚至酿成事故。

如果轮胎压力过高，也会产生危害。轮胎的负荷能力和压力都是在设计时就已给定了。由于内压的增加，轮胎各部位的变形和所受的内应力也相应增加。内压增加只能使轮胎刚性增大，载荷下的变形显得较小而已。胎面胶的橡胶分子链长期处于高度伸张和应力状态下，其耐磨性显著下降，必然导致胎面胶，特别是胎面中部加速磨损。从轮胎结构看，胎冠部位帘布层顶部处于行驶面中心部位，胎内压力向外扩张的作用力在胎冠顶部达到最大值，使胎体产生较大的径向伸长变形。虽然胎面胶有一定的弧高，但由于胎面中部最先与地面接触，所受的冲击力、剪切力和磨耗也最大。如果压力过高，迫使胎面中部产生更大的凸变，胎面弧高进一步增大，胎体帘线处于过度伸张状态，内应力增大，胎面与地面的接触面积减小，单位压力增加，导致行驶面中部的磨损进一步加剧。

二、轮胎压力监测系统的类型

轮胎压力监测系统（Tire Pressure Monitoring System，TPMS）主要用于车辆行驶时实

时地对轮胎压力及胎内温度进行自动监测，对轮胎漏气和低压力进行报警，以保障行车安全。它是一项提高车辆安全性的新型汽车电子技术，也是智能交通研究的课题之一。TPMS 的基本功能是辅助驾驶人监测轮胎压力，压力正常时，系统无任何动作，不干扰驾驶人的正常行驶；而压力出现异常时，系统将发出报警信息，提醒驾驶人采取相应措施，防止爆胎引起车辆安全事故。轮胎压力监测系统一般分为间接式 TPMS 和直接式 TPMS。

1. 间接式 TPMS

间接式 TPMS 是利用汽车上现有传感器的信息，建立其与轮胎压力变化之间的关系，通过相应的模型和算法间接监测轮胎压力的变化，其特点是以算法为主。目前常见的间接式 TPMS 有计算式间接 TPMS 和磁敏式间接 TPMS 两种。

（1）计算式间接 TPMS　计算式间接 TPMS 是通过汽车 ABS 的轮速传感器信号，求出轮胎之间的转速差进而监测两轮胎压力的相对变化以达到监测胎压的目的。目前，计算式间接 TPMS 可分为以下两类：

1）轮径分析型。最早的轮胎压力监测系统是通过 ABS 测量轮胎转速，因为压力不足的轮胎其转速、半径小于正常状况，据此可判断轮胎压力是否正常。这种间接式压力监测装置利用汽车原有的 ABS 的轮速传感器测得的转速信号，通过智能算法，来判别轮胎压力。这种类型是监测一个基于静态轮速非线性变化的差值，当轮胎半径接近于最佳值（此时拥有最佳轮胎压力）时，这个差值接近于零。目前广为采用的是与轮速呈静态非线性关系的压力监测方法，其表达式为

$$\gamma = \frac{\omega_1}{\omega_2} - \frac{\omega_3}{\omega_4} = \frac{R_2}{R_1} - \frac{R_4}{R_3} = \frac{R_2 R_3 - R_1 R_4}{R_1 R_3} \tag{9-1}$$

式中，ω_1、ω_2、ω_3、ω_4 和 R_1、R_2、R_3、R_4 分别是左前轮、右前轮、左后轮、右后轮的角速度和半径。当其中一个轮胎压力降低时，其角速度增大，对应的轮胎半径值便相应减少，则此时 $\gamma \neq 0$，由此可以判断汽车某一轮胎处于欠压状态。

2）振动分析型。当汽车行驶时，粗糙的路面会使轮胎上的橡胶产生类似弹簧的振动。这种类型是通过监测与轮胎压力有关的振动频率来监测胎压的。轮胎的弹簧常数随轮胎胎压的变化而发生变化，且两者呈线性关系。据此原理，利用四个车轮上安装的 ABS 轮速传感器产生的波形信号并经过车辆稳定控制（Vehicle Stability Control，VSC）系统处理，求出轮胎的扭振频率，计算得到轮胎的弹簧常数，再根据胎压和弹簧常数的关系，求出轮胎胎压，当控制单元检测出轮胎胎压异常时输出报警信号，提醒驾驶人检查轮胎胎压，其控制流程如图 9-11 所示。

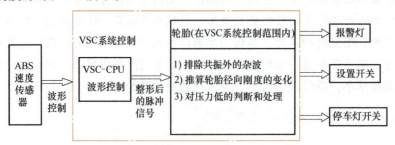

图 9-11　振动分析型计算式间接 TPMS 的控制流程

目前丰田公司开发了一种振动分析型间接式轮胎压力监测的新方法，该方法依据的轮胎振动模型如图 9-12 所示，将轮胎简化为由两个弹簧构成的扭振系统模型。根据各个车轮转速信号的变化，计算各轮的共振频率，并由此共振频率可求出轮胎的弹簧常数。由于轮胎的弹簧常数随轮胎压力的降低而降低，轮胎的压力和弹簧常数基本呈线性关系，如图 9-13 所示。因此，由弹簧常数可最后求得轮胎压力，并对其进行监测。

图 9-12　轮胎振动模型

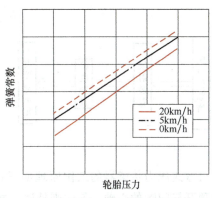

图 9-13　轮胎压力-弹簧常数关系

（2）磁敏式间接 TPMS　磁敏式间接 TPMS 由压力传感器、霍尔装置和电子控制单元等组成。轮胎压力传感器安装在车轮轮辋上，霍尔装置安装在悬架支柱或车轮制动底板上。汽车行驶时，轮胎压力变化引起螺旋弹簧变形，带动磁性元件旋转使得磁场方向发生变化，从而使通过霍尔装置中磁敏元件的磁感应强度变化，霍尔装置的输出信号随之变化，由此实现轮胎压力信号由轮胎至车体的非接触传递。电子控制单元由单片机和外围接口组成，单片机对经过调理的霍尔装置的输出信号进行采样，并将数据送入存储器中，经运算分析和比较判断，得到轮胎压力及其状态，报警装置显示轮胎压力或在压力异常时进行声光报警，其系统结构如图 9-14 所示。

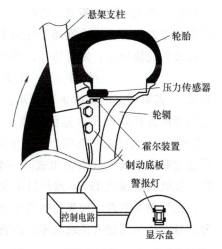

图 9-14　磁敏式间接 TPMS 的系统结构

2. 直接式 TPMS

直接式 TPMS 工作原理的本质是利用安装在每一个轮胎里的压力传感器和温度传感器来直接测量轮胎的压力和温度，并对各轮胎压力进行显示及监控。直接式 TPMS 的工作原理如图 9-15 所示。

目前直接式 TPMS 主要有主动式直接 TPMS 和机械式直接 TPMS，它们的区别在于传感器的类型。主动式直接 TPMS 的温度和压力传感器一般植入轮胎内部，而机械式直接 TPMS 的温度和压力传感器一般安装在轮胎的气门芯上。

（1）机械式直接 TPMS　机械式直接 TPMS 将系统分为轮胎模块和中央接收模块两部分。其中轮胎模块由压力传感器、控制器和发射机组成；中央接收模块由接收机、控制器和显示报警部分组成。机械式直接 TPMS 与其他的 TPMS 的主要区别在于其压力传感器部分使用的是机械式压力传感器，其结构如图 9-16 所示。

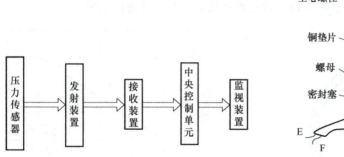

图 9-15　直接式 TPMS 的工作原理

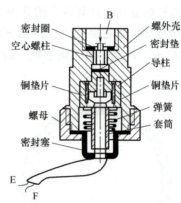

图 9-16　机械式压力传感器的结构

机械式压力传感器的工作原理如下：把传感器的 B 部位旋入轮胎的气门嘴上，空心螺柱顶开气门嘴的心轴，气体则外溢，并通过空心螺柱中心孔传到密封垫上部的气室中，再通过密封垫导柱作用到弹簧上，弹簧受压收缩，铜垫片随着导柱的向下移动，铜外壳在其接触处产生一定的距离，导线 E、F 断开，当轮胎的压力低于标准压力的某个值时，此时弹簧依靠自身的弹力推动导柱向上移动，直至铜垫片和铜外壳接触，导线 E、F 接通，无线发射模块通电，发射信号，接收模块得到信号，发出声光报警。

（2）**主动式直接 TPMS**　目前大多数厂家所研制和汽车所使用的都是主动式直接 TPMS，其原理框图如图 9-17 所示。主动式直接 TPMS 主要由两个部分组成：安装在汽车轮胎里的远程轮胎压力监测模块（采样端）和安装在汽车驾驶台上的接收和显示模块（监测端）。直接安装在每个轮胎里测量轮胎压力和温度的模块，将测量得到的信号调制后通过高频无线电波发射出去。一个 TPMS 有 4 个或 5 个（包括备用胎）TPMS 监测模块。接收模块接收 TPMS 监测模块发射的信号，将各个轮胎的压力和温度数据显示在屏幕上，供驾驶人参考。如果轮胎的压力或温度出现异常，中央监视器根据异常情况，发出报警信号，提醒驾驶人采取必要的措施。

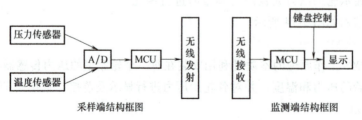

图 9-17　主动式直接 TPMS 的原理框图

主动式直接 TPMS 还可以分为单向通信系统 TPMS 和双向通信系统 TPMS。目前大多数主动式直接 TPMS 都是单向通信系统，即只存在从轮胎电子模块到接收机的单向信息通路，轮胎模块工作在完全自主的模式下。轮胎模块监测到压力/温度的变化或出现异常时，就发信息给接收机，但它无法确保接收机能够正确接收到此信息。由于汽车在实际行驶过程中，轮胎压力总是在一定范围内波动变化的，为了检测到轮胎气压的准确状态，程序设计成在 200 次的连续采样次数内，若有连续的 20 次采得的气压力值都属于同一个压力状态，则认为压力状态是稳定（未必是正常的）的，就可以将该压力状态发送出去；若在 200 次的连续采样次数内，没有连续的 20 次采得的压力值都属于同一个压力状态，则说明此时压力不稳定，就必须重新开始新一轮的连续 200 次采样。除单向通信系统外，还有一种双向通信系统。双向通信是指系统的遥感传感器及射频收发模块响应车体内射频收发和信息处理模块发来的状态报告要求，立即向车体内射频收发和信息处理模块报告轮胎目前的工作状况，遥感传感器及射频收发模块具备无线射频收发功能，永远处于待机状态，无条件地接受车体内射频收发和信息处理模块的指挥。

还可以根据传感器将 TPMS 分为内置式 TPMS 和外置式 TPMS。内置式 TPMS 是将压力传感器和信号发射部分直接固定在车轮钢圈上，主要用于真空胎，一般为汽车生产厂或轮胎生产厂选用，需根据各厂商的不同车型或轮胎压力要求进行订制，可解决汽车厂商的一体化要求。外置式 TPMS 安装简单，适用于各种轮胎，但安装后需对轮胎的平衡性等指标进行调校，以达到安全目的。

3. 复合式的 TPMS

另外，市场上还有一种复合式的 TPMS，兼具有直接式和间接式两个系统的优点。在两个互相成对角的轮胎内装备直接传感器，并安装一个四轮间接系统。与直接系统相比，这种复合式系统可以降低成本，同时克服间接式 TPMS 不能检测出多个轮胎同时出现压力过低的缺点。但是这种复合式 TPMS 还是不能像直接式 TPMS 那样提供所有轮胎的实际压力实时数据显示。

4. 间接式 TPMS 与直接式 TPMS 的比较

间接式 TPMS 是通过对车辆宏观物理形态上的数据处理来进行胎压异常检测。显然，由于道路状态的复杂多变性，这种处理方式的测量精度与准确度难以保证。美国高速公路安全管理局（NHTSA）在调查中发现，使用目前的间接式 TPMS 的轮胎，在处于明显低压状态时只有占调查总数的 50% 发生了报警，而直接式 TPMS 都能发出报警。

基于 ABS 的间接式 TPMS 检测不出两只或两只以上轮胎同时出现漏气或低压状态，而且系统校准极其复杂。而直接式 TPMS 采用传感器直接从轮胎现场获取压力信号，然后将数据传送给中心接收站，则可以随时测定每个轮胎内部的实际瞬压，很容易确定故障轮胎，克服了基于 ABS 的间接式 TPMS 的缺陷。

间接式 TPMS 的优点在于只需增加很少的硬件系统，辅助以智能高性能算法对软件系统进行升级即可实现，其实现成本较为低廉。但随着汽车电子产业的迅猛发展，尤其是美国的运输设备召回、改进、责任认定和文档记录（TREAD）法案的颁布后，很多著名集成电路公司都相继投入大量资金研发用于 TPMS 的芯片。业界的竞争以及集成电路制造工艺的提升，直接导致直接式 TPMS 解决方案成本急骤下降。直接式 TPMS 成本的下降及具有间接式 TPMS 不可比拟的优势，现已被广泛使用。间接式 TPMS 与直接式 TPMS 的特点见表 9-3。

不论是间接式 TPMS 还是直接式 TPMS，都有各自的优点。直接式 TPMS 提供更高级的功能，随时测定每个轮胎内部的实际瞬压，很容易确定故障轮胎。间接式 TPMS 系统在造价上比直接式 TPMS 要相对较低，只需要在四轮 ABS 上进行软件升级即可完成。但是间接式 TPMS 没有直接式 TPMS 的准确率高，同时间接式 TPMS 不能确定故障轮胎的真实情况。

表 9-3　间接式 TPMS 与直接式 TPMS 的特点

系统类型	测量参数	工作原理	测量精度	实现成本	可靠性
直接式 TPMS	压力、温度、电压	智能传感器直接检测参数	高	高，至少需要4 个模块	高
间接式 TPMS	车轮转速	通过 ABS 转速传感器测转速	低	低，借助 ABS 进行软件升级即可	低

三、轮胎压力监测系统组件

一个直接式 TPMS 包括 4 个或 5 个（取决于备胎是否装备传感器）轮胎模块和一个中央接收器模块。轮胎模块由压力传感器、温度传感器、控制模块［如专用集成电路（ASIC）或 MCU］、发射器和天线以及电池组成，还可以包括更多的外部系统，如起动发射的低频（LP）探测器（使模块不仅仅作为发射器，还可以作为收发器使用）、惯性开关或无内置电池的电源等装置。NHTSA 并不要求这些功能，但它们可以使系统更加完善。一个简单的接收器模块由一根中央天线、一个接收器集成电路和一个与车辆其余部分相连接的接口组成。通用接口包括控制器局域网络（CAN）接口，该接口通常装备在车辆的车身控制器内。数据由车身控制器处理，当轮胎压力较低时，它会向驾驶人发出警告。许多公司正寻求在接收器模块中提供更多的功能，以及像以 LP 信号起动格式向每个轮胎提供自动轮胎定位（它可以在系统不进行重新校准的前提下检测到轮胎是否转动）、分布式天线等功能，以使自己从市场中脱颖而出。如果使用正确的发射载波频率和通信协议，接收器系统可以和遥控门锁系统相集成。驾驶人可以通过集成到仪表盘显示器上的简单"指示器"、集成了显示器的后视镜或单独安装在仪表板上的屏幕等来了解各种数据。只要能够向驾驶人发出轮胎压力比正常压力降低 25% 的警告，这些系统就都可以满足 NHTSA 对直接式 TPMS 提出的要求。

四、直接式 TPMS 的结构与工作原理

直接式 TPMS 主要由安装在汽车轮胎内的压力、温度传感器和数字信号处理单元（MCU）、RF 发射器组成的 TPMS 发射模块，以及安装在汽车驾驶台上的包括数字信号处理单元（MCU）的接收器、液晶显示器（LCD）组成。其结构如图 9-18 所示。

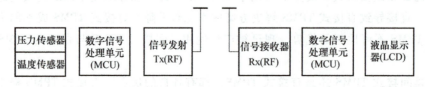

图 9-18　直接式 TPMS 的结构

1. TPMS 传感器

TPMS 传感器是一个集成了半导体压力传感器、半导体温度传感器、数字信号处理单元和电源管理器的片上系统模块。为了强化胎压监测功能，有不少 TPMS 传感器模块内还增加了加速度传感器、电压检测、内部时钟、"看门狗"、12bit ADC、4KB Flash、2KB ROM、128 Byte RAM、128 Byte EEPROM 及其他功能的 ASIC 数字信号处理单元。这些功能芯片使得 TPMS 传感器不仅能实时监测汽车开动中的轮胎压力和胎内温度的变化，而且还能实现汽车移动即时开机、自动唤醒、节省电能等功能。电源管理器确保系统实现低功耗，使一节锂电池可以使用 3~5 年。

TPMS 的压力传感器都是用基于微机电系统（MEMS）技术来设计、生产的，主要有硅集成电容式压力传感器，如 Motorola 的 MPXY8020、MPXY8040；硅压阻式压力传感器，如 GE NovaSensor 的 NPX1、NPXC01746，Infineon SensoNor 的 SP12、SP12T、SP30。硅压阻式压力传感器是采用高精密半导体电阻应变片组成惠斯顿电桥，作为力电变换测量的电路，其测量精度能达（0.01%~0.03%）FS（FS 表示满量程）。硅压阻式压力传感器的结构如图 9-19 所示。

TPMS 压力传感器是一个在片上的系统模块，其压阻式模块内部典型架构如图 9-20 所示，包括整合了硅显微机械加工的压力传感器、温度传感器、加速度传感器、电池电压检测、内部时钟、模/数转换器（ADC）、取样/保持（S/H）、串行外设接口（SPI），校准（Calibration）、数据管理（Data）、身份识别码（ID）的数字信号处理单元，模块具有掩膜可编程性，即可以利用客户专用软件进行配置。由图 9-21 所示压阻式传感模块的剖面清晰可见，它是由 MEMS 压力传感器和半导体片上系统（SoC）电路，用集成电路工艺做在一个封闭的装置里。在封装的上方留有一个压力/温度导入孔，将压力直接导入在压力传感器的应力薄膜上（图 9-22），周边固定的圆形应力薄膜内壁由半导体应变片组成惠斯顿测量电桥；同时这个孔还将环境温度直接导入半导体温度传感器上。为便于 TPMS 接收器的识别，每个压力传感器都具有 6~8 位独特的 ID 码。

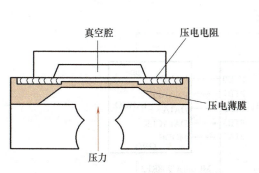

图 9-19 硅压阻式压力传感器的结构

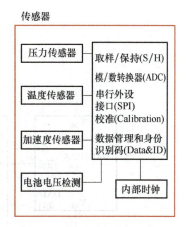

图 9-20 压阻式模块内部典型架构

2. 压力/温度信号处理与发射

压力/温度信号经 TPMS 传感器模块内的 ASIC/SoC 电路的处理，通过其 SPI 传输给安

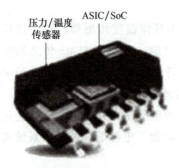

图 9-21　压阻式传感模块的剖面

图 9-22　传感模块上方压力/温度导入孔

装在发射模块内的信号处理单元（MCU），综合成数据流再进入同一封装内的 RF 发射集成电路，按设定的超高频率（UHF）调制发射给安装在驾驶台内的接收器，如图 9-23 所示。为了缩小汽车轮胎内的测量、信号处理集成电路所占面积与发射模块的体积，压力/温度信号处理与发射也采用组合的片上系统（SoC），如 ATMEL 的 ATAR862、Motorola 的 MC68HC908RF2，它们都是将一片 MCU、一片超高频（UHF）RF 发送器整合在同一封装内。图 9-24 可以清楚地看到 Motorola 的 MC68HC908RF2 是由 MCU 和 RF 发送器组成的。

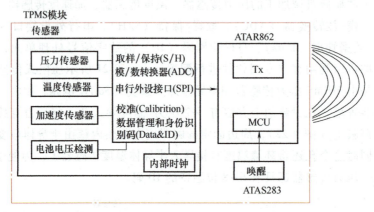

图 9-23　TPMS 安装在轮胎内的模块

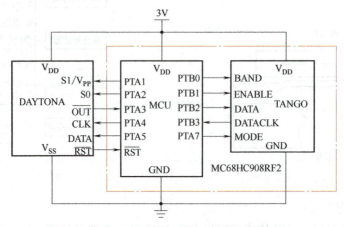

图 9-24　Motorola 的 TPMS 在轮胎内的模块

MCU 一般为 4bit 或 8bit CPU 核，包括时钟管理、EEPROM、RAM、多个计时器、多个 I/O 口、内部晶振等，其结构已为大家熟知。UHF RF 发送器以 ATAR862 为例，其内部嵌入的是 T5754 UHF ASK/FSK RF 发送器，T5754 内部结构如图 9-25 所示，由 PLL（锁相环）、VCO（压控振荡器）、PA（功率放大器）等组成，外部

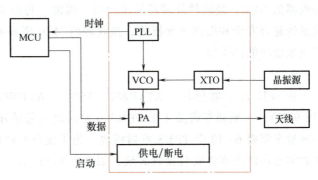

图 9-25　T5754 UHF ASK/FSK RF 发送器的内部结构

晶振源（Crystal）经 XTO（串口谐振器）供给 VCO，PLL 向 MCU 提供时钟，MCU 将已编码的数据流经 PA 调制在 UHF 指定频率，交由天线发射，天线采用印制在印制电路板上的环状天线，发射功率要求 PA 在 9.5mA 时能输出 7～10dBm。ASK 是振幅变换调制，FSK 是频率变换调制。RF 的发射频率，北美标准为 315MHz，欧洲标准为 433.92MHz，韩国为 448MHz，已有人建议新标准为 868MHz。

3. TPMS 发射模块的安装

由于现在的汽车大多都取消了内胎，因此给 TPMS 发射模块安装带来了极大的方便，目前 TPMS 发射模块在汽车轮胎内的安装有两种方式，一是利用气门嘴安装，二是利用紧箍扣安装在轮毂上。无论采用哪种方式，安装完 TPMS 发射模块都必须对轮胎重新做平衡检验。

4. TPMS 接收器和显示器

TPMS 接收器由 UHF ASK/FSK RF 接收集成电路和信号处理单元（MCU）、键盘、液晶显示器组成。RF 接收集成电路和信号处理单元（MCU）安装在一个盒子里，可安装在汽车仪表箱内，带控制键盘的液晶显示器可安装在驾驶台上，液晶显示器能实时显示每个轮胎的压力、温度及每个轮胎的身份识别码及声光报警，如图 9-26 所示。

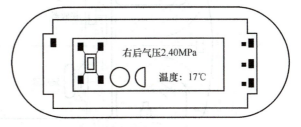

图 9-26　液晶显示器

UHF ASK/FSK RF 接收器以 T5743 为例，该芯片由 LNA（低噪声放大器）、LPF（低通滤波器）、中频功率放大器（IF Amp）、DEMOD（ASK/FSK 解调器）、Data（数据接口）、PLL、XTO、VCO、混成器组成（图 9-27）。天线接收到的信号经 RF 模拟前端的 LNA 放大、LPF 滤波、DEMOD 解调，取出的数据流交 TPMS

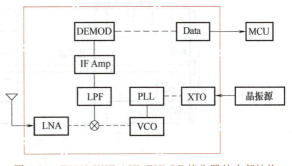

图 9-27　T5743 UHF ASK/FSK RF 接收器的内部结构

接收器的 MCU，经软件处理还原出胎压、温度、身份识别码，通过 LCD 显示，并智能辨别系统是否安全和提供声光报警。接收器的 MCU 需要有 8KB Flash 和 32 位 I/O 口，才能适应系统功能的需要。

5. TPMS 方案

由 SPI2 传感器模块、ATAR862、T5743、AVRMCU 主要芯片可以组成整套 TPMS（图 9-28），一辆轿车需要 4 个 TPMS 发射模块（备胎还需要 1 个）和 1 个 TPMS 接收器。一辆货车需要 6~12 个 TPMS 发射模块。为了提高系统的接收能力和抗干扰能力，系统安装时需要在汽车底盘安装接收天线，如图 9-29 所示。

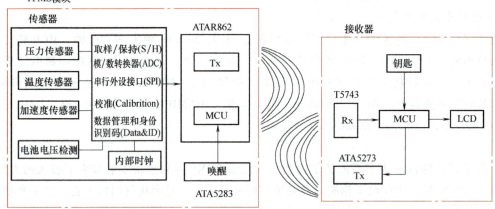

图 9-28　TPMS 方案

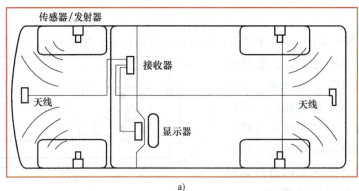

a)

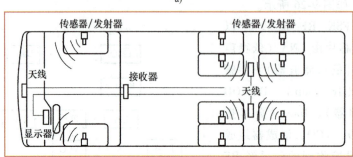

b)

图 9-29　TPMS 的安装

a）轿车　b）客车

6. 器件的选择

由于 TPMS 发射模块工作在剧烈振动、环境温差变化很大和不便于随时检修的条件下，因此要求所有的器件具有很好的可靠性和稳定性，能适应工作在 $-40 \sim 125\,℃$ 的温度范围内。为了缩小 TPMS 发射模块的体积、节省功耗和增强功能，需要尽可能地选用复合芯片，如包含压力、温度、加速度和 ASIC 的复合芯片，包含 MCU 和 Tx（RF）或 Rx（RF）的复合芯片。

7. 系统节电设计

为了提高 TPMS 发射模块在一节锂电池下能工作 $3 \sim 5$ 年，系统节电是一个十分重要的课题，因此只有在大多数时间让系统处在睡眠状态，才能省电与延长电池寿命。汽车起动时和进入高速行驶时，唤醒 TPMS 的方法一般有两种：一是汽车起动时 TPMS 自检，进入高速行驶时用事先设定软件程序定时巡回检测，为此需要 TPMS 接收器发出呼唤信号，在 TPMS 发射模块上要安置唤醒（Wake-up）芯片，如 ATA5283，由于唤醒频率为 125kHz 的低频，TPMS 接收器要发出具有一定功率的呼唤信号，需要在 TPMS 接收器上增加一级天线驱动，如 ATA5273；二是在传感器模块中增加加速度传感器，利用其质量块对运动的敏感性，实现汽车起动自动开机，进入系统自检，汽车高速行驶时按运动速度自动智能确定检测时间周期，用软件设定安全期、敏感期和危险期，以逐渐缩短巡回检测周期并提高预警能力。

8. 轮胎压力与使用寿命

轮胎的使用寿命，在很大程度上和轮胎的使用条件、车辆的技术性能、驾驶人的操作水平以及企业对轮胎的管理工作质量等有直接的关系。在使用过程中充气压力过低或过高都会直接缩短轮胎的寿命和行驶里程，甚至引发安全事故隐患。不同压力下轮胎的行驶里程见表 9-4。可以看出，随着压力减小，轮胎的行驶里程逐渐缩短，即使用寿命降低。

如果在使用过程中，能够正确地按轮胎的标准压力充气，轮胎在行使过程中会均匀地磨耗；保持了轮胎的最佳负荷承载状态和良好的弹性，可以大大地延长轮胎的行驶里程。压力的大小对轮胎的使用性能有直接影响。压力对轮胎行驶里程的影响如图 9-30 所示。

表 9-4　不同压力下轮胎的行驶里程

压力（%）	行驶里程（%）	压力（%）	行驶里程（%）
100	100	70	50
95	97	65	40
90	88	60	33
85	80	55	30
80	70	50	27
75	60		

注：标准压力下的行驶里程为 100%。

9. TPMS 的作用

汽车轮胎温度越高，轮胎的强度越低，变形越大（一般温度不能超过 $80\,℃$，当温度达到 $95\,℃$ 时，轮胎的情况非常危险），每升高 $1\,℃$，轮胎磨损就增加 2%；行驶速度每增加一倍，轮胎行驶里程降低 50%。因此，不允许超温和超速行驶。

汽车现有安全措施，如 ABS、EDS、EPS、安全气囊等，均是"事后被动"型安全保护，即在事故已经发生时才起到保护人身和汽车的安全作用，轮胎压力监测系统属于"事前主动"型安全保护，即在轮胎出现危险征兆时及时报警，采取措施，将事故消灭在萌芽状态，确保汽车行驶过程中始终处于安全状态。

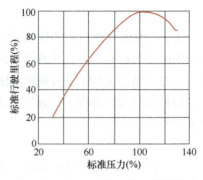

图 9-30　压力对轮胎行驶里程的影响

轮胎压力监测系统由于可以监测轮胎的压力，正好可以解决汽车高速行驶发生爆胎的问题，这尤其成为高速行驶车辆的福音。

科学统计表明，汽车轮胎在欠压行驶时，压力从正常值下降 10%，轮胎寿命减少 15%，如果压力低于正常值 21kPa，油耗将增加 1.5%。

有了轮胎压力监测系统，欠压状况就不会发生，从而保护胎面，延长轮胎使用寿命，而且又省油，可谓一举多得。汽车上配装 TPMS 还能延长轮胎的使用寿命，能有效减少汽车的燃油消耗，能更好地对汽车各重要部件进行保养以及能减轻对环境的污染。由于安装了 TPMS，驾驶人随时知道轮胎的压力状况，使汽车长期行驶于正常压力状态下，对汽车发动机及底盘尤其是对悬挂系统的保养和维护有突出的贡献。因为假如汽车在轮胎压力过高状态下行驶，日积月累对发动机底盘及悬挂系统将造成很大的伤害。正确的充气压力是各种使用条件下充分发挥轮胎性能的最佳保证，同时可确保行车的安全与舒适性并避免不正常的磨损。

第三节　电子仪表

一、电子仪表简述

汽车仪表是人车交互的界面，其功能是及时让驾驶人了解汽车各个系统当前的工作状态，做出正确的操作判断，从而确保汽车能够安全行驶。汽车仪表技术按照其工作原理上取得的重大技术创新而分为四代：第一代是基于机械作用力而工作的机械仪表，也就是机械机芯表；第二代汽车仪表的原理是基于电测原理，即通过各类传感器将被测的非电量转换为电信号，通过间接测量电信号来获得信息，称之为电气式仪表；第三代为模拟电路电子式；发展到今天是第四代产品，即步进电动机的数字式仪表。

目前，汽车仪表正从模拟电路电子式向全数字式转型，第三代汽车仪表工作原理和电气式仪表相同，只是用电子器件取代了原来的电气器件。随着集成电路技术的迅猛发展，这种仪表现在均采用汽车仪表专用集成电路，是目前国内汽车仪表的主流产品。第四代全数字式汽车仪表从应用技术上分析，仍是电子技术的范畴，也属于电子式仪表，关键是其数字处理方式已从模拟变成数字，并朝着数字化、智能化、网络化和虚拟化的方向发展，在未来的一段时间里，国内步进电动机全数字式汽车仪表装置，是汽车仪表显示装置的主导。

二、常用的电子仪表

1. 转速表

转速表显示发动机曲轴转速。一种数字式发动机转速表电路如图 9-31 所示，这种转速表由一个 U1 和 U2-a 等组成的输入信号调节器、一个脉冲计数器 U3、两个显示驱动器 U4 和 U5 带动两个电子显示装置 DISP1 和 DISP2、一个主时钟 U6 和一个电源稳压器 U7 等

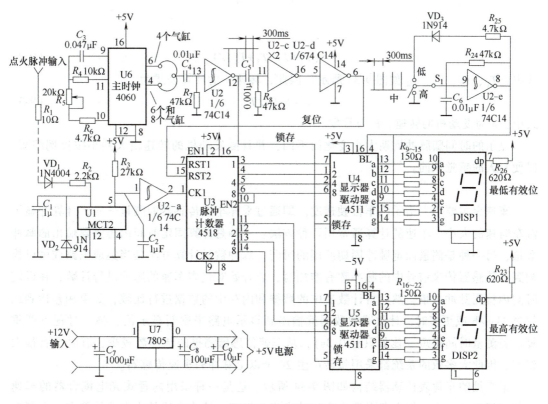

图 9-31　数字式发动机转速表电路

组成。其输入信号取自发动机点火系统分电器中的断电器触点断开时产生的脉冲信号，以此作为电路触发脉冲信号。电路中所有 +5V 电源均由稳压器 U7 提供，U7 的电源则由汽车 12V 电源提供。该转速表可显示两位有效数字的发动机转速。

目前在汽车电子仪表中，多数由微机控制的发动机转速表的系统构成如图 9-32 所示，以柱状图形来表示发动机转速的大小，同样通过发动机点火系统

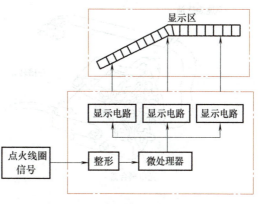

图 9-32　发动机转速表的系统构成

分电器中的断电器触点断开时产生的脉冲信号作为电路触发脉冲信号来测量（脉冲信号的频率正比于发动机的转速），这种前沿脉冲信号通过中断口输入微机。为减小计算误差，脉冲的周期 T 通常采用四个周期的平均值来计算，如式（9-2）和图9-33所示。

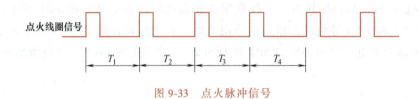

图 9-33　点火脉冲信号

$$T = (T_1 + T_2 + T_3 + T_4)/4 \qquad (9-2)$$

式中，T_1、T_2、T_3、T_4 如图9-33所示。因此，转速 n 的计算公式为

$$n = K(1/T) \qquad (9-3)$$

式中，n 为发动机的转速；K 为常数。

显示的时间随脉冲周期大小变化而不同，并且随发动机的转速由大到小按比例缩短，以便与人的感觉相同。

2. 车速表

车速表主要用来指示汽车行驶速度。即通过采样车速传感器的测量信号，计算并显示汽车时速的大小。车速的计算通常用两种方法：一种是计算固定时间内传感器输出的脉冲数量，另一种是测量固定脉冲周期所用的时间。脉冲数量计算方法是当集成电路或微机检测到从传感器传来信号中的脉冲数有增加时，就开始对代表车速的脉冲进行计数，在设定时间内检测脉冲数量，然后将计数器中的数据和内存中的数据进行比较，如果相差达到或超过 1km/h 或更多时，计数器的数据就输出到显示电路来刷新显示值，整个过程不断重复。若测量时间很短（比如只有 0.3s），从车速传感器测得的脉冲数较少，有时会有很大误差，因此大多数的系统都采用每转产生 20 个以上脉冲的车速传感器。

最常见的车速表传感器结构如图 9-34 所示。这是一种采用内置式光电耦合器的车速表传感器结构，光电耦合器由发出光线的发光二极管、接收光线的光电晶体管和一个开有

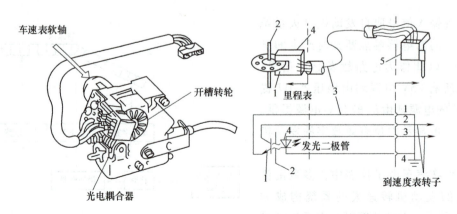

图 9-34　车速表传感器结构

1—光电晶体管　2—光盘解码轮　3—光传感线　4—光传感器　5—光传感线连接器

20 条可透过光线的窄槽的转轮组成。开槽转轮由常规车速表的软轴驱动，其转速根据车速的快慢而变化，发光二极管与光电晶体管相对安装于槽轮的上下两侧，由槽轮隔开。当转轮转动时，由于轮子不断遮断发光二极管发射的光束，使光电晶体管时通时断，每当轮槽与发光二极管对准时，发光二极管所发光通过轮槽到达光电晶体管，光电晶体管便产生电压脉冲信号。

车速表系统构成如图 9-35 所示。车载微机随时接收车速表传感器送出的电压脉冲信号，并计算在单位时间里车速传感器发出的脉冲信号次数，再根据计时器提供的时间参考值，经计算处理可得到汽车行驶速度，并通过微机指令让显示器显示出来。无论前进还是倒退，汽车的速度都能显示出来。速度单位通常可由驾驶人用按钮选择，即显示 km/h（千米/时）或 mph（英里/时）。车速信号还可传送到防抱制动系统（ABS）和巡航控制系统（CCS）的电子控制单元中用于它们的控制。如果车速超过某极限值时还可向驾驶人发出警报。

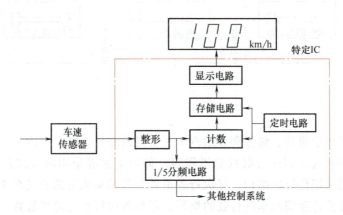

图 9-35　车速表系统构成

图 9-36 和图 9-37 所示分别为一种带有磁性电阻元件的车速表传感器结构及电路，该传感器采用一个多极磁铁附加在驱动轴上，当传动齿轮带动驱动轴旋转时，磁铁随之旋转而使磁力线发生变化。集成电路上磁性电阻元件中的电阻值随着磁力线的变化而变化，电阻的变化导致电桥中输出电压的变化，经过比较器后，产生出每转 20 个脉冲信号。

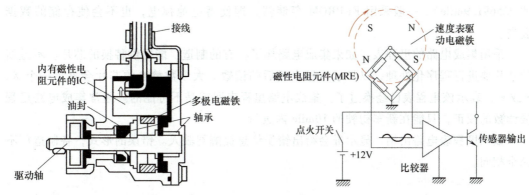

图 9-36　带有磁性电阻元件的车速表传感器结构　　图 9-37　带有磁性电阻元件的车速表传感器电路

磁性电阻元件的工作原理如图 9-38 所示，当电流方向和磁力线方向平行时磁性电阻元件上的电阻最大。相反，当电流方向与磁力线方向成直角时，磁性电阻元件上的电阻最小。该车速传感器可在 60km/h 车速时以 637r/min 的转速旋转，并在每转中输出 20 个脉冲信号。

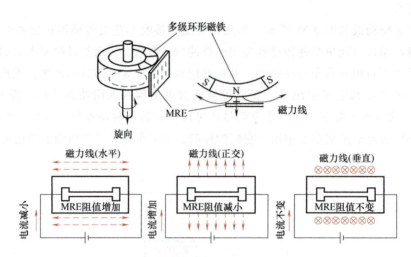

图 9-38　磁性电阻元件的工作原理

3. 里程表

汽车的里程表用于累计、储存和显示汽车所走过的路程，既有在需要的时候重新置值的短途表，也有用来指示汽车行驶的总里程表。如果车速表采用内置式光电耦合器传感器，里程表可能仍采用传统的结构。每次行驶里程是利用集成电路通过车速传感器所产生的脉冲数信号来计算并存储汽车所行驶的里程。累加各次行驶过的里程数，便可得到总里程数。通常这种里程表显示七位数字，最小的一位数字是里程单位的十分之一。里程范围由指定的一组数字存储空间限定，各国车辆安全规范都有其规定值，其中美国《联邦机动车辆安全规范》要求英制单位范围是从 000000.0 ~ 500000.0mile，目前大多数里程表的英制范围为 000000.0 ~ 199999.9mile。容量范围大的英制单位范围为 000000.0 ~ 925691.9mile，然后显示值就固定在这个数字。对于米制单位，范围则从 000000.0 ~ 858993.4km，然后转到 000000.0，再继续增加到 622113.6km（总里程数等价于英制单位的 925691.9mile）。一般采用 EEPROM 存储器，即使蓄电池掉电，也不会使存储的数据丢失。

采用集成电路的里程表，如果集成电路坏了，有的制造厂能提供替换的芯片。不过新的芯片要进行程序化处理，以显示里程表最后的读数。大多数替换的芯片会显示一个 X、S 或 *，表示该里程表已经换过了。集成电路里程表回零是不可能的。通常集成电路里程表读数的校正，只能在新车初驶的 10mile 内进行。

如果里程表电路出错，显示屏会给出错误信息提醒驾驶人。错误的形式，各制造厂不完全相同。

4. 电压显示器

电压显示器在于指示汽车电源的电压，即指示蓄电池充、放电电量的大小以及充、放电的情况。传统的采用电流表或充电指示灯的方法不能比较准确地指示出电源电压。在实际使用中，往往因发电机电压失调，而发生蓄电池过充电和用电器过电压造成损坏。

LM3914 电压显示器电路如图 9-39 所示。该显示器主要由 LM3914 集成电路构成柱形/点状带发光二极管的显示电路，它采用 LED1～LED10 共 10 只发光二极管，电压显示范围为 10.5～15V，每个发光二极管代表 0.5V 的电压升降变化。电路的微调电位器 R_5 将 7.5V 电压加到分压器一侧，电阻 R_7、二极管 VD2～VD5 是将各发光二极管的电压控制在 3V 左右，L_1 和 C_2 所构成的低通滤波器，用来防止电压波动干扰，二极管 VD1 的作用是防止万一电源接反时保护显示器不至损坏。为了提高汽车电源电压的指示精度，可用两个以上的 LM3914 集成块组成 20 级以上的电压显示器，用以提高汽车电子仪表板刻度的分辨率。

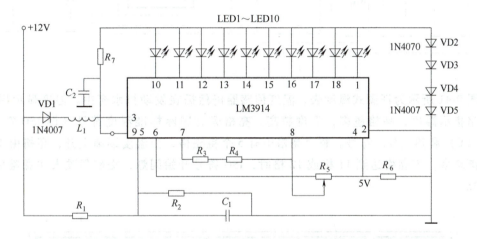

图 9-39　LM3914 电压显示器电路

5. 冷却液温度表、机油压力表

为了及时了解和掌握汽车发动机的工作情况，及时发现和排除可能出现的故障，汽车上均装有汽车发动机冷却液温度表和机油（润滑油）压力表。如图 9-40 所示的电路具有显示发动机冷却液温度和机油压力两种功能。它主要由冷却液温度传感器 W1（热敏电阻型）、机油压力传感器 W2（双金属片电阻型）、LM339 集成电路和红、黄、绿发光二极管显示器等组成。冷却液温度传感器装在发动机水套内，它与电阻 R_{11} 组成冷却液温度测量电路。机油压力传感器装在发动机主油道上，它与电阻 R_{18} 组成机油压力测量电路。

当冷却液温度低于 40℃ 时，用黄色发光二极管发黄色光显示；当冷却液温度在正常工作温度（约 85℃）时，用绿色发光二极管发绿色光显示；当冷却液温度超过 95℃ 时，发动机有过热危险，以红色发光二极管发光报警，同时由晶体管 VT 控制的蜂鸣器也发出报警声响信号。

当机油压力过低（低于 68.6kPa）时，双金属片式机油压力传感器产生的脉冲信号频率最低，此时红色发光二极管发光显示，并由蜂鸣器发出声响报警信号；当发动机机油压力正常时，绿色发光二极管发光显示，表示发动机润滑系统工作正常；而在油压过高时，机油压力传感器产生的脉冲信号频率较高，黄色发光二极管发光显示，以引起驾驶人的注意，防止润滑系统故障，尤其是注意防止润滑系统各部的密封垫和润滑装置损坏。

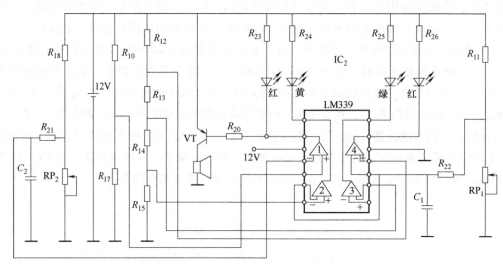

图 9-40　冷却液温度表和机油压力表电路

图 9-41 所示为杆图式温度表，温度传感器仍然插在发动机水套中。温度显示用 16 格亮格指示温度，亮格越多，温度越高。亮格旁有国际标准温度符号（即 ISO 符号）及冷（C）和热（H）符号。整个亮格中有 5 个粗亮格，当温度逐渐上升，亮格由下向上逐渐增多，当亮格达到 11 格或 12 格时，ISO 符号开始闪烁，提醒驾驶人注意避免温度过高。

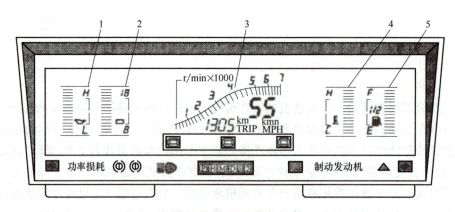

图 9-41　杆图式温度表

1—机油压力　2—蓄电池电压　3—发动机转速、车速、里程
4—冷却液温度　5—燃油量

图 9-42 所示为另一种机油压力报警电路，当发动机润滑系统中的机油压力低于 100kPa 时，报警灯会以 1~15Hz 的频率发光闪烁。蜂鸣器也发出蜂鸣声，提醒驾驶人采取措施，防止事故发生。

6. 冷却液报警电路

图 9-43 所示为发动机冷却液报警电路。若冷却液液位正常，则传感器通过液体接地，图中 a 点电位为零。当接通点火开关时，液位报警系统进行自检。

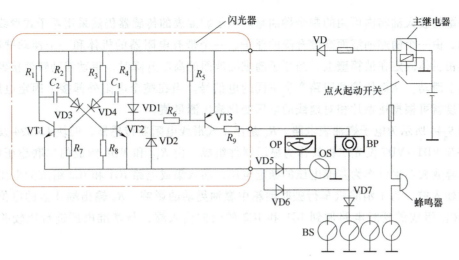

图 9-42　机油压力报警电路

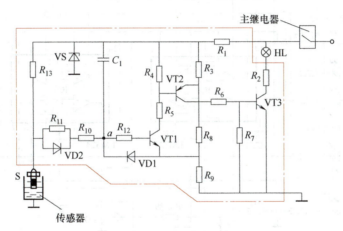

图 9-43　发动机冷却液报警电路

具体工作过程如下：

1）接通点火开关时，主继电器动作。C_1 被充电，开始充电电流较大，可维持 VT1 导通，VT2 导通，VT3 导通，则指示灯亮。

2）当 C_1 基本充足电时，流过的电流逐渐减少，VT1 截止，VT2 截止，VT3 截止，则指示灯熄灭。灯亮时间与参数 C_1 有关。如果自检时报警灯不亮，表明报警系统有故障，应进行检查。

3）若液位不足，则传感器接触不到液体，相当于断开，此时 a 点电位升高，VT1 基极电位也升高，VT1 导通，VT2 导通，VT3 导通，指示灯亮，且自检时报警灯不熄灭，则表明冷却液液位不足，应加注冷却液。若加注冷却液时发现冷却液已满，而报警灯仍不熄灭，说明报警系统有故障。

4）当冷却液液位正常时，若关闭点火开关，C_1 放电，放电回路为：$C_1(+) \rightarrow R_{13} \rightarrow R_{11} \rightarrow R_{10} \rightarrow C_1(-)$。

7. 燃油表

电子燃油表可以随时测量并显示汽车油箱内的燃油情况，一般采用柱状或其他图形方式来提醒驾驶人油箱内可用的剩余燃油量。电子燃油表的传感器仍然采用浮子式滑线电阻器结构，由一个随燃油液面高度升降的浮子、一个带有电阻器的机体和一个浮动臂组成。传感器由机体固定在油箱壁上，当浮子随燃油液面的高度升降时，带动浮动臂使接触片在电阻器上滑动，从而使检测回路产生不同的电信号。当在整个电阻外部接上固定电压时，燃油高度就可根据接触片相对地线的电压变化输出测量值。

图 9-44 所示为电子燃油表电路。R_x 是浮子式滑线电阻器传感器，两块 LM324 及相应的电路和 VD1~VD7 发光二极管作为显示器件组成。由 R_{15} 和 VD8 组成的串联稳压电路，为各运算放大器提供作为基准电压的稳定电压，输入集成电路 IC1 和 IC2 组成的电压比较器反向输入端，为了消除汽车行驶时油箱中燃油晃动的影响，R_x 输出端 A 点的电位通过 R_{16} 及 C_{47} 组成的延时电路加到 IC1 和 IC2 的同向输入端，与基准电压进行比较并加以放大。

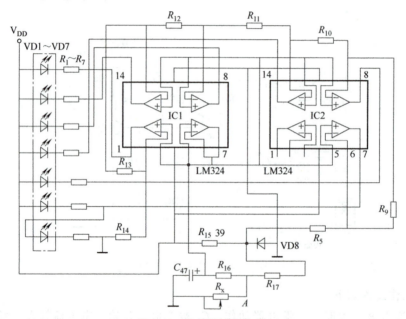

图 9-44　电子燃油表电路

当油箱中燃油加满时，传感器 R_x 的阻值最小，A 点电位最低，由 IC1 和 IC2 电压比较器输出为低电平，此时，6 只绿色发光二极管都点亮，而红色发光二极管 VD1 熄灭，表示油箱中的燃油已满。

当油箱中燃油量逐渐减少，显示器中绿色发光二极管按 VD7、VD6、VD5……的次序依次熄灭。油量越少，绿色发光二极管亮的个数越少。

当油箱中燃油量达到下限，R_x 的阻值最大，A 点电位最高，集成块 IC2 的第 5 脚电位高于第 6 脚的基准电位，6 只绿色发光二极管全部熄火，红色发光二极管 VD1 点亮，提醒驾驶人补充燃油。

图 9-45 所示为微机控制的燃油表系统构成。微机给燃油传感器施加固定的 +5V 电压，并将燃油传感器输出的电压通过 A/D 转换后送至微机进行处理，控制显示电路以条形图方式显示处理结果。为了在系统第一次通电时加快显示，通常 A/D 转换不到 1s 进行一

次。在一般的运行环境下，为防止因汽车行驶时油箱中燃油晃动对浮子的影响等因素造成的突然摆动而导致显示不稳定，微处理器将 A/D 转换的结果每隔一定时间平均一次。另外，鉴于仅靠平均办法还不足以使显示完全平稳下来，系统控制显示器只允许在更新数据时每次仅升降一段，并且显示结果经数次确认后才显示出来。微机接收到油量信息时，立即将其转换为操作显示器的电压信号，显示器上有 16 格亮格，亮格越多，油量越多。亮格旁有国际标准油量符号（即 ISO 油量符号）及 5 个粗亮格，每两个粗亮格之间代表 1/4 油位，ISO 符号上下有空（E）与满（F）符号。当油量逐渐减少时，亮格自上向下逐渐熄灭，当油量减至危险值时，ISO 符号即闪烁，提醒驾驶人补充燃油。

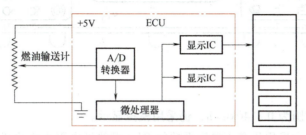

图 9-45　微机控制的燃油表系统构成

8. 声音报警器

由于有时凭视觉容易漏看，故在有的汽车上还用到声音传递信息的电子装置，除上面介绍的蜂鸣报警器以外，还有谐音器及声音合成器等，用来提醒驾驶人有关汽车的一些状态，主要包括以下这些：

1）请检查车门（车门半开时）。

2）请系好安全带（忘系安全带时）。

3）请检查驻车制动器（忘记停车制动，离开时）。

4）请检查车灯（当车灯一直未关时）。

5）请检查车钥匙（当钥匙还插在门锁上时）。

6）请加燃油（燃油不够时）。

这些信息都可以通过音响装置发送出来。所需的声音模型经过数字化后，存储在计算机的 ROM 中，计算机接收来自点火开关、充电指示灯继电器、车灯继电器、驻车制动器开关、门窗开关，以及燃料液面指示信号发生器等传感器的信息，经过逻辑判断，从 ROM 中取出所需的声音模型，再经过 D/A 转换器还原成模拟信号，加以滤波与放大，最后送至扬声器输出。

三、汽车电子组合仪表

上述分装式汽车仪表具有各自独立的电路，具有良好的磁屏蔽和热隔离，相互间影响较小，具有较好的可维修性。其缺点是不便采用先进的结构工艺，所有仪表加在一起体积过大，安装不方便。有些汽车采用组合仪表，其结构紧凑，便于安装和接线，缺点是各仪表间磁效应和热效应相互影响，易引起附加误差，为此要采取一定的磁屏蔽和热隔离措施，还要进行相应的补偿。

1. ED-02 型电子组合仪表

图 9-46 所示为 ED-02 型电子组合仪表。

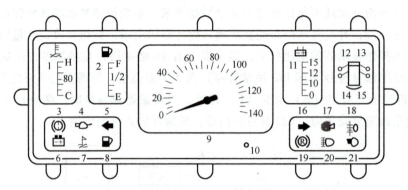

图 9-46　ED-02 型电子组合仪表

（1）主要功能

1）车速测量范围为 0～140km/h，仍采用模拟显示。

2）冷却液温度表采用具有正温度系数的 RJ-1 型热敏电阻为传感器，显示器采用发光二极管杆图显示，其中最小刻度 C 为 40℃，最大刻度 H 为 100℃。从 40℃起，冷却液温度每增加 10℃，点亮一个发光二极管。

3）电压表采用发光二极管杆图显示，最小刻度电压为 10V，最大刻度电压为 16V。从 10V 起，蓄电池电压每增加 1V，点亮一个发光二极管。该表能较好地指示蓄电池的电压情况，包括汽车起动时的蓄电池电压降、蓄电池充电和放电情况等。

4）燃油表也采用发光二极管杆图显示，刻度为 E、1/2、F。当油箱内的燃油约为油箱的一半时 1/2 指示灯点亮。加满油时，F 指示灯点亮。

5）当有汽车车门未关好时，相应的车门状态指示灯发光报警。

6）当燃油低于下限时，报警灯点亮。

7）当冷却液温度到达上限时，报警灯点亮。

8）当润滑油压力过低时，报警灯点亮。

9）当制动系统出现问题时，报警灯点亮。

10）设置有左右转向、灯光远近、倒车、雾灯、驻车制动、充电等状态信号指示灯。指示灯均为蓝色，报警灯均为红色。

（2）电路　图 9-47 所示为 ED-02 型电子组合仪表电路。额定电压为 12V，负极搭铁，采用插接器连接。

2. 汽车智能组合仪表

图 9-48 所示为单片机控制的汽车智能组合仪表基本组成，它由汽车工况信息采集、单片机控制及信号处理、信息显示等系统组成。

（1）信息采集　汽车工况信息通常分为模拟量、频率量和开关量三类。

1）模拟量。汽车工况信息中的发动机冷却液温度、油箱燃油量、润滑油压力等，经过各自的传感器转换成模拟电压量，经放大处理后，再由模/数转换器（ADC）转换成单片机能够处理的二进制数字量，输入单片机进行处理。

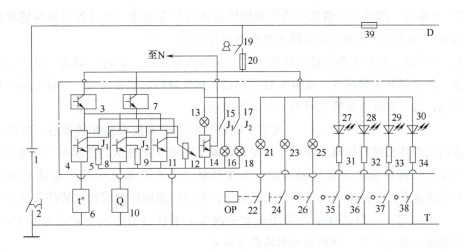

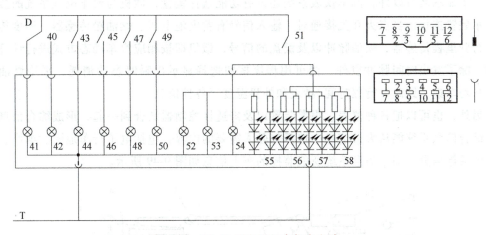

图 9-47　ED-02 型电子组合仪表电路

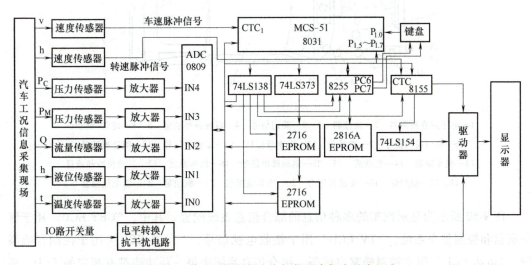

图 9-48　单片机控制的汽车智能组合仪表基本组成

2）频率量。汽车工况信息中的发动机转速和汽车速度等，经过各自的传感器转换成脉冲信号，再经单片机相应接口输入单片机进行处理。

3）开关量。汽车工况信息中的由开关控制的汽车左转、右转、制动、倒车、各种灯光控制、各车门开关情况等，经电平转换和抗干扰处理后，根据需要，一部分输入单片机进行处理，另一部分直接输送至显示器进行显示。

（2）单片机控制及信号处理 汽车工况信息经采集系统采集并转换后，按各自的显示要求输入单片机进行处理。如汽车速度信号除了要由车速显示器显示外，还要根据里程显示的要求处理后输出里程量的显示。车速信息在单片机系统中按一定算法处理后送2816A存储器累计并存储。汽车其他工况信息，都可以用相应的配置和软件来处理。

（3）信息显示 信息显示可采用前文中汽车电子仪表的显示方式介绍的方式显示，如指针指示、数字显示、声光和图形辅助显示等。

除了显示装置以外，汽车仪表系统还设有功能选择键盘，微机与汽车电气系统的接头和显示装置连接。当点火开关接通时，输入信号有蓄电池电压、燃油箱传感器、温度传感器、行驶里程传感器、喷油脉冲以及键盘的信号，微机即按相应汽车动态方式进行计算与处理，除了发出时间脉冲以外，尚可用程序按钮选择显示出瞬时燃油消耗、平均燃油消耗、平均车速、距离、行程时间/秒表和外界温度等各种信息。

另外，也可以把各种仪表、报警装置以及舒适性控制器结合到一起，形成综合信息系统。综合信息系统能从大量信息中选择驾驶人需要的内容，包括电子行车地图、维修、广播、电话等信息。综合信息系统所能监控的车上信息如图9-49所示。

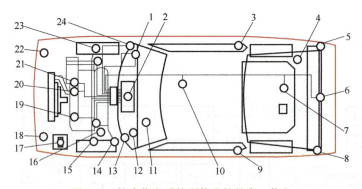

图9-49 综合信息系统所能监控的车上信息

1—电子声音报警器 2—监控器 3、9—关门信号 4—后洗涤器液量 5、8—尾灯/制动灯
6—后门关门信号 7—燃油量 10—安全带信号 11—车钥匙信号 12—喷洗器液量
13—驻车制动 14—制动液 15、23—制动踏板信号 16—机油温度 17—发动机冷却液量
18、22—前照灯 19—变速器压力 20—冷却液温度 21—机油量 24—蓄电池报警

图9-50所示为显示汽车的多种信息的综合信息系统配置。其中，"CRT ECU"用于管理通信和控制整个系统，"TV ECU"用于接收电视信号，"音频 ECU"用于控制音响系统，"电话 ECU"用来控制蜂窝电话等。综合信息系统中每一项功能都有相应的ECU，所有的ECU都与"CRT ECU"进行通信，并受其控制。

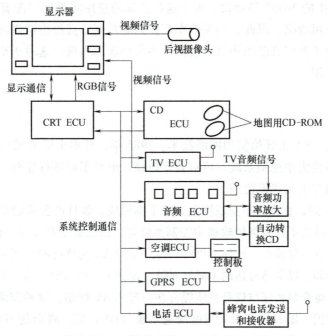

图 9-50　多种信息的综合信息系统配置

第四节　车载网络技术

随着汽车电子技术的发展及对汽车性能要求的不断提高，汽车上的电子装置越来越多，如发动机电子控制装置、自动变速器、ABS、ESP、安全气囊、电控悬架、巡航控制系统、电动助力转向装置，以及车身部分的电动门窗、电动后视镜等，且随着汽车性能的提高，这个趋势是不可遏制的。

传统的汽车电子系统大多采用点对点的单一通信，相互之间少有联系，这样必然会形成庞大的布线系统。为了满足各电子系统的实时性要求，有必要对汽车公共数据实行共享，而每个控制单元对实时性的要求又各不相同。因此，传统的电气布线已无法适应汽车电子系统的发展，于是新型汽车总线技术便应运而生。目前汽车电子业最大的热点就是车载系统网络化，汽车电子技术已发展到控制系统综合化、信息共享化、机能智能化的新阶段，在汽车内部各电控单元之间采用类似计算机内部总线的方式进行信息传递，可以达到信息共享、减少布线、降低成本以及提高总体可靠性的目的。汽车网络技术的优点，可以在统一应用层协议和数据定义的基础上使之成为一个"开放式系统"，具有很强的灵活性。对于任何遵循上述协议的供应商所生产的控制单元都可轻易添加入该网络系统中或者从网络系统中拆出，系统几乎不需要做任何硬件和软件的修改，这完全符合现代汽车平台式设计的理念。

这些车用协议中，较为突出的是 BOSCH 公司于 20 世纪 80 年代初提出的控制器局域网络（Controller Area Network，CAN）。还有一些适合不同传输速率等级及特殊用途的网络协议，如低速的 LIN、中高速的 SAE J1939、用于诊断的 KWP2000、用于 X-by-Wire 的

TTP、多媒体应用中的 MOST 等协议。由于这些协议的应用将受制于配套的电子元器件研发及汽车厂商的使用情况，因此，很多汽车厂商与芯片制造商纷纷结盟共同开展协议的研发。同时，他们为了推广自己的协议，公开了很多协议的内核，这对于车载网络的发展起到了极大的推动作用。

一、车用协议发展历程

从 1980 年起，汽车上开始使用网络技术。1983 年，日本丰田公司在世纪牌汽车上采用光缆车门多路传输集中控制系统，可对各车门锁、电动车窗进行控制。但至此之后，光缆网络并没有在汽车上大规模使用。

1986—1989 年间，在汽车车身系统上采用了铜网线，如日产公司的车门多路传输集中控制系统、通用公司的车灯多路传输集中控制系统等，都已处于批量生产阶段。在此期间，一些汽车网络标准也纷纷推出。比如，BOSCH 公司的 CAN 网络标准，美国汽车工程师协会（SAE）提出的 J1850，以及马自达的 PALM NET、德国大众的 ANUS 等。为了实现音响系统的数字化，出现了将音频数据与信号系统综合在一起的 AV 网络，这种网络采用光缆，连续地输出大容量的数据，随着汽车引入智能交通系统（ITS）后，将会使用更大容量的网络，例如 DDB 协议、MOST 及 IEEE 1394 等。主要车载网络的基本情况见表 9-5。

表 9-5 主要车载网络的基本情况

车载网络的名称	概要	通信速度	组织/推动单位
CAN	车身/动力传动系统控制用 LAN 协议，最有可能成为世界标准的车用 LAN 协议	1Mbit/s	BOSCH 公司
VAN	车身系统控制用 LAN 协议，以法国为中心	1Mbit/s	ISO
J1850	车身系统控制用 LAN 协议，以美国为中心	10.4kbit/s 41.6kbit/s	Ford Motor 公司
LIN	车身系统控制用 LAN 协议，液压组件专用	20kbit/s	LIN 协会
IDB-C	以 CAN 为基础的控制用 LAN 协议	250kbit/s	IDM 论坛
TTP/C	重视安全、按用途分类的控制用 LAN 协议，时分多路复用（TDMA）	2Mbit/s 25Mbit/s	TIT 计算机技术公司
TTCAN	重视安全、按用途分类的控制用 LAN 协议，时间同步的 CAN	1Mbit/s	BOSCH 公司
Byteflight	重视安全、按用途分类的控制用 LAN 协议，通用时分多路复用（FTDMA）	10Mbit/s	BMW 公司
FlexRay	重视安全、按用途分类的控制用 LAN 协议	5Mbit/s	BMW 公司、 Daimler Chrysler 公司
DDB/Optical	音频系统通信协议，将 DDB 作为音频系统总线，采用光通信	5.6Mbit/s	C&C 公司
MOST	信息系统通信协议，以欧洲为中心	22.5Mbit/s	BMW 公司、 Daimler Chrysler 公司
IEEE 1394	信息系统通信协议，有转化为 1DB1394 的动向	100Mbit/s	1394 工业协会

二、车载网络的基础知识

1. 局域网

局域网是在一个有限区域内连接的计算机网络，通过该网络实现系统内的资源共享和信息通信。连接到网络上的节点可以是计算机、基于微处理器的应用系统或控制装置。

2. 数据总线

数据总线是指模块间运行数据的通道，即所谓的信息高速公路，如图 9-51 所示。如果模块可以发送和接收数据，则这样的数据总线就称为双向数据总线，汽车上的信息高速公路实际上是一条或两条导线。

为了对抗电子干扰，双线制数据总线的两条线是绞在一起的，如图 9-52 所示。各汽车制造商一直在设计各自的数据总线，如果不兼容，就称为专用数据总线；如果是按照某种国际标准设计的，就是非专用的，但基本上都是专用的数据总线。

图 9-51　数据总线（汽车信息高速公路）　　　图 9-52　双线制数据总线

3. 模块/节点

模块/节点是一种电子装置，如温度、压力传感器。传感器是一个模块装置，根据温度和压力的不同将产生不同的电压信号，这些电压信号在数字装置的输入接口被转变成数字信号，在计算机多路传输系统中的控制单元模块被称为节点。

4. 局域网的拓扑结构

所谓拓扑结构，就是网络的物理连接方式。局域网的常用拓扑结构有三种：星形、环形和总线型。局域网多用总线型方式，总线型网络即所有入网计算机通过分接头接入一条载波传输线上，信道利用率较高，但同一时刻只能有两处网络节点在相互通信，网络延伸距离有限，网络容纳节点数有限，适用于传输距离较短、地域有限的组网环境，如图 9-53 所示。

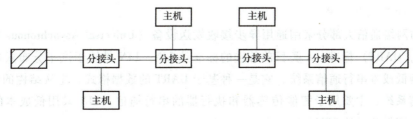

图 9-53　拓扑结构示意图

5. 链路

链路指网络信息传输的媒体，分为有线和无线两种类型，目前汽车上使用的大多数链路都是有线网络。通常用于局域网的传输媒体有双绞线、同轴电缆和光纤。双绞线是局域网中最普通的传输媒体，一般用于低速传输，最大传输速率可达几 Mbit/s；双绞线成本较低，传输距离较近，是汽车网络使用最多的传输媒体。同轴电缆可以满足较高性能的传输要求，连接的网络节点较多，跨越的距离较大。光纤在电磁兼容性等方面有独特的优点，数据传输速度高，传输距离远。在车载网络上，特别在一些要求传输速度高的车载网络（如车上信息与多媒体网络）上，光纤都有很好的应用前景。

6. 数据帧

为了可靠地传输数据，通常将原始数据分割成一定长度的数据单元，数据单元即称为数据帧。一帧数据内应包括同步信号、错误控制、流量控制、控制信息、数据信息、寻址信息等。

7. 传输协议

（1）协议的三要素

1）通信信息帧的格式。

2）通信信息帧的数据和控制信息。

3）确定事件传输的顺序以及速度匹配。

（2）协议的功能

1）差错监测和纠正。面向通信传输的协议常使用"应答-重发"和通信校验进行差错的检测和纠正工作，一般来说，协议中对异常情况的处理说明要占很大的比例。

2）分块和重装。为符合协议的格式要求，需要对数据进行加工处理。分块是将大的数据划分成若干小块，如将报文划分成几个子报文组。重装是将划分的小块数据重新组合复原，如将几个子报文组还原成报文。

3）排序。对发送的数据进行编号以标识它们的顺序，通过排序，可以达到按序传递、信息流控制和差错控制等目的。

4）流量控制。通过限制发送的数据量或速率，以防止在信道中出现堵塞现象。

8. 传输仲裁

当出现数个使用者同时申请利用总线发送信息时，传输仲裁是用于避免发生数据冲突的机构。仲裁可保证信息按其重要程度来发送。

三、主要车用网络协议分类

1. A 类总线协议标准

A 类的网络通信大部分采用通用异步接收发送设备（Universal Asynchronous Receiver/Transmitter，UART）标准，A 类目前首选的标准是 LIN。LIN 是用于汽车分布式电控系统的一种新型低成本串行通信系统，它是一种基于 UART 的数据格式、主从结构的单线 12V 的总线通信系统，主要用于智能传感器和执行器的串行通信，LIN 采用低成本的单线连接，传输速度最高可达 20kbit/s。

2. B 类总线协议标准

B 类中的国际标准是 CAN 总线，它是一种多主总线，通信介质可以是双绞线、同轴电缆或光纤，通信速率可达 1Mbit/s。CAN 总线通信接口中集成了 CAN 协议的物理层和数据链路层功能，可完成对通信数据的成帧处理，CAN 协议采用循环冗余码（CRC）检验并可提供相应的错误处理功能，保证了数据通信的可靠性。

3. 高速总线系统协议标准

（1）C 类总线协议标准　在 C 类标准中，欧洲的汽车制造商基本上采用的都是高速通信的 CAN 总线标准 ISO 11898。而标准 J1939 在货车及其拖车、大客车、建筑设备以及农业设备上的使用，是用来支持分布在车辆各个不同位置的电控单元之间实现实时闭环控制功能的高速通信标准，其数据传输速率为 250kbit/s。通用公司已开始在所有的车型上使用其专属的 GM LAN 总线标准，它是一种基于 CAN 的传输速率为 500kbit/s 的通信标准。

（2）安全总线和标准　安全总线主要用于安全气囊系统，以连接加速度传感器、安全传感器等装置，为被动安全提供保障。如 Delphi 公司的 Safety Bus 和 BMW 公司的 Byteflight。

（3）X-by-Wire 总线协议标准　X-by-Wire 称为电传控制，在飞机控制中得到广泛应用。由于目前提高汽车容错能力和通信系统的高可靠性的需求日益增长，X-by-Wire 开始应用于汽车电子控制领域。这一类总线标准主要有 TTP、Byteflight 和 FlexRay。

4. 诊断系统总线标准、协议

故障诊断是为了满足 OBD（On Board Diagnose）Ⅱ、OBD Ⅲ或 E-OBD（European-On Board Diagnose）标准。目前，许多汽车生产厂商都采用 ISO 14230（Keyword Protocol 2000）作为诊断系统的通信标准，它满足 OBD Ⅱ和 OBD Ⅲ的要求。

5. 多媒体系统总线协议标准

汽车多媒体网络和协议分为三种类型，分别是低速、高速和无线。对应 SAE 的分类相应为：IDB-C（Intelligent Data BUS-CAN）、IDB-M（Multimedia）和 IDB-Wireless，其传输速率为 250kbit/s ~ 100Mbit/s。低速用于远程通信、诊断及通用信息传送，IDB-C 按 CAN 总线的格式以 250kbit/s 的位速率进行信息传送。高速主要用于实时的音频和视频通信，如 MP3、DVD 和 CD 等的播放，所使用的传输媒体是光纤，这一类主要有 D2B、MOST 和 IEEE 1394。D2B 是用于汽车多媒体和通信的分布式网络，通常使用光纤作为传输媒体，可连接 CD 播放器、语音控制单元、电话和因特网。在无线通信方面采用 BluetoothTM 规范，主要面向汽车的声音系统、信息通信等应用系统。

四、主要车用网络协议介绍

1. CAN

在前面介绍的网络协议中，CAN 具有相当的技术优势，它主导着车用中、高速网络协议。因此以 CAN 标准为基础研发了一系列协议，有 CAN2.0A、CAN2.0B、ISO 11898、SAE J1939 等，它们的传输速率跨越了低速到中高速的很宽的一段工作范围。在 20 世纪 90 年代中后期以来，CAN 基本上主导了车用网络总线标准。

CAN 总线是一种串行数据通信协议，最大通信距离可达 10km，最大通信速率可达 1Mbit/s。CAN 总线通信接口中集成了 CAN 协议的物理层和数据链路层功能，可完成对通信数据的成帧处理，包括位填充、数据块编码、循环冗余码检验、优先级判别等项工作。

CAN 芯片将数据根据协议组织成一定的报文格式发出，这时网上的其他节点处于接收状态。每个处于接收状态的节点对接收到的报文进行检测，判断这些报文是否是发给自己的，以确定是否接收它。

CAN 总线主要具有以下主要特性：

1）无破坏性的基于优先竞争的总线仲裁。

2）可借助接收滤波的多地址帧传送。

3）具有错误检测与出错帧自动重发送功能。

4）数据传送方式可分数据广播式和远程数据请求式。

CAN 总线最大的特点是，废除了传统的站地址编码，而是对通信数据块进行编码，即任一节点所传送的数据信息不包含传送节点或接收节点的地址。信息的内容通过一个标识符（ID）作上标记，在整个网络中，该标识符是唯一的。网络上的其他节点接收到信息后，每一节点都对这个标识符进行测试，以判断信息内容是否与自身相关。若是相关信息，则它将得到处理；否则，将被忽略。这一方式称为多播，采用该方式的优点是：可使网络内的节点个数在理论上不受限制，也可使不同的节点同时接收到相同的数据。数据段长度最多为 8Byte，即能满足一般通信要求，也保证了通信的实时性。

标识符还决定了信息的优先权。ID 值越小，其优先权越高。当存在 2 个或者 2 个以上的节点争用总线时，CAN 采用 ID 进行仲裁。CAN 确保发送具有最高优先权信息的节点，以获得总线使用权，而其他的节点自动停止发送信息。总线空闲后，这些节点将自动重新发送信息。

CAN 采用载波侦听多路访问（CSMA）/冲突检测（CD）法，它能通过无仲裁解决由于多站同时发送数据而产生的冲突。CAN 总线上的数据采用位填充不归零编码（NRZ+5bit stuffing），可具有两种互补的逻辑值之一，即显性和隐性。显性电平用逻辑"0"表示，隐性电平用逻辑"1"表示。而未填充的方法为在 5 个连续相同的电平后加入一个反转电平的补码位。可以解决不归零（NRZ）的方式可能因为长的 1 或 0 字符串而造成基线漂移，以及编码方和解码方的时钟同步性方面的问题。总线按照"线与"机制对总线上任一潜在的冲突进行仲裁，显性电平覆盖隐性电平。而发送隐性电平的竞争节点和显性电平的监听节点将失去总线访问权并变为接收节点。CAN 总线原理如图 9-54 所示。

按照 ISO 有关标准，CAN 的网络结构可分为数据链路层和物理层这两个主要层次。其拓扑结构则为总线型，因此也更多地称为 CAN 总线，有关层次方面的描述主要涉及协议、总线帧格式和电平等内容，下面就总线帧格式做些介绍。

CAN 通信接口集成了 CAN 协议的物理层和数据链路层功能，可完成对通信数据的成帧处理，包括位填充、数据块编码、循环冗余码检验及优先级判别等工作。在系统中，数据按照携带的信息类型可分为 4 种帧格式。

1）数据帧。用于节点间传递数据，是网络信息的主体。CAN 2.0A 采用的是 11 位的标识符，而 CAN 2.0B 采用的标识符为 29 位，其格式见表 9-6。

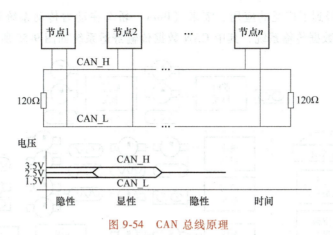

图 9-54　CAN 总线原理

表 9-6　CAN 数据帧格式

链路层帧格式							
SOF	标识	控制位			数据	CRC	应答	EOF
1bit	11bit 或 29bit	远端请求	保留	数据长度	0~8Byte			
		1bit				16bit	2bit	7bit
帧起始域	仲裁域	控制域			数据域	校验域	确认域	帧结束域

CAN 数据帧由 7 个位域构成。

① 帧起始域。以 1bit 的主控电平作为帧的起始标识。

② 仲裁域（信息标识符）。数据帧的标识，根据冲突原则，值越小，优先级越高。

③ 控制域。包含远端请求、保留位和数据长度。

④ 数据域。用户数据，0~8Byte。

⑤ 校验域。16bit 的循环冗余校验码。

⑥ 确认域。其作用是通过将发送方的应答空隙位上的隐性电平置为主控电平来进行确认。如果这个主控电平不出现，则发送者判定为发送错误。

⑦ 帧结束域。由 7bit 隐性电平组成，帧与帧之间至少需要保留 3bit 隐性电平的帧间隙。

2）远程帧。由在线单元发送，用于请求发送具有相同标识符的数据帧。其帧格式与数据帧基本相同，但没有数据域。

3）出错帧。用于检测总线出错的一个标识信号，由两个不同的区构成，第一个区由来自不同节点的错误标识叠加；第二个区为错误界定符。CAN 协议采用 CRC 检验并可提供相应的错误处理功能，保证数据通信的可靠性。

4）超载帧。由超载标识和超载界定符组成，表明逻辑链路控制层要求的内部超载状态。

总之，CAN 总线具有实时性强、可靠性高、通信速率快、结构简单、互操作性好、总线协议具有完善的错误处理机制、灵活性高和价格低廉等特点，特别适合用于实时性要求比较高、多主/多从或者各个节点平等的现场中使用。由于其良好的性能和独特的设计，

CAN 在汽车领域得到了广泛的应用。宝来（Bora）轿车在动力传动系统和舒适系统中就装用了两套 CAN 数据传输系统，其中 CAN 数据传输舒适系统如图 9-55 所示。

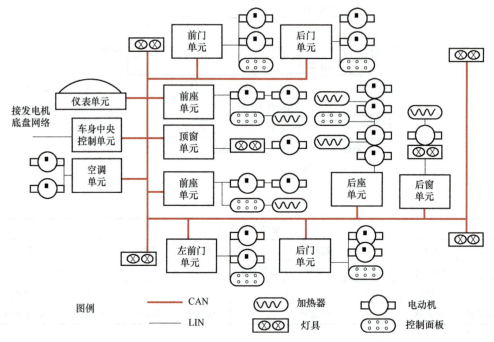

图 9-55　宝来轿车舒适系统 CAN 结构

图 9-55 中粗线代表 CAN 总线，它连接了传动装置控制中央单元、灯控单元、门控单元、座椅控制单元、空调单元以及仪表盘控制单元等。较细线代表 LIN 总线，由 LIN 总线构成的 LIN 作为 CAN 的辅助网络，连接了车窗控制单元、刮水器控制单元、天窗控制单元等低速设备。CAN 数据传输舒适系统网络与动力传动系统网络通过网桥相互通信。

2. VAN

车辆局域网（Vehicle Area Network，VAN）是现场总线的一种，由法国的雷诺汽车公司和标致集团联合开发。VAN 作为专门为汽车开发的总线，1994 年成为国际标准。VAN 通信介质简单，位传输速率可达 1Mbit/s（40m 内）。VAN 支持分布式实时控制的通信网络，可广泛应用于汽车门锁、电动车窗、空调、自动报警以及娱乐控制等系统。VAN 总线作为串行通信网络，与一般总线相比，其数据通信具有突出的可靠性、实时性和灵活性。VAN 标准特别考虑了严峻的环境温度、电磁干扰和振动因素，尤其适用于需要现场总线的实时控制系统。现在，VAN 在世界汽车生产中已经得到大批量的应用，如图 9-56 所示为东风雪铁龙毕加索汽车 VAN 总线系统。

VAN 总线结构中，电控单元之间的通信方式、规则由协议来确定，总线通信网络由 DATA、DATAB 的两根信号线组成，DATA 线上的电压信号逻辑状态始终与 DATAB 线上的电压信号相反，如图 9-57 所示。两种电压值定义两种不同的逻辑状态，从而可以限制发射幅值，并具备良好的抗干扰性。当某根信号线信号传输中断时，智能控制盒将信号电压值与参考电压值进行比较，提示数据线发生故障。只有 DATA 线的电压信号逻辑状态确定后，DATAB 线才取相反值。当总线连接设备中的信号无歧义时，接收件及命令执行状

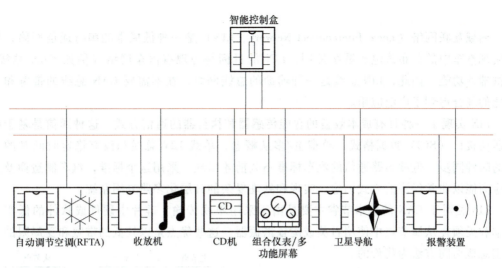

图 9-56　东风雪铁龙毕加索汽车 VAN 总线系统

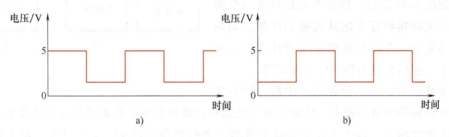

图 9-57　DATA 和 DATAB 的信号

a）DATA　b）DATAB

态才可能无误。

VAN 总线传递的 1 帧（即 1 条）数据，其格式由 9 个区段组成，如图 9-58 所示，段 1 表示信息起始识别区，用以标记信息的起始；段 2 表示判断识别区，用以指明信息的接收器件；段 3 表示判断格式化区，该区可在申请信息或传送信息时确认接收方的获取申请是否格式化；段 4 表示信息数据区，用以传递数据信息；段 5 表示信息有效性检测区，用以审核抵达的数据是否完整；段 6 表示数据结束指示区，用以指示信息已传递完毕；段 7 表示获取区，用以接收方确认信息接收良好；段 8 表示帧结束区，表明一个帧已经结束；段 9 表示帧分离区，后续帧同样按 9 分格出现。

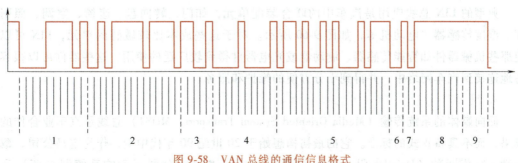

图 9-58　VAN 总线的通信信息格式

3. LIN

局域互联网络（Local Interconnect Network，LIN）是一种低成本的串行通信网络，用于实现汽车中的分布式电子系统控制，LIN 的目标是为现有汽车网络（例如 CAN 总线）提供辅助功能。因此，LIN 总线是一种辅助的总线网络，在不需要 CAN 总线的带宽和多功能的场合得到了广泛应用。

LIN 实现了一种具有成本效益的智能传感器和执行器的通信方式。这种通信是基于串行通信接口（SCI）数据格式、单宿主/多从概念、单线 12V 总线和没有稳定时间基的节点的时钟同步。低端多路通信的汽车标准不久前才出现。采用这个标准，汽车制造商及其供应商能以非常经济的方式创建、实现和处理复杂的分层化多路复用系统。

LIN 相对于 CAN 的成本节省主要是由于采用单线传输、硅片中硬件或软件的低实现成本和无须在从属节点中使用石英或陶瓷谐振器。这些优点是以较低的带宽和受局限的单宿主总线访问方法为代价的。

LIN 包含一个宿主节点和一个或多个从属节点，如图 9-59 所示。所有节点都包含一个被分解为发送和接收任务的从属通信任务，而宿主节点还包含一个附加的宿主发送任务。在实时 LIN 中，通信总是由宿主任务发起的。

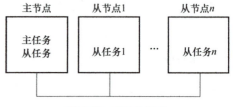

图 9-59 LIN 的结构

宿主节点发送一个包含同步中断、同步字节和消息识别码的消息报头。从属任务在收到和过滤识别码后被激活并开始消息响应的传输。响应包含两个、四个或八个数据字节和一个检查和（checksum）字节。报头和响应部分组成一个消息帧。

在 LIN 系统中，除了主节点命名外，节点不使用任何系统结构方面的信息，这使 LIN 具有很多相关的优点。在 LIN 系统中，加入新节点时，不需要其他从节点做任何软件或者硬件的改动。LIN 和 CAN 一样，传送的信息带有一个标识符，它给出的是这个信息的意义或特征，而不是这个信息传递的地址。

LIN 系统支持休眠工作模式。当主节点向网络上发送一个休眠命令时，所有节点进入休眠状态，直到被唤醒之前总线上不会有任何活动。这时总线处于隐性状态，节点上没有内部活动，驱动器处于接收状态，当总线上出现任何活动或节点出现任何内部活动时，节点结束休眠状态，当由于从节点内部活动被唤醒时，输出一个唤醒信号唤醒主节点。主节点被唤醒后开始初始化内部活动，从节点要等到同步信号后才参与总线通信活动。

典型的 LIN 总线应用是汽车中的联合装配单元，如门、转向盘、座椅、空调、照明灯、湿度传感器、电动机等，如图 9-60 所示。对于这些成本比较敏感的单元，LIN 可以使那些机械器件如智能传感器、制动器或光电器件得到较广泛的使用，这些器件可以很容易地连接到汽车网络中，并得到十分方便的维护和服务。

4. MOST

面向媒体的系统传输（Media Oriented System Transport，MOST）总线是汽车业合作的成果，而不具备正式的标准。它的最初构想始于 20 世纪 90 年代中期，作为宝马公司、戴姆勒·克莱斯勒（Daimler Chrysler）公司、Harman/Becker 公司（音响系统制造商）和

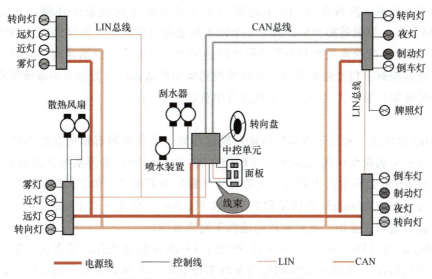

图 9-60　LIN 网络在整车上的应用架构

Oasis Silicon Systems 公司之间的一项联合。

　　MOST 是汽车业合作的成果，而不具备正式的标准。MOST 总线专门用于满足要求严格的车载环境。这种新的基于光纤的网络能够支持 24.8Mbit/s 的数据速率，与以前的铜缆相比具有减轻重量和减小电磁干扰（EMI）的优势。

　　MOST 传输协议由分割成帧的数据块组成，每一帧包含流数据、分组数据和控制数据。

　　在物理层上，传输介质本身是有塑料保护套、内芯为 1mm 的 PMMA（聚甲基丙烯酸甲酯）光纤，原始设备供应商可以将一束光纤像电线一样捆成光缆。光纤传输采用 650nm（红色）的 LED 发射器（650nm 是 PMMA 光谱响应中的低损耗"窗口"）。数据以 50Mbaud、双相编码的方式发送，最高数据速率为 24.8Mbit/s。

　　MOST 的定义是非常普通的，允许采用多种拓扑结构，包括星形和环形，大多数汽车装置都采用环形布局，从而允许共享多个发送器和接收器的数据，如图 9-61 所示。MOST 总线主控器（通常位于磁头驱动机构）有助于数据采集，所以该网络可支持多个主机，在一个网络上最多高达 64 台主机。为了确保数据安全，总线主控器在上电时将查询总线上的每一台从属设备并且完成自动密钥交换（AKE）。如果从属设备有一个有效的总线密钥，那么允许它使用预定的协议发送和接收 MOST 总线上的数据。

　　MOST 传输协议由分成帧的数据块组成。每一帧包含流数据、分

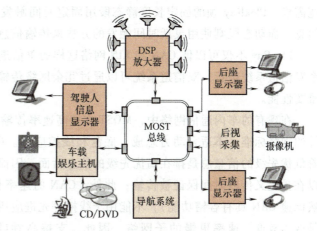

图 9-61　基于 MOST 总线的典型车载高端娱乐系统

组数据和控制数据。流数据与 MOST 时钟同步并且不断地在网络中环绕。分组数据与 MOST 时钟异步，根据需要产生，其中一个例子就是来自无线个人数字助理（PDA）设备的 e-mail。帧中分配给流数据和分组数据之间的带宽是可变的，以满足规定时间对系统的需求，并且其控制字包含数据类型、在哪里找到帧中的数据以及数据大小等流信息。可每隔多帧分配控制信息，并且应该在接收设备中重新产生。

5. FlexRay

FlexRay 总线是一种用于汽车的高速可确定性的、具备故障容错的总线系统。它的基础源于奔驰公司的典型应用以及宝马（BMW）公司 Byteflight 通信系统开发的成功经验。Byteflight 是 BMW 公司专门为被动安全系统（气囊）而开发的，为了同时能够满足主动安全系统的需要，在 Byteflight 协议基础之上，被 FlexRay 协会进一步开发成了一个与确定性和故障容错有密切关系的、更可靠的高速汽车网络系统。

FlexRay 联盟（FlexRay Consortium）推进了 FlexRay 的标准化，使之成为新一代汽车内部网络通信协议。FlexRay 关注的是当今汽车行业的一些核心需求，包括更快的数据速率，更灵活的数据通信，更全面的拓扑选择和容错运算。

因此，FlexRay 可以为下一代的车内控制系统提供所需的速度和可靠性。CAN 网络最高性能极限为 1Mbit/s。LIN 和 K-LINE 分枝网络最高性能极限为 20kbit/s。而 FlexRay 两个信道上的数据速率最大可达到 10Mbit/s，总数据速率可达到 20Mbit/s，因此，应用在车载网络，FlexRay 的网络带宽可能是 CAN 的 20 倍之多。

FlexRay 还能够提供很多 CAN 网络所不具有的可靠性特点。尤其是 FlexRay 具备的冗余通信能力可实现通过硬件完全复制网络配置，并进行进度监测。FlexRay 同时提供灵活的配置，可支持各种拓扑，如总线型、星形和混合型拓扑。设计人员可以通过结合两种或两种以上的该类型拓扑来配置分布式系统。另外，FlexRay 可以进行同步（实时）和异步的数据传输，来满足车辆中各种系统的需求，譬如分布式控制系统通常要求同步数据传输。

为了满足不同的通信需求，FlexRay 在每个通信周期内都提供静态和动态通信段。静态通信段可以提供有界延迟，而动态通信段则有助于满足在系统运行时间内出现的不同带宽需求。FlexRay 帧的固定长度静态段用固定时间触发（fixed-time-trigger）的方法来传输信息，而动态段则使用灵活时间触发的方法来传输信息。

FlexRay 不仅可以像 CAN 和 LIN 网络这样的单信道系统一般运行，而且还可以作为一个双信道系统运行。双信道系统可以通过冗余网络传输数据——这也是高可靠系统的一项重要性能。

在现有的车内通信网络中，MOST 支持高速率传输，却是专门用来连接车内多媒体组件的网络标准，不适合动力总成、底盘和线控应用。CAN 使用了优先级仲裁，这就意味着低优先级的信息总是排在高优先级的信息后面，因而导致延迟，只有高优先级的信息可以在预定义传输时间保证被传输；此外，CAN 的速率相对较低，且不具备容错功能（虽然低速 CAN 具有容错功能），不能用于线控等先进应用。而 LIN（如刮水器和电控车窗），是成本较低、速率更慢的子网络。因此，支持高吞吐量、确定性、容错性和灵活性的 FlexRay 网络，可为高级电子控制的安全应用带来大量优势。

（1）FlexRay 在线控系统中的应用 FlexRay 联盟的一个公开目标是：开发面向车内高速控制应用的高级通信技术，提高车辆安全性、可靠性和舒适度，提高可供市场所有客户使用的技术。但业界最看好的 FlexRay 所带来的益处，就是 X-by-Wire 技术，如 Brake-by-Wire、Steer-by-Wire 等，目标是减少车辆控制对液压系统的依赖，最可能的应用就是线控制动。在踩加速踏板加速时发生故障问题不大，如果踩制动踏板时发生故障危险性就大了，因此制动系统十分需要 FlexRay 这种双重数据通信系统，它的容错操作和确定

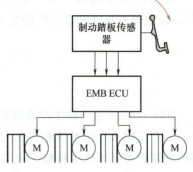

图 9-62　FlexRay 在线控系统中的应用

性对于确保线控系统的绝对可靠性非常重要，高的带宽功能可以快速传输大量极为详尽的信息，从而使系统反应变得非常迅速、准确。图 9-62 所示为 FlexRay 在线控系统中的应用。

另外，由于用户可以提前知道消息到达时间，消息循环偏差非常小，因此在具有严格实时性要求的分布式控制系统中，FlexRay 也将成为首选技术，如在动力总成和安全性相关系统中的应用，包括发动机和传动系统的控制及 ESP 等。对于车辆的动力系统而言，可以代替现有的机械系统控制电子节气门，与现有的系统结合工作，如电控燃油喷射器、电控可变进气系统和电控怠速系统等。

（2）FlexRay 用作通信网络骨架 FlexRay 可用作通信网络骨架，如图 9-63 所示。目前，CAN 网络最高性能极限为 1Mbit/s，而 FlexRay 两个信道上的数据速率最大可达 10Mbit/s，总数据速率可达 20Mbit/s。因此，FlexRay 的网络带宽可能是 CAN 的 20 倍之多。凭借高速率，可以将 FlexRay 作为整个车载网络的骨架，用于连接动力总成、底盘、车身、安全和多媒体应用（有无支持 FlexRay 的应用皆可）等多个独立网络。另外，FlexRay 控制器可以工作在 10Mbit/s 下的速度，根据需求配置成 25Mbit/s、8Mbit/s 或者 5Mbit/s 的通信速度，一方面使得 FlexRay 可以灵活地应用于更广泛的领域，另一方面也缓解了总线之间的带宽匹配。

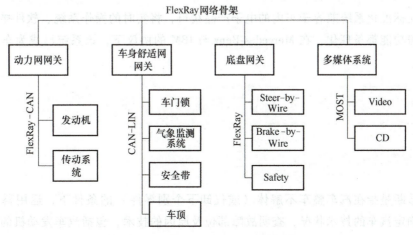

图 9-63　FlexRay 作为通信网络骨架

在速度要求超过 CAN 的应用中，现在是同时使用两条或多条 CAN 总线，使用 FlexRay 就能解决这种多总线的方案。

五、车载网络的当前发展趋势

1. D2B Optical

D2B Optical 是一种光纤通信系统，使用者可以将娱乐及信息产品与中央控制系统整合，不会与中央控制系统相互抵触。D2B 光纤网络采用光纤以光波传输数据的系统，数据按次序在光纤网络中传输，主要用于收音机、卫星导航、CD、音控放大器、移动电话和道路交通导航系统等。采用 D2B 光纤网络可减少传输信号失真，线路无损耗。车辆其他用电设备产生高频干扰电流以及静电等对 D2B 光纤传输网络不构成干扰。目前 D2B Optical 应用在车身网络上，特别是数字影音、导航系统，其系统的特色在于激活时，即自我组态，且新旧的 D2B Optical 装置都相融于车身网络。

2. COMMAND 网络

COMMAND 网络是一种独立的网络，用来连接交通状况记录模块与电视（TV）频道译码模块，资料由中央通信控制单元播放 TV 和结合卫星导航、地图系统，指示驾驶人如何避开交通拥塞道路。

3. CellPort Labs（移动电话网络）

移动电话与 D2B 光纤永久连接，当移动电话使用 TMC/GSM 与交通信息中心连接时，移动电话通过移动电话网络与交通状况记录模块传递资料，进行导航系统指示，与汽车使用共通的接口，行车时也可同时打电话。

4. USB

英特尔与微软大力推动个人计算机的外围设备配上 USB 万用连接器，即插即用。

5. IEEE 1394（Fire Wire）

IEEE 1394（Fire Wire）为影音通信协议，用于连接个人计算机外围设备，如数码相机、打印机、磁盘等。

6. OSEK（开放式标准化系统）

开放式标准化系统兼容于车内的电子产品接口，将实时的操作系统、软件接口及管理网络与通信功能都条理化，在 Mercedes-Benz 与 IBM 的协议下，该系统已成为车上的基本操作系统。

第五节　车载诊断系统

一、车载诊断系统概述

汽车诊断是指在汽车整车不解体（或仅卸下个别零件）的条件下，运用科学的方法和手段，确定汽车的技术状况，查明故障部位及原因的技术，包括汽车发动机的检测与诊断、汽车底盘的检测与诊断、汽车车身和附件的检测与诊断以及汽车尾气排放污染物的检测等内容。

　　车载诊断（On Board Diagnostics，OBD）系统就是在汽车电子自诊断技术的基础上，为满足在用车实时监测和定期检查维修制度这一需求下产生的，并且在 20 世纪末期开始成为排放控制的发展重点。车载诊断系统具有识别可能存在故障的区域的功能，并以故障代码的方式将该信息储存在电控单元存储器内。OBD 并非立足于所需监测值的直接测量，而是需要通过间接算法充分可信地建立被监测信号与所要求的排放测量结果的相互对应关系，当信号发生异常变化时，对可能对排放水平的影响做出准确判断并发出报警。

　　OBD 经历了 OBD I（第一代车载诊断）、OBD II（第二代车载诊断）、EOBD（欧洲车载诊断）和 OBD III（第三代车载诊断）三个阶段。

　　OBD I 最早在 1991 年由美国加州规定使用，用于控制排放系统失效，当时功能相对简单，仅监测氧传感器、排气再循环系统、燃油供给系统和发动机控制模块。OBD I 的方向是正确的，但却存在明显的缺陷。首先 OBD I 缺乏统一的标准，不同的汽车制造厂商和不同的车型之间有不同的 OBD 系统，使得售后维修时对不同的车型要用不同的诊断接头，甚至对不同的系统要用不同的专业解码器；其次是监测功能不强，如 OBD I 无法监测催化器是否失效或是已被拆除，又如失火及燃油蒸发污染的排放问题；还有 OBD I 系统仅监测部件的电路的连续性故障，不监测与排放有关的部件的渐进损坏情况。

　　针对上述情况，第二代的 OBD 系统在通信方面规定了标准化的 16 针诊断座 DLC（Data Link Connector），每针都有指定的功能、标准化的通信协议、标准化的故障码 DTC（Diagnostic Trouble Codes），同时增设了催化转化器中的催化剂的老化检测、失火检测及燃油蒸发物收集系统故障监测等。1994 年，美国汽车工程师协会（SAE）提出了 OBD II 的一系列的标准规范，公布了 SAE J1962、SAE J2012、SAE J1930、SAE J1978、SAE J1979 和 SAE J1850 等系列标准。经环境保护机构（EPA）及美国加州资源协会（CARB）认证通过并要求各个汽车制造厂依照 OBD II 的标准提供统一的诊断模式及诊断座，以及统一的故障码，只用 1 台通用的诊断仪器，即可对各种车辆进行诊断检测。在美国实施 OBD II 之时，欧共体也相应要求欧洲各国汽车制造商生产的轿车都相应配置车载故障诊断系统，即 EOBD（European On-board Diagnosis System），采用国际标准化组织的通信方面的相关标准，这些标准大部分是与 SAE 标准相对应的，采用的标准为 ISO 9141（或 KWP 2000 或 ISO 14230）、ISO 15031-3、ISO 15031-5、ISO 15031-6、CAN（控制器局域网）、ISO 15765-4、ISO 11519-4（SAE J1850）标准。根据 EU-Richtlinle 1999/102/EG 条文规定，2001 年欧洲所有新生产的轿车（载重小于 2.5t）仅限于汽油发动机配置 EOBD 系统，而对于柴油发动机轿车要求在 2004 年必须强制配置 EOBD 系统。配置该系统的目的就是用以实时监测发动机系统及与排放相关的部件，同时监测其他各部件及子系统（如汽车底盘、车身附属装置和设备及部件的工作状况）和网络故障诊断功能。

　　虽然 OBD II 系统对监测汽车排放十分有效，但驾驶人接受不接受警告全凭"自觉"。为此，经过修改，2004 年以后，比 OBD II 系统更为先进、严格的 OBD III 系统诞生了。OBD III 系统将汽车的检测、维护和管理融为一体，以满足环境保护的要求。OBD III 系统能够分别进入发动机、变速器、车身等系统的电子控制单元（ECU）中去读取故障码和其他相关数据，并利用小型车载通信系统，如 GPS 或无线蜂窝通信等方式将车辆的身份代码、故障码及所在位置等信息自动告知管理部门，管理部门根据该车辆排放问题的等级对其发出指令，包括去哪里维修的建议，解决排放问题的时限等。此外，在法律允许的前提下，还可对超出时限的违规车辆发出禁行指令。

二、车载诊断系统原理

车载诊断系统中的诊断软件、汽车上的各种传感器、电子控制系统自身、各种执行元件以及外围诊断设备一起共同组成了 OBD 系统，其硬件构成如图 9-64 所示。

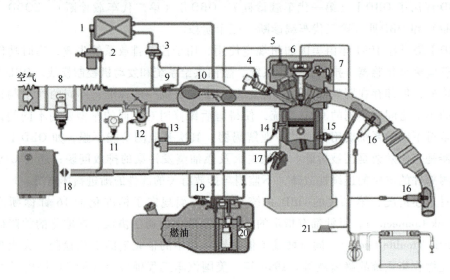

图 9-64　OBD 系统硬件构成

1—活性炭罐　2—活性炭罐关闭阀　3—活性炭罐脱附阀　4—油轨/喷嘴　5—正时控制阀　6—点火线圈/火花塞
7—相位传感器　8—空气流量传感器及进气温度传感器　9—进气歧管压力传感器　10—可变进气
11—节气门位置传感器　12—急速执行器　13—排气再循环阀　14—爆燃传感器　15—温度传感器
16—氧传感器　17—速度传感器　18—电控单元　19—油箱压力传感器
20—燃油箱内油泵　21—车架加速度传感器

汽车在行驶过程，OBD 系统实时监测各传感器、电子控制系统和执行元件的输入和输出信息，正常情况下，这些信号（电压或电流）会在一定的范围内有一定规律的变化，当 OBD 检测到某一信号超出了预设的范围值，并且这一现象在一定时间（如 3 个连续周期）内不会消失，则判断为这一信号对应的电路或元件出现故障，并把这一故障以代码的形式存储在存储器内，同时点亮仪表盘上的故障指示灯，给驾驶人以提示。如果故障不再存在，监控器在连续 3 个周期未收到相关信号后，会将指令故障显示灯熄灭。故障显示灯熄灭后，发动机暖机循环约 40 次，则故障代码会自动从存储器中被清除掉，具体原理如图 9-65 所示。

1. 传感器的故障诊断

传感器在正常工作时，其输入 ECU 的信号电压都是在一定范围内变化的。由于传感器本身就是产生电信号的，因此，对传感器的故障诊断不需要专门的线路，而只需要在软件中编制传感器输入信号识别程序即可实现对传感器的故障诊断。

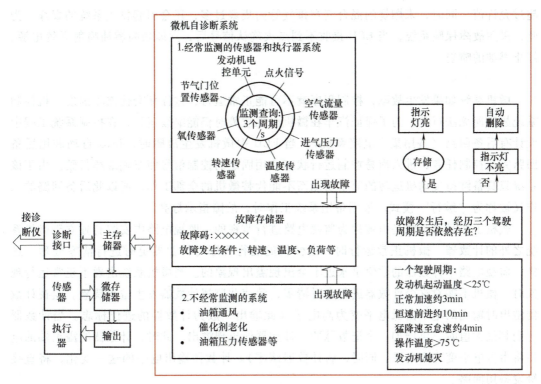

图 9-65　车载诊断系统原理

例如，冷却液温度传感器的正常输入电压值为 0.3~4.7V，当 ECU 检测到的电压信号超出此范围，如果是偶尔一次，ECU 的诊断程序不认为是故障。但如果不正常信号持续一段时间，则诊断程序即判定冷却液温度传感器或者其电路存在故障。ECU 将此情况以代码（此代码为设计时已经约定好的代表冷却液温度传感器信号异常故障的数字码）的形式存入随机存储器中。同时，通过检查发动机"CHECK ENGINE"警告灯，通知驾驶人和维修人员，发动机电控系统中出现故障。同时，当 ECU 发现冷却液温度传感器不正常后，会采用一个事先设定的常数来作为冷却液温度信号的代用值，使系统暂时工作于运行状态。

2. 执行器的故障诊断和故障保险

汽车电子控制系统中，执行器是决定发动机运行和汽车行驶安全的主要器件，当执行器发生故障时，往往会对汽车的行驶造成一定的影响。因此，当确定为执行器故障时，由 ECU 根据故障的严重程度采取相应的安全措施，且在控制系统中专门设计了故障保险系统。由于 ECU 对执行器进行的是控制操作，控制信号是输出信号。因此，要想对各执行器的工作情况进行诊断，一般要增设故障诊断电路，即 ECU 向执行器发出一个控制信号，执行器要有一条专用回路来向 ECU 反馈其执行情况。发动机电子控制系统中，对执行器进行故障诊断的典型部件是点火器。正常情况下，当 ECU 对点火器进行控制时，点火器每进行一次点火，便由点火器内的点火确认电路将点火执行情况以电信号的形式反馈给 ECU。当点火线路或点火器出现故障时，ECU 发出点火控制命令后，得不到反馈信号，此时 ECU 便认为点火器已经不能正常工作。由于发动机工作时，如果点火系统发生故障，便会使未燃烧的混合气进入排气装置和排气管道。排气净化装置中的催化剂温度就会大大超过允许值。同时，未燃烧的混合气在排气管内集聚过多，还会引起排气系统的爆炸。为此，采用故障保险系统，当 ECU 接收不到点火确认信号后，立即切断燃油喷射系统电源，停止燃油的喷射。

3. 微机系统的故障诊断

微机系统如果发生故障，控制程序就不可能正常运行，这样便会使汽车因发动机控制系统故障而无法行驶。为了保证汽车在微机出现故障时仍能继续运行，在控制系统工程中设计有后备回路（备用集成电路系统）。当 ECU 中微机发生故障时，ECU 自动调用后备回路完成控制任务，进入简易控制运行状态，用固定的控制信号使车辆继续行驶。由于该系统只具备维持发动机运转的简单功能而不能代替微机的全部工作，所以此后备回路的工作又被称为"跛行"模式。采用备用系统工作时，故障指示灯亮。

微机工作是否正常是由被称为监视电路进行监视的。监视电路中安装有独立于微机系统之外的计数器。微机正常运行时，由微机的运行程序对计数器定时进行清零处理。这样，监视电路中计数器的数值是永远不会出现溢出现象的。当微机系统出现不正常运行现象时，微机不能对这个计数器进行定时清零，致使此监视计数器发生溢出现象。监视计数器溢出时输出的电平由低电平变为高电平（此输出一般为计数器的进位标志。当计数器达到其最大值时，再增加一个记数脉冲，计数器便出现溢出。此时，计数器的溢出端的电平将由低电平变为高电平，同时，将计数器清零）。计数器输出电平的这一变化，将直接触发备用回路。

三、故障码的分类和意义

1. 故障码的分类

OBD Ⅱ将故障码分为 A、B、C、D 四种类型。A 类故障码是与排放相关的故障码。计算机诊断程序连续一个循环即可检测到该类故障，并点亮故障指示灯。为了诊断方便，当 A 类故障码被设置时，OBD Ⅱ系统同时还储存了一个历史故障码、失效记录和一个冻结帧现场数据。A 类故障码是最严重的一类，如发动机间歇不点火、混合气过浓过稀等会出现该类故障。A 类故障码提醒驾驶人车辆排放系统有问题，会造成催化转换器损坏。B 类故障码是次严重的一类排放问题。在故障指示灯（Malfunction Indicator Lamp，MIL）点亮之前，这类故障应在两次连续的行驶过程中都至少发生一次。若在一次行驶过程中发生，而在下一次行驶过程中没有发生，则该故障的码还未"成熟"，MIL 不点亮。当 MIL 点亮的条件满足时，所储存的历史故障码、失效记录和一个冻结帧现场数据与触发 A 类故障码时完全相同。C 类和 D 类故障码是进行与排放无关的故障测试得出的。C 类故障码点亮 MIL（或其他报警灯），但 D 类故障码不点亮 MIL。C 类故障码也被称为 C1 故障码，而 D 类故障码则可称为 C0 故障码。

2. 故障码代表的意义

SAE 规定 OBD Ⅱ的故障码由 5 位组成，其中首位为英文字母，代表被监测到的故障系统，如 P 表示动力系统，B 表示车身，C 表示底盘，U 表示网络；第 2~5 位为数字码，具体的含义如图 9-66 所示。

在 OBD Ⅱ诊断仪与 OBD Ⅱ随车诊断系统通信的过程中，应遵循以下一些规定，以使

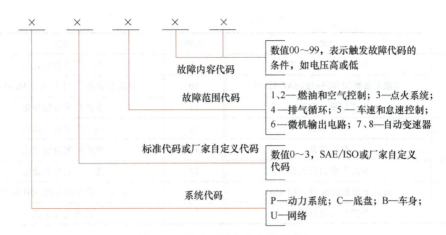

数值00～99，表示触发故障代码的
条件，如电压高或低

故障内容代码

故障范围代码　　1、2—燃油和空气控制；3—点火系统；
4—排气循环；5—车速和怠速控制；
6—微机输出电路；7、8—自动变速器

标准代码或厂家自定义代码　　数值0～3，SAE/ISO或厂家自定义
代码

系统代码　　P—动力系统；C—底盘；B—车身；
U—网络

图9-66　故障码的各位代表的含义

通信能够正常进行，并确保不会干扰OBDⅡ系统内部的正常通信。

（1）**单请求多应答**　在某些汽车上，由于安装了多个控制模块，此时可能会出现一个请求信号对应多个应答信号的情况。即使是单模块的汽车，在某些条件下也有可能出现单一请求多个应答的情况。因此，OBDⅡ诊断仪应尽量避免这种类型的请求信号。

（2）**应答时间**　OBDⅡ系统应在收到请求信号后100ms内发出应答信号，否则诊断仪将认为无应答信号，在100ms以外收到的请求信号都将被诊断仪忽略。

（3）**请求信号之间的最小间隔**　OBDⅡ系统对诊断仪所发请求信号的最小时间间隔并无特殊要求，即在某个请求信号的应答信号或无应答信号（100ms后）到达后，即可发送下一个请求信号。

（4）**无数据应答**　无应答信号包含两层含义，其一是OBDⅡ系统不支持诊断仪所请求的模式，其二是尽管支持但目前无数据。当此类情况发生时，OBDⅡ系统不发送任何信号给诊断仪，即发送了一个100ms延时的无应答信号。

（5）**应答信号的最大值**　当传感器发送给OBDⅡ系统的数据值超过系统规定值时，OBDⅡ系统应发送一个规定的最大值给诊断仪（$FF或$FFFF）。同时，诊断仪应能判断出该值已非正常值，并显示出来。

目前，安装OBDⅡ各车型的故障诊断连接器统一为16针型，均安装在驾驶室内位于驾驶人侧仪表板下方，其结构如图9-67所示。

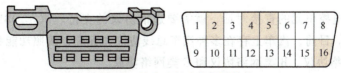

图9-67　故障诊断连接器的结构

OBDⅡ故障诊断连接器各引脚的含义见表9-7。

3. 故障诊断测试模式

目前，使用OBDⅡ解码器可以进行OBDⅡ主动测试，其中主要有以下9种诊断测试模式。

1）当前动力系统故障数据。

表 9-7 OBDⅡ故障诊断连接器各引脚的含义

引脚	用途	引脚	用途
1	生产厂家自行设定	9	生产厂家自行设定
2	美款车诊断用 BUS+线,SAE J1850	10	美款车诊断用 BUS-线,SAE J1850
3	生产厂家自行设定	11	生产厂家自行设定
4	车身搭铁	12	生产厂家自行设定
5	信号搭铁	13	生产厂家自行设定
6	生产厂家自行设定	14	生产厂家自行设定
7	欧款车诊断用 K 线,ISO 9141	15	欧款车诊断用 L 线,ISO 9141
8	生产厂家自行设定	16	接蓄电池正极

2）动力系统冻结帧数据。

3）由动力系统导致排放问题的故障码。

4）清除故障码。

5）氧传感器监测结果。

6）非连续监测结果。

7）连续监测结果。

8）对所需系统或元器件进行主动测试。

9）所需的车辆信息。

每个监测过程必须在特定的运行条件下完成，这些条件包括发动机温度、发动机转速和负荷、节气门开度、发动机起动后运行时间等。诊断管理程序确定故障诊断检测的次序，当正确的运行条件具备时，决定检测的持续时间。如果条件和时间不满足要求，管理软件将等待时机运行适当的监测诊断程序。

四、车载诊断协议

随着电控技术的发展，使用外部诊断设备来读取汽车电控单元中存储的故障码以及通过和电控单元直接对话来获得数据流信息或者执行元器件测试变得越来越普遍，成为最主流的诊断技术方式。

1. 通信协议

这些与汽车电控单元的直接对话，就需要通信协议的支持。汽车 OBDⅡ 技术的核心是汽车总线协议。目前，汽车上存在多种汽车总线协议和标准，按照功能和速率可以分为三类，即 A 类网络协议、B 类网络协议和 C 类网络协议。

（1）A 类网络协议　A 类网络协议是主要面向传感器/执行器控制的低速网络协议，速率一般小于 10kbit/s，适用于对实时性要求不高、仅需要简单串行通信的电控单元，主要用于座椅调节、照明灯具、车门的智能传感器以及执行器等控制。A 类网络的主流协议是 LIN 协议。

（2）B 类网络协议　B 类网络协议是面向独立电控单元间数据共享的中速网络协议，速率一般设计为 10~125kbit/s，主要用于车辆电子信息中心、故障诊断、仪表显示等方面的控制，以减少冗余的电子部件。B 类网络的主流协议是 CAN 协议。

（3）C 类网络协议　C 类网络协议是面向高速、实时闭环控制的多路传输网，速率可达 1Mbit/s，线控技术（X-by-Wire）系统传输速率可达 10Mbit/s 以上，主要用于发动机控制、牵引控制、悬架控制等对实时控制及可靠性要求较高的场合，以简化分布式控制和车身线束。目前广泛应用于动力与传动系统控制与通信的协议标准为：ISO 11898-2，未来应用于 X-by-Wire 系统的主要协议为 TTPTM/C（Time-Triggered Protocol）和 FlexRay。

上述三种网络协议均能够实现向下涵盖的功能，即 B 类网络协议支持 A 类网络协议的功能，而 C 类网络协议能同时实现 B 类网络协议和 A 类网络协议的功能。

2. 协议标准

目前常用的汽车故障诊断协议标准主要有 ISO 15765 和 ISO 14230。

（1）ISO 14230 协议　由于人们对诊断系统的要求越来越高，而 ISO 9141 制定得比较早，已难以满足实际需求，所以 1999 年在 ISO 9141 的基础上颁布了一个新的标准，就是 ISO 14230，也称为 Keyword2000。

ISO 14230 的硬件基础仍然是 ISO 9141，但诊断协议方面的内容丰富了很多，该标准主要由物理层、数据链路层和应用层三部分内容组成。

（2）ISO 15765 协议　目前 CAN 已经成为车用网络总线的主流，而基于 ISO 15765 实现的诊断节点能直接接入 CAN 总线进行通信，且相对 ISO 9141 和 ISO 14230 而言具有传输效率高、可靠性好等优点，代表了未来的发展趋势。

五、车载诊断的发展趋势

随着目前无线通信、人机交互界面以及电控技术的发展，车载诊断及维护将会发生革命性的发展。这种发展趋势将使车辆在正常行驶时车载诊断和维修也可正常进行，这就是现阶段热门发展技术——远程诊断与维护（RD&M）。

RD&M 是一项复杂的科技技术，具体包含大量的车辆电控系统、远程分析控制中心和无线通信设备。RD&M 系统的服务器将详细记录该车辆的信息，其中包括设备清单，保养和维修的历史，甚至驾驶循环的相关记录。系统会以此结合汽车车载诊断系统中的数据进行分析，并通知业主进行维修的时间。这种技术的目标是只有在真正需要时，才更换相关部件，并以此来控制维修费用。

如图 9-68 所示，RD&M 系统未来的发展方向主要由预防性诊断与维修和实时诊断与

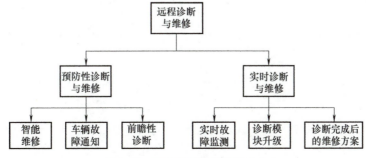

图 9-68　RD&M 系统的研究方向

维修组成。预防性诊断与维修方面，主要研究智能维修、车辆故障通知及前瞻性诊断；实时诊断与维修方面，主要研究实时故障监测、诊断模块升级及诊断完成后的维修方案。对于 RD&M 系统未来的发展，使人们全面认识 RD&M 技术、加强远程控制中心建设以及在车辆上实现更加普及的安装 RD&M 系统是未来的努力方向。RD&M 系统将随着汽车电控技术的不断发展而继续前进，并最终得到广泛应用。

思 考 题

1. 与美国的 GPS 相比，北斗导航卫星系统的优点是什么？
2. 各种胎压检测技术的特点是什么？
3. 电子仪表数字化给汽车仪表带来的机遇有哪些？
4. CAN 总线的优点是什么？还存在哪些不足？
5. 如果给新能源汽车规划车载诊断系统，与燃油车相比会有哪些不同？

第十章

智能汽车控制技术

第一节 概　述

无人驾驶控制系统是一个流程化的、复杂的综合系统，涉及众多流程和领域，需要严密的控制方案，从技术角度一般可分为感知层、认知层、决策规划层、控制层和执行层五个层面。

1. 感知层

感知层主要是利用各种传感器，如雷达传感器、视觉传感器、通信传感器、定位传感器、汽车姿态传感器等进行数据采集，然后将所有传感器接收到的数据进行处理和融合，从而将外界环境感知的数据转换成可以进行分析和判断的有效数据，再传递至认知层。

2. 认知层

认知层将融合后的数据分为运动目标、静态栅格、道路结构，然后转换成驾驶场景认知态势图，结合高精度融合定位，完成认知，最后将数据传递到决策规划层。认知层总体上讲包括全局路径设定、高精度的导航地图以及后台的监控等。

3. 决策规划层

决策规划层主要进行行为决策、路径规划和运动规划，根据前述处理后的环境数据做出一个车辆行为的规划（包括汽车运动状态的规划），也就是如何操纵车辆，然后传递至控制层。

4. 控制层

控制层接收来自决策规划层所输出的路径规划轨迹，通过对车辆进行横向、纵向协调控制，完成控制过程，然后传递至执行层。

5. 执行层

执行层是通过车辆底层执行机构负责车辆行为的执行，完成车辆的自动驾驶功能。

上述五层结构从系统角度也可以分为上、中、下三层：下层控制管理汽车内部系统的运行，如制动、加速和转向；上层管理汽车的长期策略计划，如导航和路线规划；中层为计算机视觉感知反应。

第二节　图像感知技术

一、图像与图像处理概述

1. 图像

图像是对客观对象的一种相似性描述，在信息传递过程中扮演了重要的作用，同时也是人类视觉的基础。据统计，人类获取的信息有 70%以上来自于视觉。

图像是所有具有视觉效果的画面，诸如纸介质上的，底片或照片上的，电视、投影仪或计算机屏幕上的。根据图像记录方式的不同，图像可分为两大类：模拟图像和数字图像。模拟图像可以通过某种物理量（如光、电等）的强弱变化来记录图像亮度信息，例如模拟电视图像；而数字图像则是用计算机存储的数据来记录图像上各点的亮度信息。

2. 图像处理

图像处理是对图像进行分析、加工、处理，使其满足视觉、心理及其他要求的技术，图像处理是信号处理在图像域上的一个应用。大多数的图像是以数字形式存储的，因而图像处理很多情况下指数字图像处理。图像处理是信号处理的子类，与计算机科学、人工智能等领域也有密切的关系。很多传统的一维信号处理的方法和概念仍然可以直接应用在图像处理上，比如降噪、量化等。然而，图像属于二维信号，和一维信号相比，它有自己特殊的一面，处理的方式和角度也有所不同。

3. 图像工程的三个层次

图像工程的三个层次依次为图像处理、图像分析和图像理解。

图像处理着重强调图像到图像之间的变换。对图像进行各种加工以改善图像的视觉效果并为图像识别做准备，或对图像进行压缩编码以降低对其所需存储空间或满足传输时间的要求。

图像分析是对图像中感兴趣的目标进行检测和测量，以获得它们的客观信息从而建立对图像的描述。图像分析是一个从图像到数据的过程，这里的数据可以是对目标特征检测的结果或是基于测量的符号表示。

图像理解的重点是在图像分析的基础上，借助知识、经验等进一步研究图像中各目标的性质和它们之间的相互联系，并得出对图像内容含义的理解以及对原来客观场景的解释，从而指导和规划行动。

二、智能汽车视觉感知技术的发展

人类主要通过视觉感知来理解交通环境中的信息。显然，驾驶车辆所需的主要信息可以通过视觉传感器获得。与大多数其他传感器相比，视频信号包含大量的交通环境信息，但视觉传感需要复杂的机器视觉和图像理解技术。

经过近 30 年的密集研究，基于视觉的驾驶辅助系统已经进入乘用车和货车，是实现完全自动化和协同交通的重要引领者。与其他传感器不同，视觉传感器图像中包含丰富的信息，涵盖驾驶所需的所有相关信息。例如，车道几何形状、可驾驶路段、交通标志、交通信号灯、物体位置和速度以及物体类别。场景理解方法是图像的发展方向，与激光雷达、雷达或超声波传感器相比，利用相机的场景理解需要更强大的算法支持。

当前，摄像头已经部署在辅助驾驶系统中，用于横向控制与纵向控制。单目系统、单目夜视系统、多个环视摄像头的停车辅助系统、车道保持系统、交通标志识别、正面碰撞警告或缓解系统，这些都是进入汽车市场的基于摄像头的驾驶辅助系统的例子。更甚者，自适应巡航控制系统，传统上是雷达或激光雷达传感器的领域，也已经采用了单目摄像机。

国外对机器视觉的研究较早，于 20 世纪 50 年代就开始研究二维图像的识别，发展到今日，已有了突飞猛进的进展。20 世纪 60 年代，国外一些企业就将机器视觉运用到智能车上，并取得了很好的成绩，激励了机器视觉的发展。早期的机器视觉只能对二维图像进行分析和识别，经过后续的不断提升，机器视觉可对三维图像进行识别与解读。20 世纪70 年代中期，美国麻省理工学院的人工智能（AI）实验室正式开启"机器视觉"课程，吸引了大批的学者，为今后机器视觉的蓬勃发展打下了很好的基础。20 世纪 80 年代后，机器视觉理论日渐成熟，比如主动视觉理论的提出，已不再局限于实验室中，开始逐渐面向实际的应用与开发。目前，无人驾驶、纹理识别、目标追踪等领域都可运用机器视觉的相关理论和知识。

我国机器视觉的发展起步较慢，但后劲十足。20 世纪 90 年代，是我国机器视觉技术的探索阶段，在此之前，我国对机器视觉还未生成相应的概念，尤其是工业领域，对此不是很重视，所以机器视觉未能在工业上得到应用与发展。而在教育界，国内仅有一些大学、研究院有相应的设备，但不能做大规模的研究工作。在此之后，从事科研的工程师建立了属于自己机器视觉的企业，但由于硬件条件受限，只能做简单工作，对于复杂的处理很难实现。21 世纪初，港台一些电子生产商纷纷来内地建厂，并将带有机器视觉的设备引入内地，由于这些设备生产表现良好，一些厂家看到了商机，都大力投资于视觉设备，此时算是机器视觉在我国市场发展的第一步。通过进口功能齐全的机器视觉设备，并提供专业的技术指导，机器视觉在我国得到了很好的发展。21 世纪初到现在，我国已成为全世界机器视觉技术需求最多的国家之一，在工业领域，基于机器视觉的智能分拣技术在各大厂商得到了广泛的应用，极大地提高了生产率。

从长远来看，驾驶辅助系统将演变为安全水平显著高于人类驾驶的协同自动驾驶，并与其他交通参与者合作，在所有交通状况下都能实现。自 20 世纪 80 年代末以来，自动驾驶已经激发了研究人员的灵感。值得注意的是，绝大多数令人印象深刻的早期结果都是基于视觉感知的。1987 年，德国慕尼黑联邦国防军大学（UBM）与戴姆勒-奔驰公司一起合作开发了 VaMoRs 试验车，开发了能逼真地模拟视觉功能的 FMS-Vision 视觉系统，该系统会依据车辆的速度情况自动调节摄像头焦距，能够适应坑洼不平的道路状况，并采用卡尔曼滤波进行道路跟踪。VaMoRs 试验车在高速公路上的时速可达 96km/h。1993 年，日本丰田汽车开发的一种智能车，其后视镜左端安装了 2/3in（1in = 25.4mm）CCD 摄像头，在高速公路上的试验车速可达 60km/h。由熊本大学研究的智能车安装了 1/2in CCD 摄像头，在公路上试验车速为 72km/h。1994 年，两辆演示车在巴黎附近的 1 号高速公路上以正常交通路况行驶，演示车速达到了 130km/h，大约 50 个转换器处理来自 4 个摄像头的图像，提取车道几何形状和其他车辆的姿态。1995 年，美国卡内基梅隆大学研制了世界知名的 Navlab-5 系统智能车，它成为智能车发展的一个里程碑，Navlab-5 系统的核心是基于视觉的 RALPH 系统，它装有激光测距仪、毫米波雷达和红外摄像头等，可识别和跟踪车道标识线，在横穿美国大陆的 3000mile（1mile = 1609.344m）公路试验中，自主驾驶达98%，平均时速可达 102km/h。

三、智能汽车视觉感知方法

（一）交通信号灯识别

对于交通信号灯的检测与识别，一般在实际的道路场景中具有复杂的背景，且感兴趣的信号灯区域只占很少的一部分。对于交通信号灯的处理方法，有基于传统的图像处理方法，也有用卷积神经网络进行训练实现对交通信号灯的识别。卷积神经网络需要大量的训练样本避免过拟合的风险，目前的大多数方法都是在各种颜色空间中利用信号灯颜色进行分割得到感兴趣区域，然后再通过信号灯所特有的形状特征和角点特征等进行进一步的判定。

在图像处理算法设计中，为了提高算法的准确性与时效性，一般只关注局部感兴趣区域而不是整个图像区域。下面介绍一种基于颜色分割与特征匹配相结合的方法，主要分为如下3个步骤：

1. 颜色分割

为了消除噪声、光照等因素的干扰，首先对采集的图像进行直方图均衡化，即对每一个通道（R、G、B）数据进行直方图均衡化，再合并为一个3通道图像。颜色特征是交通信号灯重要而显著的特征之一。要对交通信号灯进行颜色分割，首先要选择合适的色彩空间。

（1）基于 RGB 颜色空间的识别算法 通常采集到交通信号灯图像都是 RGB 格式的，因此，如果直接在 RGB 色彩空间中进行交通信号灯的识别，由于不需要色彩空间的转换，算法的实时性会很好，缺点是 R、G、B 三个通道之间相互依赖性较高，对光学变化很敏感。

（2）基于 HIS 颜色空间的识别算法 HIS 色彩模型比较符合人类对色彩的视觉感知，而且 HIS 模型的三个分量之间的相互依赖性比较低，更加适合交通信号灯的识别。

（3）基于 HSV 颜色空间的识别算法 在 HSV 颜色空间中，H 和 S 两个分量是用来描述色彩信息的，V 则是表征对非色彩的感知。虽然在 HSV 颜色空间中进行交通信号灯的识别对光学变化不敏感，但是相关参数的确定比较复杂，必须视具体环境而定。

2. 感兴趣区域提取

该步骤的主要目的是对分割的红色通道图像和绿色通道图像，进行联通区域的标定，并提取区域的基本几何特征，比如长度、宽度、长宽比、面积（即白色像素个数）。

3. 信号灯区域判定与识别

该步骤在前一步骤的基础上根据信号灯的特有特征过滤出真正的信号灯区域，例如通过信号灯面积、信号灯形状、信号灯的黑色边框等信息选取到真正的信号灯。

（二）交通标识识别

交通标志作为前方道路信息的载体，它可以为驾驶人提供前方的道路信息，保障行人和驾驶人的安全。如今，各个国家都有着自己的交通标志，虽然每个国家制定的标准不一样，但是对于交通标志其基本信息都是大致相同的。基本由所要表达意义的图像、符号和一些文字信息组成，并且组成标志的形状和颜色也大致一样，如主色为蓝色的圆形标志一般为指示标志，主色为黄色的三角形标志为警告标志，红色边框、背景为白色的圆形标志为禁令标志。

1. 交通标识的检测

对于交通标识的检测，主要有基于颜色的检测方法、基于形状的检测方法、颜色与形状相结合的检测方法。

（1）基于颜色的检测方法　基于待检测图像颜色特征识别分类方法，其准确性很大程度上取决于输入的图像信息对颜色特征所设置的阈值，主要是在 RGB、HIS、HSV、CIE 颜色空间中进行。

在 RGB 颜色空间中，由于 R、G、B 三种分量特征之间十分相似，容易受到光照条件和天气条件的影响。因此很少在研究基于待检测图像颜色特征识别分类方法时，在 RGB 颜色空间中对待检测图像的颜色特征采用阈值化处理。为了克服光照条件造成的影响，大多数方法都是通过引入基于色调（Hue）、饱和度（Saturation）和亮度（Intensity）的 HIS 颜色空间或者与它相似的 HSV（Hue-Saturation-Value）颜色空间的方法来进行研究。但是，在 HSV 颜色空间中，对待检测图像的颜色特征采用阈值化处理。因为在 HSV 颜色空间中，光照条件的因素对其内部分量不存在相互干扰影响，这种颜色空间能够较好地适应光照条件变化较大的情况。

采用 HIS 颜色空间模型时，主要是提取待检测图像的色调、饱和度和亮度特征，从而完成图像的识别与分类。但是该方法的缺陷在于，在提取图像的色调、饱和度和亮度特征之前，由于待检测图片的色调、饱和度和亮度特征默认情况下是属于 RGB 空间，需要将原待检测图片做一次 RGB-HIS 颜色空间模型的转换。在 HIS 颜色空间模型中，提取图像的色调、饱和度和亮度特征之后，又需要进行 RGB-HIS 颜色空间模型的转换。每次图像检测都需要两次不同颜色空间模型的转换，不仅增加了图像识别与分类的所耗时长，也降低了算法的实时性。

利用交通标志的颜色特征进行检测，是一种比较简单的方法。但是在实际环境中，受到光照、天气变化、交通标志几何形变的影响，颜色可能会发生变化，因此性能并不可靠。

（2）基于形状的检测方法　待检测图像的边缘数据信息是图像的重要特征，也是基于图像形状特征来识别分类的重要依据。提取交通标志图像的灰度值特征，首先是提取图像的边缘数据信息，结合交通标志图像的形状特征来完成交通标志图像的识别与分类。

基于形状特征的交通标志图像识别算法，首先提取待检测交通标志图像的边缘数据信息，然后将所提取边缘像素点的特征向量集合成特征向量集，并且对这些特征向量的直方图的竖直方向上的像素点进行统计，最终由统计结果来确定交通标志图像的潜在性区域。

对于基于形状的检测方法，Canny 算法是这种方法的核心算法，其步骤如下：

1）降噪。先对待检测图像进行卷积操作处理，降低图像中某些像素点的噪声，避免由于图像中某些像素点的噪声过高而影响最终的图像识别准确率。然后才能进行边缘数据信息的提取。但是图像经过卷积操作处理后，所得照片比原照片显得模糊，不清晰。

2）寻找图像中的亮度梯度。由于待检测交通标志图像的边缘像素点的向量方向可能存在不同，因此在 Canny 算法中，在边缘检测算法中采用 4 个 mask 来检测像素点向量方向的可能指向（包括水平方向、对角线方向以及竖直方向）。将图像中任意像素点的数据信息以及指向记录储存下来，并且记录对应像素点上的最大值以及由该点产生的边缘数据信息，这样就可以找到图像中任意像素点的亮度梯度方向。

3）在图像中跟踪边缘。通常情况下，在储存的图像数据信息中，如果某些像素点的亮度梯度值较大，那么这些像素点很有可能位于图像边缘位置。但目前没有确定一个量化指标，规定像素点的亮度梯度超过某一限值时，就可以近似认为该像素点位于图像边缘。为了避免这一局限性，Canny算法中采用了滞后阈值的方法来跟踪待检测图像的边缘数据信息。基于形状信息的图像识别检测算法，其准确性和实时性很大程度上取决于图像边缘特征的提取精度，而且图像的边缘数据信息容易受到光照强度变化、几何形变的等条件影响，所以该方法存在抗干扰较差的缺点。

待检测交通标志图像的显著性特征主要是颜色与形状，在光照强度变化强烈或者待检测交通标志图像被部分遮挡的因素下，若仅仅只采用基于颜色空间的图像识别算法或者基于形状信息的图像识别算法进行交通标志图像识别与分类，这将会暴露出较大的缺陷与不足，并且基于颜色空间的图像识别算法不适用于光照强度变化强烈的条件，而基于形状信息的图像识别算法则不适用于待检测交通标志图像被部分遮挡的因素。

（3）颜色与形状相结合的检测方法 为了避免光照强度变化强烈或者待检测交通标志图像被部分遮挡的因素对图像识别结果造成影响，可以将图像的颜色与形状特征相结合起来应用于交通标志图像识别与分类。采用基于颜色与形状相结合的图像识别算法具有更好的鲁棒性，也就是说这种图像识别算法相对单纯地基于颜色空间的图像识别算法或者基于形状信息的图像识别算法，图像识别结果的准确率较高。

2. 交通标识的识别

对于交通标识的识别主要有模板匹配方法、基于学习机制的方法和基于局部特征匹配的方法。

（1）模板匹配方法 模板匹配方法是较为常用的一种交通标志识别与分类技术，而且该技术还大量应用于其他领域内的图像识别。通常在进行模板匹配之前，需要将模板图像与待检测的交通标志图像两者的灰度值进行匹配，以便确认是否有较高的匹配性。常见的图像标准灰度值是归一化互相关（Normalized Cross Correlation）系数。

基于颜色空间模型，提取待检测交通标志图像的颜色与形状特征，从而选取交通标志区域，然后从图像集中逐一挑选模板图像与所选取的交通标志区域进行相似性匹配。通常进行相似性匹配的对比内容为图像的标准灰度值，也就是互相关系数，如果待检测图像与模板图像的相似度越高，那么互相关系数值就越大；反之，互相关系数值就越小。从图像集中选择与待检测图像相似度最高，也就是互相关系数最大的模板图像作为识别结果。

（2）基于学习机制的方法 支持向量机（Support Vector Machine，SVM）算法主要应用于图像识别技术中。该算法的优势在于能够将有限的样本数据信息按照一定特定的方式训练和学习，通过核函数的作用，将输入空间变换到高维线性可分空间，然后在转换后的高维线性空间中寻找最优线性分类面。分类的计算方式按照式（10-1）计算：

$$SVM = \sum_i a_i k_i(s_i, x) + b_i \qquad (10\text{-}1)$$

式中，k_i 为核函数；s_i 为支持向量；a_i 为权重；b_i 为分类阈值。

SVM算法在图像分类技术上应用广泛，并且分类效果也较为理想。尤其对于样本数据信息有限、输入空间为非线性等问题的图像识别，更加突出SVM算法的优势。目前，在交通标志图像识别与分类技术中，SVM算法已然成为其核心算法之一。结合SVM算法，能提升交通标志图像识别技术的准确性以及实时性。如利用基于HIS颜色空间模型来筛选交通标志的可能潜在性区域，然后提取这些有可能性区域的方向梯度直方图（HOG）特征，最终结合 SVM 技术筛选出相应正确的交通标志。实践表明，上述算法具有可行性与可操作性，并且结合最新的计算机技术，能够实现快速、准确地识别出对应的交通标志。

（3）基于局部特征匹配的方法 待检测交通标志图像的局部特征提取方法，能够有效提高交通标志图像识别算法的实时性。这种方法不同于采用待检测交通标志图像的全部数据信息来进行处理识别。所谓的局部特征是将待检测交通标志图像中带有显著性特征的局部区域建立特征描述，集合多个局部区域特征描述就可以整合成完整的图像特征描述。一般情况下，采用局部特征方法来进行交通标志图像的识别通常包括两个过程阶段：提取显著性区域和建立所提取区域的特征描述。其中，提取显著性区域就是对待检测交通标志图像选取那些满足变换不变性的局部区域。而对于建立所提取区域的特征描述过程阶段，实质上就是根据待检测交通标志图像的显著性特征来建立高维特征描述子。这种图像识别算法对图像背景噪声以及部分区域缺失等因素的敏感性较低，也就是说采用基于局部特征的图像识别算法能够取得较为理想的图像识别结果。由于基于局部特征的图像识别算法优势突出，使得其在计算机智能视觉领域得到广泛推广与应用。此外，倘若待检测交通标志图像受到光照强度变化强烈的因素作用，那么此时采用基于局部特征的图像识别算法的准确性就远高于模板匹配方法以及基于学习机制的方法，凸显了在光照强度变化强烈的条件下，基于局部特征的图像识别算法具有更好的鲁棒性。

（三）行人检测

行人检测要解决的问题是：找出图像或视频帧中所有的行人，包括位置和大小，一般用矩形框表示，与人脸检测类似，这也是典型的目标检测问题。由于人体会有各种姿态和形状，其外观受穿着、姿态、视角等影响非常大，另外还面临着遮挡、光照等因素的影响，使得行人检测的难度加大。

基于机器学习的方法是现阶段行人检测算法的主流，人体有自身的外观特征，人们可以手工设计出特征，然后用这种特征来训练分类器用于区分行人和背景。这些特征包括颜色、边缘、纹理等机器学习中常用的特征，采用的分类器有神经网络、SVM、AdaBoost、随机森林等计算机视觉领域常用的算法。

1. HOG+SVM

行人检测第一个有里程碑意义的成果是 Navneet Dalal 在 2005 年的计算机视觉与模式识别（CVPR）会议中提出的基于 HOG+SVM 的行人检测算法。Navneet Dalal 是行人检测中之前经常使用的 INRIA 数据集的缔造者。

方向梯度直方图（HOG）是一种边缘特征，它利用了边缘的朝向和强度信息。HOG 的做法是固定大小的图像先计算梯度，然后进行网格划分，计算每个点处的梯度朝向和强度，然后形成网格内的所有像素的方向梯度分布直方图，最后汇总起来，形成整个直方图特征。

这一特征很好地描述了行人的形状、外观信息，比 Haar 特征更为强大，另外，该特征对光照变化和小量的空间平移不敏感。利用 HOG 特征进行行人检测的流程：输入图像、图像预处理、计算梯度、加权表决为空间和方向单元、在检测窗口上收集 HOG 数据、线性 SVM 检测、人/非人分类。得到候选区域的 HOG 特征后，需要利用分类器对该区域进行分类，确定是行人还是背景区域。在实现时，使用了线性支持向量机，这是因为采用非线性核的支持向量机在预测时的计算量太大，与支持向量的个数成正比。

2. ICF+AdaBoost

HOG 特征只关注了物体的边缘和形状信息，对目标的表观信息并没有有效记录，所以很难处理遮挡问题，而且由于梯度的性质，该特征对噪点敏感。针对这些问题后面有人提出了积分通道特征（ICF），积分通道特征包括 10 个通道：6 个方向梯度直方图，3 个 LUV 颜色通道和 1 个梯度幅值，这些通道可以高效计算并且捕获输入图像不同的信息。AdaBoost 分类器采用了软性级联（Soft Cascade）方式。为了检测不同大小的行人，并没有进行图像缩放然后用固定大小的分类器扫描，而是训练了几个典型尺度大小的分类器，对于其他尺度大小的行人，采用这些典型尺度分类器的预测结果进行插值来逼近，这样就不用对图像进行缩放。因为近处的行人和远处的行人在外观上有很大的差异，因此这样做比直接对图像进行缩放精度更高。

3. Cascade CNN

如果直接用卷积神经网络（CNN）进行滑动窗口检测，将面临计算量太大的问题，因此必须采用优化策略。用级联的卷积神经网络（Cascade CNN）进行行人检测的方案，这借鉴了 AdaBoost 分类器级联的思想。前面的卷积神经网络简单，可以快速排除掉大部分背景区域，后面的卷积神经网络更复杂，用于精确地判断一个候选窗口是否为行人。通过这种组合，在保证检测精度的同时极大地提高了检测速度。这种做法和人脸检测中的 Cascade CNN 类似。

（四）动态目标检测与跟踪

1. 动态目标检测

经过多年的演进，目标检测算法已经比较成熟，但针对每种检测任务，都有场景特有的检测难点，如背景复杂、颜色对比度较低等。因此针对不同的目标检测任务，应充分研究场景中的困难与挑战，针对不同的难题选用不同的技术解决。

（1）光流法　光流法是以亮度守恒和灰度梯度几乎不变为约束假设条件的一种目标检测方法。光流分析是研究图像灰度在时间上的变化与背景中物体的结构和运动的关系。光流是指观察者与场景目标之间相对运动时图像亮度模式的表现运动，光流表达了图像的变化，它包含了目标相对运动的信息，可用来确定观察者相对目标的运动情况，它的三个因素分别为：一是相对运动（速度场）；二是带有光学特性的部位携带目标信息；三是成像投影。具体是指带有灰度的像素点在图像平面上运动而产生的瞬时速度场。

（2）背景差分法　背景差分法又称背景相减法。基本方法是利用当前帧图像与背景图像在同一位置像素差分提取出动态目标的运动区域，然后二值化，利用提前设定好的阈值进行比较，若大于阈值，则判定为前景，若小于阈值，则判定为背景，最后对二值化的图像进行形态学滤波，提高二值化后图像质量，提取出动态目标。由此可知，背景差分法可以提取完整的动态目标的特征参数，获得动态目标的准确位置信息，计算简单，特别适合静止背景，当背景图像受到光线、天气变化等外界干扰时，背景难免发生变化，很难提取出准确的背景图像。

（3）**帧间差分法** 帧间差分法又称时间差分法，它是利用连续两帧视频序列图像进行差分检测目标的一种方法。它的基本原理是对输入视频序列图像相邻两帧图像进行差分，对差分后的图像上的像素点进行二值化处理，若差分后图像上像素点的值大于设置阈值，认为该像素点属于目标区域，然后进行形态学处理，连通性分析，提取出动态目标；若小于阈值，认为像素点属于背景。对于输入视频序列图像，动态目标的信息都包含在各帧图像中，这是利用帧间差分法对动态目标检测的基础。

2. 动态目标跟踪

（1）**基于主动轮廓的跟踪** 在 1987 年，Kass 等人提出了主动轮廓模型，即 Snake 模型。该模型主要利用 Snake 曲线是一个可变形状曲线，在图像区域内，该曲线对应的能量函数最小化，逐渐地控制 Snake 曲线变化，使之与动态目标轮廓相一致。其基本思想为：首先利用 Snake 曲线的参数变化，对任何物体的形状变化进行处理，初始化跟踪模板，即获取物体的边界轮廓；然后确定表示动态目标的轮廓的函数，即目标函数；最后控制 Snake 曲线参数，减少目标函数值，使跟踪模板和目标模板相似度很大，即使目标初始边界逐渐向目标真实边界移动。

基于主动轮廓的跟踪可以获取动态目标比较完整的轮廓信息，提高动态目标匹配的准确性，但是在视频图像序列中，动态背景中不仅存在动态目标，还包括其他移动物体。因此，在视频序列图像中提取轮廓信息，就必须涵盖所有的物体，匹配大量的轮廓信息，提高计算机处理信息量；如果动态目标在行进中方向发生跳变，或者目标非刚体，就很难准确地提取目标的轮廓信息，容易跟踪失败。

（2）**基于特征匹配的跟踪** 基于特征匹配的跟踪主要是利用动态目标与背景物体差异明显的特征进行跟踪，如常见的颜色、纹理特征。假设动态目标可以用颜色特征表达，则跟踪实质就是在视频序列图像中，对所有背景颜色特征进行匹配，提取动态目标。如果采用单一特征表示动态目标，例如颜色，尽管颜色具有旋转不变性，但是视频图像中存在与动态目标特征颜色相同的情况，这样跟踪动态目标就会失败。在实际应用中，环境反复变化，不能依靠某一特征表示动态目标，需要融合多个颜色特征。

基于特征的跟踪实质就是在视频序列图像序列中，对动态目标特征进行提取，然后搜索所有物体特征，进行特征匹配。基于特征的跟踪算法即使动态目标在行进中发生形变，获取视频时受到光线等外界干扰等，只要能提取出一部分动态目标特征，就可以实现对动态目标的跟踪。但是，这种方法要实现对动态目标跟踪，就要结合预测性滤波器。

（3）**基于区域的跟踪** 基于区域的跟踪算法的基本步骤为：首先人为确定或者采用图像分割等方式建立包括动态目标的模板，一般要求模板大于动态目标的外接矩形，或者为其他不规则的形状；然后通过相关算法对输入序列图像中动态目标进行跟踪。当发生动态目标部分重叠，可实时性对动态目标跟踪。但其存在两个方面的缺点：动态目标搜索区域比较大的情况下，该算法的计算机处理量比较大，特别耗时；如果动态目标完全重叠，或者发生形变，容易跟踪失败，降低跟踪的准确性。

（4）**基于模型的跟踪** 基于模型的跟踪基本原理是：首先根据人们已经获得的知识经验，建立动态目标模型，然后通过目标模型进行匹配跟踪，同时根据跟踪结果对目标模型实时更新。该算法适合刚性物体类的动态目标，不易发生形变、缩小等，若动态目标发生形变，跟踪模型就不能适用。该方法的优点是主要依靠模型匹配，即使动态目标快速移动，发生动态目标重叠，也可以实时性地跟踪。但是模型建立，依靠人为先前经验，同时实时地更新模型，都影响基于模型跟踪的准确性。所以，该方法计算量大，运算复杂。

（五）路面检测

基于视觉的道路检测算法主要分为两种类型，分别为基于图像特征和基于分类器的道路可行驶区域检测算法。

基于图像特征的道路检测算法又可以被细分为基于图像纹理特征和基于图像颜色特征的道路检测算法。前者主要通过检测图像中的边缘、消失点以及车道线等纹理特征以实现对道路的检测。例如车道线检测是环境感知中的一项常见技术，同时对于高级驾驶辅助系统而言至关重要，具体包括预处理算法、车道线特征提取、车道线曲线拟合几个方面。路面检测则是相对较复杂的重要技术，类似的涉及道路边界特征提取、道路曲线拟合也是车道线检测的相关技术之一，依据所使用的车道线模型，共分为三类不同方法：参数模型法、半参数模型法和非参数模型法。在高速公路或是只考虑拟合近视场车道线的情况下，直线模型是最简单的方法。对于弯道而言，在鸟瞰图情况下通常使用圆弧或抛物线来拟合车道线；而若在更一般的道路前视投影图情况下，抛物线或双曲线是应用较多的模型。半参数模型法使用含约束条件的三次样条曲线来拟合道路边界。非参数化方法使用蚁群优化方法来检测并拟合道路边界。此类算法的优点是简单、便于实现，缺点是道路的纹理特征会随着图像传感器与道路区域的距离的改变而有着较大的变化，且当智能车辆行驶的道路环境中存在车辆、行人等障碍物时，部分道路纹理信息会被遮挡，最终导致道路检测算法失败。

基于图像颜色特征的道路检测算法主要通过区分可行驶道路区域和非可行驶区域颜色的不同来检测道路。由于车道标记通常在道路上被画成明亮的白色或黄色，可以将传感器获取到的图像转换到 HIS 颜色空间，采用 HIS 局部均值分解等方法来检测车道线。相比较道路纹理特征，道路颜色特征可以给出更稳定且更具辨别力的信息，但此类算法容易受到阴影、强光等光照变化的影响。

基于分类器的道路可行驶区域检测算法通常利用标记有道路区域的图像进行训练得到分类器，并使用此分类器对图像进行道路区域的检测。基于分类器的道路可行驶区域检测算法又可以被细分为基于传统分类器和基于深度学习的方法。基于传统分类器的方法通过训练 SVM、随机森林（Random Forest）等传统分类器进行图像区域的分类；基于深度学习的方法主要通过深度卷积神经网络结构进行特征提取并对图像区域或图像像素进行分类。此类算法的优势是道路检测准确率较高，但需要进行大量参数的训练和优化。

（六）双目立体视觉

现阶段的双目立体视觉系统依照处理顺序可分为五个环节。左右图像的获取、相机标定、图像极线校正、立体匹配生成视差图、利用视差图三维重建，它们之间的关系如图 10-1 所示。双目立体视觉系统可以对现实物体拍照，然后进行立体三维重建，立体匹配是双目视觉的核心环节，作为利用匹配算法获取图像中物体深度信息的技术，立体匹配的效果决定了现实物体深度信息恢复的效果。立体匹配的核心是通过对图像中特征点的计算，建立不同视图特征空间点中像素点间的对应关系，得到视差估计值，再利用相机成像

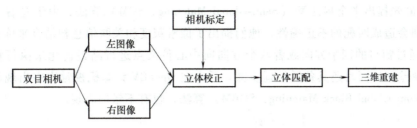

图 10-1　双目立体视觉处理流程

模型得到场景的深度信息。

立体匹配算法种类繁多，其中按照所得结果中视差点的密集程度可划分为两类，即稀疏和稠密立体匹配算法，而后者又主要包括了以下三种。

1. 局部立体匹配算法

它是以匹配基元为窗口的方法，由于计算简单，在时效性方面上占有很大的优势，能满足对实际工程的需要。目前的主要方法有差的绝对值和（Sum of Absolute Difference，SAD）算法、差的二次方和（Sum of Squared Differences，SSD）算法和归一化互相关（Normalization Cross Correlation，NCC）算法。

这三种方法中，SAD 算法最简单，计算量最小，适合用于要求实时响应的项目中，缺点是精度低，对光照强度、反光、噪声等影响因素没有较强的抵抗能力；SSD 算法采用二次方运算，计算量大；NCC 算法的优点是抗噪声能力强，在反光、亮度变化的区域内有很强的稳定性，缺点是由于计算公式复杂，导致计算速度慢。

2. 全局立体匹配算法

它根据全局优化函数来估计视差，通过对能量函数求出最优解，其结果就是最优视差值。能量函数包括数据项和平滑项，前者可以表示两点之间的匹配程度，后者可以约束视差图满足某种条件。全局匹配算法所得结果的精度较好，但在实时性要求较高的情况下适用性较差。其经典算法有动态规划、图割和置信传播等。

动态规划算法在全局匹配中应用最多，其本质为基于极线约束寻求全局能量最小化以得到最佳结果。因为该算法只匹配水平极线上像素点的特性，容易出现提前条纹现象，在代价聚合计算阶段，将一维动态规划的代价聚合扩展至多扫描线优化，可实现上下左右四个方向逐次扫描及匹配代价聚合计算，减少了匹配异常及条纹现象的发生是目前的一种解决方法。动态规划算法基于图像全局约束信息，可容许局部图像模糊现象，能有效解决重复纹理及遮挡造成的匹配误差是其显著的优势。

图割算法将匹配问题转化为最大流/最小割来解决，本质也是基于能量优化的求解方法。该算法优势是收敛速度快，可实现全局最优，同时可解决条纹现象，但缺点是复杂度大，较为耗时，实时性差。

置信传播算法由马尔科夫随机场模型构成。在解决立体匹配过程中寻找水平位移的过程，该算法优势之处是在低纹理和视差不连续区域有较高精度，但计算复杂度高，实时性差。

3. 半全局立体匹配算法

它结合了上述两种算法的部分过程和优点，在速度和准确性方面保持了较好的平衡。

Wang 等人最先提出半全局匹配（Semi-Global Matching，SGM）算法，由于左右相机成像的微小差别会造成匹配的不正确性，他们提出了像素灰度和关联信息相结合来弥补这一缺点。SGM 通过窗口的四个方向或者八个方向向中心像素点进行路径优化来执行快速近似匹配得出视差图，同时还具备后处理步骤。后来在 OpenCV 计算机视觉库中出现的半全局块匹配（Semi-Global Block Matching，SGBM）算法，也有不错的表现。

（七）基于深度学习的计算机视觉

自从 2012 年卷积神经网络在计算机视觉问题上取得突破，使用卷积神经网络的物体检测算法层出不穷，主要分为单阶段和二阶段两类算法。YOLO 模型是单阶段模型的代表，它没有提出候选区域的过程，而是直接将提出候选区域和分类统一为一个边界框回归的问题，将整张图片作为网络的输入，在输出层对边界框位置信息和类别进行回归，实现了端到端的学习过程。R-CNN 系列算法是典型的二阶段算法，它把物体检测这个问题分为两个步骤进行检测。

第三节　激光雷达原理与算法开发

随着自动驾驶技术的快速发展，相关传感器的渗透率也快速提升。在 2005 年美国国防高级研究计划局（DARPA）的第二届自动驾驶挑战赛中，安装了 SICK 单线激光雷达的车辆首次完成了比赛，激光雷达在自动驾驶中的重要性开始有了重大提升。目前自动驾驶环境感知主要是以多传感器的融合为解决方案，其中主要核心传感器为摄像头、激光雷达、超声波雷达、GPS 等。由于激光雷达的成本昂贵，导致实现高级自动驾驶 L3/L4 级别的成本较高，以至于目前市场上的自动驾驶乘用车基本是 L1/L2/L2.5 级别，L3 级别较少。同时，激光雷达在恶劣天气条件下的准确性也会有所下降，如大雪、大雾、大雨天等，也容易受到太阳光和其他车辆的激光雷达信号影响。但是随着技术发展，规模化的车规级的传感器成本将会降低，激光雷达在 L3 级别及以上感知系统中的重要性将会进一步突出。

一、激光雷达的工作原理

激光雷达通过自身发射多束光波并接收反射信号，计算物体和自身之间的距离，生成周围环境的三维点云地图。物体距离通常利用反射时间（TOF）方法或者连续波调频（CWFM）方法来计算。点云地图由一系列的点（x，y，z）组成，激光雷达的线束分辨率越高，三维点云地图的精度越高。激光雷达数据计算流程如图 10-2 所示。

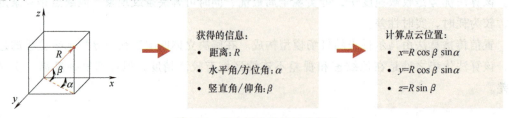

获得的信息：
- 距离：R
- 水平角/方位角：α
- 竖直角/仰角：β

计算点云位置：
- $x = R \cos \beta \sin \alpha$
- $y = R \cos \beta \sin \alpha$
- $z = R \sin \beta$

图 10-2　激光雷达数据计算流程

二、激光雷达的分类

1. 机械旋转式激光雷达

机械旋转式激光雷达由发收器和微孔电动机组成，微孔电动机实现激光雷达的360°旋转，实现广角度的扫描。主要代表性的激光雷达是 Velodyne 的 VLP 32C、VLP 16、VLS 128 以及 PUCK 等，Velodyne 的激光雷达内部含有小巧的旋转部件，实现360°旋转。此外还有禾赛科技、速腾聚创、镭神智能、北科天绘、Quanergy 等公司的产品。部分机械旋转式激光雷达见表10-1。机械旋转式激光雷达的360°水平角度有不同分辨率，由旋转机构决定；竖直角度的分辨率由发收器本身含有的线束决定，发收的线束越多，分辨率越高，点云信息越丰富，价格也越昂贵，体积也会增加。

表 10-1 部分机械旋转式激光雷达

公司	Velodyne	速腾聚创	镭神智能	禾赛科技
实物图				

2. 固态式激光雷达

由于机械旋转式激光雷达的价格昂贵，车规级的固态式激光雷达应运而生。固态式激光雷达使用微机电系统（MEMS）、光学相控阵列等电子部件替代传统机械旋转部件，在固定的水平和竖直角度进行扫描。相比机械旋转式激光雷达，固态式激光雷达的制造成本大大降低，尺寸小，量产难度小，符合自动驾驶汽车的发展需求。

微机电系统采用硅基芯片替代传统机械旋转式结构，由可旋转的微振镜反射光束，从而实现局部视角的扫描。虽然没有机械旋转式部件，但是由于其可旋转的微振镜，MEMS 激光雷达又被称为混合固态式激光雷达，同时具有机械式和固态式的特点。目前，MEMS 激光雷达技术发展最快，MEMS 微振镜技术成熟，制造成本低，准确度较高，可以实现固态激光扫描，代表性产品有 Velodyne 的 Velarray 系列等。由于 MEMS 激光雷达含有振动器件，其工作寿命和工作稳定性也会有一定限制。

光学相控阵列（OPA）激光雷达采用相控阵发射器，利用相干原理将多个光源组成阵列，控制每个光源的发光时间差，生成不同方向的激光线束，实现固态式的激光扫描。OPA 激光雷达没有机械部件，结构相对简单，体积小，成本低，代表性产品有 QuanergyS3 等。

部分固态式激光雷达见表10-2。

3. 其他激光雷达

其他激光雷达有非重复式扫描激光雷达等。大疆 2019 年底发布两款专为自动驾驶汽车设计的激光雷达 Horizon 和 Tele-15。针对传统线式扫描的可能漏检缺陷，大疆激光雷达利用非重复式的扫描，使得扫描视野面积随时间增大。

表 10-2 部分固态式激光雷达

公司	Quanergy	速腾聚创	禾赛科技
实物图			

三、基于激光雷达的检测算法

针对自动驾驶感知领域，三维（3D）的目标检测往往比二维（2D）检测更具有重要意义和挑战性。通过传感器获取障碍物的空间 3D 位置，自动驾驶汽车可以更加准确地规划路径以及行为决策，进而实现智能驾驶。而目前在 3D 目标检测体系里面主要分为三大类：基于图像的目标检测、基于激光雷达 3D 点云的目标检测、同时基于图像和激光雷达点云的目标检测。而目前 KITTI 排行榜上 3D 检测排名靠前的算法都是以纯激光雷达检测为主，基于图像和基于图像激光雷达融合的三维检测目前都有一定局限性，性能反而不如纯激光雷达检测效果精度高。

目前主流的激光雷达点云目标检测算法都以卷积神经网络为主，具有代表性的有 VoxelNet、PointRCNN、PointNet++、STD 等，网络较为复杂，需要大量激光雷达数据集进行训练，且代码量较大且复杂。

传统的激光雷达点云目标检测首先分割背景点地面和前景点，然后按聚类特征提取、分类前景点。在自动驾驶过程中，将激光雷达与车辆坐标系进行转换后，第一步是去除地面点，将地面点与非地面点进行分离，避免障碍物之间的牵连和噪声干扰。第二步是对分割后的障碍物点去进行聚类，将障碍物单独分割出来。最后将 3D 障碍物的点云分割聚类完成后，需要对障碍物的位置进行提取，建立一个立体的 3D 框对激光雷达点云的障碍物进行位置确定，该 3D 框包围了障碍物的所有点云，也称为障碍物的 3D 包围框（Bounding Box）。第三步是利用 SVM 或简单手工特征对障碍物进行分类，往往分为车、行人、非机动车、其他等类别。

传统的激光雷达检测算法可以适应简单的交通场景，针对不同的交通场景下设置不同的手工参数和阈值实现检测，但缺失一定的灵活性，因此需要对算法进一步改进，使其适应更为复杂多变的交通场景。

在传统的激光雷达检测算法中，地面分割以 PCL 库的 RANSAC 算法为代表，聚类以 PCL 库的欧式聚类为代表。以下主要基于 PCL 库实现检测算法对地面分割和聚类算法做详细介绍。

1. 地面分割

随机采样一致性（Random Sample Consensus，RANSAC）算法采用迭代的方式从一组包含离群的被观测数据中估算出数学模型的参数。RANSAC 算法是一种非确定性算法，在某种意义上说，它会产生一个在一定概率下合理的结果，而更多次的迭代会使这一概率增加。RANSAC 算法在 1981 年由 Fischler 和 Bolles 首次提出。

RANSAC 算法的基本假设是：

1）"内群"数据可以通过几组模型的参数来叙述其分布，而"离群"数据则是不适合模型化的数据。

2）数据会受噪声影响，噪声指的是"离群"数据，例如极端的噪声、错误解释有关数据或不正确的假设。

3）RANSAC 算法假定，给定一组（通常很小）的内群，存在一个程序，这个程序可以估算最佳解释或最适用于这一数据模型的参数。

利用 RANSAC 算法可拟合直线和平面，如图 10-3 和图 10-4 所示。利用生成的 200 个高斯分布数据和 100 个噪声数据，拟合二维直线。随机选择两个点，计算其他点到该直线 $y=kx+b$ 的距离，距离小于阈值则为内群点，距离大于阈值则为离群点，在迭代次数之内，内群点总数最多的，则为需要拟合的直线和满足要求的内群数据点。图 10-4 所示的平面模型类似，随机创建平面 $ax+by+cz=d$，计算其他点到该平面的距离，求出需要的内群点和平面。

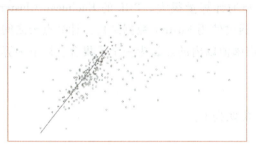

图 10-3 RANSAC 算法拟合直线　　　　图 10-4 RANSAC 算法拟合平面

在激光雷达点云的平面分割中，其实就是想办法找出代表地面的平面。如图 10-5 所示，浅色的点为打在地面上的点（图 10-5 中方块之外的点），深色的点为打在障碍物上的点（图 10-5 中方块）。打在地面上的点基本上是处在一个平面上的，目标就是找到这个平面，然后将距离此平面一定距离内的点分割成地面。

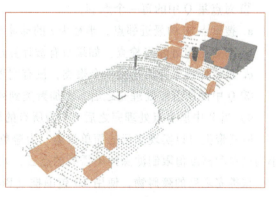

图 10-5 激光雷达点云图

图 10-6 所示为原始点云图，图 10-7 所示为使用 PCL 的 RANSAC 算法滤除出来的地面点云。可以看出，简单的交通场景下的地面分割效果还是较为良好的，计算时间也满足实时检测的要求。

2. 障碍物聚类

聚类是对一组数据进行分类组成不同的集群，通常聚类的方法有基于距离、基于质心（K 均值聚类算法）、基于密度（DBSCAN 算法）、基于连接性（Hierarchical 聚类）、基于

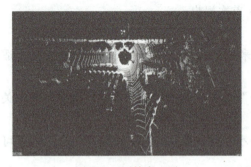

图 10-6　原始点云图　　　　　　　　　　图 10-7　地面点云图

分布（高斯分布）等。聚类是机器学习中无监督学习的最重要的问题，然而上面的方法大多是针对二维数据的分类，对于高维数据，现有的许多方法无法很好地实现聚类，这使得聚类在高维空间中存在一定问题。因此在处理点云聚类的过程中，会有算法对三维点云数据进行降维处理，将点云 Z 轴方向全部设为 0，然后利用机器学习中的传统二维聚类算法实现聚类，但是丧失了点云三维的特性。这里直接利用三维点云进行聚类。

对于大量无组织的三维点云，直接进行聚类的计算量很大。PCL 的 Euclidean Cluster Extraction 算法和 Flood Fill 算法在本质上类似，通过使用 Kd-tree 数据结构，计算点云之间的欧几里得距离来寻找最近邻的点，在固定距离阈值以内的点云为一个子集合。以下为算法流程：

1）创建 Kd-tree 对象，输入一帧点云 P。

2）创建空聚类列表 C，和需要被计算的点集队列 Q。

3）对点云 P 中的每一个点 pi。

① 添加每一个点 pi 到点集 Q 中。

② 对点集 Q 中的每一个点 pi：

a. 搜索点 pi 的最近邻点，半径为 r 的球体范围内，$r<D_{th}$，D_{th} 为距离阈值。

b. 对每个最近邻点检查，如果没有被计算过，则加入到 Q 中重新处理。

c. 最近邻搜索完后得到一个聚类，没有则重新计算其他点。

③ Q 中的所有点处理完之后，添加聚类到列表 C 中，Q 重置为空。

4）当 P 中所有点处理完之后，C 为所有的聚类。

欧式聚类可以实现点云的简单聚类，为避免把所有物体全部聚类上，可以使用最大最小高度差和高度值限制滤除掉不需要的点云，如墙壁和建筑物等。

聚类完之后的障碍物，使用 3D 包围框（Bounding Box）进行标注可视化（以下简称 bbox），直接计算每个聚类点云 x、y、z 方向上的最大最小值，得到 bbox 的 6 个顶点位置后框出点云即可。这种 bbox 是一种 AABB 包围框，每一边都平行于激光雷达的坐标轴，无法计算点云的方向，比如对前方已经在转弯的汽车无法得到它的方向。因此可以使用 OBB（Oriented Bounding Box），实现有效的障碍物跟踪效果，但实现过程代码量较大。本书中使用 AABB 实现简易框注效果。

聚类点云和 3D 包围盒如图 10-8 所示，分割后的非地面点云成功聚类，并使用 AABB 的 3D 包围框可视化，方便后续算法处理。

此外还有 DBSCAN 和 K-means 等聚类算法，两者都是快速处理二维数据实现聚类，然而对于高维数据处理上则有一定困难，会陷入"维数灾难"问题。

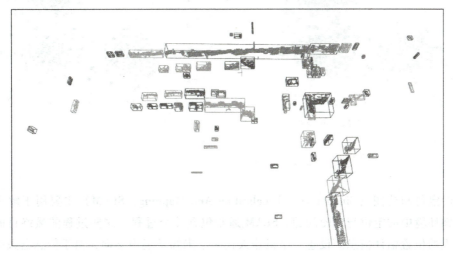

图 10-8　AABB 框注效果

K-means 算法在处理二维数据时，需要提前知晓聚类的簇数 K，然后随机抽取 k 个数据作为初始分组的中心，计算每个数据与 k 个初始中心的距离，然后划分该数据到最近中心点为一组，划分完毕后得到初始的 K 个聚类。然后对 K 个聚类进行重复上述迭代，在中心已稳定或已达到定义的迭代次数，得出最后的聚类簇。该算法因需要提前预知分类的个数，不适合处理未知聚类数目的激光雷达点云。

DBSCAN 算法属于基于密度的聚类算法，不同于 K-means 算法，它不需要设置聚类簇数的个数，因此最终聚类的点云簇的数目是根据实际情况得出的。DBSCAN 算法首先对样本集内的所有点查询到初始的核心种子点合集，只要该数据点邻域范围内存在大于最小样本个数的数据，则该点被认为是核心种子点。初始化核心种子点合集后，会随机选取一个核心种子点，查询邻域范围内的所有点，如果该邻域内同样存在核心种子点，则继续查询相连的邻域，直到所有邻域内的点查询完毕，生成一个聚类簇 C1。然后对剩余的核心种子点重复上述操作，生成剩余的聚类簇 C2，C3，…，Ck。K-means 聚类原始数据如图 10-9 所示，设置初始 K 值为 2，迭代出中心点，聚类效果如图 10-10 所示。

DBSCAN 聚类原始数据如图 10-11 所示，设置距离阈值和最小样本数进行迭代，黑色为噪点，三角为聚类簇，聚类效果如图 10-12 所示。

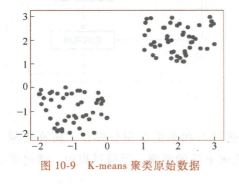

图 10-9　K-means 聚类原始数据

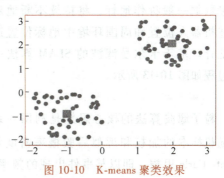

图 10-10　K-means 聚类效果

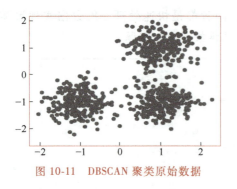

图 10-11　DBSCAN 聚类原始数据

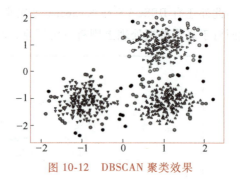

图 10-12　DBSCAN 聚类效果

四、基于激光雷达的 SLAM 算法

同时定位与建图（Simultaneous Localization And Mapping，SLAM）主要用于解决机器人在未知环境中的定位与建图问题。SLAM 通常包含几个过程，这些过程的最终目的是更新机器人的位置估计信息。设想一个机器人在一个未知环境中移动，由于传感器数据通常都存在噪声，机器人运动估计得到的机器人位置信息通常具有较大的误差，因而，运动很可能偏离目标方向，人们不能单纯地依靠机器人运动估计机器人位置信息。在使用机器人运动方程得到机器人位置估计后，可以使用测距单元得到的周围环境信息更正机器人的位置。上述更正过程一般通过提取环境特征，然后在机器人运动后重新观测特征的位置实现。SLAM 问题总是被称作"鸡和蛋"的问题：即定位和建图互相依赖，建图依赖于准确定位，而准确的定位又依赖于准确的地图。定位与地图估计之间的相互依赖使 SLAM 问题变得非常困难。

1. 基于卡尔曼滤波的 SLAM 算法

SLAM 问题最早被描述为几何不确定性和特征与特征之间相互关系的统计学原理。早期的 SLAM 算法大多基于滤波的方法，其中比较流行的是基于卡尔曼滤波（Kalman Filter）的 SLAM 算法，在此算法中假设系统为高斯系统或近似为线性高斯系统。基于卡尔曼滤波的 SLAM 算法系统中通过使用前一时刻的信息，结合当前的运动输入和观测输入估计机器人准确位置，此处的测量数据一般称作地标，将持续不断地对上述机器人位置和周围环境中地标位置进行估计。基于卡尔曼滤波的 SLAM 算法一般过程如图 10-13 所示。

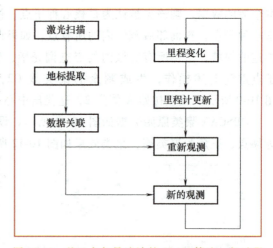

图 10-13　基于卡尔曼滤波的 SLAM 算法一般过程

2. 基于粒子滤波的 SLAM 算法

粒子滤波算法的核心思想是利用一系列随机样本的加权和近似后验概率密度函数，通过求和来近似积分操作。该算法源于 Monte Carlo 思想，即以某事件出现的频率来指代该事件的概率。滤波过程中，通过对变

量大量采样及其相应的权值来近似表示概率密度函数。其算法流程如下：

（1）**预测阶段** 粒子滤波首先根据状态转移函数预测生成大量的采样，这些采样就称之为粒子，利用这些粒子的加权和来逼近后验概率密度。

（2）**校正阶段** 随着观测值的依次到达，为每个粒子计算相应的重要性权值，这个权值代表了预测位姿获得观测的概率。如此这般下来，对所有粒子都进行这样一个评价，越有可能获得观测的粒子，获得的权重越高。

（3）**重采样阶段** 根据权值的比例重新分布采样粒子，由于近似逼近连续分布的粒子数量有限，因此这个步骤非常重要。下一轮滤波中，再将重采样过后的粒子集输入状态转移方程中，就能够获得新的预测粒子了。

（4）**地图估计** 对于每个采样的粒子，通过其采样的轨迹与观测，计算出相应的地图估计。

3. 基于图优化的 SLAM 算法

SLAM 算法为基于优化的思想，即把所有状态看成变量，把运动方程和观测方程看成变量间的约束，构造误差函数，然后最小化这个误差的二次型。在 SLAM 系统中，图优化方法应用较为广泛，利用图的均值表示地图，每个节点表示机器人轨迹的一个位置点和传感器测量数据集，箭头指向的连接表示连续机器人位置点的运动，每个新节点加入，地图就会依据空间中的节点箭头的约束进行计算更新。在基于图优化的 SLAM 算法中，机器人重新回到已构建地图的场景时，可以进行回环检测来消除累计误差，效果图如图 10-14 所示。

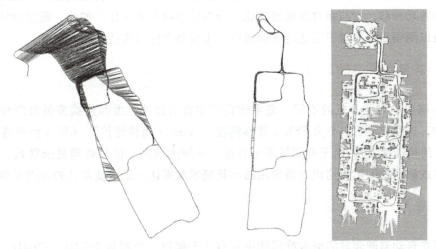

图 10-14 基于图优化 SLAM 算法的效果图

第四节 毫米波雷达原理与算法开发

毫米波雷达指工作在毫米波波段的雷达，通常指 $30 \sim 300\mathrm{GHz}$ 频域（波长为 $1 \sim 10\mathrm{mm}$）的电磁波，毫米波的波长介于厘米波和光波之间，因此毫米波兼有微波制导和光电制导的优点。毫米波在 5G 通信、卫星遥感、导弹制导、电子对抗等领域有着广泛的应用，而近年来随着元器件水平的不断提升，电路设计、天线技术等相关技术日益发展和不断成熟，毫米波雷达在汽车方面的应用也获得了很大的发展。

由于毫米波雷达具有体积小、重量轻和空间分辨率高的特点，与红外、激光、摄像头等光学传感器相比，毫米波雷达穿透雾、烟、灰尘的能力强，具有全天候全天时的特点。另外，毫米波雷达的抗干扰能力也优于其他车载传感器，对于汽车相对复杂多变的行驶环境，毫米波雷达显示出了它独特的优势，而且相对激光雷达，毫米波雷达价格适中，种种优势使其成为无人驾驶技术的核心部件。

一、毫米波雷达的工作原理

毫米波雷达最重要的任务就是用无线电的方法发现目标，并检测其距离、速度和方向。毫米波雷达测距是把无线电波（毫米波）发送出去，然后接收回波，根据收发的时间差，测得目标的位置数据和相对距离。根据电磁波的传播速度，可以确定目标的距离公式为 $s = ct/2$。其中，s 为目标距离；t 为电磁波从雷达发射出去到接收到目标回波的时间；c 为光速。毫米波雷达测速是基于多普勒效应（Doppler Effect）原理。多普勒效应是指当声音、光和无线电波等振动源与观测者以相对速度运动时，观测者所收到的振动频率与振动源所发出的频率有不同。因为这一现象是奥地利科学家多普勒最早发现的，所以称之为多普勒效应。也就是说，当发射的电磁波和被探测目标有相对移动，回波的频率会和发射波的频率不同。当目标向雷达天线靠近时，反射信号频率将高于发射信号频率；反之，当目标远离天线而去时，反射信号频率将低于发射信号频率。由多普勒效应所形成的频率变化叫作多普勒频移，它与相对速度成正比，与振动的频率成反比。如此，通过检测这个频率差，可以测得目标相对于雷达的移动速度，也就是目标与雷达的相对速度。

二、毫米波雷达的分类

根据辐射电磁波方式的不同，毫米波雷达主要有脉冲类型和连续波类型两种工作类型。其中，连续波又可以分为 FSK（频移键控）、PSK（相移键控）、CW（恒频连续波）、FMCW（调频连续波）。由于可测量多个目标、分辨率较高、信号处理复杂度低、成本低廉、技术成熟，FMCW 雷达成为最常用的车载毫米波雷达。毫米波雷达的特点见表 10-3。

三、毫米波雷达的频段

应用在自动驾驶领域的毫米波雷达主要有 2 个频段，分别是 24GHz、77GHz。不同频段的毫米波雷达有着不同的性能和成本。以 Audi A8 的传感器布局为例，说明不同频段毫米波雷达的功能。

1. 短距离雷达

前方两个角与后部的两个角各安装 2 个雷达，就是频段在 24GHz 的雷达。处在该频段上的雷达的检测距离有限，因此常用于检测近处的障碍物（车辆）。这 4 个角雷达，能够实现的高级驾驶辅助系统（ADAS）功能有盲点检测、变道辅助等，在自动驾驶系统中常用于感知车辆近处的障碍物，为换道决策提供感知信息。

表 10-3　毫米波雷达的特点

脉冲类型		连续波类型			
		CW （恒频连续波）	FSK （频移键控）	PSK （相移键控）	FMCW （调频连续波）
优点	适于长距离目标探测，测量过程简单，测量精度较高	可通过来自目标的多普勒频移信息测速	可测量被测目标的距离、速度	可利用随机二项码和四项码调制载频测量距离和速度	可对多个目标测量距离、速度，分辨率高，信号处理复杂度低，成本低廉，技术成熟
缺点	在汽车防撞雷达这种短距离应用情况下，窄脉冲产生相对困难，发射峰值功率大，测量大目标困难	不能测量距离	难以测量多个目标	当要求分辨率较高时，对信号处理要求很高，目前技术难以实现	好的线性调频度不易获得，影响距离分辨率

2. 长距离雷达

保险框中部位置安装 1 个长距雷达，即频段为 77GHz 的雷达。性能良好的 77GHz 雷达的最大检测距离可以达到 160m 以上，因此常被安装在前保险杠上，正对汽车的行驶方向。长距离雷达能够用于实现紧急制动、高速公路跟车等 ADAS 功能，同时也能满足自动驾驶领域对障碍物距离、速度和角度的测量需求。

四、ESR 毫米波雷达

ESR（Electronically Scanning Radar）毫米波雷达是一种高频电子扫描雷达，在视域内最多可同时检测 64 个目标，其工作频段为 76～77GHz，有中距离和长距离两种。图 10-15 所示为 ESR 毫米波雷达。

ESR 毫米波雷达的功能：①检测相对距离，其原理是利用发射信号和反射信号的时间差；②检测角度，其原理是使用了天线的波束状态；③检测相对速度，其原理是使用了多普勒频移特性。

图 10-15　ESR 毫米波雷达

ESR 毫米波雷达的参数见表 10-4。

表 10-4　ESR 毫米波雷达的参数

参数	ESR 毫米波雷达		参数	ESR 毫米波雷达	
	长距离	中距离		长距离	中距离
频段	76～77GHz		距离	1～175m	1～60m
刷新率	50ms		水平视角	±10°	±45°

五、毫米波雷达存在的问题

1）数据稳定性差。数据的不稳定性对后续的软件算法提出了较高的要求。

2）对金属敏感。由于毫米波雷达发出的电磁波对金属极为敏感，在实际测试过程中会发现近处路面上突然出现的钉子、远距离外的金属广告牌都会被认为是障碍物。一旦车辆高速行驶，被这些突然跳出的障碍物干扰时，会导致制动不断，导致汽车的舒适性下降。

3）高度信息缺失。毫米波雷达的数据只能提供距离和角度信息，不能像激光雷达那样提供高度信息。无高度信息的障碍物点会给技术开发带来很多挑战。

第五节　智能车辆定位

一、卫星定位与导航技术

全球导航卫星系统（GNSS）有如下的几种服务：标准定位服务（Standard Positioning Service，SPS），一般可达到10m定位精度；精确定位服务（Precise Positioning Service，PPS），定位精度高，主要用于军方；星基增强系统（Satellite-Based Augmentation System，SBAS），采用卫星作为基准参考站；地基增强系统（Ground-Based Augmentation System，GBAS），采用地面基站作为基准参考站；差分全球定位系统（Differential Global Positioning System，DGPS），采用基站的差分修正来提高定位精度。

下面以GPS为例介绍卫星定位的原理。如图10-16所示，四颗卫星分别测得与地面接收机的距离，建立方程组便可解得地面接收机的三维坐标。一般三边定位只需三个方程，用四个卫星是为了消除系统时间不同带来的误差。测距使用的是光速乘以卫星发射信号到接收机接收的时间差，因为光速很快，$1\mu s$的时间误差反映到距离上便是300m，所以要尽可能消除时间误差。

差分GPS也是为了解决上述误差，如图10-17所示，首先在地面上有一个已知精确位置安装基站，通过卫星对基站的定位得到误差修正值，再将误差修正值传给需要定位的接收机，以提高定位精度。差分GPS分为两大类：位置差分和距离差分，其中距离差分又分为伪距差分和载波相位差分。现在无人车公司使用的实时动态（Real-Time Kinematic，RTK）技术就是一种载波相位差分技术。RTK技术建立在实时处理两个基站的载波相位的基础上，能实时提供观测点的三维坐标，并达到厘米级的精度，但硬件成本过高。

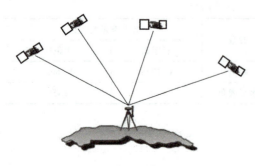

图 10-16　GPS 定位

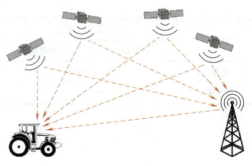

图 10-17　差分 GPS 定位

二、惯性导航与定位技术

通常卫星定位的频率较低，无法满足高速移动车辆精确定位的要求，所以常用 GPS 组合惯性导航系统（Inertial Navigation System，INS）定位。INS 的更新频率高，不存在 GPS 信号被遮挡的问题。INS 的核心部件是惯性测量单元（Inertial Measurement Unit，IMU），如图 10-18 所示的 IMU 由三个单轴的加速度传感器和三个单轴的陀螺仪组成，有的 IMU 还会增加磁力计以提高精度。

图 10-18　IMU

加速度传感器用于检测物体在载体坐标系统中的三轴加速度信号，陀螺仪用于检测载体相对于导航坐标系的角速度信号，对这些信号数据进行积分处理便可以得到 x、y、z 方向的速度信息，以及相对位置信息和侧倾角（Roll）、俯仰角（Pitch）、偏航角（Yaw）等角度信息。因为数值是由加速度信息积分得来的，所以 INS 提供的是一个相对的定位信息，它的作用是测量相对于起点物体所运动的路线，所以它并不能提供无人车所在的具体位置的信息，因此它常常和 GPS 一起使用，当在某些 GPS 信号微弱的地方时，INS 就可以发挥它的作用，让汽车继续获得位置信息，不至于"迷路"。

IMU 的更新频率高，工作频率可以达到 100Hz 以上，可以很好地弥补 GPS 频率低的问题。IMU 短时间内不会有太大的误差，但随着时间积累和发热会存在较明显的漂移。所以在 GPS/INS 中可以将 GPS 输出的位置作为主要参考量，IMU 数据作为次要参考量。同理，在加入摄像头、里程计、激光雷达等传感器的定位系统中，可以结合各传感器的优势融合不同维度的数据来提升定位精度。

三、其他辅助定位技术

除了上述定位方法，还可以通过视觉定位、毫米波测距辅助定位。在室内还可以使用 ZigBee、超宽带（UWB）、Wi-Fi、蓝牙和射频识别（Radio-Frequency Identification，RFID）等基于射频（RF）信号的定位技术。下面简单介绍一下 UWB 定位技术。

UWB 定位系统如图 10-19 所示，由标签、基站（接收机）、上位机（中心处理器）所组成。标签持续发送脉冲数据分组，该数据分组是由一串超宽频脉冲组成的。这些标签是不同时发送或每个标签发送的时间极短，持续发送的数据组发生碰撞的概率很小，因此可以在同一个地区布置几百个甚至上千个定位标签。

UWB 定位原理类似 GPS 定位，不同的是 UWB 测距可以通过双边双向测距即标签和基站都分别发送和接收信号来减小时间误差。常

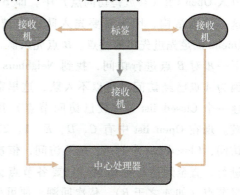

图 10-19　UWB 定位系统

用的 UWB 定位原理有：三边定位，测量三个基站到标签距离画球形求交点；入射角定位，测量两个以上基站到标签的角度，求射线交点；基于信号强度定位；以及 TDOA（到达时间差）定位，求标签到两基站距离差值也称双曲线定位。

第六节　智能车辆路径规划与跟踪

一、有向图和广度优先搜索（BFS）算法

一般路径规划多使用栅格地图，被障碍物填充的栅格不可行，无障碍物的可行。栅格地图的本质是一种有向图，简单有向图由顶点（Vertex）和边（Edge）组成。如图 10-20 所示，其中 A、B、C、D、E 为顶点，两点之间连线为边，箭头代表了两点间的连通方向，边上数字为权值，一般为长度或距离。

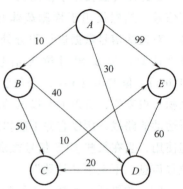

图 10-20　有向图

在图 10-20 中，A 点可以直接通向 B 点而 B 点不可通向 A 点。这类搜索问题中一个重要步骤就是找到节点下一步所能达到的所有点集，将此集合定义为 Neighbors。有向图中任一点都可找到它的 Neighbors。从某一点开始，找到它的 Neighbors，再由 Neighbors 中的节点向下拓展，遍历全图，必然能够找到从起点到终点的路径集合（前提是两点可连通），这就是路径搜索的基本思路。

本节先介绍一种由节点迭代扩散的算法，即广度优先搜索（Breadth First Search，BFS）算法，为后面介绍 A* 算法做铺垫。深度优先搜索和广度优先搜索是数据结构和算法中常见的两种图搜索算法。BFS 的核心思想是从起点开始不断扩散来遍历整个图。由于 BFS 算法从起点开始呈放射状扩散的特点，因此它能够找到最短路径。下面结合图 10-21 演示 BFS 算法在栅格地图中的搜索过程。

如图 10-21 所示，假设起点是 A 点，目标点是星标位置。首先找到 A 点的 Neighbors 放入 Open list（存放待访问点）中，即 B、C、D、E 入队。这里需要用到 Queue（队列）这一数据结构，因为需要先入队的先被访问，Queue 满足先进先出的特点。B 点先入队，所以下一步对 B 点进行访问，找到 Neighbors 入队，因为 A 点已经访问过所以不入队，这里需要创建一个 Closed list（存放已访问节点）用作比较。现在 Open list 中有 C、D、E、1、2、3 待访问，Closed list 中有 A、B 已访问，依次循环进行，直至到达星标结束。只要各节点记录其母节点（如 A 之于 B），依次回溯，便可生成可行路径。

图 10-21　BFS 算法演示

二、Dijkstra 算法和 A* 算法

1. Dijkstra 算法

上述 BFS 算法虽然可以找到可行路径，但在某些情况下遍历节点过多，效率低下，计算开销大。BFS 算法是呈同心圆状向外扩散的，在知道目标点信息后可以添加目标点导向，让搜索向目标点方向倾斜。在栅格地图中可以方便地得到各点 (x, y) 坐标，这样便可求得各点到目标点的距离，常用曼哈顿距离、对角距离或欧式距离。可以在各节点上添加以距离为因子的评价函数 $h(n)$，再根据 Open list 中各节点 $h(n)$ 由小到大排序，这样距离目标点越近的节点会越早被访问。虽然因为障碍物的存在，此距离和真实距离不一定相同，但两者是相近的，并且达到了所需要的目标点导向。这种目标导向的启发式搜索算法显著解决了 BFS 算法效率低的问题，但在某些情况下，如图 10-22 所示，虽然比 BFS 算法遍历的节点少，却容易"绕远路"，无法得出全局最短路径。为了解决这个问题，可以引入 Dijkstra 算法。

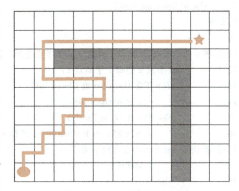

图 10-22　目标导向搜索

从起点到终点存在多条路径的情况下，因为 BFS 算法避免重复遍历的特点，先入为主地将最早遍历的路径当成了最短路径，而 Dijkstra 算法可以解决这一问题。Dijkstra 算法会记录起点到节点的距离，当通过另一条路径遍历到该节点时会比较新路径上起点到节点的距离和现距离，若小则更新节点距离。

这里创建以起点到节点路径距离 Cost 为因子的评价函数 $g(n)$，Open list 中节点以 $g(n)$ 由小到大排序。每次从 Open list 集中遍历节点后，更新 Open list 中节点 $g(n)$，Closed list 集存放遍历过的节点，其代价（Cost）便是起点到该节点的最短路径距离。可以看出 Dijkstra 算法虽然解决了"绕远路"问题，但其和 BFS 算法类似，呈中心扩散的趋势。为了能够找到全局最短路径，又要搜索速度快，结合这两个需求便有了 A* 算法。

2. A* 算法

A* 算法结合了 Dijkstra 算法和目标导向（启发式）算法，以从起点到节点的路径距离加上该点到终点的估计距离之和作为评价函数，值越低，在 Open list 中优先级越高。这种 A* 算法的评价函数可用式（10-2）表示。

$$f(n) = g(n) + h(n) \qquad (10\text{-}2)$$

式中，$f(n)$ 为节点总代价值；$g(n)$ 为从起点到节点已知代价；$h(n)$ 为从节点到目标点的估算代价值。下面给出 A* 算法的伪代码，见表 10-5。

三、常见局部路径规划算法

上文介绍的 A* 等算法主要用于生成全局路径，是一种事前规划，在导航过程中一般

表 10-5　A*算法伪代码

1：初始化 Open list 存放已生成未遍历节点，Closed list 存放已遍历节点
2：定义 f 为节点总代价，g 为起点到节点实际代价，h 为节点到终点估算代价
3：初始化起点并放入 Open list
4：repeat
5：读取 Open list 中 f 最小节点 n，移入 Closed list
6：　　if(n 为目标节点)
7：成功，break
8：　　else if(Open list 为空)
9：失败
10：　　else
11：扩展 n 的子节点，计算其 g 并建立从子节点返回 n 的指针
12：　　　　for(节点 n 的每个子节点 x)
13：　　　　if(x 不在 Open list 或 Closed list)
14：　　　　　　x 加入 Open list
15：　　　　else if(x 在 Open list 中)
16：　　　　　　if(x 的 g 小于 Open list 中已存 x 的 g)
17：更新 Open list 中 x 的 g 为较小值
18：　　　　　　end if
19：　　　　　　else
20：　　　　　　continue
21：　　　　end if
22：　　　end for 循环
23：　　end if
24：计算 Open list 中各点 g、h、f，并按 f 值由小到大排序
25：until 所有节点被遍历
26：根据子节点指向父节点 n 的指针由终点向前回溯生成路径

是不变的。而无人驾驶汽车的工作工况是极其复杂的，事先生成的路径上可能会出现之前未在地图显示的障碍，这时候便需要做局部的规划。局部路径规划侧重于通过车载传感器采集无人车局部环境信息，以达到良好的动态避障能力。全局路径规划和局部路径规划并没有本质上的区别，很多适用于全局路径规划的方法经过改进也可以用于局部路径规划，而适用于局部路径规划的方法同样经过改进后也可适用于全局路径规划。下面介绍几种常见的局部路径规划算法。

1. 模糊算法

汽车驾驶人在驾驶过程中的避障动作并非是对道路环境的精确反应，而是在一定阈值内做出的模糊动作。因此可以对驾驶人的驾驶经验和习惯进行记录，将驾驶人的动作和感知与传感器采集的信息相结合，制定模糊控制表，通过查表决定车辆动作。该方法比较符合人的思维习惯，但因为其主要依靠人的经验，总结规则和量产都十分困难。

2. 人工势场法

类似电场，可以建立目标点对无人车的引力场和障碍物对无人车的斥力场，两者结合便是一个简单的人工势场，但是真实的道路环境远比这复杂。有文献提出了一种人-车-路的势力场模型，其中包含无人车所表示的行为场，道路使用者（车、人、动物等）所代表的动能场，道路条件和环境条件所代表的势能场。该算法简单，实时性强，但在引力势函数和斥力势函数的构造上比较困难，算法容易陷入局部最优。

3. RRT 算法

快速搜索随机树（RRT）是一种通过构建树来填充空间的算法，如图 10-23 所示，它对高维空间也适用。

RRT 算法可以简要描述为在空间中随机取点，找到搜索树上距随机点最近的节点，向随机点定步长拓展，若两点间无障碍物且随机点与树上所有节点距离大于一定阈值（防止重复搜索），则将随机点纳入搜索树中。由于每次延伸的步长是固定的，所以不能保证刚好到达终点位置，所以一般设置一个阈值，若延伸的新点与终点的距离小于这个阈值就认为已经规划成功。但上述设定在某些特殊工况下会导致路径搜索较慢甚至失败，如图 10-24 所示，难以找到出口。

图 10-23　RRT 算法

图 10-24　特殊工况下的 RRT

上述问题属于极端情况，影响 RRT 算法在无人车上应用的原因主要是：路径搜索过于平均，导致算法收敛较慢，实时性差；算法随机性强，生成路径局部转角可能过大，不利于车辆行驶；路径由短线段组成，整体不连续，质量不高。针对搜索慢的问题可以添加目标导向策略，比如融合上述人工势场，还可以按图 10-25 所示从起点和终点分别进行 RRT 搜索。对于转角问题可以在搜索时添加转向角约束，对整体路径可以使用 B 样条曲线等拟合提高平滑性，但是难以解决路径贴近障碍物的问题。

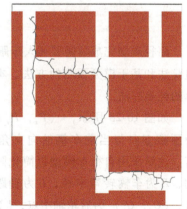

图 10-25　双向 RRT 搜索

4. DWA

动态窗口法（Dynamic Window Approach，DWA）是一种离散优化的方法，其思想可以概括为建立一个速度 (v, ω) 空间，采集其中多组速度模拟无人车在这些速度下一定时间 dt 内的轨迹，再用固定的评价函数对这些轨迹进行筛选。DWA 多用于两轮差速机器人，但用于无人车也是可行的，乘用车可以看作满足阿克曼转向的机器人。因为无人车在 dt 时间内的速度 v 和角速度 ω 都在一定区间内，可以建立如图 10-26 所示的离散速度空间。

速度空间的约束如下：①受自身最大、最小速度的约束；②受驱动力矩影响的最大加速度约束；③受制动距离约束，在最大减速度下要能够制动停止，避免碰撞障碍物；④阿克曼机器人的转向角约束。差速机器人有了速度空间便可以生成轨迹，阿克曼机器人还需要轴距和轮距。下面给出轨迹评价函数：

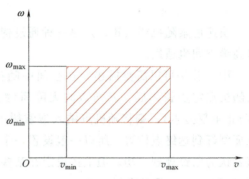

图 10-26　离散速度空间

$$G(v,\omega)=\sigma\big[\alpha\mathrm{heading}(v,\omega)+\beta\mathrm{dist}(v,\omega)+\gamma\mathrm{velocity}(v,\omega)\big]$$

$$(10\text{-}3)$$

式中，α、β、γ 为系数；heading 为轨迹终点与目标点方向角偏差函数，因为每个节点在地图中除了三维坐标还有方向角信息；dist 为轨迹上离障碍物最近距离函数；velocity 为速度评价函数；σ 为平滑函数。方向角偏差如图 10-27 所示。

所谓平滑函数即是归一化处理，将上述三个函数中的每项对总和求百分比，然后再将三项相加，这样做的好处是可以消除某项具体数值对评价函数的影响。对于阿克曼机器人还需要考虑转向约束，可以在评价函数中加入轨迹曲率函数 k 这一因子。还有基于 Frenet 坐标系的离散优化算法，相较 DWA 更适合于无人驾驶汽车。

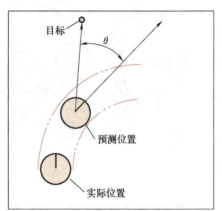

图 10-27　方向角偏差

四、典型跟踪算法

路径规划完成后需要无人车跟随路径行驶，目前常用的方法分为两类：基于预瞄的纯追踪法和基于模型预测的方法。本文介绍相对简单的纯追踪法。

如图 10-28 所示，(P_x,P_y) 为预瞄点，α 为预瞄方向与当前车辆航向夹角，l_d 为预瞄距离。这里采用自行车模型以简化阿克曼转角的应用，R 为车辆转弯半径，L 为轴距，φ 为前轮偏角，(C_x,C_y) 为后轮轴中点，l 为后轴中点到预瞄点距离。

由图 10-28 可得

$$\sin\alpha=\frac{l}{2R} \qquad (10\text{-}4)$$

由阿克曼转向几何原理有

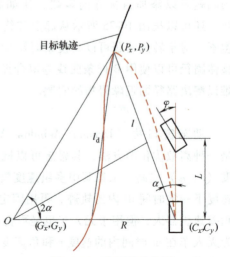

图 10-28　纯追踪示意图

$$\tan\varphi = \frac{L}{R} \tag{10-5}$$

由上述两式有

$$\varphi_\alpha(t) = \arctan\left[2L\sin\alpha(t)/l\right] \tag{10-6}$$

式（10-6）便是纯追踪法的输出量，此外常加入无人车航向角与预瞄点航向角的偏差作为反馈控制，两者乘以一定权值相加作为无人车的转向输入。

第七节　智能车辆电子电气架构

一、电子电气架构的内涵

1. 电气架构

整车电器布置和线束二维布置，通常称为物理架构，也称电气架构或者整车电气拓扑。其核心是体现整车电子电气的布置关系和连接关系，主要工作是电气原理图设计、电源分配设计、搭铁分配设计、二维线束走向与三维布置设计。

2. 功能架构

功能架构体现了功能实现所需要的完整的电器要素和逻辑关系（传感器-控制器-执行器），其主要工作输出物是功能定义规范以及故障后处理策略。功能架构虽然是一个个硬件实体，但不能体现出物理布置关系，也称为逻辑架构。"分布式架构""域控式架构"等都是整车功能层级的架构。

3. 系统架构

系统架构体现的是 ECU 内部的元器件逻辑关系。系统架构和功能架构的区别在于架构的层级不一样，系统架构是 ECU 层级的。

4. 网络架构

网络架构又称网络拓扑，主要体现各个 ECU 在哪个网段、在总线上连接关系，比如常规的动力 PT-CAN、车身 BD-CAN、驾驶辅助 AD-CAN。不同网段的总线类型可能不同（LIN/CAN/CAN-FD/以太网），带宽和速率也不同。个别 ECU 之间如果仅仅是私有信息，还会有私有 CAN（只是两个 ECU 之间信息交互）。

不论是物理架构、功能架构、系统架构，还是网络架构都是电子电气架构（Electrcial/Electronic Architecture，EEA）的一部分，体现了 EEA 不同维度的信息，所以一个先进的 EEA 必须要综合考虑架构的各个维度。架构是虚虚实实的存在，它从高维度上抽象地定义了各电子器件之间的逻辑关系，定义上层规则，从低维度上又依赖于各个器件做工程实现和维护各电子器件规则。

基于功能的升级，需求的增加，自动驾驶架构也不断进化，先进驾驶辅助系统（Advanced Driver Assistance System，ADAS）的架构演进路线如下：分布式 ADAS 架构→域控式 ADAS 架构→跨域式 ADAS 架构→跨域冗余式 ADAS 架构→中央计算平台。下面分别介绍这几种架构。

二、分布式 ADAS 架构

1. 分布式 ADAS 架构简介

分布式 ADAS 架构如图 10-29 所示。

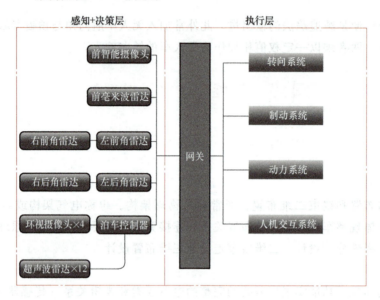

图 10-29　分布式 ADAS 架构

该架构最高支持到 L2 级 ADAS 功能，所实现的 L2 需要同时开启 ACC（自适应巡航控制）和 LCK（车道居中保持）的开关，这种分布式架构还不能实现一键激活 L2，行车域无域控制器，泊车域设置控制器。

在该架构下，横向 ADAS 功能由集成了 EQ4 芯片的摄像头实现，纵向 ADAS 功能由前毫米波雷达实现，角雷达实现 FCTA/B（前方交通穿行提示/制动）、RCTA/B（后方交通穿行提示/制动）及 DOW/BSD（车门开启预警/盲区监测）等报警功能，环视摄像头和超声波雷达服务于泊车功能，此架构各个传感器耦合度极低，各司其职，是典型的分布式开发，因此对于行车功能也称为 1R1V 架构（R 代指雷达，V 代指摄像头），在此基础上可以演变出 4R1V 架构（取消前毫米波雷达）。

泊车采用的控制器其实算不上域控制器，它只是单独的一个 ECU。泊车用的传感器（超声波雷达和广角摄像头）就是纯传感器里面没有集成控制器。在分布式阶段，规控也是由传感器中的控制模块负责，而泊车功能的规控算法则在控制器里。

分布式架构的特点是 ECU 分散，软件分散。多数情况下的传感器配置：行车采用 5R1V，EQ4 集成在摄像头中；泊车采用 4 个环视摄像头+12 个超声波雷达。

分布式 ADAS 架构的功能和传感器的映射关系见表 10-6。

2. 分布式 ADAS 架构性能评价

评价一个电子电气架构通常考虑 10 个维度，各自的定义见表 10-7。

表 10-6　分布式 ADAS 架构的功能和传感器映射关系

功　能	传感器					
	摄像头×1	前毫米波雷达×1	前角雷达×2	后角雷达×2	环视摄像头×4	超声波雷达×12
ACC（自适应巡航控制）		√				
AEB（自动紧急制动）		√				
FCW（前向碰撞预警）		√				
LCK/AES/LKA（车道居中保持/自动紧急转向/车道保持辅助）	√					
FCTA/B			√			
RCTA/B				√		
APA（自动泊车辅助）					√	√

表 10-7　维度的定义

10 个维度	定　义
可靠性	系统在各种场景下保证满足设计意图的能力
成本	设计、开发、制造、验证、物流、维修各阶段的成本
开发周期	从设计到产品量产的开发速度
功耗	系统运行能耗
安全性	功能安全、网络安全的能力
复用性	可移植能力、平台化设计能力
可拓展性、灵活性	硬件资源的预留、现有硬件的剪裁
兼容性	架构设计与当前工具链、接口定义、供应链的兼容性
复杂性	架构设计的复杂度
布置灵活性	硬件资源的布置自由度

下面从上述评估电子电气架构的几个维度评价分布式 ADAS 架构。

（1）复杂度　集成难度低，开发周期短，可移植性强，对于主机厂而言，主要工作在于集成和标定，大部分 ADAS 的集成和标定都相对容易，复杂度主要在于 AEB 标定。

AEB 的主要挑战在于如何权衡误制动和漏制动。业界做得最好的成绩是 10 万 km 误制动一次，这个成绩对于预期功能安全的 AEB 接受准则（某公司要求 30 万 km 误制动一次）还远远不够。当前乘用车+商用车的 AEB 前装量接近 100%，市场配置 AEB 车辆的数量巨大，意味着每天都会发生由于 AEB 导致的紧急制动，进而可能导致追尾事故。

（2）复用性　此架构虽然无域控制器，但得益于 SoC（片上系统）的发展，前摄像头可集成 EQ4/5，作为"域控制器"使用，并统一输出接口；且纵向 L1 功能和横向 L1 功能接口由摄像头统一输出对整车的控制接口，整体功能上实现 L2 的效果，对于转向、制动、动力的接口无影响，利于主机厂平台化设计。因此，这种操作深得主机厂的喜爱。

（3）灵活性　分布式 ADAS 架构可取消前毫米波雷达，形成 4R1V 架构，集成 EQ4/5 的前摄像头实现横纵向 ADAS 行车功能，但需要 EQ4/5 开放更多的服务，需要增加成本。

与此同时，架构做减法，可能导致某些 ADAS 功能鲁棒性降低，如 AEB 改为摄像头实现，会由于摄像头的性能局限导致频繁误制动和漏制动。因此对于摄像头标定和 AEB 计算车距、目标识别算法有很高的要求。算法做得不好会引起频繁误制动或漏制动。这种无域控制器的架构形态，必然会牺牲一部分功能可用性。

（4）兼容性　分布式 ADAS 架构，主机厂很容易被巨头 Tier1（一级供应商）绑架——Tier1 捆绑销售执行器（EPS、ESP）。

（5）安全性　该架构支持的功能清单中，如 AEB 存在 ASIL D（Automotive Safety Integration Level D，汽车安全完整性等级 D）的安全目标，但是通过执行器的性能限制/安全阀值约束，降低整车风险至 ASIL B，分配给传感器整体满足 ASIL B 即可，摄像头和前毫米波雷达满足 ASIL B。

传统主机厂将同一车型分为 3~4 个配置，如低配、中配、高配、顶配，其中低配是为了拉低车型起步价，实际上并不生产；主销配置是中、高配，随着 ADAS 渗透率的提升，以前只有顶配才有的 L2 级功能，现在中、高配就会配备，同时受限于域控制器价格原因，分布式 ADAS 架构将持续存在。

三、域控式 ADAS 架构

介绍域控式 ADAS 架构前，有必要先介绍一下多传感器融合算法。

1. 多传感器融合算法

多传感器融合的核心目的是提高系统决策、规划的正确性，为了实现这个目标，传感器必须从基础的感知能力进化到深层次的认知能力。人类认识世界是通过视觉、触觉、嗅觉获得外界的多维度信息由大脑统一加工处理，从而来认识世界，多传感器融合的底层理念就源于这里。多传感器根据信息不同层级的融合从宏观上分为数据级融合和特征级融合。各传感器输出的信息都存在不确定性，针对不确定信息进行融合实际上是一个不确定性推理的过程。融合算法基于大量传感器的输出信息通过不断训练，更新各个传感器权值，得到黑盒推理机制，利用神经网络的信号处理能力和自动推理功能，不断优化、迭代算法。感知融合算法分为后融合算法和前融合算法。

（1）后融合算法（图 10-30）　每个传感器独立输出原始数据，然后对每个传感器的数据进行处理，输出识别结果，最后在域控制器内设计合适的传感器权重做最终的仲裁。可以简单地理解为这种感知融合方式类似投票机制，每个传感器有不同的话语权。这种算

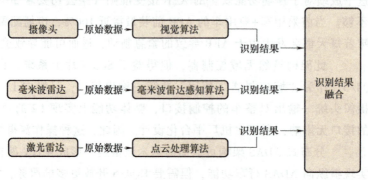

图 10-30　后融合算法示意图

法的优势在于逻辑简单，计算速度快，通信带宽小，劣势在于信息损失大，信息精度低。

（2）前融合算法（图 10-31）　　前融合算法指的是在传感器原始数据层面进行融合，原始数据保留了最全的目标信息，融合算法根据各个传感器输出目标的纹理特征、三维信息、RGB 信息综合判断，然后输出一个准确率更高的结果。在一些场景下，如果使用后融合算法，由于每个传感器只能探测到目标的一部分，而这一部分由于信息不全，很容易被作为噪点过滤掉，但是前融合算法就可以规避这个问题。前融合算法虽好，但是对处理器要求很高，需要高算力、高带宽的通信，同时非常依赖大量数据的驱动以及数据闭环来优化算法。

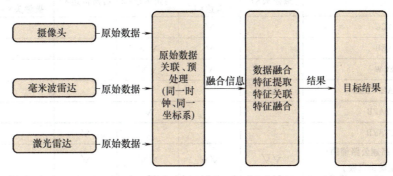

图 10-31　前融合算法示意图

2. 域控式 ADAS 架构的益处

域控式 ADAS 架构如图 10-32 所示。

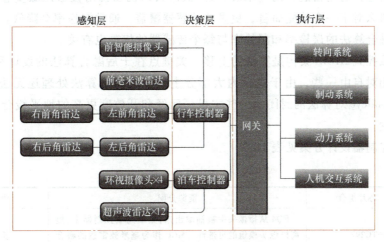

图 10-32　域控式 ADAS 架构

域控式 ADAS 架构最高支持到 ADAS 功能 L2 级别功能。硬件上，相比于分布式 ADAS 架构，域控式 ADAS 架构增加了域控制器，有以下优点：

1）域控式 ADAS 架构将传感器控制算法上移，从传感器端上移到域控制器端，域控制器做简单的后融合算法，提高了功能可用性。

2）域控式 ADAS 架构引起 HMI（Human Machine Interface，人机交互）设计变化，开关可以"一键多用"，如拨一次激活 ACC 功能，拨二次激活 TJA（Traffic Jam Assistant,

交通拥堵辅助）功能，用户不必从智能座舱模块软开关上再次开启 LCK 功能。

3）域控式 ADAS 架构帮助主机厂逐渐打破了 Tier1 的封锁，应用层算法被主机厂掌握在手里了，把对 Tier1 传感器的依赖转移到对域控制器芯片的依赖，主机厂的自由度更高。

域控式 ADAS 架构的核心之一在于功能分配、资源合理利用，其功能分配见表 10-8。

表 10-8　域控式 ADAS 架构功能分配

功能	传感器					
	摄像头×1	前毫米波雷达×1	前角雷达×2	后角雷达×2	环视摄像头×4	超声波雷达×12
ACC		√				
AEB		√	√√			
FCW		√	√√			
LCK/AES/LKA	√					
FCTA/B			√			
RCTA/B				√		
HWA/NOA（高速公路辅助/自动导航辅助驾驶）	√√	√√	√√			
APA（自动泊车辅助）					√	√

双√是相比于分布式 ADAS 架构下，传感器功能的拓展。比如 AEB、FCW 功能调用了前角雷达信息，前角雷达和前毫米波雷达/摄像头的视场视角覆盖区域重叠设计，形成异构冗余，那么对于一个功能而言，更多的传感器覆盖，通常漏检率会降低。但并非绝对如此，感知融合算法的误检率和漏检率与每个传感器的权重也有关。

本质上域控式 ADAS 架构是算法的上移，关键点在于后融合算法的设计和芯片选型，芯片的选型相对自由一些，由于短期内大部分主机厂对视觉算法处理还无法赶上 Mobileye，考虑 Mobileye 对算法的封闭，一些主机厂已经和开放度更高的地平线合作，参与视觉算法的研发。

主流域控制器设计方案见表 10-9。

表 10-9　主流域控制器设计方案

方案	芯片组合	资源分配	代表企业
方案 1	EQ4+TC297	EQ4 从摄像头中被抽取出来，集成到域控制器中，提高摄像头模组的可选性。MCU 作为毫米波雷达的融合芯片，同时作为安全岛以及整车底盘的接口	长城汽车
方案 2	2×J3+TC397/RH850	2 颗地平线 J3 芯片负责运行感知融合算法+规控算法	理想汽车

3. 域控式 ADAS 架构分析

（1）成本　域控式 ADAS 架构形态从成本上要高于分布式 ADAS 架构，虽然支持的功能可靠性、鲁棒性有所提高，但是收益和代价仍不成正比。

（2）可拓展性、灵活性　此架构类型是算法上移，域控制器采用单 MCU，视觉依赖单SoC（这颗 SoC 只是位置从摄像头中转移到了域控制器中，但处理的数据仍然只限于摄像头数据,可以理解为"工位调整了,但工作内容没变"),功能上可拓展性差、拓展难度大。

(3) **兼容性** 域控制器和底盘控制器接口进行平台化设计,当自动驾驶架构演进为跨域冗余式架构,此域控制器可以作为冗余控制器存在,从 L3 功能降级为 L2 功能运行,或者执行 MRM(Minimal Risk Maneuver,最小风险策略)在本车道停车。

(4) **安全性** L2 功能虽然有 ASIL D 的安全目标,但是可以在执行器(转向系统、制动系统)做安全约束,降低域控制器的功能安全等级。

单从成本和可拓展性两个维度就注定域控式 ADAS 架构的生命周期不会太长,但考虑长远战略,主机厂又不得不研发这类架构,毕竟这是域控制器自研的第一步,是主机厂掌握话语权的开始。这种架构形态对于主机厂而言是一种技术过渡的中间态,然而这个阶段却是主机厂技术沉淀的一个缓冲期,主机厂同步搭建感知融合团队、域控制器团队、规控团队、基础软件团队、标定团队、定位团队、软硬件集成团队,大大提高了资源整合能力(控制器布置、线束布置、总线通信设计、接口定义平台化设计、工具链的打通、仿真测试能力建立),时机成熟后主机厂会迅速切入跨域式融合架构,把域控式 ADAS 架构中的控制器从架构中剥离出来,作为后续跨域冗余式 ADS 架构的后备(fallback)控制器。

四、跨域式 ADAS 架构

1. 架构分析

跨域式 ADAS 架构分为低配版和高配版两个版本。跨域式 ADAS 架构也称为行泊一体功能架构。低配版行泊一体功能架构如图 10-33 所示。

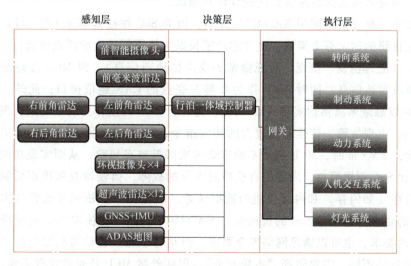

图 10-33 低配版行泊一体功能架构

相比上一代架构从硬件形态上增加了 GNSS+IMU 组合定位,从软件包上加入 ADAS 地图,行车域+泊车域控制器融合成行泊一体域控制器。它支持 L2 及以下所有 ADAS 功能。其局限性是:ADAS 地图无法支持车道级定位,无法安全通过匝道,无法实现点到点的行车。在安全性方面,侧后方无视觉传感器,侧后方只有角雷达,主动变道有风险,安全性稍有不足。

高配版行泊一体功能架构如图 10-34 所示。

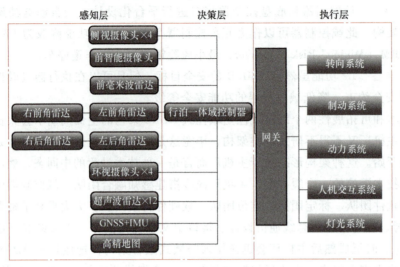

图 10-34　高配版行泊一体功能架构

相比低配版，高配版所使用的地图由 ADAS 地图升级为高精地图，高精地图硬件盒子一般集成到域控制器内，车身两侧分别增加两个侧视摄像头，和对应侧的角雷达形成异构冗余。其优势是：支持高速公路自动上下匝道场景，实现点到点的 NOA 功能；冗余侧视摄像头的数据引入降低了目标漏检率，降低主动变道的风险。其开发难点是：侧视摄像头算法开发，侧视和角雷达后融合算法的设计和测试。

域控制器主流方案是使用 SoC+MCU 方案，因为 SoC 往往是基于 GPU/TPU 架构，比如华为公司自研的达·芬奇架构，这类芯片擅长做大规模低精度的浮点型运行，作为感知主处理芯片（处理前视、侧视、环视摄像头及高精地图信息），而 MCU 处理毫米波雷达信息、超声波雷达信息，同时 MCU 作为和整车底盘的 CAN 通信接口；此外，紧急工况下，MCU 可以靠毫米波雷达实现 AEB 功能。另外，MCU 可以作为安全岛来实现最低风险策略，如 SoC 出现故障，持续输出过大的转向指令，MCU 设计固定的安全阈值，比如当转向转矩大于 3N·m 时，MCU 通过不响应请求来降低整车风险，从而实现功能安全，由于 MCU 相比 SoC 逻辑简单，内置的自检检测本身的故障，错误检查和校正机制可检测并校正影响内存（如闪存）和内部总线的数据误差，以及使用多核锁步很容易实现功能安全 ASIL D 的要求。未来单 SoC 的价格会比 SoC+MCU 便宜，即使单 SoC 也能符合功能安全 ASIL D 的要求，也可以满足网络安全要求，但是对于完全自动驾驶安全而言做到"相对安全"还远远不够，需要做到"本质安全"，因此外接 MCU 还是非常有必要。

2. 架构设计

存在 4 种系统设计方案：①单 SoC+MCU，如华为的 MDC610 控制器；②双 SoC+MCU，如华为的 MDC810 控制器；③三 SoC+MCU，如地平线的行泊一体方案；④单 SoC，如知行科技的 IDC 3.0 方案、寒武纪的 SD5223 行泊一体方案。不论采用哪种方案，万变不离其宗，不变的是上层功能和系统特征，变化的是系统内部的硬件架构。行泊一体系统特征导出和资源分配见表 10-10。

表 10-10　行泊一体系统特征导出和资源分配

上层功能	系统特征	特征描述	安全级别	资源分配
行车域	特征 1	前向摄像头感知数据处理	ASIL B	SoC
行车域	特征 2	侧向摄像头感知数据处理	ASIL B	SoC
行车+泊车域	特征 3	环视感知数据处理	ASIL B	SoC
行车+泊车域	特征 4	多摄像头数据融合	ASIL D	SoC
行车域	特征 5	地图搜索	ASIL B	SoC
行车域	特征 6	毫米波雷达数据处理	ASIL B	SoC/MCU
行车+泊车域	特征 7	超声波雷达数据处理	QM	SoC/MCU
行车+泊车域	特征 8	环境模型	ASIL B	SoC
行车+泊车域	特征 9	定位	ASIL B	SoC
行车域	特征 10	目标轨迹预测模块	ASIL D	SoC
行车+泊车域	特征 11	规划模块	ASIL D	SoC
行车+泊车域	特征 12	整车控制模块	ASIL D	SoC/MCU
行车+泊车域	特征 13	故障诊断	ASIL D	SoC/MCU
…	…	…	…	…

　　系统设计过程中如何分解功能，如何转化成系统特征很好理解，如何分配资源是开发难点，以下两点经验值得借鉴。

　　1）分区设计：正向开发先定义架构，评估所有特征所需要的硬件资源总和，后进行芯片选型，不同特征分配到不同芯片（如果是单 SoC 则分配到不同核）；同时由于不同特征的安全等级不一样，需要进行分区设计，如低 ASIL 的特征不可以访问（写）高 ASIL 的内存分区，避免产生串扰。

　　2）分时设计：行车、泊车功能不同时起作用，那么为了节省资源，可以共享硬件资源，做分时管理，通常由 MCU 做状态机管理，单 SoC 方案则由 SoC 实现。

　　系统设计的难点是：在设计行车和泊车独立域控制器的时候，行车功能很难调用环视摄像头的信息和超声波雷达信息。而行泊一体控制器使用前融合算法则可以规避此问题。前融合算法的优势是毋庸置疑的，但是能把前融合算法做好的企业目前还较少，行业内大部分主机厂/科技公司都是采用后融合算法，某个功能的特定场景采用前融合算法。这并不是真正意义的前融合算法。在行泊一体方案中，各企业的硬件比拼不分高下，区别在于软件算法，尤其是对环视摄像头和侧视摄像头数据的融合算法和目标轨迹预测算法。

五、跨域冗余式 ADS 架构

1. L3 系统

　　回归架构设计流程，场景的需求抽象为服务、具化成功能、转化成特征、细化成工程架构设计，生成工程需求。SAE J3016 对 L3 的定义描述是：L3 系统执行 ODD（Operational Design Domain，设计运行范围）内全部的动态驾驶任务（DDT），且目标和事件的探测和响应（OEDR）是系统。驾驶过程中驾驶人可以脱脚、脱手、脱眼，对应到 ADAS 功能也就是 HWP（高速公路领航）、HNP（智能领航辅助驾驶），以上是服务和功能。那么它的特征如何分析？对 L3 来说特征分析是设计的难点，产品的性能局限是落地的难点。

例如从功能的可用性、安全性两个维度进行特征导出，一般结果见表 10-11。

表 10-11　特征导出结果

功能	功能一级特征导出	一级特征解析	功能二级特征导出	二级特征描述
HWP 和 HNP	无单点失效，即 L3 系统支持失效可运行或者降级运行	不允许有单点失效，不代表不能发生单点故障，合理地规避单点失效即可，只要系统保证可以降级运行达到最低风险条件就可以。L3 定义并没有要求功能失效后保证全功能继续运行	特征 1	功能架构全链路为两路设计，主路实现全功能策略，副路必须是作为热备份或者执行最小风险策略（MRM）
			特征 2	为了避免传感器单点失效，传感器分组设计，激光雷达+前摄像头+侧摄像头+角雷达接入主域控制器。这样也能保证 MRM 情况下副控制器靠环视摄像头+毫米波雷达实现靠边/本车道安全停车，具体看故障点以及系统的残余能力判断是否靠边停车
			特征 3	为了规避两个域控制器发生"共因失效"，通信需要独立设计，电源考虑冗余
			特征 4	执行器做仲裁策略，优先响应主路请求
			特征 5	通信冗余设计，一路经过网关走公 CAN，一路直接走私 CAN

对于 L3 而言，大部分主机厂/科技公司的架构设计几乎都是源于"对标"，导致 L3 的硬件架构虽然雷同，但是整车策略、鲁棒性、安全性却相差很大。由于没有基于正向导出特征，漏掉了一些特征，导致整个功能需求的合理性、正确性、完整性无法保证，所以说 L3 特征分析是设计的难点。

为什么产品的性能局限是 L3 落地的难点呢？可供参考的 L3 功能架构设计如图 10-35 所示。

在此架构中传感器采用异构冗余，控制器采用主控制器+副控制器设计，副控制器作为后备控制器和分担算力，执行器进行全冗余设计，通信进行冗余设计，预留 V2X 接口（路侧单元 RSU 接口）作为路径规划的参考。

L3 主控制器通常采用双 SoC+MCU 设计，SoC 运行感知融合算法+规控算法，MCU 作为安全岛并且作为整车接口。可以理解为 SoC 是"干活的"，MCU 是项目接口人，它把信息转化成整车认识的格式，通过 CAN 总线发给整车。这样做的用处有三个：①处理激光雷达+前视摄像头+侧视摄像头+角雷达+高精地图数据，三种硬件传感器视场视角重叠，做前融合设计，高精地图作为辅助传感器，提供车道线+车道级定位信息以及道路分流、合流、限速路段等道路静态信息；②主控制器输出的控制请求一路通过网关转发给执行系统，一路通过冗余私有 CAN 直接发给执行系统（可能读者会问"直接跳过网关做两路通信不就可以吗"？解释一下，信息发到网关公共 CAN 上，相关零部件都可以收主域控制器的信号做策略判断）；③轻微故障管理+故障处理策略的切换，执行预设的 MRM，如冗余传感器遮挡/故障，冗余执行器故障，主控制器做降级处理策略。

上面所述功能架构中，L3 架构的副控制器其实跟行泊一体是一样的，处理的传感器

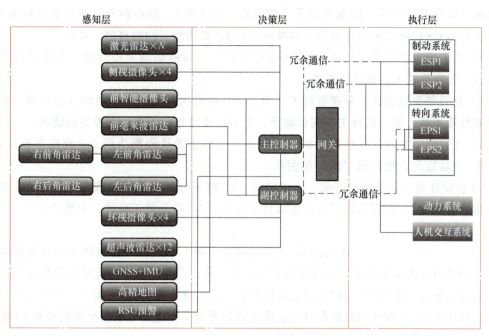

图 10-35 L3 功能架构设计

也是一样的。此处的副控制器可以使用上一代行泊一体控制器，它的用处有三个：①处理环视摄像头+前视摄像头+前毫米波雷达+超声波雷达数据，当主控制器无故障时，则将上述目标融合后的信息转发给主控制器，起到算力分担的作用；②实现独立 AEB 功能；③副控制器自身接入这些传感器也可以实现本车道停车。

需要特别解释一下，副控制器跟"冗余控制器"并不是同一个概念。冗余，意味着互相独立，在主控制器故障后，冗余控制器接管车辆。因此，冗余控制器需要跟主控制器完全解耦，只有 L4 才会采用这种设计理念（L4 的副控制器跟冗余控制器是同一个概念）。但在 L3 中，副控制器通常承担算力分担功能，它也参与计算，但只是把计算结果发给主控制器，节省主控制器算力。在主控制器故障后，副控制器接管整车，实现 L2 功能，仍可以保留安全行车的能力，或者能执行 MRM 就可以。

2. L3 架构的安全考量

"安全"是自动驾驶绕不开的话题。科技达到了技术瓶颈，电子电气实现"本质安全"是不可能的，只能做到"相对安全"。所谓本质安全就是不可能发生任何危害事件，相对安全是允许发生危害事件，只要风险足够低，低到可以被大众接受就可以。

设计"相对安全"有时要牺牲功能可用性，两者之间如何做权衡？那么安全做到什么程度就可以了呢？如何从策略和系统设计角度来合理规避风险呢？以下是常采用的安全策略：

1）当失效发生在冗余传感器，功能并不受影响，但是为了避免发生主链路传感器再次失效的问题，功能上做报警，降级运行，常规做法是报警降速，驾驶员接管后功能降级到 L2。

2）当失效发生在主控制器，主控制器自己发出 MRM 请求，或者主控制器和副控制器的握手信号丢失（注：周期性握手，表明是否有故障），副控制器开始依靠前摄像头＋毫米波雷达＋环视摄像头的前融合策略继续运行L2级功能，同时报警、降速。

3）当失效发生在副控制器，在L3运行过程中，副控制器上报故障，由主控制器主动报警，告知驾驶人，做降级策略。

4）执行器要冗余这个毋庸置疑了，因为一旦终端执行器故障，功能直接失效。执行器要有仲裁策略，优先执行主控制器请求，当主控故障时，才执行副控制器请求。

5）主控制器接入的传感器和副控制器接入的传感器从预期功能安全角度形成互补，对于L3主功能而言是逻辑"或"的关系。

L3的设计是正向设计的开端，上文提到"L3特征分析是设计的难点，产品的性能局限是落地的难点"，只有从顶层正向的设计才能保证L3特征的正确性、完整性。

3. L4架构

（1）L4架构的特点　L4相比L3需要做哪些升级？L3和L4功能都支持点到点运行能力，L3和L4从功能的正常表现行为实际上无差异，差异点在于功能异常后的行为，L3要求驾驶人作为后备用户，而L4的后备用户依旧是系统，意味着L4要具备更强大的后备能力，相比于L3架构的副控制器就无法满足后备要求了，这时人们就要重新根据L4的功能，推导L4的特征，再转化成架构设计。

预测一般的L4架构方案将是在承接L3架构的基础上，让副控制器做真正意义上的冗余，而且两路必须无共因失效。由于L3架构的副域控制器起到了算力分担和执行MRM的作用，那么L4的主控制器要具备完整的L3能力，也就是L4主控制器＝L3主控制器＋L3副控制器。基于此构想，L4架构需要开发L4专属高性能域控制器，主域控制器预留V2X接口，为L4车路协同预留硬件。

（2）L4设计和落地的难点　L3特征分析是设计的难点，产品的性能局限是落地的难点，那么L4呢？控制器的设计可以通过增加传感器接口数量、提高通信带宽、降低时延、堆人工智能芯片来实现。而L4实现点到点自动驾驶，ODD场景复杂度骤增，传感器采用怎样的组合方案？现有的成熟的传感器技术是否能应对更严苛的ODD？是否要使用4D毫米波雷达？是否使用远红外相机？以上感知问题是设计最大的瓶颈，没有之一，即使是非常优秀的前融合算法在遇到奇奇怪怪的场景时，对目标的处理能力也捉襟见肘，尤其针对城市车辆和二轮骑行人员的轨迹预测算法，挑战非常大，出于安全考虑，系统必然会"小心驾驶"。

车路协同是L4的特征。车路协同对于通勤效率的提升有很大帮助，但是RSU（Road Side Unit，路侧单元）作为传感器给自动驾驶系统作为决策算法的输入，也是存在一定风险的。

一方面V2X存在网络安全风险，另一方面RSU也存在性能局限（预期功能安全问题），基于两者的考虑，RSU作为传感器，域控制器设定RSU权重不会太高。V2X发展可能要经过几个阶段才会参与整车动态控制：V2X 1.0时代仅是报警功能；V2X 2.0时代RSU和高精地图数据耦合，作为全局路径规划算法的输入参考，提高通勤效率；V2X 3.0时代以后才会作为决策算法的参考。

L4在试验车上取消驾驶人、取消安全员都没问题，要真正量产做到无人化，L4难度还很大。就目前市场来看，限制场景的 L4，如点到点无人巴士、园区车、港口车、物流车都相继小规模落地，但是对乘用车的 L4 落地大家仍是抱着保守的态度，原因如下：

1）市场需求小，人民对乘用车 L4 的需求也没有那么强烈。

2）技术不成熟，产品的可靠性、安全性并没有企业宣讲的那么靠谱。

3）相关配套体系不健全，例如 L4 乘用车的保险模式也未成熟。

4）国家监管政策也不明朗。

基于上述多方面原因，短期来看 L4 的结局大概率会是限制 ODD 的高性能 L3，可以实现简单场景的点到点 L4 功能，长期来看行业不会停止对 L4 的研发。

六、中央计算平台

一般大部分中央计算平台的功能涵盖了座舱、动力、部分底盘功能，一般都能实现 ADAS 功能。以某车企 GEEP 4.0 架构为例，其组成为：中央计算平台 + 智能驾驶域控制器 + 智能座舱域控制器 + 区域控制器。该中央计算平台是行业内第一个集成 ADAS 功能的产品。其行车最高支持 HWA，泊车最高支持 APA，采用的策略是 L2 配置搭载 CCU（Central Control Unit，中控单元），L3 配置 CCU 作为小魔盒 3.0 的预备控制器。

中央计算平台还不足以实现 L3。目前，在主流的 L3 架构中，自动驾驶域控制器是主控制器，而中央计算平台则仅扮演冗余的角色。对整车的电子电气架构来说，中央计算平台是主角，但对自动驾驶来说，中央计算平台则是配角。对于 L3 以上 ADS，中央计算平台是配角，不可能是主角，原因如下：

1）中央计算平台存在单点失效。L3 不一定需要冗余域控制器，但是要做到主控制器失效时，整车能实现最小风险状态（MRC）。从工程设计上单域控制器也能实现无单点失效，即域控制器做到失效可运行，只是从系统架构上避免单点失效，工程代价巨大，还不如直接设计副控制器来实现特定条件的 MRC。

2）中央计算平台的主责难判定。中央计算平台实现了座舱的大部分功能以及底盘的部分功能，还希望实现 ADAS 功能。对于 L3 控制器却并不希望集成到中央计算平台里。在传统主机厂的组织架构中，整车的 EEA 团队和自动驾驶设计并不是一个部门，这种"部门墙"很坚固，很难打破。这会导致出现某些故障时，责任难以判定。

3）中央计算平台的实时性不够高。目前中央计算平台还仅仅支持行泊一体 + 座舱 + 动力 + 部分底盘功能。路线基本是"单板多 SoC"或者"叠板设计"。从外观上看是一个集成的控制器，实际上 ECU 内部硬件相对独立，软件互相独立，本质上还是多个 ECU 封装到一个控制器内。另外，中央计算平台目前还是策略上移，原来的控制器的控制策略放在中央计算平台里，I/O 驱动放在区域控制器内，对于实时性要求不高的舒适性功能还好，对实时性要求高的功能是不可接受的。

4）可靠性不高。中央计算平台的耐久性、老化试验未经验证，短期内集成高阶 ADS 功能存在风险。

七、架构演进总结

1. 架构演进

架构的灵魂在于规划，在于布局。一个优秀的架构师需要对架构的演进有清晰的认识和判断，定义好每一代架构的使命，清晰地规划上一代如何协助下一代架构进化，下一代架构又如何利用上一代架构资源，这个资源包括工具链、供应链、组织架构、ECU 硬件、软件包等。根据分布式 ADAS 架构→域控式 ADAS 架构→跨域式 ADAS 架构→跨域冗余式 ADS 架构→中央计算平台，总结一下自动驾驶架构演进路线，以及每一代架构间的内在关联和主机厂在每个阶段的能力布局。架构演进见表 10-12。

表 10-12　架构演进

架构类型	域控制器个数	域控制器芯片方案	搭载功能	主机厂研发能力	架构规划
分布式 ADAS 架构	0	无	行车:L0~L2 泊车:APA	基本没有自研能力,功能依赖传感器供应商,此架构也不需要主机厂有多高技术,主要工作在于整车集成标定	无架构可言
域控式 ADAS 架构	1	单 MCU,内置 EQ4SoC	行车:L0~L2 泊车:APA	研发能力布局:提升后融合算法能力,具备摄像头模组、毫米波雷达和域控的匹配能力,具备初级域控制器系统架构设计能力	平台化布局:平台化整车 HMI 和底盘接口,为后续跨域式设计做铺垫
跨域式 ADAS 架构	1	SoC+MCU	行车:L0~L2 泊车:APA + RPA+HPA	研发能力布局:参与行泊一体域控制器芯片选型;培养、储备前融合算法人才,这个阶段主机厂还是提需求的角色,需求的实现还依赖供应商	架构升级布局:考虑为跨域冗余式 ADS 架构的后备控制器
跨域冗余式 ADS 架构	2	M 个 SoC $+N$ 个 MCU	行车:L0~L4 泊车:APA + RPA+HPA	研发能力布局:正向设计架构,导出架构特征,具备功能架构的设计能力,深度参与域控制器硬件设计,自研核心算法	架构升级布局:和行泊一体、中央计算平台接口定义平台化,可移植性提高
中央计算平台	1/2	M 个 SoC $+N$ 个 MCU	行车:L0~L2 泊车:APA	研发能力布局:行泊舱一体设计,为面向服务的架构做铺垫,计算平台可能会止步于 L3	架构升级布局:考虑作为跨域冗余式 ADS 架构的后备控制器,实现本车道停车

2. 架构引发的产业链重塑

需求的升级导致功能的升级，功能的升级引起顶层架构的进化，最终拉动上下游产业链相互渗透、合作。车载域控制器将打破原有的竖直封闭产业链条，横向打通融合交叉领域。主机厂逐渐从组装厂演变成 Tier1、Tier2、ICT（信息通信技术）企业之间的纽带，协同 Tier1、Tier2、ICT 企业，整合跨界资源、地图商等企业，最终搭建集成化的基础平台，支撑市场化的服务需求。

顶层架构的进化致使主机厂架构的电子电气要素升级，引发域控制器以及外围传感器的升级，如毫米波雷达向高分辨率发展，出现 4D 毫米波雷达，摄像头从百万像素发展到今天的千万像素，激光雷达从笨拙的旋转式到小巧的固态高性能发展，整个电子电气架构也将出现新型传感器形态。

　　有些企业的自动驾驶路线可以用"双轮驱动"来形容。例如长城汽车，它一方面采用全栈自研的内部供应商提供的系统方案，另一方面使用华为 MDC+Momenta 算法的软硬解耦方案。两种方案同时兼容了 L0~L3 级别自动驾驶功能，同时具备拓展到 L4 级别的能力。得益于长城汽车电子电气架构平台化的优势，预计两种方案对相关系统（转向、制动、HMI）的接口要求做到平台化设计，域控制器的可移植性、替代性较强。目前，长城汽车的供应链：转向、制动、座舱、智能驾驶基本实现全面自主化，具备自主产权，供货成本和风险较低、核心控制器采用多家供货原则，断货/延货风险较小。

<h2 style="text-align:center">思 考 题</h2>

　　1. 在对交通标识、行人等交通常见场景的识别中需要根据其特征来进行，特征的选取需要具备哪些特点？你认为对于交通标识、行人、车道线以及车辆的识别分别可以选取哪些特征？

　　2. 深度学习技术的发展对于图像识别有什么意义？请举例说明。你认为深度学习技术的发展是否意味着传统方法失去了价值。

　　3. 根据激光雷达与毫米波雷达的特点，对比分析两者的优缺点。

　　4. 描述典型跟踪算法的原理。

　　5. 电子电气架构未来的发展趋势是怎样的？

参 考 文 献

[1] 周云山，张军，安颖，等. 汽车电器与电子控制技术 [M]. 北京：人民交通出版社，2014.

[2] 赖夫. 汽车电子学：第5版 [M]. 李裕华，马慧敏，李航，译. 西安：西安交通大学出版社，2017.

[3] 魏民祥，赵万忠. 汽车电子与智能控制基础 [M]. 北京：清华大学出版社，2019.

[4] 温纳，哈库里，沃尔夫. 驾驶员辅助系统手册 [M]. 北京永利信息技术有限公司，译. 北京：北京理工大学出版社，2016.

[5] 姜顺明. 新能源汽车基础 [M]. 北京：北京大学出版社，2015.

[6] 何洪文，熊瑞，等. 电动汽车原理与构造 [M]. 2版. 北京：机械工业出版社，2018.

[7] 李兴虎. 混合动力汽车结构与原理 [M]. 北京：人民交通出版社，2009.

[8] 付百学，马彪，潘旭峰. 现代汽车电子技术 [M]. 2版. 北京：北京理工大学出版社，2008.

[9] 舒华，姚国平. 汽车电子控制技术 [M]. 3版. 北京：人民交通出版社，2012.

[10] 赵福堂. 汽车电器与电子设备 [M]. 3版. 北京：北京理工大学出版社，2009.

[11] 陈无畏. 汽车车身电子与控制技术 [M]. 北京：机械工业出版社，2008.

[12] 吴芷红，胡福祥. 汽车电气设备 [M]. 北京：中国水利水电出版社，2010.

[13] 吴文琳，吴丽霞. 汽车车载网络系统原理与维修精华 [M]. 北京：机械工业出版社，2008.

[14] 登顿. 汽车故障诊断先进技术：原书第2版 [M]. 张云文，译. 北京：机械工业出版社，2009.

[15] 杨庆彪. 现代轿车全车网络系统原理与维修 [M]. 北京：国防工业出版社，2007.

[16] 吴基安，吴洋. 汽车电子新技术 [M]. 北京：电子工业出版社，2006.

[17] 迟瑞娟，李世雄. 汽车电子技术 [M]. 北京：国防工业出版社，2008.

[18] 关志伟，徐胜云. 汽车电器与电子设备 [M]. 北京：人民交通出版社，2010.

[19] 麻友良. 汽车照明、信号及仪表系统原理与故障检修实例 [M]. 北京：机械工业出版社，2011.

[20] 艾若扎维克. 汽车电系仪表及其诊断维修 [M]. 司利增，等编译. 北京：电子工业出版社，2007.

[21] 谭本忠. 新款汽车防盗系统设置维修大全 [M]. 北京：化学工业出版社，2011.

[22] 冯永忠. 汽车轮胎压力监测系统（TPMS）图解 [M]. 北京：机械工业出版社，2011.

[23] 林卉，赵长胜，舒宁. 基于Canny算子的边缘检测及评价 [J]. 黑龙江工程学院学报（自然科学版），2003，17（2）：3-6；16.

[24] 孙丰荣，刘积仁. 快速霍夫变换算法 [J]. 计算机学报，2001，24（10）：1102-1109.

[25] GIRSHICK R, DONAHUE J, DARRELL T, et al. Rich feature hierarchies for accurate object detection and semantic segmentation [C] //Proceedings of the IEEE conference on computer vision and pattern recognition. Columbus：IEEE, 2014：580-587.

[26] GIRSHICK R. Fast R-CNN [C] //Proceedings of IEEE International Conference on Computer Vision. Santiago：IEEE Computer Society, 2015：1440-1448.

[27] REN S Q, HE K M, GIRSHICK R, et al. Faster R-CNN：Towards real-time object detection with region proposal networks [J]. IEEE Transactions on Pattern Analysis & Machine Intelligence, 2017, 39 (6)：1137-1149.

[28] REDMON J, DIVVALA S, GIRSHICK R, et al. You only look once：Unified, real-time object detection [C] //Proceedings of the IEEE conference on computer vision and pattern recognition. Santiago：

IEEE Computer Society, 2016：779-788.

［29］ HIMMELSBACH M, MUELLER A, LÜTTEL T, et al. Lidar-based 3D object perception ［C］//Proceedings of 1st international workshop on cognition for technical systems. Munich：［s. n.］, 2008.

［30］ DOUILLARD B, UNDERWOOD J, KUNTZ N, et al. On the segmentation of 3D LIDAR point clouds ［C］//Proceedings of the 2011 IEEE International Conference on Robotics and Automation. Shanghai：IEEE, 2011：2798-2805.

［31］ MOOSMANN F, PINK O, STILLER C. Segmentation of 3D lidar data in non-flat urban environments using a local convexity criterion ［C］//Proceedings of the 2009 IEEE Intelligent Vehicles Symposium. Xi'an：IEEE, 2009：215-220.

［32］ ZERMAS D, IZZAT I, PAPANIKOLOPOULOS N. Fast segmentation of 3D point clouds：A paradigm on lidar data for autonomous vehicle applications ［C］//Proceedings of the 2017 IEEE International Conference on Robotics and Automation（ICRA）［S. l.］. IEEE, 2017：5067-5073.

［33］ 王洪斌, 尹鹏衡, 郑维, 等. 基于改进的 A* 算法与动态窗口法的移动机器人路径规划 ［J］. 机器人, 2020, 42（3）：346-353.

［34］ MOLINOS E J, LLAMAZARESÁ, OCAÑA M. Dynamic window based approaches for avoiding obstacles in moving ［J］. Robotics and Autonomous Systems, 2019, 118：112-130.

［35］ HU X M, CHEN L, TANG B, et al. Dynamic path planning for autonomous driving on various roads with avoidance of static and moving obstacles ［J］. Mechanical Systems and Signal Processing, 2018, 100：482-500.

［36］ 奉山森. 无人驾驶汽车路径跟踪控制研究 ［D］. 长沙：湖南大学, 2018.

［37］ RANFT B, STILLER C. The role of machine vision for intelligent vehicles ［J］. IEEE Transactions on Intelligent Vehicles, 2016, 1（1）：8-19.

［38］ 梁敏健. 智能车行车环境视觉感知关键技术研究 ［D］. 西安：长安大学, 2017.

［39］ 阮嘉. 基于 BOF 的交通标志分类算法研究 ［D］. 安庆：安庆师范大学, 2018.

［40］ 沈航宇. 复杂地空环境下动态目标检测与跟踪关键技术研究 ［D］. 济南：山东大学, 2022.

［41］ 王伟. 复杂环境下移动机器人的动态目标检测与跟踪控制研究 ［D］. 西安：西安建筑科技大学, 2015.

［42］ 任凤雷. 基于智能车辆视觉导航的环境感知技术研究 ［D］. 长春：中国科学院大学（中国科学院长春光学精密机械与物理研究所）, 2020.

［43］ 曲峰. 基于视觉的结构化道路及障碍物检测技术研究 ［D］. 长春：吉林大学, 2019.

［44］ 刘松松. 基于双目视觉的机器人三维环境认知研究 ［D］. 邯郸：河北工程大学, 2021.

［45］ 九章-攻城狮. 2 万字长文说清自动驾驶功能架构的演进 ［EB/OL］. （2018-08-18）［2023-02-14］. http：//www. uml. org. cn/car/202208184. asp.